国家社科基金后期资助项目
（编号：12FJX008）

国家社科基金
后期资助项目
GUOJIA SHEKE JIJIN HOUQI ZIZHU XIANGMU

清末民初
大学内部职权研究

QINGMO MINCHU
DAXUE NEIBU ZHIQUAN YANJIU

李海萍　著

教育科学出版社
·北京·

国家社科基金后期资助项目
出版说明

　　后期资助项目是国家社科基金设立的一类重要项目，旨在鼓励广大社科研究者潜心治学，支持基础研究多出优秀成果。它是经过严格评审，从接近完成的科研成果中遴选立项的。为扩大后期资助项目的影响，更好地推动学术发展，促进成果转化，全国哲学社会科学规划办公室按照"统一设计、统一标识、统一版式、形成系列"的总体要求，组织出版国家社科基金后期资助项目成果。

全国哲学社会科学规划办公室

目　　录

绪　论 …………………………………………………………………… 1

　一、研究缘起 ………………………………………………………… 1

　二、现实意义 ………………………………………………………… 3

　三、文献综述 ………………………………………………………… 4

　四、基本框架 ………………………………………………………… 9

　五、研究方法 ………………………………………………………… 11

第一章　大学内部职权体系界说 …………………………………… 13

　第一节　大学内部职权的内涵 …………………………………… 13

　　一、权力与职权 ………………………………………………… 14

　　二、大学权力与大学职权 ……………………………………… 20

　第二节　大学内部职权结构分析模型 …………………………… 33

　　一、大学内部职权结构分析模型建构 ………………………… 33

　　二、大学内部职权结构分析模型诠释 ………………………… 35

　小　结 ……………………………………………………………… 43

第二章　清末民初公立大学内部职权体系研究 ………………… 45

　第一节　清朝末期公立大学内部职权体系研究 ……………… 45

　　一、清朝末期公立大学管理概述 ……………………………… 46

　　二、京师大学堂及其内部职权结构分析 ……………………… 56

　第二节　民国初期公立大学管理概述 ………………………… 72

　　一、"壬子癸丑学制"时期的公立大学管理 ………………… 73

　　二、"壬戌学制"的转型 ……………………………………… 79

　　三、《国立大学校条例》时期的公立大学管理 ……………… 85

　　四、国民政府时期的公立大学管理 …………………………… 87

第三节　教授治校制：以蔡元培时期的北京大学为例 ……… 97

一、北京大学部门结构图 …………………………………… 98

二、领导体制 ………………………………………………… 98

三、学术管理 ……………………………………………… 101

四、职能部门 ……………………………………………… 105

第四节　董事会制：以郭秉文时期的东南大学为例 ……… 109

一、东南大学部门结构图 ………………………………… 110

二、领导体制 ……………………………………………… 110

三、学术管理 ……………………………………………… 113

四、职能部门 ……………………………………………… 114

第五节　民国初期公立大学内部职权结构分析 …………… 116

一、学术为本——公立大学内部职权中的学术权力 …… 117

二、时弱时强——公立大学内部职权中的政府权力 …… 124

三、有声无实——公立大学内部职权中的市场权力 …… 135

小　结 ……………………………………………………… 138

第三章　清末民初私立大学内部职权体系研究 ………… 143

第一节　清末民初私立大学管理概述 ……………………… 144

一、清朝末期的私立大学管理 …………………………… 144

二、民国初期的私立大学管理 …………………………… 148

第二节　清末民初私立大学内部职权体系——以南开大学为例 … 172

一、南开大学部门结构图 ………………………………… 174

二、领导体制 ……………………………………………… 174

三、学术管理 ……………………………………………… 176

四、职能部门 ……………………………………………… 179

第三节　清末民初私立大学内部职权结构分析 …………… 182

一、学术立校——私立大学内部职权中的学术权力 …… 183

二、不甘示弱——私立大学内部职权中的市场权力 …… 186

三、力不从心——私立大学内部职权中的政府权力 …… 190

小　结 ……………………………………………………… 192

第四章　清末民初教会大学内部职权体系研究 ………… 195

第一节　清末民初教会大学管理概述 ……………………… 196

一、鸵鸟政策：清朝末期的教会大学管理 ……………… 196

二、怀柔政策：北洋政府时期的教会大学管理 ……………… 203

三、立案政策：国民政府时期的教会大学管理 ……………… 210

第二节　清末民初教会大学内部职权体系——以圣约翰大学为例 … 216

一、圣约翰大学部门结构图 ……………………………… 217

二、领导体制 ……………………………………………… 218

三、学术管理 ……………………………………………… 220

四、职能部门 ……………………………………………… 221

第三节　清末民初教会大学内部职权结构分析 ……………… 224

一、强弩末矢——教会大学内部职权中的教会权力 ……… 225

二、与时俱进——教会大学内部职权中的学术权力 ……… 233

三、羽翼渐丰——教会大学内部职权中的市场权力 ……… 236

四、强行渗透——教会大学内部职权中的政府权力 ……… 241

小　结 ……………………………………………………… 245

余　论 ……………………………………………………… 247

一、朝阳不再盛，白日忽西幽 …………………………… 247

二、此情可待成追忆，只是当时已惘然 ………………… 254

三、往事不可谏，来者犹可追 …………………………… 258

参考文献 …………………………………………………… 262

一、档案文献类 …………………………………………… 262

二、校史类 ………………………………………………… 264

三、文集、回忆录类 ……………………………………… 265

四、著作类 ………………………………………………… 266

索　引 ……………………………………………………… 271

后　记 ……………………………………………………… 278

绪　　论

一、研究缘起

西塞罗曾经说过："如若你不了解在你出生以前发生的事情，你始终只能是个孩子。"我们今天之所以如此，也许是因为我们一直如此。"我们每个人身上，都不同程度地蕴含着我们昨日所是；它构成了我们身上无意识的部分。"如果要真正地看清楚现在的自己，那么"我们必须摆脱这个时代，从而摆脱我们自己，摆脱我们片面而偏颇的狭隘立场"。对于大学也是如此，"为了确保得出正确的答案，最好的办法就是回溯这个机构的起源，考察它是如何逐步形成的，是什么导致了它的出现，是哪些道德力量造成了这个后果。我们要考察发出这颗嫩芽的那粒原初种籽的构成，细究组成它的各种成分，看看它们是如何聚集并组合在一起的，这样，我们便能够指明，在怎样一种精神的激励之下，这个机构确定了自己的取向。"① 教育史的研究对我们的意义正在于此。

作为"横向的移植"而非"纵向的继承"的中国现代大学的出现，是20 世纪20 年代前后的事情。其起步虽较晚，但由于"最初办大学的人有现代的眼光"，一开办就直接与现代教育接轨，故具有很高的起点。一提起民国大学，可能所有人都会想到那灿若星辰的大师们，会想到陈寅恪先生所说的"独立之精神，自由之思想"。从前不久辞世的钱伟长到钱学森、费孝通、张岱年、陈省身等大师，人们在感念其毕生成就的同时，不免再次将目光投射到成就他们学业基础的那段中国教育的传奇。有论者感慨道：那批不可复得的大师，竟全是20 世纪初民国教育的产儿。随着他们的陆续作别，人们才如梦初醒：原来他们已成绝响，原来他们竟是那样的不可替代。人类文化自有共通之处，民国初期大学的杰出表现使得我们相信，中

---

① 爱弥尔·涂尔干：《教育思想的演进》，李康译，上海，上海人民出版社，2006，第86 页。

国大学的辉煌不应只存在于往昔。

民国时期的中国学术，依现今标准，在某些方面仍是一个难以企及的高峰。有研究显示，在现当代最具创造性的 63 名美籍华裔科学家中，包括陈省身、吴健雄、杨振宁、李政道在内的 26 人是 1949 年前大学毕业（主要在国内接受教育）后赴美的，其余 37 人是作为民国形成的人才高峰的自然延续，于 1949 年后由港台赴美的。"客观地说，就培养学者而言，短暂的民国是中国人才史上的一座高峰。"① 而国家最高科学技术奖自 2000 年设立以来，共有 22 位科学家获奖，其中就有 13 位是 1949 年前大学毕业的。

民国时期的学术能取得如此成就，首先要归功于当时的教育，特别是高等教育。"民国时期内忧外患几乎无日无之，然而高等教育在非常艰难的环境、条件下却成就斐然，至今人们还'艳羡'不已。"② 当年的大学能"劫中辉煌"，而今日的大学却只是"看上去很美"。虽然楼宇巍峨、藏书丰富、人才"济济"，但并非真正之繁荣。大学的真正繁荣源于学术的繁荣，首要条件是学者能成为大学的核心，能真正掌控大学，这一点不仅被西方大学的历史反复证明，也为中国 20 世纪上半叶那段短暂的历史所证明。我们非不能也，实不为也。先辈们的身影不仅仅是要去瞻仰与慨叹，还需要我们沿袭、践行与超越。

中国"教育历史之变迁，以逊清之末民国之初最关重大"。③ 本研究所指之清末民初，特指从 1840 年第一次鸦片战争爆发到 1937 年抗日战争全面爆发的 98 年，这是数千年的中国历史、百余年的中国近代史上值得后人记述的历史时段，也是距离当下较近、对于当代中国的发展仍然具有历史启迪的时段。清末民初的 98 年，为中国史册上浓墨重彩的一页，承载了太多沧桑和厚重。风雨如晦、国危世乱的时局，却是思想启蒙、民智开启的黄金时期，教育、实业、革命、立宪、共和等主张的提出，思想、社会的吐故纳新，开启了中国现代化的历程。长期以来，由于意识形态和现实环境的种种原因，清末民初史向来是学术研究领域的薄弱环节。20 世纪 90年代以来，随着思想的解放与学术氛围的宽松，清末民初史的研究及其相

---

① 沈登苗：《著名美籍华裔科学家的来源、构成及原因初探》，《社会科学论坛》2012 年第 8 期。

② 《民国教育：风气开一代 师表垂后世》，http://cul.cn.yahoo.com/topic/minguo-jiaoyu/。

③ 蒋维乔：《清末民初教育史料（节录）》//璩鑫圭、唐良炎：《中国近代教育史资料汇编：学制演变》，上海，上海教育出版社，2007，第 1091 页。

关成果的出版炙手可热。追溯与重新审视清末民初的这段历史,反思和我们最为接近的那个时代,在社会转型、急剧变革的今天,对深刻认识中国特有国情、把握中华民族发展方向大有裨益。

二、现实意义

严格意义上的中国现代高等教育发展已逾百年。从 1977 年恢复全国统一高考制度至今,中国当代高等教育的改革已有 30 余年。应当说,经过多年的发展,中国的高等教育一方面取得了巨大成绩,但另一方面一些根本性问题也在发展中日渐凸显。这些问题主要集中在两点:一是教学质量走低,人才培养与社会需要脱节;二是创新能力滞后,不能为中国的发展提供强大的科学技术支撑(无论是在基础理论层面,还是在应用技术层面)。从某种意义上说,这些问题正成为社会主义现代化建设进程难以突破的瓶颈。

教学与科研是高等教育的两项主要职能,现在都出现了较大问题,这不能不引起人们对高等教育发展的反思。今天的高等教育正面临来自各个方面的诟病,如针对教师厌教、学生厌学,学术腐败丛生、学术成果平庸,考试作弊成风、学历文凭掺水,教师和学生缺乏创新能力等等,抱怨、炮轰之声不绝于耳。上述种种现象汇成一句话就是:中国的大学越来越不像"学问"之地。种种问题也可以归结为一个原因:中国的大学学术权力不振。而大学学术权力不振的根源又在哪里呢?

长期以来,中国的教育行政部门对大学管得过多过细,导致大学行政化趋向严重,高等教育体系以"权力"而非以"学术"为中心。大学的行政化管理倾向表现在两个方面:一是在外部,即政府对大学管理的行政化倾向(也就是我们所说的大学缺乏办学自主权),具体表现为大学对政府的行政隶属关系;二是在内部,即大学内部管理的行政化倾向(也就是我们所说的大学行政权力泛化),具体表现为大学内部亦存在严格的行政层级,行为和管理方式都颇具行政化特征。"大学缺乏办学自主权"和"大学行政权力泛化"其实都指向同一个病根——大学行政化。而且不仅此二者,大学行政化堪称如今大学绝大多数问题的总病根。①

从表面看,教育系统的很多不端行为似乎和学术权力没有必然联系,所以针对不同的表征相关部门纷纷制定出许多应对措施,如开发防止论文

---

① 东仁:《大学行政化五宗罪》,http://news. xinhuanet. com/comments/2010 - 02/11/content_12967503. htm。

抄袭的检测系统、防止学生舞弊的监控设备等等，可最终只是"头痛医头、脚痛医脚"，也许局部能暂时得到遏制，但久而久之却是积重难返。因为目前高等教育的一切制度模式和思维观念，都不是以学术和教育为本位，而是以功利和实用为本位，以短期既得利益为本位；不是以人为本位，而是以物为本位，以行政为本位。①

大学学术权力的状况涉及学术自由、学术公正和学术民主，涉及真理在学校的实际地位等重大问题，这是学术生命得以生存和发展的空气、土壤和阳光。如果因行政权力的强化造成了对空气和土壤的污染，其后果可想而知。② 甚至有学者预言中国的高等教育将面临更加深重的危机，在最坏的情况下，中国大学的经营可能如同近十年已经声名狼藉的中国职业足球俱乐部。③ 而体制问题是所有原因中的"弊中之弊"，不断异化、越来越违背教育规律的现行高等教育体制，使得本来应该是服务于教育、服务于大学的体制，结果变成了服务于行政、服务于官僚的体制，不但官学不分，而且是以官为主，并最终导致中国大学学术权力的日益弱化。

大学学术权力及高等教育体制改革在高等教育研究中是一个并不新鲜的话题，但却是越来越迫切的一个问题。在经历了 20 世纪 90 年代以来一系列轰轰烈烈的改革之后，中国在高等教育规模已经迅速膨胀的同时却仍然秉承原来的高度集权管理模式，以致行政权力不断泛化而学术权力日益弱化，行政权力不断"吞噬"学术权力且有愈演愈烈之势。我们呼吁政府通过深化体制改革为学术发展让渡更多权力，因为学术的繁荣会为各方带来"共荣利益"，现行高等教育体制的改革刻不容缓。如果说前一阶段高等教育管理体制改革的重点是解决中央与地方的关系问题，那么随着改革的不断深化，在解决好条块分割问题的同时，如何正确处理政府与大学的关系、明晰大学内部职权也提到了重要议事日程。

三、文献综述

（一）国内文献综述

长期以来，国内学术界对于清末民初的大学一直缺乏系统、深入的研

---

① 朱中原：《由陈丹青、贺卫方事件拷问中国高等教育》，http://edu.ifeng.com/zhuanti/jin30nianlaidaxue/doclist/201002/0203_9450_1536345.shtml。

② 张楚廷：《品味大学品位》，《高等教育研究》2001 年第 4 期。

③ 薛涌：《中国的大学何以误入歧途——〈谁的大学〉后记》，《法制资讯》2009 年第 5 期。

究。究其原因，一方面或许是因为其距离现实太近以及清末民初历史的复杂性和延续性，难免触及一些敏感问题，从而在分寸上难以把握；另一方面则可能是因为相关史料的散失和缺乏。由于种种原因，以往的清末民初大学研究无论是对清末民初报刊材料，还是对港台和海外所藏史料，都存在资料利用不足的问题。有幸的是，进入20世纪90年代以来，对清末民初大学的研究逐渐引起了学术界的重视，并陆续出现了一些研究成果。其中，有些是清末民初大学历史、人物、重大事件和办学特色资料的整理汇编，有些是清末民初大学的校史或史料集；有些是单篇论文，有些则是著作中的相关章节。这些研究成果，无疑是十分宝贵的，也为后来的研究奠定了重要基础。但时至今日，国内学术界仍无有关清末民初大学的学术专著问世，对于清末民初大学内部职权的研究更是一片空白。

国内对清末民初大学的已有研究主要分为如下几类：

1. 关于清末民初大学校史或史料的研究

如萧超然编著的《北京大学校史（1898—1949）》（北京大学出版社1988年版）、南开大学校史编写组编写的《南开大学校史（1919—1949）》（南开大学出版社1989年版）、王文俊等选编的《南开大学校史资料选（1919—1949）》（南开大学出版社1989年版）、章开沅主编的"教会大学在中国"系列丛书（河北教育出版社2003年版）、吴惠龄主编的《北京高等教育史料（近现代部分）》（北京师范学院出版社1992年版）、《南大百年实录》编辑组编写的《南大百年实录》（南京大学出版社2002年版）、张雪蓉所著的《美国影响与中国大学变革（1915—1927）——以国立东南大学为研究中心》（华龄出版社2006年版）、熊月之等所著的《圣约翰大学史》（上海人民出版社2007年版）等。

2. 关于清末民初或近现代大学的资料汇编或综合研究

如张竞无所编的《民国大学：遥想大学当年》（东方出版社2012年版）、李子迟编著的《晚清民国大学之旅》（中国致公出版社2010年版）、钟叔河和朱纯编著的《过去的大学》（长江文艺出版社2005年版）、谢泳等编著的《逝去的大学》（同心出版社2005年版）、谢泳编著的《大学旧踪》（江西教育出版社1999年版）、金以林所著的《近代中国大学研究（1895—1949）》（中央文献出版社2000年版）、宋秋蓉所著的《近代中国私立大学研究》（天津人民出版社2003年版）、章开沅和林蔚主编的《中西文化与教会大学》（湖北教育出版社1991年版）、《中国教会大学历史文献研讨会论文集》（香港中文大学出版社1995年版）、《中国教会大学史论丛》（成都科技大学出版社 1995 年版）、章开沅主编的《文化传播与教会大学》（湖北教育出版社 1996 年版）和《社会转型与教会大学》（湖北教育出版社 1998 年版）等。

3. 关于清末民初著名大学校长的专题研究

如唐振常所著的《蔡元培传》（上海人民出版社 1985 年版）、孙善根所著的《走出象牙塔：蒋梦麟传》（杭州出版社 2004 年版）、梁柱所著的《蔡元培与北京大学》（北京大学出版社 1996 年版）、梁吉生主编的《张伯苓的大学理念》（北京大学出版社 2006 年版）、高伟强等编著的《民国著名大学校长》（湖北人民出版社 2007 年版）以及山东教育出版社 2004 年出版的"中国著名大学校长书系"等。

4. 关于清末民初或近代大学的杂谈或随笔

如陈平原的《北大精神及其他》（上海文艺出版社 2000 年版）、《中国现代学术之建立》（北京大学出版社 1998 年版）、《老北大的故事》（江苏文艺出版社 1998 年版）、《中国大学十讲》（复旦大学出版社 2002 年版）、《北大旧事》（生活·读书·新知三联书店 1998 年版），谢泳所著的《逝去的年代：中国自由知识分子的命运》（文化艺术出版社 1999 年版）等。

另外，其他一些关于中国大学教育史、清末民初或者近现代教育的著作，如丁致聘等所著的《最近三十五年之中国教育》（国立编译馆 1935 年版）、曲士培所著的《中国大学教育发展史》（北京大学出版社 2006 年版）、刘少雪所著的《中国大学教育史》（山西教育出版社 2007 年版）、霍益萍所著的《近代中国的高等教育》（华东师范大学出版社 1999 年版）、荀渊所著的《从传统到现代——近代中国的高等教育》（甘肃民族出版社 2004 年版）、苏云峰所著的《中国新教育的萌芽与成长（1860—1928）》（北京大学出版社 2007 年版）、李华兴主编的《民国教育史》（上海教育出版社 1997 年版）、熊明安所著的《中华民国教育史》（重庆出版社 1997 年版）、申晓云主编的《动荡转型中的民国教育》（河南人民出版社 1994 年版）、黄俊伟所著的《过去的大学与现在的大学》（群言出版社 2010 年版）等也都有部分章节涉及清末民初大学的相关问题和内容。

（二）国外文献综述

关于清末民初大学研究的国外文献不多，主要有美国柯约翰所著的《华中大学》（华中师范大学出版社 2003 年版）、美国文乃史所著的《东吴大学》（珠海出版社 1999 年版）、美国杰西·格·卢茨所著的《中国教会大学史（1850—1950 年）》（浙江教育出版社 1987 年版）、加拿大黄思礼所著的《华西协和大学》(珠海出版社 1999 年版)、美国芳卫廉所著的《基督教高等教育在变革中的中国（1880—1950）》(珠海出版社 2005 年版)等教会大学史以及加拿大许美德所著的《中国大学 1895—1995：一个文化冲突的世纪》(教育科学出版社 2000 年版)、美国叶文心所著的《民国时期大学校园文化（1919—1937）》(中国人民大学出版社 2012 年版)等。

本研究参考较多的外国文献主要是关于"权力"、"学术权力"和"大学内部治理"等方面的研究。

1. 对权力的研究

罗素说过，权力是社会学的基本概念，其重要性如能量概念之于物理学。其实权力又何尝不是政治学与法学的基本概念。[①] 对于"权力"这样一个社会科学的基本概念，古今中外人们的看法多种多样，国内外学者对权力的理解也千差万别，以至于有的学者认为给权力"简单地设定一个定义肯定是行不通的，因为这非但没有避免概念之争，相反却陷入了这场争论之中"。[②] 权力概念是在人们对权力的认识以及权力本身的发展中不断变化的，它同样与学者的不同视角及学术兴趣有关。一般说来，大体有"能力说"(如法约尔)、"关系说"(如西奥多·哥伦比斯、丹尼斯·朗等)、"影响力说"(如米歇尔·福柯)和"强制力说"(如克特·巴克)等。

2. 对学术权力的研究

总体而言，国外对学术权力的界说可归纳为"广义的学术权力"，即泛指高等教育场域的各种权力。美国学者伯顿·克拉克对学术权力的理解与界定就基本体现在广义的范畴上。伯顿·克拉克曾先后将学术权力划分为三个系统（扎根于学科的权力、院校权力和系统权力）或十种学术权力[个人统治（教授统治）、集团统治（教授统治）、行会权力、专业权力、魅力权威、董事权力（院校权力）、官僚权力（院校权力）、官僚权力（政府权力）、政治权力和高教系统的学术寡头权力]。当然，上述学术权力存在很多交叉，其本人对此也有所说明，如认为："行会权力是前两种统治[③]的混合物。它把学术团体权力和个人自治权混合在一起……这种混合物在

---

① 周永坤：《规范权力——权力的法理研究》，北京，法律出版社，2006，第 95 页。
② 戴维·米勒、韦农·波格丹诺：《布莱克维尔政治学百科全书》，邓正来主译，北京，中国政法大学出版社，1992，第 596 页。
③ 即个人统治（教授统治）和集团统治（教授统治）。

社会的某些部门中，从未消失过，尤其没有从学术体制中消失过。"① 广义的大学学术权力以权力实施对象为标准，泛指对大学内部学术活动和学术资源管理的一切权力，其主体既可是大学内部人员亦可为大学外部官员，既可是学术研究者亦可为行政管理人员，只要对象是大学学术活动和学术资源，即为大学学术权力。这种学术权力广泛存在于学科、院校和高教系统等不同层面。

3. 对大学内部治理的研究

从历史上看，国外运用组织理论研究大学始于 20 世纪 60 年代。具体用科层组织和科学管理理论对大学进行研究的有威廉·考利、约翰·科森、斯特罗普、布劳、科恩、马奇、维克托·巴尔德里奇、罗伯特·伯恩鲍姆、弗里蒙特·卡斯特和詹姆斯·罗森茨韦克等。

威廉·考利、约翰·科森等强调用科层组织来构建大学组织结构，认为要采用企业和政府的先进管理技术来管理大学。斯特罗普认为大学的组织特征是由其所处的社会组织特征决定的，大学如同所有大型组织一样，是根据层次化原则将其各部门组织起来的，即低一级的部门必须接受高一级部门的控制和监督。布劳也认为大学组织机构在很多方面具有科层组织的特征，大学组织机构是随着规模的扩大而变化的，如同其他大型科层组织一样，具有复杂的行政机构。而科恩、马奇等人则反对将大学看作一个科层组织。② 维克托·巴尔德里奇在进行实际研究后，提出大学管理主要有两种类型：其一是"学者共和国"，其二是被视为等级制的、理性的、权力主义的科层组织模式。同时他还提出"政治的"一词来概括大学组织管理的第三种模式。③ 罗伯特·伯恩鲍姆所著的《大学运行模式》则在综合美国许多学者关于学院和大学研究成果的基础上，围绕"松散结合"的大学组织特点，论述了学会组织模式、官僚组织模式、政党组织模式、无政府组织模式及控制组织模式等大学组织独特的运行机理。④

系统分析大学组织特性的当数系统管理学派的主要代表人物、美国华盛顿大学的弗里蒙特·卡斯特和詹姆斯·罗森茨韦克。他们在《组织与管理——系统方法与权变方法》一书中，从变化着的环境、目标与价值观、

---

① 约翰·范德格拉夫等：《学术权力——七国高等教育管理体制比较》，王承绪等译，杭州，浙江教育出版社，2001，第188页。
② 季诚钧：《大学属性与结构的组织学分析》，北京，人民教育出版社，2006，第3~4页。
③ 吴志功：《现代大学组织结构设计》，北京，北京师范大学出版社，1998，第7页。
④ 马廷奇：《大学转型：以制度建设为中心》，北京，社会科学文献出版社，2007，第31页。

技术、结构、社会心理系统和管理系统六个维度分析了大学与其他大型复杂性组织如城市与医院的差异，阐述了美国大学的组织特性。① 并指出，在管理中由于各种因素间相互作用关系的动态特性，实际上不可能存在某种能适用于一切组织的方法和模式。

而最为我们所熟悉的当数美国伯顿·克拉克的《高等教育系统——学术组织的跨国研究》一书。与弗里蒙特·卡斯特和詹姆斯·罗森茨韦克主要研究美国大学不同的是，他把自己的研究放在一个国际背景中，使得他的研究结论更具普遍性。他从考察知识材料和群体出发，具体研究大学目的的概念，探讨大学组织特性。因为"在任何情况下，一个系统的持色总是围绕着它的任务而形成的"。"高等教育的任务是以知识为中心的。正因为它那令人眼花缭乱的高深学科及其自体生殖和自治的倾向，高等教育才变得独一无二——不从它本身的规律去探索就无法了解它"。② 着眼于大学目的，他从分析构成大学系统的三个基本要素工作、信念和权力入手，考察了大学的组织特征。其另一部著作《高等教育新论——多学科的研究》则专辟一章论述"组织的观点"，即"从内部对高等教育系统进行分析的观点"，"它要求分析者从主角的角度去观察情况，从内向外弄清高等教育系统与外部环境的种种关系。运用得当时，从组织的角度研究高等教育可以成为公正客观地评价该系统的一种方式"。③

而西方其他一些研究大学的著作，如英国阿什比的《科技发达时代的大学教育》、美国克拉克·克尔的《大学的功用》、美国德里克·博克的《走出象牙塔》、加拿大约翰·范德格拉夫的《学术权力——七国高等教育管理体制比较》等也都涉及大学内部治理的相关问题和内容。

四、基本框架

本研究主要以清末民初的公立大学、私立大学和教会大学为研究对象，探讨清末民初军阀政治与政党政治交替之际，大学内部职权与政治、学术、市场、教会多重互动的复杂关系，并对大学内部职权运行体系进行分析。本研究主要分为四个部分，基本框架如下：

---

① 弗里蒙特·E. 卡斯特、詹姆斯·E. 罗森茨韦克：《组织与管理——系统方法与权变方法》，李柱流等译，北京，中国社会科学出版社，1985，第603~629页。
② 伯顿·R. 克拉克：《高等教育系统——学术组织的跨国研究》，王承绪等译，杭州，杭州大学出版社，1994，第313页。
③ 伯顿·克拉克：《高等教育新论——多学科的研究》，王承绪等译，杭州，浙江教育出版社，2001，第105页。

第一章为大学内部职权体系界说，主要是重新建构大学内部职权结构的分析模型。本研究采用传统、狭义的权力概念，把权力描述为依托一定职位、正式合法的制裁力，也是组织成员根据组织制度确定的、与担任该职位的个人特性无关的亦即非人格化的制度性权力①，即影响乃至支配他人的一种强制性力量②。这不是一个严格意义上的定义，而只是描述性的。正如托马斯·戴伊所说，"权力是社会体制中职位的标志，而不是某个人的标志。当人们在社会机构中占据权势地位和支配地位时，他们就有了权力"。③ 这种权力与组织结构密切相关，我们通常称之为职权，这是权力最基本、最重要的表现形式，同时也最清晰和最被人们关注，以此为研究的出发点，更容易看清楚大学组织的内部运作。大学内部的行政权力主要来源于学术权力、市场权力和政府权力（政党权力）的让渡，这些权力通过政治上的博弈最终形成一股合力，支配大学内部职权体系的构成和运行；而大学行政权力属于衍生权力，它是对这股政治合力的执行，其具体表现为行政职权。

第二章为清末民初公立大学内部职权体系研究，主要阐述清末民初公立大学的内部职权运作。中国现代意义上的公立大学以北京大学采用的德国式"教授治校制"和东南大学郭秉文所借鉴的美国式"董事会制"为代表，二者都取得了令人瞩目的成就。本章在梳理清末民初公立大学内部职权变革的背景和轮廓之后，又以这两所大学为具体案例，探讨20世纪20年代不同模式影响下的公立大学内部职权与政治、学术、市场多重互动的复杂关系，并对两所大学的内部职权运行体系进行比较分析。这两所大学内部职权运作的理念有很大区别，但对学术权力都未有实质性伤害，而是各有其适用范围。如果考虑到现实借鉴意义，在当代中国大学规模不断扩张的背景下，美国大学成熟运作的"董事会制"则更加适合中国国情，美国大学的学术成就近期而言也较德国更为突出。在影响民初公立大学内部职权体系的各权力因素中，学术权力一直都是作为大学中的强势权力出现，市场权力影响较弱，同时大学并未被政府力量所裹挟。

第三章为清末民初私立大学内部职权体系研究，主要阐述清末民初私立大学的内部职权运作。中国现代意义的私立大学出现在1910年代，之后

---

① 安奉钧、杨翠华：《领导危机：组织内因与有效防治——从权力、职权、权威三者关系视角的分析》，《理论探讨》2006年第2期。
② 万斌：《权力和政治权力的一般考察》，《浙江社会科学》1995年第2期。
③ 托马斯·戴伊：《谁掌管美国——里根年代》，张维等译，北京，世界知识出版社，1985，第11页。

如雨后春笋般蓬勃发展。清末民初的私立高等教育层次丰富、种类繁多，其中最为卓越者当属张伯苓时期的私立南开大学。这所大学是近代中国一个很值得重视的教育现象，代表了中国教育早期现代化的一个方向。她以"私立非私有"的办学理念，为寻求与中国实际相结合的办学模式而执着探索。南开之私立，不只体现在经济上的自筹资金，更落实为文化精神上的"特立"与"自立"。当我们质问为什么中国不能出现像哈佛、耶鲁这样著名的私立大学时，我们是否还能记得中国过去的大学也曾存在过私学传统？是否还能记起以前我们也曾有过这样的学校？与当代中国民办大学相比，之所以民国初期出现了一批蜚声中外的杰出私立大学，重要原因是在影响民国初期私立大学内部职权体系的各权力因素中，学术权力影响最大，市场权力次之，而政府权力的影响则相对要小得多。

第四章为清末民初教会大学内部职权体系研究，主要阐述清末民初教会大学的内部职权运作。教会大学作为近代中西方文化交流的产物和重要组成部分，虽然数量不多，但起点很高，在中国的高等教育近代化进程中起着某种程度的示范与导向作用。教会大学在中国设立之本意是宗教传播，但在中国社会变革的大浪潮下，不得不从"借学布道"转到"教育为本"。本章从职权角度重新审视教会大学的历史，并以圣约翰大学的内部职权体系为例，探讨清末民初的政治风云变幻对教会大学生存和发展的深刻影响，以及教会大学徘徊于宗教与世俗、政治与教育、市场与学术之间多重互动的复杂关系。在影响清末民初教会大学内部职权体系的各权力因素中，教会权力由强渐弱，学术权力由弱渐强，市场权力逐渐增强，而政府权力则不断强行渗透。

五、研究方法

本研究的主要方法有历史文献法、个案研究法、比较研究法和系统模型法等。

（一）历史文献法

这是本研究所采用的最主要方法。本研究对清末民初与文教事业相关的政策文本做了比较全面的检索、收集以及甄别，作为研究的背景资料和佐证材料；广泛收集了清末民初公立、私立和教会大学的各类史料，包括校史资料、教育年鉴、地方志以及回忆录等；此外，还颇费周折地从海外收集到一些清末民初资料作为补充。

（二）个案研究法

本研究对清末民初各类大学内部职权的研究都由概述、案例和分析三个部分构成。公立大学以北京大学、东南大学为案例进行分析，私立大学以南开大学为案例进行分析，教会大学以圣约翰大学为案例进行分析，以尽可能翔实地再现当时大学的面貌。此外，为避免以偏概全，公立大学增加了中央大学、清华大学，私立大学增加了复旦大学、光华大学、大夏大学，教会大学增加了燕京大学、齐鲁大学、金陵女子大学等作为佐证案例。

（三）比较研究法

这是本研究自始至终贯彻的一种方法。本研究涉及纵向比较，即比较社会发展不同时期相继出现的大学事件，如第二、第三、第四章开篇分别对清末民初 90 余年间公立大学、私立大学和教会大学内部职权演变进行比较分析；横向比较，即比较社会发展同一时期出现的大学事件，如公立大学教授治校制与董事会制的比较等。

（四）系统模型法

这是本研究比较有特色的一个研究方法，在教育史学研究中并不多见。本研究的系统模型法运用于对大学内部职权运行的现实系统进行抽象和模拟，提炼反映大学内部职权结构本质的主要构成因素并分析这些主要因素之间的关系。在第一章建构系统模型作为后续分析的基础，第二、第三、第四章的分析都基于该系统模型进行。

第一章　大学内部职权体系界说

　　"在社会生活中，凡是依靠一定的力量使他人的行为符合自己目的的现象，都是权力现象。"① 权力现象是人类社会普遍存在的社会现象，广泛存在于社会生活的各个领域和部门，大学也不例外。研究大学权力，可以从两个层面分析：一是大学的外部权力关系，包括大学与政府、社会其他组织之间的权力关系，这是高等教育宏观管理体制的问题之一；二是大学的内部权力关系，涉及大学权力如何在大学内部各组群之间分配及其运行、变革与调整，是大学内部管理要解决的问题。

　　近十年来，大学治理开始成为中国高等教育理论界研究的热点问题。但中国学者所从事的大学治理研究不同于西方，其中不同的问题意识是由于中西方大学治理实践的差异所导致。在西方，大学自治权力是大学治理的前提；而对中国大学而言，大学治理的前提性问题并没有很好解决，办学自主权（意为大学自治权力，中西方术语略有差别）还不是一个"应得之物"。本研究以大学内部权力关系（即大学内部职权）为研究对象，由于"前提"问题没有解决，宏观体制对大学内部职权体系的具体运作仍然有较大影响，因此这也是研究的一个重要方面。

第一节　大学内部职权的内涵

　　组织的运转过程与权力的行使过程密切相关，组织内部每一角色都拥有不同的职权范围、不同的权力关系。这种组织中的职权就是合法化的权力。② 大学作为一个正式、独特的社会组织，同样具备其他社会组织的基

---

① 中国大百科全书总编辑委员会《政治学》编辑委员会：《中国大百科全书》（政治学），北京，中国大百科全书出版社，1992，第498页。
② 于显洋：《组织社会学》，北京，中国人民大学出版社，2001，第213~214页。

本特征。

一、权力与职权

美国学者哈罗德·莱维特把权力分为两种，一种是强权，一种是职权。他说：倘若我们问某军官他怎样使他的部属听命，他就会谈起发布命令和指令，那就是职权；倘若我们问某高利贷者他怎样确保他的顾客还钱，他可能只是指一指站在窗边的彪悍凶恶的人，那就是强权。[①] 正式、合法的权力建构和实施体系也就成为一套职权体系，它是大学内部管理的核心内容。

（一）影响大学内部职权体系形成的核心因素——权力

权力是人们日常社会生活中显而易见并能切身感受到的一种客观存在。作为重要的社会现象，权力一直是人人使用而无须适当定义的字眼。"它既被视为个人、群体或更大社会结构拥有的一种品质或属性，又被视为个人或集体参与者之间主动或互动过程或关系的指标。"[②] 罗素指出："动物只要能够生存和生殖就感到满足，而人类还希望扩展。""在人的各种无限欲望中，主要的是权力欲和荣誉欲。"[③] 然而，人们在理论上对权力的概念、性质和类型等问题的理解却一直众说纷纭。

作为政治学基本概念之一的权力，其英文单词为 power，英文 power 一词源自法语 pouvoir，后者源自拉丁文的 potestas 或 potentia，意指"能力"（两者都源自动词 potere，即能够）。在罗马人那里，potentia 是指一个人或物影响他人或他物的能力；potestas 则还有一个更为狭隘的政治含义，即指人们通过协同一致的联系和行为所取得的特殊能力。[④]

在中国，"权"最早是一种衡器的名称。据《广雅·释器》解释："锤谓之权"。[⑤] 后来"权"引申为两种含义：一是衡量审度的意思。如孔子说："谨权量，审法度，修废官，四方之政行焉。"孟子说："权，然后知轻重。"二是指制约别人的能力。如早期法家人物慎到认为，"贤而屈于不

---

① 哈罗德·J. 莱维特：《现代管理心理学——论组织中的个体、同事和团体》，方展画等译，上海，上海翻译出版公司，1988，第 191 页。
② 丹尼斯·朗：《权力论》，陆震纶、郑明哲译，北京，中国社会科学出版社，2001，第 3 版，第三版引言第 1~2 页。
③ 伯特兰·罗素：《权力论：新社会分析》，吴友三译，北京，商务印书馆，1991，第 2~3 页。
④ 戴维·米勒、韦农·波格丹诺：《布莱克维尔政治学百科全书》，邓正来主译，北京，中国政法大学出版社，1992，第 595 页。
⑤ 田凯：《论权力及权力控制》，《教学与研究》2006 年第 10 期。

肖者，权轻也"；后来的法家著作《管子》也指出，"欲用天下之权者，必先布德诸侯"。① 现在，则把权力引申为"一个人依据自身的需要影响乃至支配他人的一种力量"。② 如在《现代汉语词典》中，权力就有两个含义，分别指"政治上的强制力量"和"职责范围内的支配力量"③；而《社会学词典》上的解释是：权力是一种强制性的社会力量，支配权力的主体利用这一力量驾驭客体，并迫使客体服从自己。④

美国社会学家丹尼斯·朗在《权力论》第三版引言中说："权力本质上是一个有争议的概念"。⑤ 这是指持有不同价值观、不同信仰的人们肯定对它的性质和定义意见不一致。权力概念之所以容易混同和含糊不清，来源于三种用法，在这些用法中将此概念混杂、融合，或重叠成相似的词语和含义：（1）最普通的用法是作为影响、控制、统治和支配的近似同义语，导致权力看起来具有这些词语的某些或全部不同色彩。（2）作为个人具有的属性或品质，权力可能被视为人们追求的，甚至是人类奋斗的基本目标。因此产生了涉及人性本身的人类基本动机问题。（3）既然在一切大规模的复杂的"文明"社会里，权力在群体之间分配不均，这些社会的文化就会反映和体现这种不平等。用时髦的话来说，控制其他群体的某些群体的"霸权"一定会转译在他们的一切活动和表现方式中，包括人类最杰出的创造物和占有物——语言在内。⑥

对于"权力"这样一个社会科学的基本概念，古今中外人们的看法多种多样，国内外学者对权力的理解也千差万别。一般说来，大体有如下几种：第一，"能力说"。即把权力看成一种能力，这是西方最通行的权力定义。如法约尔认为权力就是"指挥和要求别人服从的能力"。⑦《西方哲学英汉对照辞典》认为权力就是"迫使他人按照自己的目的去行动的能力，以使他们做他们可能还没有做的事。权力还可影响这种行动如何履行"。⑧

---

① 王浦劬等：《政治学基础》，北京，北京大学出版社，2006，第2版，第65页。
② 万斌：《权力和政治权力的一般考察》，《浙江社会科学》1995年第2期。
③ 中国社会科学院语言研究所词典编辑室：《现代汉语词典》，北京，商务印书馆，2012，第6版，第1075页。
④ 张光博等：《社会学词典》，北京，人民出版社，1989，第153页，转引自谢建社《地方权力的冲突》（博士论文），上海，上海大学，2005，第13页。
⑤ Steven Lukes：*Power：A Radical Review*，London：Macmillan，1974，p. 9.
⑥ 丹尼斯·朗：《权力论》，陆震纶、郑明哲译，北京，中国社会科学出版社，2001，第3版，第三版引言第2~3页。
⑦ 丁煌：《法约尔对西方行政管理学发展的理论贡献》，《法国研究》1998年第2期。
⑧ 尼古拉斯·布宁、余纪元：《西方哲学英汉对照辞典》，北京，人民出版社，2001，第784页。

第二，"关系说"。即承认权力的关系性质，认为权力是一种控制或影响的关系。① 如西奥多·哥伦比斯认为权力"作为一个综合概念，是由诸如威信、地位、尊严等等复杂的性质所说明的"；"理解'权力'概念的最好方法是将其视为冲突的意志之间的关系"。② 《不列颠百科全书》认为，权力是"一个人或许多人的行为使另一个人或其他许多人的行为发生改变的一种关系"。③ 丹尼斯·朗在早期也"主要从社会学来考虑，把权力视为参与者之间的一种特殊关系"。④ 第三，"影响力说"。近年来，在社会和政治理论中，权力倾向于成为更扩散、更广泛的概念，主要原因在于安东尼·吉登斯和米歇尔·福柯的研究成果所带来的影响，他们把权力视为产生效果或结果的高度一般化的能力，也即影响力。⑤ 如福柯通过对医院、监狱和性的历史考察⑥，发现权力以"微观政治学"的形式渗透到一切社会关系中，弥散到社会各个局部领域：权力"无处不在"，散布于整个社会；权力无时不在发挥作用，其效果绵延不绝。"一切事物似乎都围绕着权力这一核心"。⑦ 罗德里克·马丁认为："从最一般的意义上讲，权力指由对象、个人或集团相互施加的任何形式的影响力。"⑧ 韦恩·霍伊和塞西尔·米斯克尔认为："权力是一个一般性的、综合性的术语。它包括完全强制性的控制，以及以非威胁性的说服与建议为基础的控制。"⑨ 第四，"强制力说"。很多学者把权力定义为一种强制、支配他人的力量，认为权力概念不同于影响，仍然含有强制色彩⑩，强制力是权力的基本属性。如社会心理学家克特·巴克认为"权力包含有强制的因素"，并将权力定义为"在

---

① 刘小年、范炜烽：《权力二重性研究》，《学术论坛》2001年第6期。
② 西奥多·A.哥伦比斯、杰姆斯·H.沃尔夫：《权力与正义——国际关系学导论》，白希译，北京，华夏出版社，1990，第100、79页。
③ 王爱冬：《政治权力论》，保定，河北大学出版社，2003，第7页。
④ 丹尼斯·朗：《权力论》，陆震纶、郑明哲译，北京，中国社会科学出版社，2001，第3版，第三版引言第1页。
⑤ 万力维：《控制与分等：权力视角下的大学学科制度的理论研究》（博士论文），南京，南京师范大学，2005，第31页。
⑥ 见米歇尔·福柯所著的《临床医学的诞生》、《性生活史》、《规训与惩罚》。
⑦ 包亚明：《权力的眼睛——福柯访谈录》，严锋译，上海，上海人民出版社，1997，第27页。
⑧ 罗德里克·马丁：《权力社会学》，陈金岚、陶远华译，石家庄，河北人民出版社，1992，第56页。
⑨ 韦恩·K.霍伊、塞西尔·G.米斯克尔：《教育管理学：理论·研究·实践》，范国睿主译，北京，教育科学出版社，2007，第7版，第197页。
⑩ 丹尼斯·朗：《权力论》，陆震纶、郑明哲译，北京，中国社会科学出版社，2001，第3版，第三版引言第6页。

个人或集团的双方或多方之间发生利益冲突或价值冲突的形势下执行强制性控制"。① 劳斯威尔和凯普兰指出："正是惩罚的威胁使权力有别于一般的影响。权力是施加影响的一种特殊形态，意即利用威胁或对不遵守既定政策的人采取严厉剥夺的办法来影响他人政策的过程。"② 托马斯·戴伊认为："权力并不是个人的属物，而是社会组织的属物。权力是伴随着社会体制中某些职位而来的控制社会的潜在力量。"③ 伯顿·克拉克认为"广泛的法定权力模式，即由于某些群体占据支配地位而产生的权威"，"不仅表现在它决定由谁来安排议程和由谁来告诉其它人做什么——决策，而且表现在它限制将要作出的决定的范围——非决策"。④ 还有很多学者对权力做过研究，不逐一列举。

本研究不打算从泛化的权力概念着手，而是采用传统、狭义的权力概念，把权力描述为依托一定职位、正式合法的制裁力，也是组织成员根据组织制度确定的、与担任该职位的个人特性无关的亦即非人格化的制度性权力⑤，即影响乃至支配他人的一种强制性力量⑥。这不是一个严格意义上的定义，而只是描述性的。

如此界定的理由有二：一是为了缩小本研究考察的范围，避免将其牵涉得太广、太泛，同时也更明确，易于操作；二是基于本研究的目的，因为本研究主要是为了展现学术权力在大学内部权力结构中的约束力和支配力。这种定义更多地体现了官僚体制中的强制力。正如托马斯·戴伊所说，"权力是社会体制中职位的标志，而不是某个人的标志。当人们在社会机构中占据权势地位和支配地位时，他们就有了权力"。⑦ 这种权力与组织结构密切相关，我们通常称之为职权，这是权力最基本、最重要的表现形式，同时也最清晰和最被人们关注，以此为研究的出发点，更容易看清楚大学组织的内部运作。

---

① 克特·W. 巴克：《社会心理学》，天津，南开大学出版社，1984，第420页。
② 莫里斯·迪韦尔热：《政治社会学——政治学要素》，杨祖功、王大东译，北京，东方出版社，2007，第97页。
③ 托马斯·戴伊：《谁掌管美国——里根年代》，张维等译，北京，世界知识出版社，1985，第9页。
④ 伯顿·R. 克拉克：《高等教育系统——学术组织的跨国研究》，王承绪等译，杭州，杭州大学出版社，1994，第120～121页。
⑤ 安奉钧、杨翠华：《领导危机：组织内因与有效防治——从权力、职权、权威三者关系视角的分析》，《理论探讨》2006年第2期。
⑥ 万斌：《权力和政治权力的一般考察》，《浙江社会科学》1995年第2期。
⑦ 托马斯·戴伊：《谁掌管美国——里根年代》，张维等译，北京，世界知识出版社，1985，第11页。

"权力"也经常被误解为"权利"。根据《现代汉语词典》的解释，权利是指"公民或法人依法行使的权力和享受的利益（跟'义务'相对）"。① 如果用英语里的词来比较，"权力"大致相当于 power，"权利"则相当于 right；"权利"（right）意为"正确的、正当的与正义的"，它更多地滞留在"理念"或"条文"的层面；而"权力"（power）意为"有效地执行或行动的能力或力量"，它更多地显现于"行为"或"实践"的层面。一般说来，权利是相对于人的生存境遇和发展要求而言，权力则是相对于有能力支配他人的个人或组织而言。②

从本质上看，权力是权利主体的一种契约形式的让渡，权力只有定位服务于权利才能获得自身存在的合法性，合法权力是权利的有限让渡，未经让渡的权利是权力的止限。尽管权力对于社会而言不可或缺，但它相对于权利的工具理性地位却不可更改。③ 我们后面将要讨论的根据权力拥有者群体不同所划分的学生权力、教师权力、干部权力、工人权力等，其实质是学生、教师、干部和工人等不同权利主体所应由外部赋予或保障的基本权利。而大学中的行政权力主要提供秩序与效率层面的保障；同时，行政权力以大学各多元主体的权利为本位，权利是权力的利益指向，是其价值取向的目标，也是其所保障的客体内容。④

（二）何谓职权？

职权和权力密切相关，但权力的概念远远大于职权，职权则更富于政治、行政色彩。⑤ 职权是权力的基本形态，是社会影响的重要形式，也是组织中最重要的协调和控制机制。⑥ 在《现代汉语词典》中，职权的含义是指"职务范围以内的权力"。⑦ "管理理论之父"韦伯曾将权力设想为三种形态：法理权力、传统的权力和虔信的权力。法理权力的基础是它的合法性，被授以权位的人拥有发号施令的权力；传统的权力是基于古老传统的神圣性，而行使权力的那些人的地位是继承下来的，并信仰这是合法的；

---

① 中国社会科学院语言研究所词典编辑室：《现代汉语词典》，北京，商务印书馆，2012，第 6 版，第 1075 页。
② 寇东亮：《学术权力：中国语义、价值根据与实现路径》，《高等教育研究》2006 年第 12 期。
③ 朱华桂：《关于权力与权利的思考》，《南京人口管理干部学院学报》2003 年第 2 期。
④ 王立峰：《高校权力的法治观照》，《复旦教育论坛》2006 年第 3 期。
⑤ 王文耀：《中国古代职权的起源和衍化》，《社会科学战线》1987 年第 2 期。
⑥ 张忠仁：《职权与服从》，《锦州师院学报》（哲学社会科学版）1993 年第 2 期。
⑦ 中国社会科学院语言研究所词典编辑室：《现代汉语词典》，北京，商务印书馆，2012，第 6 版，第 1672 页。

虔信的权力，这是基于对某一人的超凡的圣洁、英雄业绩或高尚道德的虔诚信仰而产生的。① 韦伯所说的法理权力便是现代意义上的职权。职权是指合法组织的正式等级、作用和地位，是支配和影响别人或某种行为的工具，是组织赋予其某些成员的特权。②

职权有着复杂的结构，是各具体要素的总和。职权的各具体要素分别归属于两个方面：权限与权能，职权乃是权限要素与权能要素的逻辑统一。权限是职权中功能要素的总和，超越职权和滥用职权正是指职权主体打破了职权运行的界限。权能作为职权中保障要素的总和，要使职权的运行现实地作用于相对人的行为并使其服从，就必须赋予职权的运行以相应的法律上的力。职权的运行对相对人具有强制性这一点是学理上一致赞同的。③

同职权共存的是职责。黄津孚认为，理论上职责与职权存在四点区别：（1）职责和职权有不同的内涵。职责是在组织活动中个人（或部门）必须完成的任务或必须达到的结果，是用绩效加以衡量的。必须完成的任务越多，必须达成的要求越高，责任就越大。而职权是在组织活动中个人或团体意志（包括资源和利益分配、规定他人行为）的法定作用范围。（2）职责和职权反映不同的人际关系。责任和权力均是人际关系的反映，然而职责是个人对组织（或其他人）的承诺，是个人对组织的贡献和风险的分担；职权则是组织对个人或团体（行动自由度）的承诺，是组织（或其他人）为实现整体目标对个人或团队的资源和自由的让渡。（3）职责与职权所受的约束不一样。简单地说，职责是"应该/必须做什么"，是规定行为的"底线"；职权是"可以/允许做什么"（当然也可以不做），是规定行为的"上限"。职责行为的弹性较小，职权行为的弹性较大。（4）人们对责任和权力有不同偏好。多数人偏好权力回避责任，因为责任意味着要付出努力和辛劳，未履行职责将受到谴责乃至惩罚；而权力是地位的象征，还常常包含着更多的利益。在日常生活中，职责与职权经常出现背离现象。例如不搞调查研究（决策责任的重要内容）就决定巨额投资（决策权力范围内行为）；平常不加以监督和培训指导（这是每一个主管的基本职责），年末重罚绩效不佳的下属（这是职权许可的行为）；如此等等。④ 本研究解读的视角是职权，较少涉及职责研究。

---

① 俞文钊：《管理心理学》（修订本），兰州，甘肃人民出版社，1989，第478页。
② 张忠仁：《职权与服从》，《锦州师院学报》（哲学社会科学版）1993年第2期。
③ 李琦：《职权：宪法学与法理学考察》，《中外法学》1999年第3期。
④ 黄津孚：《组织设计中职权和职责分析》，《管理评论》2003年第8期。

组织通过各个行政职位对成员的控制来确保其行为与组织目标的一致性，组织控制的本质是权力。① 大学作为正式组织的一种，自然也不例外。大学内部职权体系指的是大学内部的职位设计、权力分配以及运作机制，其正式职权集中体现为行政职权体系，当代大学的内部权力主要来源于政府权力（政党权力）、学术权力、市场权力等的让渡。大学内部的行政权力来源于其职位，而职位本身不过是一个名词称谓，权力根源并不在职位本身，而在于其他权力的赋予以及对权力行使的认可（这是下一节要重点阐述的内容）。

二、大学权力与大学职权

伯顿·克拉克在《高等教育系统——学术组织的跨国研究》一书中指出："如果我们懂得权力，我们好像就懂得所有我们需要了解有关国家高教系统整合的一切方面。"② 因此，他将"权力"视为大学组织的三大基本要素之一，指出合法权力分配中的许多权力关系是从工作组织和相伴而生的信念中产生的。目前，大学内部权力与大学内部职权的研究交织在一起，大学中某种权力的正常运行总要借助一定的职位。20 世纪 70 年代以来，国内外一些学者开始关注大学权力问题研究。

（一）大学权力

1. 中西方学者眼中的大学权力

美国学者约翰·范德格拉夫等编著的《学术权力——七国高等教育管理体制比较》运用组织社会学理论，用比较的方法讨论了高等教育系统的权力结构，提出了高等教育系统中一个非常重要的概念——"学术权力"。③ 书中伯顿·克拉克提出的"学术权力"实际上是对整个高等教育系统权力体系的描述，包括了个人统治、集团统治、行会权力、专业权力、魅力权威、董事权力、官僚权力、政治权力、学术寡头权力，这些实际上就是我们常说的"行政权力"和"学术权力"之总和。伯顿·克拉克在《高等教育系统——学术组织的跨国研究》中更加深入地讨论了高等教育系统的权力问题，提炼出影响当代大学微观权力的三个最重要因素即国家、

---

① 韦恩·K. 霍伊、塞西尔·G. 米斯克尔：《教育管理学：理论·研究·实践》，范国睿主译，北京，教育科学出版社，2007，第 7 版，第 197 页。
② 伯顿·R. 克拉克：《高等教育系统——学术组织的跨国研究》，王承绪等译，杭州，杭州大学出版社，1994，第 7 页。
③ 刘洪宇：《高等学校内部权力关系研究发展评述》，《现代大学教育》2006 年第 3 期。

市场和学术，并讨论了国家、市场和学术权威构成的"呈三角形的协调模式"①，市场权力成为大学权力论的另外一个重要维度。在后来由弗兰斯·范富格特主编的《国际高等教育政策比较研究》中，作者们更加明确地认为，高等教育系统中有三种主要的力量在起作用，那就是"国家权力"、"学术权威"和"市场力量"。这三种力量在高等教育系统的不同层次都有体现，"在走向比较非控制的环境中，院校必须面对政府所运用的相同的政策手段：筹措资金、规划、评估和调节"，"有些院校甚至走得更远，引进内部市场，各系彼此买卖服务，并和校部实行买卖服务"。② 这实际上已经提出了高等学校存在权力的"内部三角"问题。英国诺丁汉大学校长科林·坎普贝尔教授在中外大学校长论坛上做了《如何做出结构和运作上的安排以平衡大学内学术、行政和市场的力量：诺丁汉大学的经验》的报告，具体讨论了如何平衡高等学校内部的学术、行政和市场力量。③

归纳起来，国外的研究呈现出从高等教育系统中"学术权力"概念的提出，到"三角形协调模式"的讨论，再到将"国家权力"、"学术权威"和"市场力量"作为高等教育系统中起作用的三种主要力量这样一个清晰的脉络。

由于国情不同，中国学者对大学权力持不同看法，主要包括下面几种观点（见表1-1）：

表1-1　中国学者对大学权力的分类

权力维度	主要权力类型
二元权力论	行政权力、学术权力
三元权力论	行政权力、学术权力、市场权力（或学生权力等其他权力）
多元权力论	行政权力、学术权力、政党权力、市场权力、学生权力、外部权力等

（1）二元权力论。20世纪90年代初，中国学者将"学术权力"引入中国的高等教育研究之中，使其与"行政权力"并列，成为解读当代中国

---

① 伯顿·R. 克拉克：《高等教育系统——学术组织的跨国研究》，王承绪等译，杭州，杭州大学出版社，1994，第154～162页。

② 弗兰斯·F. 范富格特：《国际高等教育政策比较研究》，王承绪等译，杭州，浙江教育出版社，2001，第426～427页。

③ 教育部中外大学校长论坛领导小组：《中外大学校长论坛文集》，北京，高等教育出版社，2002，第229～239页。

高等教育管理体制的基本范式之一。① 一直以来，中国学者普遍认为高等学校内部存在着"学术权力"和"行政权力"对立的二元结构。第二届中外大学校长论坛提出"学术权力与行政权力是两种具有不同含义和性质的权力，具有各自不同的运行方式以及价值取向"②；谢安邦、阎光才提出高校权力结构调整问题时所讨论的就是行政权力和学术权力之间的关系③；后来眭依凡④、张珏⑤、秦惠民⑥、阎亚林⑦、张德祥和周润志⑧等也分别从各自角度讨论了高等学校中的行政权力和学术权力问题；张德祥出版了学术专著《高等学校的学术权力与行政权力》；徐小洲、张剑认为大学"就其主要权力形式来说，是学术权力与行政权力构成的二元权力结构"⑨；钟秉林、张斌贤和李子江认为，"当前及今后大学内部运行机制和管理架构所要解决的重大问题之一，是协调大学内部行政权力和学术权力的关系"⑩；许志红则认为，中国"高校的权力结构是二元结构形式，但在权力行使过程中行政权力泛化于学术权力之上"，表现为"决策中教授权威弱化、官本位意识强化和学者的学术自由受阻"⑪；方明、谷成久认为"大学内部存在两大并行的权力系统。一种是以行政管理组织结构为网络的行政权力系统；一种是以教授、专家、学者为核心，以'学术委员会'、'教学委员会'等学术组织为主体的学术权力系统"⑫。也有研究者认为行政权力的核心是"权"，权大力大，依赖于组织和任命，价值取向是保证组织目

---

① 寇东亮：《学术权力：中国语义、价值根据与实现路径》，《高等教育研究》2006 年第 12 期。

② 教育部中外大学校长论坛领导小组：《大学校长视野中的大学教育》（第二辑），北京，中国人民大学出版社，2005，第 32 页。

③ 谢安邦、阎光才：《高校的权力结构与权力结构的调整——对我国高校管理体制改革方向的探索》，《高等教育研究》1998 年第 2 期。

④ 眭依凡：《论大学学术权力与行政权力的协调》，《现代大学教育》2001 年第 4 期。

⑤ 张珏：《试论大学的学术权力》，《黑龙江高教研究》2001 年第 3 期。

⑥ 秦惠民：《学术管理中的权力存在及其相互关系探讨》，《中国高教研究》2002 年第 1 期。

⑦ 阎亚林：《论我国高校学术权力行政化》，《陕西师范大学学报》（哲学社会科学版）2003 年第 1 期。

⑧ 张德祥、周润志：《高等教育社会学》，北京，高等教育出版社，2002，第 102~107 页。

⑨ 徐小洲、张剑：《我国大学行政权力分配中的问题与改革策略》，《高等教育研究》2004 年第 3 期。

⑩ 钟秉林、张斌贤、李子江：《大学如何协调学术权力和行政权力》，《中国教育报》2005 年 2 月 4 日。

⑪ 许志红：《试析大学权力结构的重组》，《黑龙江高教研究》2005 年第 6 期。

⑫ 方明、谷成久：《现代大学制度论》，合肥，安徽大学出版社，2007，第 194 页。

标的实现，运行方式自上而下，实现方式主要通过法律制度、指示和指令等强制手段；学术权力的核心是"力"，力大权大，依赖于学术人员的专业背景和学术水平，价值取向是保证学术标准得以贯彻、学科得以发展，运行方式自下而上，实现方式主要依靠学者自身的权威对客体产生影响。①而张斌贤从历史的角度叙述了新中国成立后中国大学内部管理体制的变迁，得出了"半个多世纪以来，我国高等学校内部管理体制的复杂变化，其实质在于如何处理高等学校内部政治权力与行政权力的关系"的结论②，当然这里所讲的"二元权力结构"指党委权力与校长权力，和行政权力与学术权力的"二元权力结构"有着明显区别。

（2）三元权力论。胡建华等认为"与西方大学中行政权力与学术权力并存格局有所不同的是，党委、校长和教授分别代表的是政治权力、行政权力与学术权力"③；张幼铭等认为"大学内部的组织结构，必须适应学校发展的需要，以教育、科研为中心，分清政治、行政、学术三种权力。在党委领导下理清党委行使政治权力、校长行使行政权力、教授行使学术权力的运作机制"④；康宁认为"高等教育资源配置实际是三种力量相互作用的结果，即：市场、政府和学术力量"⑤；彭江谈到，大学治理中"传统的权力是行政权力和学术权力，其他权力受到压制"，而现在，"市场权力"等"分化出来"成为"独立的影响力量"⑥；费坚、巫丽君认为，大学组织"实际上有三种不同性质的力量在相互作用着，即市场权力、学术权力和行政权力"⑦；刘亚敏认为，"根据大学内部团体利益的差别，可分为三大权力主体，即教师、管理人员和学生。由这三种权力主体派生出三种权力类型，即学术权力、行政权力和学生权力"⑧；刘士民认为，"解构二元的权力结构，构建一种由学术权力、行政权力及学生权力组成的高校内部管理三元权力结构已成为当务之急"⑨；张卫东、董慧认为，"一般来说，

---

① 黄春平：《大学中的权力：来源、类型与结构》（博士论文），济南，山东师范大学，2006，第17页。

② 张斌贤：《我国高等学校内部管理体制的变迁》，《教育学报》2005年第1期。

③ 胡建华等：《大学制度改革论》，南京，南京师范大学出版社，2006，第131页。

④ 张幼铭等：《大学内部管理组织结构的思考》，《中国高教研究》2002年第5期。

⑤ 康宁：《高等教育资源配置中学术力量的回归》，《清华大学教育研究》2004年第1期。

⑥ 彭江：《论分散化的大学公共治理》，《复旦教育论坛》2004年第6期。

⑦ 费坚、巫丽君：《我国大学行政权力的重新配置——基于"三权制衡"模式的思考》，《扬州大学学报》（高教研究版）2005年第1期。

⑧ 刘亚敏：《大学内部权力结构及其调整》，《现代大学教育》2004年第2期。

⑨ 刘士民：《传统与超越：高校权力结构的解构与重建》，《高教发展与评估》2006年第1期。

作用于高校的权力有学术权力、行政权力和其他权力三大类，其中学术权力、行政权力是其核心权力"①；龚献静、苏民益认为大学内部权力结构存在"三套体系，一是教学科研体系，以院系部形式表现，如同生产车间；再就是两套管理体系：以党委书记为首的党委体系和校长为首的行政体系"②。

（3）多元权力论。持多元权力论者对权力划分的标准不一。如林荣日认为，在中西方大学中，除了行政权力、学术权力（两种最基本的权力类型）和中国高校中1949年以来"始终处于主导性地位"的政党权力外，还有"来自中央和地方政府的行政权力，来自社会的市场权力等"，这里提到了中国大学中始终处于核心地位的"政党权力"，而所讨论的"市场权力"只是作为一种"外部权力"③；陈玉琨、戚业国则将国外高校的权力构成分为学术权力、行政权力以及学生权力，将中国高校的权力构成分为政党权力、行政权力、学术权力、学生权力和外部权力④；胡仁东基于影响力的视角谈到了现代大学内部治理结构，认为大学内部治理结构正在发生变化，即学术影响力一直居于主导地位，科层影响力有强化的趋势，学生影响力对大学有适度影响，外部影响力正在对大学发挥渗透作用⑤；万力维则将权力划分为四种，即国家权力、大学权力、院系权力、社会权力，他这里的国家权力即为我们通常所说的政府权力（政党权力），大学权力指的是大学行政权力，院系权力指的是学术权力，社会权力则指由"市场"和"公共领域"结合而成的影响力量⑥；别敦荣认为，行政权力在中国大学的"管理权力结构"中存在"多元亚结构体系"，"除校长及其管理体制的行政权力外，共产党组织、共青团组织、工会组织等的影响力也行政化，成为与校长管理体制分享高等学校管理权力的重要团体组织"⑦。除此之外，多元权力论还有多种表述，在此不再一一列举。

虽然学者们对大学内部权力持不同观点，但总的来说，大部分国内学

---

① 张卫东、董慧：《高等学校权力结构分析》，《辽宁教育研究》2006年第1期。
② 龚献静、苏民益：《论高等学校内部权力解构与重构》，《高教探索》2006年第2期。
③ 林荣日：《论高校内部权力》，《现代大学教育》2005年第2期。
④ 陈玉琨、戚业国：《论我国高校内部管理的权力机制》，《高等教育研究》1999年第3期。
⑤ 胡仁东：《现代大学内部治理结构探析——基于影响力的视角》，《现代大学教育》2005年第2期。
⑥ 万力维：《控制与分等：权力视角下的大学学科制度的理论研究》（博士论文），南京，南京师范大学，2005，第36～38页。
⑦ 别敦荣：《我国高等学校管理权力结构及其改革》，《辽宁高等教育研究》1998年第5期。

者仍将行政权力和学术权力作为一对范畴提出，并认为两者之间存在激烈冲突。不过也有持同一论者，如周光礼就认为"学术权力"和"行政权力"之争是一个逻辑上不存在，在现实中缺乏依据的"假问题"，两者其实"指的是同一个东西"。他认为"学术权力"和"行政权力"是英美法系和大陆法系对同一种权力的不同称谓，系中国学者误引。① 而吴洪涛则质疑学术权力的提法，认为现行理论对于学术权力这一西方舶来的术语存在误读：英语中的 academic power 实为学术影响力或学术能力的同义词，而非政治学所讲的权力，从而学术权力的真正内涵是一种学术权利。这种论证逻辑导致行政权力与学术权力并非等同关系，因为学术只能以能力形态体现，本质上不符合权力的特性，这样学术权力必然被消解掉了。②

2. 大学内部权力结构理论反思

上述学者对大学权力的考察都有一定的道理，但深入逻辑层面，均可发现其矛盾之处。比如：

矛盾一：很多学者从权力主体来考察权力结构，将学生权力与行政权力、学术权力、市场权力并列，这确实不失为一种分析视角，但实际情况往往并非如此简单。现实情况是：当学生们决定是否选择某所学校时，行使的是"市场权力"；当他们参加校内选举时，行使的是类似于公民所具备的"政治权力"③；当他们对教师进行课堂教学评价时，实际上在行使"学术权力"。如此，学生权力本身就包括了市场权力、政治权力和学术权力。

为何会出现上述重合？因为以上划分权力类型的逻辑标准并不统一。将大学权力分为行政权力、学术权力、市场权力是根据权力场域的不同，而学生是拥有权力的自然人，只有在学生具体行使权力时才知道他究竟使用的是何种权力。如果根据权力拥有者群体的不同来划分权力类型，那么还可弄出教师权力、干部权力、工人权力等等若干元的权力结构，也许还无法穷尽。如黄春平就依据人员在形成大学组织特性中的主要行为角色，将大学成员分为管理群体、教师群体、学生群体和辅助群体等四个主要群体，并认为这四个群体相应行使决策性权力、知识性权力、主体性权力和

---

① 周光礼：《问题重估与理论重构——大学"学术权力"与"行政权力"二元对立质疑》，《现代大学教育》2004 年第 4 期。
② 吴洪涛：《学术权力质疑》，《现代大学教育》2004 年第 4 期。
③ 刘洪宇：《高等学校内部权力关系研究发展评述》，《现代大学教育》2006 年第 3 期。

事务性权力。① 况且，行政、学术、市场和学生四个概念也并不是同一个范畴的词汇，前面三个表达的是事，后面一个表达的是人。所以，用主体来建构大学内部权力结构理论框架并讨论大学运行并不十分合适。但可以理解的是，之所以很多学者会单独提出学生权力，可能与中国大学生的主体地位长期受压抑有关，很多学者在谈论学生"权力"时可能心里更多的是在"声援"学生"权利"。

矛盾二：长期以来，学术权力与行政权力被视为此消彼长的矛盾双方，即学术权力属于大学教授们，是捍卫学术自由的"正义"力量，行政权力则常被当作压制学术自由的"磐石"。认为学术权力与行政权力的主体、客体及运行方式等都不相同：学术权力的主体主要是从事教学和科研的学术人员，即大学中具有学术职称的人员，行政权力的主体主要是行政机构及其人员；学术权力的客体是学术事务，行政权力的客体是行政事务；学术权力的运行方式是自下而上，行政权力的运行方式是自上而下；学术权力主要依靠学者自身的权威对客体产生影响，行政权力的实现方式则主要通过法律、指示、指令等强制手段。两者在性质上完全不同、价值取向上也相互冲突。学术权力的存在与否，依赖于专家的专业背景和学术水平，而行政权力的存在则依赖于组织和任命。② 从法理上讲，大学的学术权力是以宪法保护的学术自由基本权利为依据的，而大学的行政权力主要是国家对大学的授权。③ 学术权力的目的，一般说来是保证学术标准得以贯彻，学术人员赖以生存并为之献身的学科或者学术领域得以发展，学术人员的学术权益得以保证；而行政权力的目的则是要保证国家的教育方针贯彻执行，保证大学的整个目标得以实现。④

这种将大学内部权力结构划分为"学术权力"和"行政权力"的做法不但在逻辑层面、法理层面不成立，而且在制度层面与实务层面也缺乏依据。实际上，大学内部的权力关系十分复杂，既有正式的权力关系也有非

---

① 黄春平：《大学中的权力：来源、类型与结构》（博士论文），济南，山东师范大学，2006，第 19 页。

② 秦惠民：《高校学术管理应以学术权力为主导》，《中国高等教育》2002 年第 3 期。

③ 周光礼：《问题重估与理论重构——大学"学术权力"与"行政权力"二元对立质疑》，《现代大学教育》2004 年第 4 期。

④ 张德祥：《高等学校的学术权力与行政权力》，南京，南京师范大学出版社，2002，第 22～23 页。

正式的权力关系①，同时还有硬权力和软权力之分②。例如中国大学普遍存在的"双肩挑"干部如担任系主任、院长、处长甚至校长职务的教授们可能就分不清行使的到底是行政权力还是学术权力，此时"不但'学术权力'与'行政权力'的主体是交叉重叠的，而且'学术权力'与'行政权力'的客体也是交叉重叠的，甚至它们的实现方式也是交织在一起的"。③难道这些个体在同时扮演相互倾轧的两个角色？

我们再来看意大利的例子。意大利高等教育系统中讲座教授是关键的结构要素，他们具有相当大的能量，对从地方到中央的政府机构施加控制和影响，"教授是意大利的贵族，意大利（大学）是教授们的天下"；"教授们竟能完全控制高等教育的所有层次，而且还是用世袭的政治的方式来控制。意大利教授们以贵族方式决策大学的科研、教学和人事问题"。④可以说意大利大学的学术权力十分强盛，但是意大利大学的学术研究却未给人们留下深刻印象，且教授们的个人权力常常助长学阀作风、阻碍科学发展，难道学术权力亦会阻碍学术自由？事实上，在现代社会，专业人员的非凡声誉和高度组织带来了这种危险，即"把专长用作谋求特权和权力的假面具，而不是像声称的那样作为增进公众利益的一种方式，使专长越来越处于危险境地"。⑤

矛盾三：假如市场权力在大学内部权力结构中单独存在，那么，它究竟是依托何种渠道发挥作用的呢？如果说市场权力是依靠行政机构发挥作用，那么它与行政权力又该如何区分呢？如果说市场权力是通过专业或者课程产生影响，那么它与学术权力又该如何区分呢？而除此之外，我们未能发现它独立发挥作用的其他渠道，可我们又切实感受到了市场权力的存在。这又该如何解释呢？

在伯顿·克拉克看来，作为一种理想的模式，市场协调模式和官僚的、政治的和专业的协调模式根本不同，后三种模式都有正式的场所。在市场生活中，人们"是深思熟虑的和有意识的；他们的行为达到了协调的效

---

① 周光礼：《问题重估与理论重构——大学"学术权力"与"行政权力"二元对立质疑》，《现代大学教育》2004 年第 4 期。
② 林荣日：《论高校内部权力》，《现代大学教育》2005 年第 2 期。
③ 周光礼：《问题重估与理论重构——大学"学术权力"与"行政权力"二元对立质疑》，《现代大学教育》2004 年第 4 期。
④ 约翰·范德格拉夫等：《学术权力——七国高等教育管理体制比较》，王承绪等译，杭州，浙江教育出版社，2001，第 43～44、163 页。
⑤ 丹尼斯·朗：《权力论》，陆震纶、郑明哲译，北京，中国社会科学出版社，2001，第 65 页。

果，但是这些协调他们不一定意识到，也不一定是有意为之"。① 虽然学术界都把市场力量作为权力看待，但遗憾的是，人们目前只是提出了"市场权力"的概念，在具体讨论中，有的又改为市场力量，有的干脆就使用"影响力"概念。这并非作者们无意识的前后不一，而是关于"市场权力"的概念遇到了前述解释上的困难，从学理上说清楚这个概念本身就可能孕育某种程度的理论创新。

与以上学者不同，本研究承认大学中确实存在学术权力和行政权力，但并不把它们当作一对矛盾范畴，而认为行政权力是学术权力、政党权力和市场权力的一个下位概念，在此借鉴了社会契约论和权力让渡理论的许多思想。而职权这个概念最重要的内涵就是权力与职位，权力由一定的正式程序赋予某一职位。我们要了解大学内部职权体系如何形成，首先就要正确理解支配大学内部职权体系的各种权力之间的关系，正是它们之间的关系决定了大学内部职权体系目前的形态。

（二）大学职权

从国内外的研究情况来看，学者们研究的视角已经开始从高等教育系统的权力转为同时关注大学内部权力。在一些学者的眼中，职权配置或权力配置对于高校内部体制改革的确十分重要。如阿什比（Eric Ashby）曾清楚地指出，"大学的兴旺与否取决于其内部由谁控制"②；陈玉琨、戚业国则认为"高等学校内部管理体制改革的核心是机构设置及其权力的划分，因此理清高校内部的权力构成机制对于高校内部管理体制改革具有重要意义"③；戚业国、姜学海认为"我国高校内部管理体制改革的核心问题是权力配置"④；毕宪顺认为"高等学校权力配置是高等学校内部管理体制改革中最重要、最艰巨的理论和实践问题"⑤。

1. 行政与行政职权

英文中的"行政"（administration）是指治理、管理和执行事务的意

---

① 伯顿·R. 克拉克：《高等教育系统——学术组织的跨国研究》，王承绪等译，杭州，杭州大学出版社，1994，第 177 页。

② 伯顿·R. 克拉克：《高等教育系统——学术组织的跨国研究》，王承绪等译，杭州，杭州大学出版社，1994，第 121 页。

③ 陈玉琨、戚业国：《论我国高校内部管理的权力机制》，《高等教育研究》1999 年第 3 期。

④ 戚业国、姜学海：《美国高等教育管理体制的形成、发展及其启示》，《机械工业高教研究》1999 年第 3 期。

⑤ 毕宪顺：《高等学校内部管理体制改革研究综述》，《中国特色社会主义研究》2005 年第 2 期。

思。在我国，"行政"一词最早出现于历史文献《纲鉴易知录》，指管理国家政务。① 行政作为组织的一种职能，并不只是国家所独有。任何其他组织，如企事业单位、社会团体乃至私人组织，都不可能没有执行；没有执行，就没有组织的生存和发展。② 行政部门也并非政府独有的机构，比如企业、大学都有自己的行政部门，企业管理的最高领导就称作首席执行官（Chief Executive Officer）。

《现代汉语词典》对"行政"的释义是"行使国家权力"或者"指机关、企业、团体等内部的管理工作"，而对"职权"的释义是"职务范围以内的权力"。③ 从现象上看，行政职权是行政管理和行政法中运用最为广泛、最为频繁的概念之一。④ 但严格来讲，行政职权是指行政主体依法享有的、对于某一行政领域或某个方面行政事务实施行政管理活动的资格及其权能。它是定位到具体的组织机构和职位上的行政权力，是通过立法将行政权力与一定的行政主体、行政事务联系起来加以规范的结果。⑤ 在这个意义上说，本研究中的职权与行政职权具有相同外延，为行文方便或会替代使用。

按照韦伯的法理型权威（legal authority）观点，科层制的权力（我们常解读为行政权力）来源是其职位，如校长的权力来源于校长这个职位，当他卸任之后，属于这个职位的权力由新任校长接替，原任校长不能带走。所以说这种权威又可称之为法定权威，建立在规章制度和行为规则的合法性基础之上。人们普遍遵守规则、信守规则，规则代表了一种大家都遵守的普遍秩序。"通过协议的或强加的任何法都可能以理性为取向，即目的合乎理性或价值合乎理性为取向（或者两者兼而有之），并制订成章程，同时有权至少要求团体的成员必须尊重它。"⑥ 这种从理性衍生出来的规则成为法理型权威赖以存在的基础。法理权威的本质是"理性"，所以又称之为法理性权威，它是现代社会最为普遍的权威类型。

2. 权力让渡和大学内部职权

大学内部的行政权力来源于其职位，这点我们并不否认。但这个职位

---

① 贾湛、彭剑锋：《行政管理学大辞典》，北京，中国社会科学出版社，1989，第 206 页。
② 姜明安：《行政法与行政诉讼法》，北京，北京大学出版社，1999，第 1 页。
③ 中国社会科学院语言研究所词典编辑室：《现代汉语词典》，北京，商务印书馆，2012，第 6 版，第 1458、1672 页。
④ 刘巍：《简论行政职权的一般构成》，《行政论坛》1999 年第 6 期。
⑤ 莫于川：《行政职权的行政法解析与建构》，《重庆社会科学》2004 年第 1 期。
⑥ 马克斯·韦伯：《经济与社会》（上卷），林荣远译，北京，商务印书馆，1997，第 242 页。

所具有的权力并不是与生俱来，而是在人们普遍遵守的法定规则下具有的权力，是大家都遵守的普遍秩序所带来的权力。所以这里的行政权力与我们大学日常管理中所说的行政权力有所区别。大学日常管理中的行政权力通常是指人事、财务等职能部门的权力，这种提法并不严谨，比如说院系一级领导行使的权力就不能笼统地归为行政权力或学术权力，它也是某个职位按照规则或制度被赋予了的权力。那么，又是谁确定这些规则和制度呢？比如说，是谁确立大学是校长负责制、党委负责制或者是董事会负责制呢？又是谁确立一些人员和机构来监督他们呢？当然不是行政权力本身，它只是在规则和制度确立之后才会形成。大学组织这样庞大的机构，其规则和制度的建立不是简单的少数个体和某个组织有能力决定，它是很多因素的综合。

既然职位并不天然地拥有权力，那么大学组织中职位的权力究竟由何而来呢？我们可以参考政治学中公共权力来源的社会契约论和让渡理论。

（1）社会契约论和让渡理论。社会契约论曾经风靡一时，19 世纪后半叶逐渐沉寂，后在罗尔斯的《正义论》问世后又焕然一新。社会契约的内容和条款可以简明地归纳为：每个人都自愿放弃自己相当部分的自然权利，并将其让渡给由契约产生的共同体，被共同体接收和吸纳的全体成员的权利和力量转变为主权，而共同体本身成为掌握主权的公共人格——主权者，它有权在维护公共秩序与和平方面表达意志或采取实际作为。自愿参与立约的一群"自然人"便一致同意成为接受社会制约和管束的社会人，从而由自然状态转变为政治社会状态。霍布斯有代表性地把这一过程描述为"权利的互相转让"。在经典的社会契约理论中，权利可分为公共权利和个人权利，社会契约直接产生的只是共同体意义的实体——主权者，主权者由于得到立约人们的授权而有资格掌控公共权力。[1] 表 1－2 是潘云华对"社会契约论"历史演变的归纳[2]：

---

[1] 林奇富等：《社会契约论的逻辑起点及其价值反思》，《云南行政学院学报》2006 年第 5 期。

[2] 潘云华：《"社会契约论"的历史演变》，《南京师大学报》（社会科学版）2003 年第 1 期。

表 1-2　"社会契约论"历史演变一览

主张＼代表人物＼序列	第一阶段			第二阶段	第三阶段
	格劳秀斯	霍布斯	斯宾诺莎	洛克	卢梭
普遍理性	自然	自然	自然	自然	自然
自然状态	安全不保	战争状态	战争状态	和平状态	黄金时代
"社会契约"目的	安全	安全	安全	自由	平等
放弃自然权利之程度	全部	全部	部分	部分	全部
政制	君主制	君主制	民主制	君主立宪制（民主制）	直接民主制

　　虽然各种社会契约理论有很大的不同，但从中可以看出他们都普遍承认公共权力的形成来源于人的自然权力，是个人让渡自己的部分权力以形成公共权力从而更加有利于自身的利益。

　　让渡理论则来源于社会契约论，本用于解释国家权力的形成，是公共权力来源的主要理论。为什么要让渡部分权力呢？洛克认为，人类原来自然地所处的状态即自然状态，是一种自由和平等的状态。在自然状态中，人是自由的，又是平等的。值得注意的是，虽然自然状态是自由的状态，但"却不是放任的状态"。人们虽然不必听命于他人，却必须受自然法的约束，自然法就是理性，也就是上帝之法，它是来自上帝能被人们的理性所认识的自然的道德法则。洛克的自然状态是一种和平、善意、互助和安全的状态。自然法统治着自然状态。① 但他也认为自然状态依旧存在缺陷：第一是缺少一种确定的、众所周知的法律；第二是缺少一个按照既定法律来裁判一切争端的公允的裁判者；第三是缺少权力来支持正确的判决。为克服自然状态的缺陷，谋求"舒适、安全和和平的生活"，"安稳地享受他们的财产"，防止外来侵犯，人们便相互订约，建立国家，并自愿把一部分自然权利让予它。② "把大家所有的权力和力量付托给某一个人或一个能通过多数的意见把大家的意志化为一个意志的多人组成的集体"③，"这就是立法和行政权力的原始权利和这两者之所以产生的缘由，政府和社会本

---

① 林忠志：《从天赋人权、社会契约到有限政府的逻辑推演——浅析洛克〈政府论〉（下篇）中的法哲学思想》，《福建政法管理干部学院学报》2005 年第 2 期。
② 刘光大：《个人权利的让渡与有限政府——洛克〈政府论〉（下篇）中关于个人权利与国家权力关系思想浅探》，《开放时代》1998 年第 6 期。
③ 霍布斯：《利维坦》，黎思复、黎廷弼译，北京，商务印书馆，1985，第 131 页。

身的起源也在于此"①。

马克思说:"人们在生产中不仅仅影响自然界,而且也互相影响。他们只有以一定的方式共同活动和互相交换其活动,才能进行生产。为了进行生产,人们相互之间便发生一定的联系和关系;只有在这些社会联系和社会关系的范围内,才会有他们对自然界的影响,才会有生产。"② 人们进行"联系和关系"的目的是为了满足某种需要,或政治的或经济的甚至是心理的需求。假如发生"联系和关系"的双方是平等的,那么当甲方因某种需求而与乙方发生"联系和关系"时,乙方如果没有相关的需要则会拒绝这种"联系和关系",只有当乙方也有相关的需求时才会产生"联系和关系"。例如甲方拥有一个梨却需要一个苹果,而乙方拥有一个苹果,甲方有权与乙方进行交换,而乙方有权选择拒绝、交换或放弃对苹果的拥有权,这全凭乙方的需要而定。在这三种情况中,拒绝表明乙方不愿让渡对苹果的拥有权;交换表明乙方自愿让渡对苹果的拥有权,同时要求甲方让渡对梨的拥有权;而放弃则表明乙方自愿让渡对苹果的拥有权,那么甲方就同时获得对苹果的拥有权。这一例子表明,在"联系和关系"发生的过程中,权利让渡是最重要的环节。由以上分析我们可以给权利让渡原则下一个定义:它是指个体、团体甚至国家,为了某种需求或生存,将本身所拥有的权利部分或全部让渡给相关的个体、团体或国家,以换取相应的权利需求。③

(2)"政治合成"。权力的让渡最终是如何形成一股合力的呢? 这是一个政治过程。如果各种权力的让渡部分是大学内部职权来源的组成元素,那么政治"合成"的过程就是这些元素"发生反应"的过程,最后就形成了大学内部职权这样一个"合成物"。本研究所使用的概念都是中性概念,如政治、幕后、幕前等,并没有贬义或褒义的感情色彩,而只是对大学内部行政职权形成机制的描述。政治是一定的阶级、阶层和社会集团为实现其利益和目标,根据一定的原则,整合和协调各种社会关系,使社会纳入一定的秩序,并得到稳定和进一步发展的社会现象。"政治是组织生活的真相。尽管存在强势个体,但是组织的政治领域是由个体与群体的联盟组成的,他们讨价还价以决定资源配置。"④ 政治这种社会现象,既是观点,

---

① 洛克:《政府论》(下篇),叶启芳、瞿菊农译,北京,商务印书馆,1964,第78页。
② 《马克思恩格斯选集》第1卷,北京,人民出版社,1995,第344页。
③ 王玮:《权利让渡原则与社会稳定》,《甘肃行政学院学报》2000年第2期。
④ 韦恩·K. 霍伊、塞西尔·G. 米斯克尔:《教育管理学:理论·研究·实践》,范国睿主译,北京,教育科学出版社,2007,第7版,第230页。

又是制度，也是行为①，这里偏重的是"行为"这一层含义。"政治是这样一种活动，它根据不同利益集团对整个共同体福祉和生存的重要性，给予其相应权力，以此来调解它们在既定统治单位内的关系。"政治是一种社会活动，它永远是双向的交流，而非个体的独白。政治在最广义上是人们制定、维系和修正其生活的一般规则的活动。②

大学是很多团体关注的对象，不同团体有着各自的目标和利益。人们对最佳目标的一致认同并不存在，每个团体都在争夺对学校的影响力和学校资源。然而，任何一个团体的影响力都受到其他团体的利益和活动的制约。因此，为了取得满意的结果，团体之间必须相互合作、相互妥协、相互协商。政治行为的目的是为了建立一种公共权力，在大学组织中这种公共权力就表现为大学内部职权。

第二节　大学内部职权结构分析模型

美国著名社会学和管理学家理查德·H. 霍尔（Richard H. Hall）认为，"从多种意义上讲，组织是权力的同义语。因为当我们从组织结果的角度进行考虑，组织便是当权者的权力工具。组织也是人们遵循组织规则的权力体系，是与资源配置相关的政治体系"。③ 大学作为组织的一种形式，其权力体系的研究渐渐引起学者们的关注。权力关系远比想象更为纷繁复杂，权力运作似网状撒开，权力密码处处存在，权力触角深入所有脉络。大学权力是一张全息图谱，很多学者都对其进行了解读，但变换一个角度，必有不一样的景致。④

一、大学内部职权结构分析模型建构

为何会出现以上论述中那些逻辑上的矛盾之处？本研究认为，以上对大学内部权力的论述仅仅考虑了权力系统的构成要素，而未考虑它们之间的关系，不同性质的权力被作为一个权力集合体中的元素平行罗列，位置

① 《什么是政治？》，http://www.cp.org.cn/showSubject.asp? NewsID=66。
② 安德鲁·海伍德：《政治学》，张立鹏译，北京，中国人民大学出版社，2006，第 2 版，第 11、3、4 页。
③ 理查德·H. 霍尔：《组织：结构、过程及结果》，张友星等译，上海，上海财经大学出版社，2003，第 8 版，第 122 页。
④ 黄金城：《权力场中的孙悟空》，《书屋》2006 年第 1 期。

似乎可以随意移动。而在一个系统结构之中，"关系重于关系项"，"深层结构重于表层结构"①，找出元素之间的深层结构是其关键。大学内部权力系统是一种立体的结构，而不是各元素平行的状态。

与前述学者不同，本研究承认大学中确实存在学术权力和行政权力，但并不把它们当作一对矛盾范畴，而认为行政权力是学术权力、市场权力和政府权力（政党权力）的一个下位概念。大学内部的行政权力作为"大学组织代表自身履行学校行政职能时而产生的一种权力"②，主要来源于学术权力、市场权力和政府权力（政党权力）的让渡，这些权力通过政治上的博弈最终形成一股合力，支配大学内部行政职权体系的构成和运行；而大学行政权力属于衍生权力，它是对这股政治合力的执行，其具体表现为行政职权。

大学内部行政职权体系作为大学的行政系统，它的各个职位所拥有的权力并不与学术权力、市场权力和政府权力（政党权力）等权力对立，它就是这些权力本身。本研究对大学内部权力结构的剖析如图1-1所示。

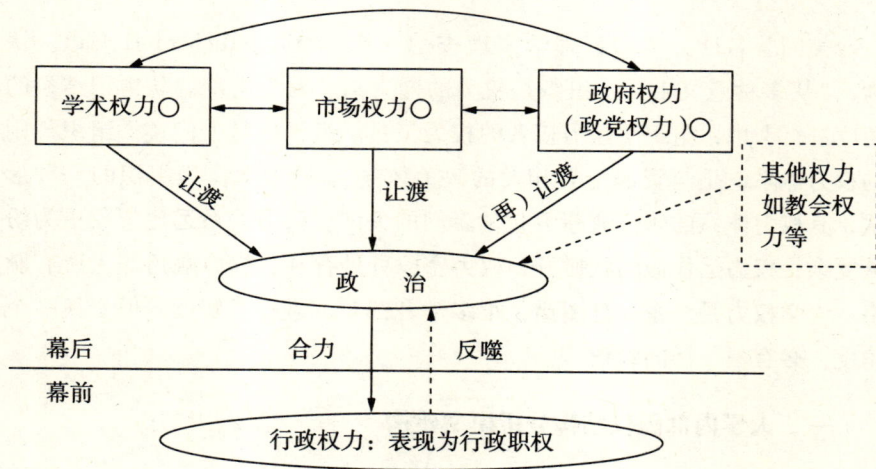

图1-1 大学内部权力结构

注："○"代表学生权力、教师权力等按照群体划分的权力，包含于三种权力之中。

图中"○"代表的学生权力、教师权力等是按照权力拥有者群体的不同来划分的权力类型，与按照权力发生场域标准来划分的权力类型如政府权力（政党权力）、学术权力、市场权力等多有重叠。比如，虽然总体说

---

① 张楚廷：《张楚廷教育文集》（第2卷），长沙，湖南教育出版社，2007，第238页。
② 苏君阳：《论大学治理权力的来源》，《人文杂志》2007年第3期。

来学生权力主要体现为市场权力，而教师权力主要体现为学术权力，但学生也有学术权力，同样教师也有市场权力，如大学将"有前途的年轻学者从较少吸引力的环境转移到更有吸引力的环境"①，这时的教师市场就表现为劳动力市场。本研究认为，不同群体的权力其实可以分解到学术权力、市场权力和政府权力（政党权力）之中，否则容易引起逻辑上的混乱，导致问题复杂化。在目前中国的大学中，影响大学内部行政职权体系最重要的力量仍然是学术权力、市场权力和政府权力（政党权力）。下面我们对图1－1做进一步的深入分析。

二、大学内部职权结构分析模型诠释

大学内部权力结构（图1－1）的运行机理是什么、如何理解图中各个因素、它们之间有何关系等等，都需要做进一步详细诠释。

（一）权力让渡和大学内部行政权力

大学内部的行政权力并非与生俱来，那么它究竟是如何产生的呢？社会契约论普遍认为公共权力的形成来源于人的自然权力，是个人让渡自己的部分权力以形成公共权力从而更加有利于自身的利益。权力让渡理论来源于社会契约论，本用于解释国家权力的形成，是公共权力来源的主要理论，它是指个体、团体甚至国家，为了某种需求或生存，将本身所拥有的权力部分或全部让渡给共同体意义的实体，以换取相应的权利需求，保证其根本利益，实现更好的发展。

为何能实现更好的发展？新制度经济学的解释是，行政职权体系就是体现公共权力的一套正式制度，制度是为了减少运行成本而形成的一套规则和合约，合约可以简化决策过程，降低内部消耗和运行费用。权力让渡和社会契约理论同样也适用于微观组织，大学组织内部的公共职权系统就具体表现为行政职权体系，它是权力各方契约的表达方式。公共职权系统是共同利益集团相互作用的正式制度复合体，通过复合体做出集体决策，去实现他们互相期望的集体目标。公共选择学派将这个公共职权系统视为政治交易的媒介，戴维·伊斯顿将"政治"解释为"对社会价值物的权威性分配的决策活动"。大学无疑具有很高的社会价值，围绕着这个价值物形成一个政治市场，在这里，各种利益集团在立法机构中讨价还价，并通过契约关系的建立影响政策过程的完成。当然在政治市场上的每一个体都

---

① 伯顿·R. 克拉克：《高等教育系统——学术组织的跨国研究》，王承绪等译，杭州，杭州大学出版社，1994，第181页。

有各自的效用函数，这些效用函数或价值判断之间没有高下优劣之分，都应受到承认和尊重。① 虽然行政职权体系也有许多成文规定，但仍属于"隐性契约"，因为利益主体的"投入"和"收益"并不明确，却都有"利益维持与上涨"的共同期待。

大学内部各团体的不同利益目标似乎容易使一个组织处于混乱多变状态，但大学又是一个相对稳定的组织，它自身能够保持一定的连续性和稳定性，正是这种政治行为阻止比较明显和公开的冲突。大学组织的矩阵结构也使得这种冲突弱化，因为很多个体不仅仅属于一个团体，"大量交叉存在的小分歧抑制了组织出现大的分裂，从而使组织得以保持平衡"。②

（二）哪些力量参与权力让渡和政治合成？

1. 学术权力

影响大学的诸多权力因素是随时代不同而不断变化的，其中不变的一个因素是学术权力的存在。什么是学术权力？学术权力并不是与学术事务有关的权力，若如此，则所有影响大学的权力都可称之为学术权力，因为这些权力最终都要影响到教学或科研。如政府可以对招生、专业设置、课程设置、教学评估等产生影响，市场也可以通过就业等环节影响专业、课程设置等等。因此，如果将与学术事务有关的权力都视作学术权力，这是过于泛化的解释。学术权力是因为掌握高深专业知识而产生的权力。莫迪（Graeme C. Moodie）曾在讨论英国大学中"学术统治的幸存"时写道："广义地说，在大学内部，流行的观点可以概括为'知识即权力'。意思就是，在任何领域决定权应该为有知识的人共享，知识最多的人有最大的发言权，没有知识的人无发言权。"③ 在法语中，"权力"（pouvoir）和"知识"（savoir）共享同一词根 voir（看见、知道）。在福柯看来，在多个领域（尤其是人文科学领域）它们相互联结、纠结并存，形成一种"知识/权力"的共生景观。知识的力量是巨大的，它有时可以左右人们的思想，有时又能产出经济效益，因此许多群体都会对其有所觊觎并试图收为己用。当然方式多种多样，既可以是强迫的，也可以是合作的，或是兼而有之。学术群体为了生存或者为了更好地发展，就会让渡出部分权力。如社会政

---

① 许云霄：《公共选择理论》，北京，北京大学出版社，2006，第 23 ~ 24 页。
② 罗伯特·伯恩鲍姆：《大学运行模式：大学组织与领导的控制系统》，别敦荣主译，青岛，中国海洋大学出版社，2003，第 130 页。
③ 伯顿·R. 克拉克：《高等教育系统——学术组织的跨国研究》，王承绪等译，杭州，杭州大学出版社，1994，第 174 页。

治环境比较严峻时，大学不得不让出课程和专业设置、教学和科研等方面的权力；或者为了筹集资金以获得更好发展，投其所好地开设一些专业等等，这些都是学术权力的让渡。

2. 教会权力

在支配大学组织的各种力量中，学术权力一直存在，这是由大学组织的基本属性所决定的，但其他的支配力量却是变化的。如中世纪大学的主要支持者是教会而不是政府。12 世纪七八十年代，巴黎开始出现由教师与学生结成的"团体"——巴黎大学的雏形，教师与学生"团体"的形成遭到了地方大法官和主教的强烈反对。因为大学"团体"提出了三项基本权利要求，即录用新教师的权利，制定规范大学内部活动规则的权利，推选"团体"与外部权力机构交涉、出庭诉讼等代表的权利。而在大学"团体"形成之前，学校教师的任免等权力是掌握在地方大法官和主教手中。1231年，教皇"特许状"的下达，宣告了在大学"团体"与巴黎地方大法官和主教之间的这场争论中大学"团体"的胜利。从此，巴黎大学成为教皇特许的自治机构。① 这也是教会为了笼络大学而让渡出了部分权力。

3. 政府权力

中世纪影响大学的权力主要是学术权力和教会权力，但随着教会势力的衰减和世俗政府权力的增强，影响大学的教会权力逐渐移交到政府手中。19 世纪拿破仑时期的帝国大学就将欧洲大陆地区国家对大学的管制权推到了高峰。在拿破仑帝国大学时代，法国境内的教会大学和私立大学都被要求服从国家和政府的监督和控制，无条件地忠于皇帝，忠于君主政体，忠于帝国。帝国大学制的建立，体现了国家包揽教育的决心，在法律和实践上统一了分散的教育体系，它使法国成为"欧洲第一个把教育纳入政府编制、建立起高度一体和严格等级制的国家"，即确立了沿袭至今的中央集权教育管理体制。② 政府权力取代教会权力成为影响大学组织发展的重要力量，迄今已有 200 余年的历史。如前所述，政府权力（政党权力）本身就是公众让渡的权力，在图 1 - 1 中政府（政党）再将部分权力让渡给大学，本研究称之为再让渡。如果公众不认为政府应该拥有高等教育的管理权，那么这种再让渡其实应该是不存在的。如在美国，政府就对高等教育干涉甚少，很多公众也不认为大学管理是国家事务；而中国由于传统文化

————————

① 胡建华：《关于彰显学术权力的若干问题》，《高等教育研究》2007 年第 10 期。
② 贺国庆等：《外国高等教育史》，北京，人民教育出版社，2003，第 220～222 页。

和其他因素的影响，多数人认为大学管理是政府的责任，政府也确实掌控了大学办学权。但这种权力掌控在非常极端时却让大学陷入了困境，所以政府正在逐步放权，将处理大学学术事务的权力归还大学。

4. 市场权力

近半个世纪以来，"教育改革之市场化运动正在变成一道越来越显眼的新景观"。早在 1988 年，美国总统私有化委员会在一份报告中称，包括教育市场化在内的社会服务部门之私有化运动，必将为未来的历史学家称之为 20 世纪末美国政治生活中的最重大事件之一。美国著名经济学家、诺贝尔经济奖获得者弗里德曼说："我相信，若要对我国教育体制动大手术，唯一的办法就是通过私有化之路，实现将整个教育服务中的相当大的部分交由私人企业个人经营。否则，没有什么办法能摧毁或者至少极大地削弱现存教育建制的权力，而摧毁或削弱现存教育建制的权力，乃是根本改革我国教育体制所必要的先决条件。此外，也没有什么办法能给公立学校带来竞争，而只有竞争才能迫使公立学校按照顾客的意愿改革自身"。由美国一大批教育主流团体组成的卡内基教学专门小组更是声称："市场被证明是最有效的分配资源的工具，它在美国人生活的各个方面激励着人们。市场还能使所有公立学校学生都能获得相同的学校资源。"①

市场对大学内部职权的影响并不等于经济对大学内部职权的影响，这里所说的影响大学内部职权的市场权力正如加雷斯·威廉斯在《高等教育新论——经济的观点》一文中界定的："院校的生存直接依靠出卖学术服务的做法。大学出卖教学服务，而学生来购买；大学出卖研究服务，而政府和企业来购买。这样，控制资源分配决策的权力——由此最终也是控制确定重点工作的权力——是掌握在大批的学生个人手里和研究成果购买者的手里。"② 而伯顿·克拉克的观点是除了学生等人形成的购买市场之外（如在西方历史上，学生权力的极盛时期来自市场环境，在这种环境下，作为有组织的顾客，学生常常能自由地发号施令③），还有教师群体形成的劳动力这一市场（不断进行职业的再分配，消费者的偏爱与职业的偏爱进行和解，改组劳动力，从一个领域到另一个领域，从一个专业到另一个专

---

① 蒋国华：《西方教育市场化：理论、政策与实践》，《全球教育展望》2001 年第 9 期。
② 伯顿·克拉克：《高等教育新论——多学科的研究》，王承绪等译，杭州，浙江教育出版社，2001，第 92 页。
③ 伯顿·R. 克拉克：《高等教育系统——学术组织的跨国研究》，王承绪等译，杭州，杭州大学出版社，1994，第 171 页。

业。当学生回避希腊文和拉丁文时，将要成为希腊文和拉丁文教师的人被"鼓励"成为别的什么人，甚至社会学家①）。林德布洛姆则提出了"三种市场体制"，认为高等教育系统存在着"消费者市场、劳动力市场和院校市场"②：消费者市场即由生源控制的市场，容易产生"用户第一主义"；劳动力市场是指学者和学校行政人员构成的市场，高质量的研究大量地依靠这种市场；院校市场是指各事业单位彼此相互影响而不是与消费者或雇佣者相互作用的场所，其声誉是主要通货。总的来说，市场权力其实就是一种公众选择的权力，公众可以是学生群体，也可以是学者群体，或者是企业等等。

学术市场和普通商品市场还是存在很大区别。普通商品的质量好坏主要由用户说了算，但知识产品的优劣在很大程度上决定权在大学，如一个学生是否达到毕业标准是由教师来决定，一项科研成果的鉴定由学者同行鉴定等等，这些权力不完全在投资者手中，也不完全在消费者手中，这与他们对普通商品拥有完全决定权不同，而只拥有部分决定权，其他部分则让渡了出去。

在伯顿·克拉克著名的三角协调图（图1-2）中，将学术、市场和政府视作影响高等教育的三支重要力量。本研究认为影响中国当代大学的最主要因素也是政府、学术和市场这几个因素，因此后面的分析也主要从这三者对大学内部职权的影响展开。

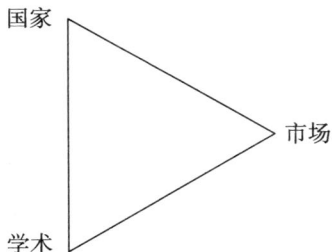

图1-2 伯顿·克拉克的三角协调图

除了以上这些权力之外，我们经常提到的还有学生权力、教师权力等等，它们对大学内部职权又有何影响呢？如前所述，学生权力、教师权力等是按照权力拥有者的不同群体这一标准来划分的权力类型，与按照权力发生场域的标准来划分的权力类型如政府权力（政党权力）、学术权力、市场权力等多有重叠；不同群体的权力可以分解到政府权力（政党权力）、学术权力和市场权力之中，因此不必再另外视作影响大学内部职权的因素。

---

① 伯顿·R. 克拉克：《高等教育系统——学术组织的跨国研究》，王承绪等译，杭州，杭州大学出版社，1994，第177～178页。
② 伯顿·R. 克拉克：《高等教育系统——学术组织的跨国研究》，王承绪等译，杭州，杭州大学出版社，1994，第178～185页。

（三）幕前与幕后

组织需要通过行政职权体系才能运行，但行政职权只是组织运行的一种工具，它本身并无明确价值取向，而只是作为组织内外各种力量博弈结果的体现。这种博弈的过程经常模糊不清，各种力量之间较量和协商的过程即使参与者自身也经常不得要领。虽然系统的要素之间互相关联，但它们仍然保留了各自的特性和一定的逻辑独立性。在社会系统中，系统的各相关部分之间不仅具有非连续性，而且"各部分"（参与者）也有自己的意愿、喜好和期望，这些意愿、喜好和期望还会随时发生变化。① 总的来说，这些政治博弈行为并没有简单的因果关系，而是不断地、连续地在变化着。

高等教育系统是一个非常复杂的组织，大学内部职权体系的形成并非大学能完全自我把握的事务，一所大学往往是学术、市场和政府（政党）等各种力量博弈的场域，各种力量的变化都有可能对大学内部职权产生影响。但不管过程如何，最终，行政职权体系作为大学组织中各种力量协商后的具有合法性的阶段结果被推到幕前，行使正式权力并承担相应责任，而其他力量则仍旧在幕后继续维持或者试图改变这一系统。既然是协商的结果，行政权力不会只代表某个集团的利益，而是各方利益的综合代表，在一个多维的权力系统中，作为公共权力的行政职权体系具有多重价值复合性。但这些复合构成的多重价值的非等值权重②，可能使某一方的力量具有明显优势，这种优势将决定行政权力倾向于更加维护某一团体的利益，这不仅决定行政权力的运行取向，而且会现实地转化成为其相应的实际任务。本研究将这些关系以图 1-3 表示。

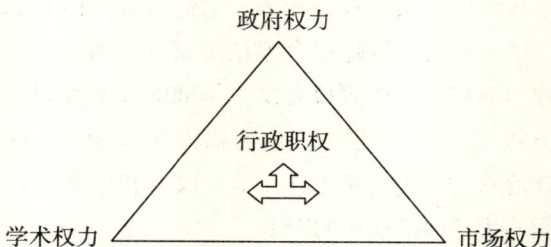

图 1-3　大学内部行政权力走向

---

① 罗伯特·伯恩鲍姆：《大学运行模式：大学组织与领导的控制系统》，别敦荣主译，青岛，中国海洋大学出版社，2003，第 36 页。

② 王浦劬等：《政治学基础》，北京，北京大学出版社，2006，第 2 版，第 74 页。

如图 1 - 3 所示，在学术权力和政府权力的作用下，大学行政职权体系同时被两个完全相反的方向拉扯，如果再加入市场等因素，行政职权体系耦合后的形态走势更是混沌不清。行政职权体系在各种关系变化中找寻平衡点，但这个平衡点往往不是利益各方皆大欢喜的"期待点"，而是各方忍受范围的"极限点"，所以行政职权体系不仅饱受学者诟病，各个方面对其也均不满意。

大学内部权力关系十分复杂，各种权力的运行通常有两条途径：一是通过大学行政职权体系这一正式渠道实施，表现为正式权力。正式权力是指存在于正式组织当中、由法定的制度规范赋予并以法定方式实施和表现的权力。只要是组织规章制度中明确规定了职位、职责、职权等内容的权力我们都认为是正式权力。如大学的学术委员会，虽然成员多为教授和学者且决定的都是学术事务，似乎只代表学术权力，但只要通过正式程序即可限制学术委员会的职责职权，可以撤换和增加其成员，因此学术委员会作为正式机构仍然属于行政职权范畴。

二是绕开大学行政职权体系通过非正式渠道表达，是为非正式权力。行政权力一经形成也就有了自己的生命力，因为它已经成为一种合法机制，可以控制那些与之冲突的、对它进行权力让渡的利益各方。同"经济人"一样，行政机构也追求自身利益的最大化。即使权力格局发生改变，由于行政系统调整需要经过某些程序，因此会产生滞后性，但这并不代表各方在改变行政职权体系前无法作为。逾越制度规约甚至与既存制度对立的权力时常以非正式权力的方式在起作用，其中学术权力的表现更为明显。非正式权力与正式权力颇不相同，非正式权力主要依托于非正式组织，基于共同意识、感情交流、自我确认等需要而"非正式"地授予权力。权力社会学家布劳指出："非正式的领袖们则必须依靠他们自己的品质和资源去赢得追随者们的自愿服从。"[1] 一般非正式权力多以非规范化的方式、遵循情感满意原则运用权力，但有时也可以"强制性"的方式运用。[2] 如即使某学者通过正式渠道和手段获得官方认可的学术地位，但也可能被某学术团体集体边缘化。当然非正式权力并非是一种恒态，正式权力与非正式权力如果长期发生剧烈冲突，也可能是正式权力体系即将变化的先兆。

---

[1] 彼得·布劳：《社会生活中的交换与权力》，孙非、张黎勤译，北京，华夏出版社，1988，第 243 页。

[2] 何小青、江美塘：《"正式权力"与"非正式权力"——对政治权力的一项基础性研究》，《学术论坛》2001 年第 5 期。

（四）大学行政权力与学术权力之争的误读

大学行政职权体系一旦形成，占据不同职位的人员即成为利益相关者，会很自然地开始维护自身利益并努力使其最大化，从而成为一股反作用力参与政治博弈。因此我们时常可以感受到它对其他权力的牵制，即使是在政治博弈过程中占据优势的力量也不例外。这是一个什么样的权力体系呢？按照韩水法先生的观点，"中国所有正规大学都被整合在这样一个官僚层级的体系之中，从最高教育行政机关到大学基本教学与学术单位，一元化的行政权力通天贯地，天下英雄，靡不在其彀中"。"这个体系所代表的是一种强大的力量"。① 如在影响中国大学内部职权的不同权力中，政府权力一直保持较大优势，以致很多人认为行政权力就是在行使政府权力，但实际情况是，政府权力在大学管理中也不时遇到阻碍，常有政令不通之感。虽然行政权力是由这些力量让渡而来，但由于行政权力的存在已经在客观上导致利益相关团体的存在，所以又会成为一股反噬力，参与到如图 1 - 1 所示的政治博弈之中。

从以上对大学内部权力结构的分析可以看出，大学行政职权并非天然与学术权力对立。由于行政权力是由政府（政党）、学术和市场等权力让渡而来，在某种程度上，行政权力也能代表部分学术权力。那么为何总会产生行政权力与学术权力对立的感觉呢？因为大学行政职权体系的运作最终是幕后各方力量强弱的体现，纷争即来源于此。大学以学术为存在之根本，但大学发展至今，已不再仅仅是学者们的组织。中国的高等教育系统历来以政府为主导，大学行政职权更多体现政府意图，学术权力自然难免受到压制。这种学术权力与行政权力对立的表现追根溯源实为学术权力和政府权力之争。而在以市场为导向的高等院校，如在中国的民办大学中，市场的力量则往往决定大学行政职权体系的运作，这时的学术权力与行政权力之争其实主要体现为学术权力与市场权力之争。

大学中的行政权力与学术权力之争，并非表明学术权力与行政权力有着直接冲突，而是学术权力在行政权力中未能得到其所期待的价值表现。之所以容易产生上述误读，主要源于大学组织的特殊性，即强大学术权力的存在，这是在其他社会组织中所没有的，因此由于思维惯性而引起范畴上的混乱。

---

① 韩水法：《世上已无蔡元培》，《读书》2005 年第 4 期。

（五）大学内部职权结构图的简化

为使对大学内部职权结构的分析更加深入和透彻，本研究在后续的分析中或将使用大学内部权力结构图（图1-1）的简化图（图1-4），舍末求本，以此简化模型为基础进行分析，以更好地展现清末民初各类大学内部职权的基本面貌。

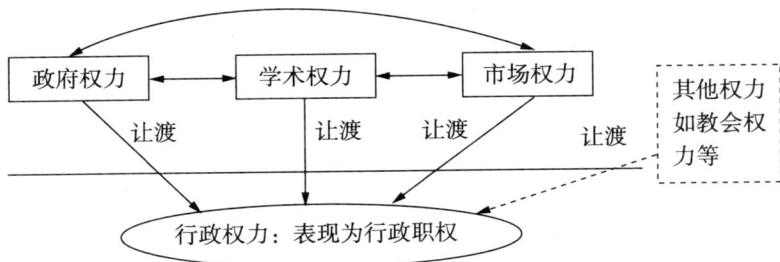

图1-4　大学内部职权结构简化图

小　结

通过对权力、职权、大学权力和大学职权几个核心概念的界定，以及对大学内部权力结构理论的深入解读，在伯顿·克拉克三角协调图的基础上，借鉴权力让渡理论与社会契约论的基本思想，本研究构建了大学内部职权结构分析的基本模型，并将以此模型为基础对清末民初的公立大学、私立大学、教会大学内部职权体系进行全面分析，以新的视角描摹清末民初大学的基本轮廓。

中国大学的历史不长，但它的起点很高，像始建于20世纪20年代前后的一批中国大学，公立①的如享有国立五大名校之称的北京大学、清华大学、中央大学、武汉大学、浙江大学，以及国立北洋大学、交通大学等等；私立的如南开大学、复旦大学、光华大学、厦门大学等等；教会背景的如圣约翰大学、燕京大学、东吴大学、金陵大学等等；这种公立、私立、

① 根据1912年11月6日公布的《解释学校公立私立之性质》相关规定，"公立学校以公法人所立为准。就全国而言，则省立、县立、城镇乡立各校，凡由地方机关主管者均为公立学校；其有法定团体经法律规定为公法人者，所立学校亦为公立学校。就京师一方面言，则凡该学务局所立及各旗由主管旗务机关所立旧称官立者均为公立学校，其私人或私法人团体所立无论经费出自私人财产或团体财产或其他寄附金及经公款补助均为私立学校。"

教会三足鼎立的大学格局，共同为中国的高等教育事业做出了历史性贡献。陈丹青曾说，"民国的大学教育，今时休想望其项背"。甚至有学者认为："至 1937 年抗日战争爆发前，从这些学校对大学精神气质的把握及为支撑大学理念施展而形成的制度设计、人才培养的品质、对理性社会文化的影响力、受社会尊敬的程度等而言，可以说，中国已经办成了不少与国外主流大学只有量的差别而没有质的差别的知名大学了。"①

"欲知大道，必先为史。"鉴往知来，有比较才有鉴别。所谓比较，主要有二：一为横向，一为纵向。二者交融，进行纵横交错的比照考察有其必要。中国大学的改革，自然可以借鉴域外的经验，但最直接且最有效的资源很可能还是清末民初的大学。清末民初之时的高等教育可谓是"风气开一代、师表垂后世"，亲自见证那段时光的人们都已渐渐作古，而那段黄金岁月依然让人流连忘返，存留于故纸之间的文字更是历久弥新。民国初期高等教育的成功，来自其时风云际会的知识精英与风起云涌时代的相互造就。透过悠远厚重的历史，面对绿树红墙间已化为雕像的大师，我们心中充满无限感慨和由衷敬意。

"没有澈底的觉悟，自然也没有澈底的悛改。"② 回顾中国高等教育曾经的辉煌，在一个政治动荡、国运乖蹇的时代，为什么会拥有成就斐然的大学和璀璨如星的大师？究竟是大学孕育了大师，还是大师成就了大学？本研究将通过对清末民初公立、私立和教会大学内部职权的考察，为中国当代大学未来的发展提供前瞻性的参考。

① 《怀念过去的大学（代自序）》// 黄俊伟：《过去的大学与现在的大学》，北京，群言出版社，2011，第 5 页。
② 朱光潜：《处群的训练》// 杨东平：《大学精神》，沈阳，辽海出版社，2000，第 315 页。

第二章　清末民初公立大学内部职权体系研究

"今日中国之大学教育，溯其源流，实自西洋移植而来，顾制度为一事，而精神又为一事。就制度言，中国教育史中固不见有形式相似之组织，就精神言，则文明人类之经验大致相同，而事有可通者。"① 中国古代即有培养高级人才的太学和国子监，唐末宋初以后产生发展起来的书院，也大多以培养高级人才为己任。但中国严格意义上的现代高等教育却不是中国古代高等教育的自然延伸和发展，中国现代高等教育属于比较典型的"后发外生型"，即起步较晚，且由外来因素所诱发。因此，对西方高等教育的借鉴、模仿、融合所导致的发展模式的不断转换，就成为中国高等教育现代化过程的一个突出特点。

大致而言，1898 年京师大学堂创校后一段时间，国内主要仿行日本模式；在蔡元培时期，则仿效德国模式；1928 年蔡元培长全国教育行政之后，又仿效法国模式，但不甚成功。几乎与此同时，在 20 世纪 20 年代，以东南大学和清华大学为代表的新派大学，在借鉴美国模式的努力上取得了成功；这一经验之后被广泛吸收，成为全国大学的主流模式，并彰显了巨大威力。1952 年的院系大调整，事实上否弃了此前经验，全国通行苏联模式。1978 年以来，中国逐步摆脱了苏联模式，并逐步转向对美国模式的再学习，自觉接续抗战前老大学的传统，同时尝试寻求中国自己的道路。

第一节　清朝末期公立大学内部职权体系研究

第一次鸦片战争以后，清政府内部兴起的洋务运动在教育方面采取的

---

① 梅贻琦：《大学一解》//刘琅、桂苓：《大学的精神》，北京，中国友谊出版公司，2004，第 32 页。

主要措施是兴办学习"洋文"和"洋枪、洋炮、洋机器"（也就是所谓的"西文"与"西艺"）的专门学校，这些专门学校是中国近代西式高等学校诞生的前奏。但由于科举制度并行，并不能吸引优秀学子，而国难当头，"时局多艰，需才尤急"，军事力量的增强需要更多优秀的科学技术人才，这时才不得已创立京师大学堂，逐渐取代科举制度，从最高层面来发展大学。

一、清朝末期公立大学管理概述

中国近代大学萌芽于 19 世纪末的晚清时期。与西方大学的自发产生和自然演进不同，中国近代大学的出现是清朝政府有计划有步骤的政府行为的产物，是当时重大的政治事件，更多地受到政府和社会的制约，表现出明显的"外生性"特征。① 大学在中国的出现，是在外力催生下产生，办学目的是为了"富国强兵"②，其价值主要体现为一种实用工具。中国大学的出现可以说是"不得已而为之"。

（一）洋务学堂：中国近代大学的雏形

从 18 世纪中叶开始，清王朝逐步走向衰落，政治上腐败无能，经济上民穷财尽，教育上呆板僵化，社会危机四伏，民族矛盾日趋激化，王朝摇摇欲坠。在 1840 年被西方列强用坚船利炮轰开了国门之后，一些仁人志士痛定思痛，苦思救国强兵之策，以维护清王朝的统治。其间，以李鸿章、曾国藩、张之洞和左宗棠等为代表的洋务派主张"中学为体，西学为用"，"师夷长技以自强"，开展洋务运动，创办新式学校。19 世纪 60 至 90 年代，洋务派倾力兴办各种新式学堂，教学内容以"西文"与"西艺"为主，大致可分为外国语学堂、军事学堂和技术实业学堂（详见表 2-1）。中国近代高等教育即发轫于 1862 年设立的京师同文馆。同文馆的设立，是中国创办新式学堂的开始，它后来并入京师大学堂，成为京师大学堂成立最早的一部分。

---

① 上官剑等：《"外生性"与"内生性"：中西方大学起源之比较》，《高等教育研究》2007 年第 6 期。
② 金以林：《近代中国大学研究（1895~1949）》，北京，中央文献出版社，2000，第 2 页。

表 2-1　主要洋务学堂一览

类别	学堂名称	创建年份	地点	说　　明
外国语学堂	京师同文馆	1862	北京	恭亲王奕䜣奏请设立
	上海广方言馆	1863	上海	江苏巡抚李鸿章奏请设立
	广州同文馆	1864	广州	广州将军瑞麟等奏请设立
	新疆俄文馆	1887	新疆	巡抚刘襄勤奏请设立
	台湾西学馆	1888	台湾	巡抚刘铭传奏请设立
	珲春俄文馆	1889	珲春	吉林将军长顺奏请设立
	湖北自强学堂	1893	武昌	湖广总督张之洞奏请设立
军事学堂	福建船政学堂	1866	福州	闽浙总督左宗棠奏请设立
	上海江南制造局操炮学堂	1874	上海	1898 年与上海广方言馆合并
	天津水师学堂	1881	天津	直隶总督李鸿章奏请设立，也称北洋水师学堂，为各水师学堂模仿的"样本"
	广东实学馆	1882	广州	经先后担任两广总督的刘坤一、张树声等人奏请设立，张之洞接任两广总督后改名为广东水陆师学堂
	广东黄埔鱼雷学堂	1884	广州	两广总督张之洞奏请设立，后并入广东水陆师学堂
	天津武备学堂	1885	天津	直隶总督李鸿章奏请设立
	北京昆明湖水师学堂	1886	北京	总理海军衙门大臣醇亲王奕譞奏请设立
	山东威海卫水师学堂	1890	威海卫	北洋海军提督丁汝昌奏请设立
	江南水师学堂	1890	南京	两江总督兼南洋大臣曾国荃奏请设立
	旅顺口鱼雷学堂	1890	旅顺	北洋舰队设立
	山东烟台海军学堂	1894	烟台	
	江南陆师学堂	1896	南京	两江总督张之洞奏请设立
	直隶武备学堂	1896		督练新建陆军袁世凯奏请设立
	湖北武备学堂	1896	武昌	湖广总督张之洞奏请设立

续表

类别	学堂名称	创建年份	地点	说　明
技术实业学堂	福州电报学堂	1876	福州	福建巡抚丁日昌奏请设立
	天津电报学堂	1880	天津	李鸿章奏请设立
	上海电报学堂	1882	上海	
	湖北矿务局工程学堂	1892	武昌	
	天津西医学堂	1893	天津	前身为1881年设立的"总督医院附属医学校",系中国近代最早的官办西医学堂
	山海关铁路学堂	1895	山海关	津榆铁路公司创办,系中国最早的铁路学堂
	南京储才学堂	1896	南京	两广总督张之洞创办,先后改名为江南高等学堂、南京格致书院

资料来源:孙培青:《中国教育史》(修订版),上海,华东师范大学出版社,2000,第298~301页。

　　洋务派创办的这些洋务学堂与封建官学、书院、私塾等中国传统学校有显著差异,因此,人们常称其为新式学堂。在培养目标上,洋务学堂主要培养造就各项洋务事业需要的专门人才,广泛分布于外交、律例、水陆军事、机械制造、电报、矿务、铁路、冶炼、企业管理、科技出版和教育等诸多领域;在教学内容上,洋务学堂以学习"西文"、"西艺"为主,课程多包括外语、数学、格致、化学等一般性课程以及和各自专业相关的科学技术课程;在教学方法上,洋务学堂按照知识接受规律由浅入深、循序渐进地安排教学内容,注意理论与实践结合;在教学组织形式上,洋务学堂采用班级授课制,突破了传统的个别教学形式。洋务学堂基本游离于当时的整个教育制度之外,自成体系,相对独立,并非当代意义上的高等教育。对此,国外也有学者持同样的看法。如毕乃德就认为:"从同文馆的全部历史来看,它是不符合这个名词(College)的现代含义的。19世纪后半期的许多学院(至少在美国)不会高过今天的中学。所以把这个名词应用于同文馆可能还是公正的。"① 虽然不能说洋务学堂实施的是"建立在中

---

① 毕乃德:《洋务学堂》,曾钜生译,杭州,杭州大学出版社,1994,第24页。

等教育基础之上的教育"，但从洋务学堂所实施的教学阶段来看，至少最后阶段可视为高等教育。因此从一定意义上说，洋务学堂在当时的中国是具有高等教育性质的专门学校。①

洋务学堂虽然开启了中国近代教育和高等教育的先河，但它们只是中国近代新教育的萌芽，还不属于严格意义上的高等学校，只可视为中国近代高等专门学校的雏形。郑观应就曾提出："查各国京师，俱有大学堂，各精一艺，各专一业者，非比我国同文馆教习，只通算学、天文、地理、各国语言文字而已。或谓同文馆如外国小中学塾，非大学堂也。"② 梁启超更是批评道："今之同文馆、广方言馆、水师学堂、武备学堂、自强学堂、实学馆之类，其不能得异才何也？言艺之事多，言政与教之事少。其所谓艺者，又不过语言文字之浅，兵学之末，不务其大，不揣其本，即尽其道，所成已无几矣。"③ 他在谈到当时学校教育时提及其有"两大缺点"：第一，"此种'水平线式'的教育，实国家主义之产物"；第二，"其学业之相授受，若以市道交也"。④ 确实，无论是从办学者的角度，还是从求学者的角度来看，中国大学产生时的工具性都十分明显。

（二）中国近代大学的出现

中国受了英法联军的刺激，才有专门学校的设立；受了中日战争的刺激，才有普通大学的创办。⑤ 中日甲午战争以后，民族危机急剧加深，早期改良主义思潮迅速转变为一场声势浩大的要求变法维新的政治运动，以康有为、梁启超、谭嗣同、严复等为代表的维新派主张变法维新，进行政治、经济、军事和文化教育改革，使中国走上资本主义道路。这一运动到1898年"百日维新"（从6月11日到9月21日，历时103天）达到高潮，颁布了一系列包括文化教育在内的变法律令，史称"戊戌变法"。

维新运动期间，在教育方面最突出的贡献就是筹办京师大学堂。1896年刑部左侍郎李端棻就向光绪皇帝建议在京建立大学堂，总理衙门也批复"妥筹办理"，但因执政当局互相推诿，并未采取实质行动，直至1898年在光绪皇帝的一再催促下才开始积极筹办。维新运动失败后，虽然新政停止

---

① 潘懋元：《中国高等教育百年》，广州，广东高等教育出版社，2003，第112页。
② 郑观应：《考试》（1884年）//舒新城：《中国近代教育史资料》，北京，人民教育出版社，1981，第891页。
③ 梁启超：《学校总论》（1896年）//朱有瓛：《中国近代学制史料》（第一辑下册），上海，华东师范大学出版社，1986，第482页。
④ 陈平原：《大学何为》，北京，北京大学出版社，2006，第9页。
⑤ 周予同：《中国现代教育史》，福州，福建教育出版社，2007，第129页。

实行，但京师大学堂以"萌芽早，得不废"，筹办仍然继续进行。不过，其教学方针和教学内容却发生了很大变化，学堂规模也较原计划大为缩小，除附设中小学外，仅设仕学院。1898 年 12 月，京师大学堂正式开学。1902 年京师同文馆归并于京师大学堂，次年改称"译学馆"。京师大学堂是中国近代最早的中央官办大学之一，是北京大学的前身；它既是最高学府的教学场所，又是中央教育行政机关，兼管全国各省教育行政和学堂。

中国新式大学之始，以京师大学堂为标志，但"最早有此大学构想者，应为三年前盛宣怀所设之天津中西学堂，因其头等学堂即相当于西方之大学也"①，是为"我国教育史上废科举之先声，兴新学之第一回，开办现代大学之先锋，并奠立法学、科学与工程教育之始基"②。为开设天津中西学堂（即天津大学前身），天津海关道盛宣怀于 1895 年提出，"自强之道，以作育人才为本。求才之道，尤宜以设立学堂为先"。并以日本为例，认为"日本维新以来，援照西法，广开学堂书院"，各类人才皆"取材于学堂"，"仅十余年，灿然大备"。而中国"选将才于伍人广众之中，拔使才于诗文帖括之内，至于制造工艺皆取材于不通文理不解测算之匠徒，而欲与各国絜长较短，断乎不能"。"当赶紧设立头等二等学堂各一所，为继起者规式。"头等学堂功课，必须四年，方能造专门之学。"至第四年底，头等头班三十名，准给考单挑选出堂。或派赴外洋，分途历练；或酌量委派洋务职事。此外国所谓大学堂也。"③ 其头等学堂即相当于大学本科，二等学堂相当于大学预科④；1895 年开办时名为天津中西学堂，1903 年改名为北洋大学堂⑤。1896 年盛宣怀又在上海创办了南洋公学（即上海交通大学前身），该校分上、中、外、师范四院。师范院近似中等师范学校，外院是师范院的附属小学，中院相当于现在的中学，上院属于大学性质⑥，所以也有人认为天津中西学堂的头等学堂和南洋公学的上院都是中国近代最

① 苏云峰：《中国新教育的萌芽与成长（1860~1928）》，北京，北京大学出版社，2007，第 120 页。
② 李书田：《北洋大学五十年之回顾与前瞻》//陈学恂：《中国近代教育史教学参考资料》（上册），北京，人民教育出版社，1986，第 295 页。
③ 盛宣怀：《拟设天津中西学堂章程禀（附章程、功课）》（1895 年）//舒新城：《中国近代教育史资料》，北京，人民教育出版社，1981，第 136~137 页。
④ 熊明安：《中国高等教育史》，重庆，重庆出版社，1988，第 383 页。
⑤ 《〈北洋周刊〉记北洋大学堂》//朱有瓛：《中国近代学制史料》（第一辑下册），上海，华东师范大学出版社，1986，第 501 页。
⑥ 金以林：《近代中国大学研究（1895~1949）》，北京，中央文献出版社，2000，第 19 页。

早的高等学校①。

"戊戌变法"失败后，1900年八国联军侵入北京，中国社会矛盾又一次空前激化，清政府不得不于1901年1月29日下诏变法，承认"世有万古不易之常经，无一成不变之治法"，"近之学西法者，语言文字制造器械而已，此西艺之皮毛而非西政之本原也"，指令"各就现在情形参酌中西政要，举凡朝章国故、吏治民生、学校科举、军政财政，当因当革，当省当并，或取诸人，或求诸己……各举所知，各抒所见，通限两个月内详悉条议以闻"。② 从而开始了清末最后十年的"新政"时期。

1901年9月14日，清政府于"新政"时期发布上谕："除京师已设大学堂，应行切实整顿外，著各省所有书院，于省城均改设大学堂。"③ 不久，山东大学堂、河南大学堂、山西大学堂、江西清江大学堂、陕西关中大学堂、苏州省城大学堂、广西大学堂、四川大学堂、贵州大学堂、浙江省城大学堂、安徽省城大学堂、湖南省城大学堂和广东大学堂陆续成立。但1904年颁布之《奏定学堂章程》规定各省仅能设高等学堂，于是除京师、天津与山西三所大学外，其余一律于1904~1905年间改为高等学堂。山西大学堂之能继续办理，系受教会的限制。此校之设，系传教士李提摩太（Timothy Richard）以山西民智不开，致酿成大教案，于是拟以赔款50万两白银建一中西学堂。而晋抚岑春煊惧教育权之丧失，另筹建大学以抵消其影响，李乃改变其计划与中国合办，分为中西二斋，西人主持西斋教务。至1911年，合同期满，中方将其收回自办，即今之山西大学。④

历史学家陈旭麓认为："晚清新政中最富积极意义而有重大社会影响的内容当推教育改革。"⑤ 但清末所论教育改革仅为政治改革之一部分。此一时期教育思想之特点，在于1890年前甚少讨论学校制度问题，而争论的重点在要不要学习西方技艺科学。⑥ 因反对势力比较强大，争议的重点在课程内容，即应否在"中学"之外增加"西学"，以及应增加哪些"西学"

---

① 熊明安：《中国高等教育史》，重庆，重庆出版社，1988，第384页。
② 《上谕》（1901年1月29日）//朱有瓛：《中国近代学制史料》（第一辑下册），上海，华东师范大学出版社，1986，第116~117页。
③ 《上谕》（1901年9月14日）//朱有瓛：《中国近代学制史料》（第一辑下册），上海，华东师范大学出版社，1986，第454页。
④ 苏云峰：《中国新教育的萌芽与成长（1860~1928）》，北京，北京大学出版社，2007，第121页。
⑤ 陈旭麓：《近代中国社会的新陈代谢》，上海，上海人民出版社，1992，第246页。
⑥ 苏云峰：《中国新教育的萌芽与成长（1860~1928）》，北京，北京大学出版社，2007，第10页。

才不致损害"中学"的轴心地位。官绅认识西方之思考脉络先后经历了由"道器论"、"本末论"、"主辅论"至"体用论"的演变。对于西方学校制度，虽有传教士介绍及少数士人支持，但因受阻于科举制度，无法为广大士人所接受。直至1905年废除科举制后，新的学制始有生根发芽的机会。

"惟育才本为当务之急，而学课贵有一定之程。"为"将大中小学堂章课表通颁各省，资为程式，俾学有定业时，皆可一律遵守，免致分歧"①，清政府确立了新型的学校教育制度。这一制度产生于1902年张百熙所拟的《钦定学堂章程》，完成于1904年张之洞、张百熙、荣庆合订的《奏定学堂章程》。

1902年，在管学大臣张百熙的主持下拟定了一系列学制系统文件，包括《京师大学堂章程》、《考选入学章程》、《高等学堂章程》、《中学堂章程》、《小学堂章程》和《蒙学堂章程》共六件②，8月15日奏呈颁布，统称《钦定学堂章程》。因该年为壬寅年，又称"壬寅学制"。这是中国近代第一个以中央政府名义制定的全国性学制系统，具体规定了各级各类学堂的性质、培养目标、入学条件、在学年限、课程设置和相互衔接关系。"壬寅学制"的第三阶段即为高等教育，共分三级：高等学堂或大学预科三年（设政、艺两科③）；大学堂三年（设政治、文学、格致、农业、工艺、商务、医术共七科，各科下又分若干目，如医术科分医学、药学两目）；大学堂之上设大学院，年限不定，以研究为主，不立课程，不主讲授。其中，大学堂的分科大致相当于后来的学院，科下又分目，大致相当于后来的系；而大学院则"实为我国大学重视研究及办理研究所阶段之教育的开端"。④根据《钦定京师大学堂章程》规定，大学分科共设七科三十五目，这是我国大学分科分系制度的开始。⑤ 在学制主系列之外，与高等学堂（或大学预科）平行的有高等实业学堂、师范馆、仕学馆等。⑥ "壬寅学制"标志着中国近代大学制度的正式确立。但"壬寅学制"公布后未及实行，很快被"癸卯学制"取代。

---

① 《湖南巡抚俞廉三奏敕颁学堂功课表格》（1902年4月22日）//朱有瓛：《中国近代学制史料》（第一辑下册），上海，华东师范大学出版社，1986，第781页。
② 《张百熙进呈学堂章程折》（1902年8月15日）//朱有瓛：《中国近代学制史料》（第二辑上册），上海，华东师范大学出版社，1987，第64页。
③ 此时的政、艺两科就是现在所谓的文科和理科。
④ 周志宏：《学术自由与大学法》，台北，蔚理法律出版社，1989，第279页。
⑤ 金以林：《近代中国大学研究（1895～1949）》，北京，中央文献出版社，2000，第23页。
⑥ 孙培青：《中国教育史》（修订版），上海，华东师范大学出版社，2000，第344页。

由于主持制定"壬寅学制"的张百熙因偏护新学屡遭谤议，同时也由于该学制制定仓促，存在诸多不足，公布后即有人提出不同意见，其中尤以湖广总督张之洞的建议最为系统。为此，管学大臣张百熙、荣庆于1903年6月以"学堂为当今第一要务，张之洞为当今第一通晓学务之人"，奏请派张之洞会商学务，上谕"着即派张之洞会同张百熙、荣庆将现办大学堂章程一切事宜，再行切实商订，并将各省学堂章程，一律厘订，详悉具奏，务期推行无弊，造就通才，俾朝廷收得人之效"。[①] 1904年1月13日，清政府公布了由张百熙、荣庆、张之洞主持重新拟订的一系列学制文件，包括《学务纲要》、《各学堂管理通则》、《蒙养院章程及家庭教育法章程》、《初等小学堂章程》、《高等小学堂章程》、《中学堂章程》、《高等学堂章程》、《大学堂章程》（附《通儒院章程》）、《初级师范学堂章程》、《优级师范学堂章程》、《任用教员章程》、《初等农工商实业学堂章程》（附《实业补习普通学堂及艺徒学堂各章程》）、《中等农工商实业学堂章程》、《高等农工商实业学堂章程》、《实业教员讲习所章程》、《实业学堂通则》、《译学馆章程》（译学馆又称方言学堂）、《进士馆章程》等[②]，统称《奏定学堂章程》。因公布时在阴历癸卯年，又称"癸卯学制"。这是中国近代由中央政府颁布并首次得到施行的全国性法定学制系统，较"壬寅学制"更为系统详备。

"癸卯学制"的第三阶段为高等教育，分为三级：高等学堂或大学预科三年（分第一、第二、第三类）；大学堂三至四年（分为经学、政法、文学、商、格致、工、农、医共八科，京师大学堂八科全备，设于各省至少备其中三科）；通儒院五年，属研究院性质。与之平行的还有具有高等教育性质的优级师范学堂和高等实业学堂，此外，还有属于高等教育性质的译学馆、进士馆（为新进士学习新知识而设立）、仕学馆（为已仕的官员学习新知识而设立）及外省的方言学堂。[③] "壬寅癸卯学制"的颁行与实施，既标志着旧的书院与官学教育体系的废止，也意味着以日本为中介借鉴西方近代学校教育制度最终得以实现，从而实现了我国高等教育体制的

---

① 《管学大臣张百熙、荣庆请派重臣会商学务折》（1903年6月27日）//朱有瓛：《中国近代学制史料》（第二辑上册），上海，华东师范大学出版社，1987，第71~72页。
② 《张百熙、荣庆、张之洞重订学堂章程折》（1904年1月13日）//朱有瓛：《中国近代学制史料》（第二辑上册），上海，华东师范大学出版社，1987，第77~79页。
③ 舒新城：《中国近代教育史资料》，北京，人民教育出版社，1981，第225~227页。

初次转型。① 但清季之大学设计，仍然保留较浓厚的传统印迹，不仅在大学学科设置中保留了经学科，而且处于最顶端之通儒院与翰林院颇为相似，难以体现西方现代大学所具有的独立精神。②

与"壬寅学制"相比，"癸卯学制"的不同之处在于：第一，大学院名称改为通儒院，规定五年毕业，为"研究各科学精深义蕴，以备著书、制器之所"。第二，大学分科除原有七科外，增设经学科，突出了经学的地位。"八科大学，在京师大学务须全设，若将来外省有设立大学者，可不必限定全设；惟至少须置三科，以符学制。"③ 第三，京师大学堂成为单一的高等教育机构。《钦定京师大学堂章程》规定"京师大学堂主持教育，宜合通国之精神脉络而统筹之"，"设管学大臣一员以主持全学，统属各员，由特旨派大臣为之"。而《奏定大学堂章程》规定："大学总监督受总理学务大臣之节制，总管全堂各分科大学事务，统率全学人员"。这就使得京师大学堂兼为最高学府和最高教育行政机构的职能一分为二，互相独立，分别行使职责，自此京师大学堂成为单一的高等教育机构。第四，专门制定了教员任用管理规定。《奏定任用教员章程》规定，大学堂、高等学堂均设正教员和副教员。"大学堂分科正教员以将来通儒院研究毕业，及游学外洋大学院毕业得有毕业文凭者充选，暂时除延访有各科学程度相当之华员充选外，余均择聘外国教师充选；大学堂副教员以将来大学堂分科毕业考列优等，及游学外洋得有大学堂毕业优等、中等文凭者充选，暂时除延访有各科学程度相当之华员充选外，余均择聘外国教师充选"；"高等学堂正教员以将来大学堂分科毕业，考列优等及中等，及游学外洋得有大学堂毕业文凭，暨大学堂选科毕业考列优等者充选，暂时除延访有各科学程度相当之华员充选外，余均择聘外国教师充选；高等学堂副教员以将来大学堂选科毕业考列优等及中等，及游学外洋得有大学选科毕业文凭者充选，暂时延访有各科学程度相当之华员充选"。④

特别值得指出的是，无论是维新运动时期的康有为、梁启超，还是主持制定"癸卯学制"的张之洞、张百熙，在设计学堂章程时强调的不是

① 苟渊：《从传统到现代——近代中国的高等教育》，兰州，甘肃民族出版社，2004，第96页。
② 左玉河：《坚守与维护：中国现代大学之"教授治校"原则》，《北京大学教育评论》2008年第2期。
③ 《奏定大学堂章程》（1904年1月13日）//璩鑫圭、唐良炎：《中国近代教育史资料汇编：学制演变》，上海，上海教育出版社，2007，第348～349页。
④ 《奏定任用教员章程》（1904年1月13日）//璩鑫圭、唐良炎：《中国近代教育史资料汇编：学制演变》，上海，上海教育出版社，2007，第433页。

"上法三代,旁采泰西"①,就是"上溯古制,参考列邦"②。但平心而论,在"癸卯学制"有关高等教育的制度设计中,我们处处都可看到"旁采泰西"和"参考列邦"的影子,而对于"上法三代"和"上溯古制",大都语焉不详。如梁启超在《学校总论》中直言:"吾所欲言者,采西人之意,行中国之法,采西人之法,行中国之意"。③ 孙家鼐议复开办京师大学堂时建议"亟应参仿各国大学堂章程,变通办理,以切时用"。④ 而北洋大学"开创时,丁家立所设计的学科和修业年限,是以美国哈佛、耶鲁等大学学制为蓝本的"。⑤ 盛宣怀提出"世变日棘,庶政维新,自强万端,非人莫任,中外臣僚与夫海内识时务之俊杰,莫不以参用西制兴学树人以为先务之急",其创办南洋公学即是"略仿法国国政学堂之意"。⑥ 康有为1898年在《请开学校折》中明确表述:"臣不引远古,请近校于今欧群各国,而知其故矣。"而在欧美各国之中,尤推德、日,认为"今各国之学,莫精于德,国民之义,亦倡于德,日本同文比邻,亦可采择。请远法德国,近采日本,以定学制"。并就专门之学和大学教育特别指出:在欧美国家,"专门者,凡农商矿林机器工程驾驶,凡人间一事一艺者,皆有学,皆为专门也。凡中学专门学卒业者皆可入大学"。"夫学至于专门止矣,其所谓大学者,不过合各专门之高等学多数为之。"⑦ 1901年,张之洞、刘坤一上《筹议变通政治人才为先折》,提及"德之势最强,而学校之制,惟德最详;日本兴最骤,而学校之数,在东方之国为最多",并拟参酌东西学制分为七专门:经学、史学、格致学、政治学、兵学、农学和工学。⑧

① 康有为:《请饬各省改书院淫祠为学堂折》(1898年)//舒新城:《中国近代教育史资料》,北京,人民教育出版社,1981,第81页。
② 《张百熙进呈学堂章程折》(1902年8月15日)//朱有瓛:《中国近代学制史料》(第二辑上册),上海,华东师范大学出版社,1987,第64页。
③ 梁启超:《学校总论》(1896年)//朱有瓛:《中国近代学制史料》(第一辑下册),上海,华东师范大学出版社,1986,第481页。
④ 《管理官书局大臣孙家鼐议复开办京师大学堂折》(1896年)//朱有瓛:《中国近代学制史料》(第一辑下册),上海,华东师范大学出版社,1986,第623页。
⑤ 《北洋大学史料组记北洋大学事略》//朱有瓛:《中国近代学制史料》(第一辑下册),上海,华东师范大学出版社,1986,第503页。
⑥ 《大理寺少卿盛宣怀折(附南洋公学章程)》(1898年6月12日)//朱有瓛:《中国近代学制史料》(第一辑下册),上海,华东师范大学出版社,1986,第510、513页。
⑦ 康有为:《请开学校折》(1898年)//舒新城:《中国近代教育史资料》,北京,人民教育出版社,1981,第149~150页。
⑧ 张之洞、刘坤一:《筹议变通政治人才为先折》(1901年)//舒新城:《中国近代教育史资料》,北京,人民教育出版社,1981,第48、51页。

因"科举一日不停，士人皆有侥幸得第之心，以分其砥砺实修之志。民间更相率观望，私立学堂者绝少，又断非公家财力所能普及，学堂决无大兴之望"①，1905 年 9 月 2 日，直隶总督袁世凯、盛京将军赵尔巽、两湖总督张之洞、两江总督周馥、两广总督岑春煊、湖南巡抚端方等会奏立停科举以广学校。同日，光绪帝上谕："著即自丙午科为始，所有乡会试一律停止，各省岁科考试亦即停止。"② 从而宣告自隋代起实行了 1300 年之久的科举考试制度正式终结，随后出现了中国近代史上难得的兴办新学热潮。至 1909 年，全国共有大学堂 3 所，学生 749 人；高等学堂 24 所，学生 4127 人；专门学堂 127 所，学生 23735 人。③

在近代中国，教育一直处于迟滞状态。在大学教育的宗旨与政策方面，清政府认识不足，行动迟缓，在受到西方冲击后才思变革。最初倡导学习西方的是少数有识之士，在逐渐影响到少数政府官员时，才采取一些实际措施。此后，政府的角色逐渐加大。自 19 世纪下半叶以后，中央政府的权力因缺乏应变能力而松动，地方政府权力逐渐增大，所以各地"新教育"的发展因地不同、因人而异，均因其督抚的对外接触程度及其反应而各殊其趣。然而在确定学制以后，清政府的贡献"当也不小"。④ 有研究表明，清末中央政府于自强运动期间所设立的学堂总投资额约为 700 万两白银，其中同文馆部分不过 135 万余两白银，而军事学堂部分合计约 265 万余两白银，约为同文馆的两倍，如果再将其他各省设立的武备学堂经费（估计每年约 100 万两白银）合并计算，则应在三四倍以上。⑤ 可见清政府更为重视军事教育，其办学目的是为了富国强兵，价值也主要体现为一种实用工具即为增强军事实力而培养专门人才。

二、京师大学堂及其内部职权结构分析

京师大学堂是戊戌维新运动的产物，是 19 世纪中叶开始的中学与西

---

① 《袁世凯等奏请废科举折》（1905 年 9 月 2 日）//朱有瓛：《中国近代学制史料》（第二辑上册），上海，华东师范大学出版社，1987，第 110 页。
② 《上谕》（1905 年 9 月 2 日）//朱有瓛：《中国近代学制史料》（第二辑上册），上海，华东师范大学出版社，1987，第 113 页。
③ 吴相湘、刘绍唐：《第一次中国教育年鉴》（丙编），台北，传记文学出版社，1971，第 12～13、144 页。
④ 苏云峰：《中国新教育的萌芽与成长（1860～1928）》，北京，北京大学出版社，2007，第 37 页。
⑤ 苏云峰：《中国新教育的萌芽与成长（1860～1928）》，北京，北京大学出版社，2007，第 49 页。

学、科举与学校长期斗争的结果，也是中国近代高等教育制度确立的标志。① 据《京师大学堂成立记》载："民国元年，梁任公归国，在大学校演说，谓戊戌政变成绩，西后推翻无遗，可留为纪念者，独一大学堂而已。"② 《国闻报》当时更是报道："北京尘天粪地之中，所留一线光明，独有大学堂一举而已。"③

（一）京师大学堂沿革

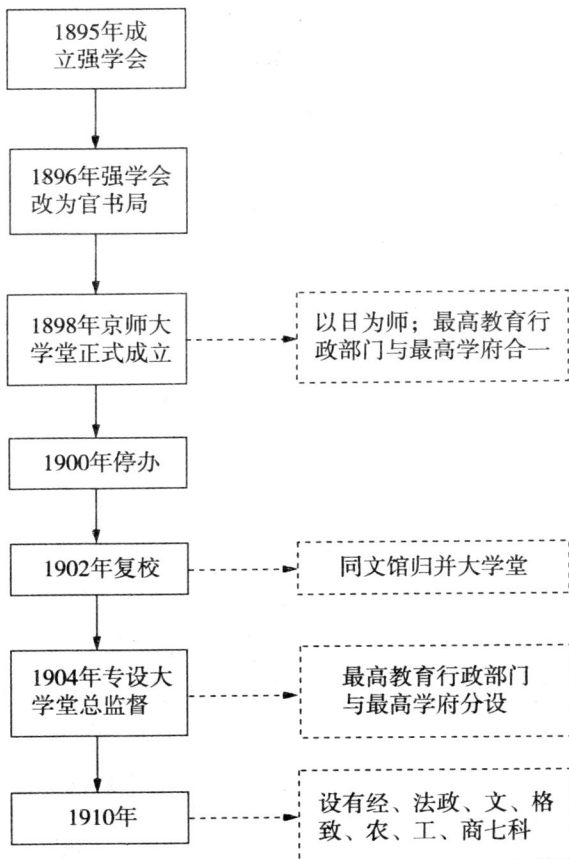

图2-1 京师大学堂发展脉络

---

① 金林祥：《中国教育制度通史》（第6卷），济南，山东教育出版社，2000，第241页。
② 罗敦融：《〈京师大学堂成立记〉（节录）》//朱有瓛：《中国近代学制史料》（第一辑下册），上海，华东师范大学出版社，1986，第685页。
③ 《〈国闻报〉记京师大学堂》//朱有瓛：《中国近代学制史料》（第一辑下册），上海，华东师范大学出版社，1986，第649页。

最早提出在京师设立大学堂思想的是早期改良派人物郑观应。1884 年他即提出仿照西方学制设立小学、中学、大学三级学制系统,"设于各州县者为小学,设于各府省会为中学,设于京师者为大学"。① 1895 年 5 月,康有为上清帝第二书指出:"泰西之所以富强,不在炮械军兵,而在穷理劝学",建议"各省、州、县遍开艺学书院","京师广延各学教习"②,这其中已经孕育着在京师办大学设想之萌芽。1895 年 8 月,康有为、梁启超等在北京组织"强学会",购置图书,收藏报刊,供群众阅览,并经常开会讲演,讨论学术,批评时政,鼓吹学习西方,变法维新。梁启超后来回忆说:"惟当时社会嫉新学如仇,一言办学,即视同叛逆,迫害无所不至。是以诸先辈不能公然设立正式之学校,而组织一强学会,备置图书仪器,邀人来观,冀输入世界之智识于我国民,且于讲学之外,谋政治之改革。盖强学会之性质,实兼学校与政党而一之焉。"③ 次年初,因御史诬指"私立会党,将开处士横议之风"而被强令关闭。后因接近维新派的帝党奏请解禁,结果清政府决定将强学会改为官书局,派吏部尚书孙家鼐任官书局大臣。④ 孙家鼐受命后,与原办书局诸臣悉心酌度,拟定开办章程藏书籍、刊书籍、备仪器、广教肄、筹经费、分职掌、刊印信七条,规定局内设藏书院、刊书处及游艺院,聘请中外学者,翻译、编印中外图书,收藏购置科学仪器,供"留心时事,讲求学问者"阅览利用。同时,还提议在官书局中设学堂一所,"延精通中外文理者一人为教习,凡京官年力富强者,子弟之资性聪颖安详端正者,如愿学语言文字及制造诸法,听其酌出学资,入馆肄习"。⑤ 此乃倡办京师大学堂之嚆矢。⑥ 故梁启超在北大演说中称京师大学堂"之前身为官书局,官书局之前身为强学会"。⑦ 1918 年出版的

① 郑观应:《考试》(1884 年)//舒新城:《中国近代教育史资料》,北京,人民教育出版社,1981,第 892 页。
② 《康有为上清帝第二书》(1895 年 5 月 2 日)//朱有瓛:《中国近代学制史料》(第一辑下册),上海,华东师范大学出版社,1986,第 470 页。
③ 梁启超:《莅北京大学校欢迎会演说辞》//刘琅、桂苓:《大学的精神》,北京,中国友谊出版公司,2004,第 3 页。
④ 萧超然等:《北京大学校史(1898~1949 年)》,上海,上海教育出版社,1981,第 5 页。
⑤ 孙家鼐:《官书局奏定章程疏》(1896 年)//中国史学会:《戊戌变法》(二),上海,上海人民出版社,1957 年,第 422~424 页。
⑥ 王晓秋:《戊戌维新与京师大学堂》,《北京大学学报》(哲学社会科学版)1998 年第 2 期。
⑦ 梁启超:《莅北京大学校欢迎会演说辞》//刘琅、桂苓:《大学的精神》,北京,中国友谊出版公司,2004,第 4 页。

《国立北京大学二十周年纪念册》也认为"本校造端，基于清光绪二十一年之强学会"。1896 年，梁启超在《论科举》一文中进一步提出："合科举于学校，自京师以迄州县，以次立大学小学，聚天下之才教而后用之。"①

1896 年 6 月 12 日，刑部左侍郎李端棻在《请推广学校折》中第一次向朝廷正式提出设立京师大学堂的建议。他主张"自京师以及各省府州县皆设学堂"，其中"京师大学，选举贡监生年三十以下者入学，其京官愿学者听之"，"以三年为期"，毕业后"予以出身，一如常官"。② 同日，《总理衙门议复左侍郎推广学校折》建议："该侍郎所请于京师建设大学堂，系为扩充官书局起见，应请旨饬下管理书局大臣察度情形妥筹办理。"③ 同年 8 月，管理官书局大臣孙家鼐在《议复开办京师大学堂折》中将"现在筹办大概情形，胪为六事"，其中第三事为"学问宜分科也"，并提出"拟分立十科"。④ 1897 年，姚文栋上《京师学堂条议》，指出："东西洋各国都城，皆有大学堂，为人材总汇之所"，"今中国一时未能遍设乡学，先设大学堂于京师，亦可树之风声"，并建议"专设学部大臣，以总理全国之学政"。⑤ 同年，熊亦奇于《京师创立大学堂条议》提出，"士之学曰大学，请为大学设二科"，曰格致，曰政治；"有士斯可有农工商兵，农工商兵之学，不曰大学，曰专学。请为专学设六科"，曰种植，曰矿石，曰制造，曰转运，曰水师，曰陆师。⑥ 1898 年 1 月 29 日，康有为第六次上书《应诏统筹全局折》，再次提出"自京师立大学，各省立高等中学，府县立中小学及专门学，若海陆医律师范各学，编译西书，分定课级，非礼部所能办，宜立局而责成焉"⑦，建议于内廷设"学校局"代替礼部专管此

① 梁启超：《论科举》（1896 年）//朱有瓛：《中国近代学制史料》（第一辑下册），上海，华东师范大学出版社，1986，第 43 页。
② 《刑部左侍郎李端棻奏请推广学校折》（1896 年 6 月 12 日）//朱有瓛：《中国近代学制史料》（第一辑下册），上海，华东师范大学出版社，1986，第 485 页。
③ 《总理衙门议复左侍郎推广学校折》（1896 年 6 月 12 日）//朱有瓛：《中国近代学制史料》（第一辑下册），上海，华东师范大学出版社，1986，第 489 页。
④ 《管理官书局大臣孙家鼐议复开办京师大学堂折》（1896 年）//朱有瓛：《中国近代学制史料》（第一辑下册），上海，华东师范大学出版社，1986，第 623、624 页。
⑤ 姚文栋：《京师学堂条议》（1897 年）//朱有瓛：《中国近代学制史料》（第一辑下册），上海，华东师范大学出版社，1986，第 627 页。
⑥ 熊亦奇：《京师创立大学堂条议》（1897 年）//朱有瓛：《中国近代学制史料》（第一辑下册），上海，华东师范大学出版社，1986，第 628～629 页。
⑦ 《康有为上清帝第六书》//朱有瓛：《中国近代学制史料》（第一辑下册），上海，华东师范大学出版社，1986，第 686 页。

事。2月15日，御史王鹏运也奏请开办京师大学堂。当日，光绪帝发出上谕："京师大学堂迭经臣工奏请，准其建立，现在亟须开办。其详细章程著军机大臣会同总理各国事务衙门王大臣，妥议具奏"。① 自此，京师大学堂正式进入筹办阶段。6月6日，康有为上《请开学校折》，"乞下明诏，遍令省府县乡兴学，乡立小学，令民七岁以上皆入学，县立中学，其省府能立专门高等学大学"，强调"京师议立大学数年矣，宜督促早成之，以建首善而观万国。夫养人才，犹种树也，筑室可不月而就，种树非数年不阴，今变法百事可急就，而兴学养才，不可以一日致也"。②

1898年6月11日，光绪帝下诏正式宣布变法。诏书中强调："京师大学堂为各行省之倡，尤应首先兴办，著军机大臣、总理各国事务王大臣，会同妥速议奏"。而且规定了学生来源："所有翰林院编检，各部院司员，各门侍卫，候补候选道府州县以下官，大员子弟，八旗世职，各武职后裔，其愿入学堂者，均准入学肄习，以期人才辈出，共济时艰"。并明白宣示"以圣贤义理之学，植其根本，又须博采西学之切于时务者，实力讲求"。③但总理衙门却以"事属创始，筹画匪易"④为借口，迟迟不动。6月26日，上谕再次发出，严令军机处和总理衙门"迅速复奏，毋再迟延"，并告诫"其各部院衙门，于奉旨交议事件，务当督饬司员，克期议复。倘再仍前玩愒，并不依限复奏，定即从严惩处不贷"。⑤6月30日，江南道监察御史李盛铎上折进一步提出"详定章程、择立基址、酌定功课、宽筹的款、专派大臣"等五条办法。⑥

在光绪帝严令之下，总理衙门委托梁启超代为起草《京师大学堂章程》并于7月3日上报，其中规定："今京师既设大学堂，则各省学堂皆当归大学堂统辖，一气呵成；一切章程功课，皆当遵依此次所定，务使脉络贯注，纲举目张"；"西国大学堂学生，皆由中学堂学成者递升，今各省之

---

① 《上谕》（1898年2月15日）//朱有瓛：《中国近代学制史料》（第一辑下册），上海，华东师范大学出版社，1986，第633页。

② 康有为：《请开学校折》（1898年）//舒新城：《中国近代教育史资料》，北京，人民教育出版社，1981，第150页。

③ 《上谕》（1898年6月11日）//朱有瓛：《中国近代学制史料》（第一辑下册），上海，华东师范大学出版社，1986，第688页。

④ 《总理各国事务衙门遵筹开办京师大学堂折》（1898年7月3日）//朱有瓛：《中国近代学制史料》（第一辑下册），上海，华东师范大学出版社，1986，第637页。

⑤ 《上谕》（1898年6月26日）//朱有瓛：《中国近代学制史料》（第一辑下册），上海，华东师范大学出版社，1986，第634页。

⑥ 《江南道监察御史李盛铎折》（1898年6月30日）//朱有瓛：《中国近代学制史料》（第一辑下册），上海，华东师范大学出版社，1986年，第635-636页。

中学堂，草创设立，犹未能遍；则京师大学堂学生之情形，亦与西国之大学堂略有不同。今当于大学堂兼寓小学堂、中学堂之意，就中分列班次，循级而升，庶几兼容并包，两无窒碍"。① 由此可见，此时的京师大学堂实际上包含着整个近代学制系统，并孕育着大学制度。②《总理衙门筹议京师大学堂章程》不但是中国第一所公立大学的章程，而且也是中国最早的现代学制纲要，其内容包括了全国各级学校的设立与行政管理事项。③ 总理各国事务衙门同时提出，"大学堂设立京师，以为各省表率，事当开创，一切制度，均宜审度精详"，"中国当更新之始，京师为首善之基，创兹巨典，必当规模宏远，条理详备，始足以隆观听而育人才"。④ 当日，光绪帝正式下令批准设立京师大学堂，谕："京师大学堂，为各行省之倡，必须规模宏远，始足以隆观听而育英才。"并委派孙家鼐为管学大臣，"管理大学堂事务，办事各员，由该大臣慎选奏派，至总教习总司功课，尤须远择学赅中外之士，奏请简派。其分教习各员，亦一体精选，中西并用。所需兴办经费及常年用款，著户部分别筹拨，所有原设官书局及新设之译书局，均著并入大学堂，由管学大臣督率办理"。⑤ 至此，议了数年之久的京师大学堂才得以批准设立。

其间，美国传教士李佳白和狄考文关于"总学堂"的言论也对京师大学堂的建立起了促进作用。李佳白的《拟请京师创设总学堂议》认为，"凡以新学之有裨实用，且抑体圣天子造就人才振兴国势之至意，故皆不敢怠荒。乃京师首善之区，尚未开办"，提出"立总学堂于京师"，"总学堂于各等专门学堂之外，亦可立一大学堂"，如此"则枢机仍握于京师"。⑥ 狄考文的《上译署拟请创设总学堂议》提出，"京都必先立一总学堂以为通国之倡，乃可以号召直省，而翕然从风"；"总学堂之总字，赅有二义节：一谓为群学总汇之区，一谓为通国总会之所。……则全国学堂，自必

---

① 《总理衙门筹议京师大学堂章程》（1898 年 7 月 3 日）//朱有瓛：《中国近代学制史料》（第一辑下册），上海，华东师范大学出版社，1986，第 654 页。

② 吴立保：《中国近代大学本土化研究》（博士论文），上海，华东师范大学，2009，第 24 页。

③ 周志宏：《学术自由与大学法》，台北，蔚理法律出版社，1989，第 279 页。

④ 《总理各国事务衙门遵筹开办京师大学堂折》（1898 年 7 月 3 日）//朱有瓛：《中国近代学制史料》（第一辑下册），上海，华东师范大学出版社，1986，第 638、637 页。

⑤ 《上谕》（1898 年 7 月 3 日）//朱有瓛：《中国近代学制史料》（第一辑下册），上海，华东师范大学出版社，1986，第 639 页。

⑥ 李佳白：《拟请京师创设总学堂议》//朱有瓛：《中国近代学制史料》（第一辑下册），上海，华东师范大学出版社，1986，第 650～651 页。

受管摄于京都之总学堂"。① 1898 年《总理衙门筹议京师大学堂章程》第一章"总纲"规定"今京师既设大学堂，则各省学堂皆当归大学堂统辖，一气呵成"，以及 1902 年《钦定京师大学堂章程》第一章"全学纲领"规定"京师大学堂主持教育，宜合通国之精神脉络而统筹之"，二者皆以京师大学堂为教育行政总机关，其渊源或发生于此。

因"京师大学堂，入学肄业者由中学小学以次而升"，而"各省中学小学尚未一律开办"，1898 年 7 月 10 日，光绪帝上谕："即将各省府厅州县现有之大小书院，一律改为兼习中学西学之学校。至于学校阶级，自应以省会之大书院为高等学，郡城之书院为中等学，州县之书院为小学。皆颁给京师大学堂章程，令其仿照办理。"② 8 月 9 日，孙家鼐向光绪帝提出了筹办大学堂的具体计划，主要内容有：拟立仕学院；出路宜筹；中西学分门宜变通；学成出身名器宜慎；译书宜慎；西学拟设总教习；专门西教习薪水宜从优；膏火宜酌量变通。其中，就"中西学分门宜变通"提出："查原奏普通学凡十门，按日分课。然门类太多，中才以下断难兼顾。拟每门各立子目，仿专经之例，多寡听人自认。至理学可并入经学为一门。诸子文学皆不必专立一门。"③ 9 月 9 日，孙家鼐上折建议"可否援例推广，另设医学堂，考求中西医学，即归大学堂管辖"。④ 同日，光绪帝批复孙家鼐"详拟办法具奏"。

1898 年 9 月 21 日，戊戌政变爆发，百日维新失败，唯大学堂"以萌芽早，得不废"，但举步维艰。12 月 3 日，管理大学堂大臣孙家鼐在上奏大学堂开办情形时提及，"内务府将大学堂房屋移交臣处接收"及"报名者已一千有零"，并言道："先课之以经史义理，使晓然于尊亲之义，名教之防，为儒生立身之本；而后博之以兵农工商之学，以及格测算语言文字各门。"⑤

① 狄考文：《上译署拟请创设总学堂议》//朱有瓛：《中国近代学制史料》（第一辑下册），上海，华东师范大学出版社，1986，第 652~653 页。
② 《上谕》（1898 年 7 月 10 日）//朱有瓛：《中国近代学制史料》（第一辑下册），上海，华东师范大学出版社，1986，第 441~442 页。
③ 《孙家鼐筹办大学堂大概情形折》（1898 年 8 月 9 日）//朱有瓛：《中国近代学制史料》（第一辑下册），上海，华东师范大学出版社，1986，第 665~668 页。
④ 《管理大学堂大臣孙家鼐片》（1898 年 9 月 9 日）//朱有瓛：《中国近代学制史料》（第一辑下册），上海，华东师范大学出版社，1986，第 642~643 页。
⑤ 《管理大学堂大臣孙家鼐折》（1898 年 12 月 3 日）//朱有瓛：《中国近代学制史料》（第一辑下册），上海，华东师范大学出版社，1986，第 646 页。

1898 年 12 月 31 日，京师大学堂正式开学。① 除附设中小学外，仅设仕学院，可"京曹守旧，耻入学；赴者绝鲜，其至者图居饮食之便而已"。② 京师大学堂开学时学生不及百人，分《诗》、《书》、《易》、《礼》四堂及《春秋》二堂课士。到 1899 年秋，学生渐多，将近二百人，乃拔其尤者，别立史学、地理、政治三堂，其余改名曰立本，曰求志，曰敦行，曰守约。其初学生分三类：曰仕学院，曰中学，曰小学。己亥改堂后，中小学合并，唯仕学院名尚在，分隶史学、地理、政治三堂。"维时各省学堂未立，大学堂虽设，不过略存体制。士子虽稍习科学，大都手制艺一编，占毕呻唔，求获科第而已。"③

1900 年 7 月 1 日，因义和团进京，"京城地面不靖，住堂学生均告假四散，又该大学堂常年经费系户部奏明在华俄银行息银项下拨给"，而"华俄银行均经毁坏"，"此时无从支银，以后用费亦无所出"，暂行管理大学堂事务大臣许景澄奏请"将大学堂暂行裁撤"。④ 1900 年 8 月 3 日，西太后下令停办大学堂。纵观这一时期的京师大学堂，虽"开办约有二年，学生从未足额，一切因陋就简。外人往观者，至轻之等于蒙养学堂，此于上国名声，极有关系"。⑤

在 1901 年签订丧权辱国的《辛丑条约》之后，为维护摇摇欲坠的封建统治，清政府宣布实行"新政"。1902 年 1 月 10 日，上谕"从前所建大学堂，应即切实举办。著派张百熙为管学大臣，将学堂一切事宜，责成经理，务期端正趋向，造就通才，明体达用，庶收得人之效"。⑥ 于是"学堂弦诵辍响者年余"后复校。次日，上谕"所有从前设立同文馆，毋庸隶外务部，著即归入大学堂，一并责成张百熙管理"。⑦ 1902 年 2 月 13 日，管学

① 王晓秋：《戊戌维新与京师大学堂》，《北京大学学报》（哲学社会科学版）1998 年第 2 期。
② 罗敦曧：《京师大学堂成立记（节录）》//朱有瓛：《中国近代学制史料》（第一辑下册），上海，华东师范大学出版社，1986，第 685 页。
③ 喻长霖：《京师大学堂沿革略（节录）》（1909 年）//舒新城：《中国近代教育史资料》，北京，人民教育出版社，1981，第 157～158 页。
④ 《暂行管理大学堂事务大臣许景澄奏》（1900 年 7 月 1 日）//朱有瓛：《中国近代学制史料》（第一辑下册），上海，华东师范大学出版社，1986，第 647～648 页。
⑤ 《张百熙奏办京师大学堂疏》（1902 年 2 月 13 日）//朱有瓛：《中国近代学制史料》（第二辑上册），上海，华东师范大学出版社，1987，第 834 页。
⑥ 《上谕》（1902 年 1 月 10 日）//朱有瓛：《中国近代学制史料》（第二辑上册），上海，华东师范大学出版社，1987，第 830 页。
⑦ 《上谕》（1902 年 1 月 11 日）//朱有瓛：《中国近代学制史料》（第二辑上册），上海，华东师范大学出版社，1987，第 830 页。

大臣张百熙提出，"今日而再议举办大学堂，非徒整顿所能见功，实赖开拓以为要务，断非因仍旧制，敷衍外观所以收效者也"。并奏陈筹办大概情形：第一，预定办法；第二，添建讲舍；第三，附设译局；第四，广购书籍；第五，宽筹经费。其预定办法，先设预科，分二门，曰政科、艺科，"以经史、政治、法律、通商、理财等事隶政科，以声、光、电、化、农、工、医、算等事隶艺科"，这也是京师大学堂成立文理两科的雏形①；再设速成科，亦分二门，曰仕学馆、师范馆，"凡京员五品以下八品以上，以及外官候选，暨因事留京者，道员以下，教职以上，皆准应考，入仕学馆。举贡生监等皆准应考，入师范馆"。② 1902 年 10 月 14 日、11 月 25 日，京师大学堂两次举行速成科招生考试，仕学馆、师范馆共录取学生 182 名③；同年 12 月 17 日开学。这可以说是"我国真正大学教育的发轫"，"我国的大学教育从此渐入正轨"。④ 清政府还将并入京师大学堂的同文馆改为译学馆，分设英、俄、德、法、日五国语言文字专科。这时的京师大学堂实行的是两科三馆制。⑤

1904 年 1 月 13 日，张之洞奏请专设总理学务大臣以领辖全国学务，京师大学堂另设总监督一员，专管大学堂事务，不令兼别项要差，免致分其精力，仍受总理学务大臣节制考核。⑥ 奉旨管学大臣着改为学务大臣，并添派大学士孙家鼐充学务大臣，以大理寺少卿张亨嘉为大学堂总监督（第一任）。自是以后，学务大臣统辖京外各学，总监督专管大学堂事务。凡一切译学馆、宗室觉罗八旗中小学堂、进士馆、医学馆、编译局等，咸直辖学部大臣而不隶大学堂。⑦ 自此，京师大学堂才正式脱离教育行政机关而独立出来，成为单纯的教育机关。⑧ 1905 年，奉旨设立学部，京师大学

---

① 金以林：《近代中国大学研究（1895～1949）》，北京，中央文献出版社，2000，第22 页。
② 《张百熙奏办京师大学堂疏》（1902 年 2 月 13 日）//朱有瓛：《中国近代学制史料》（第二辑上册），上海，华东师范大学出版社，1987，第 831～837 页。
③ 《速成科（仕学馆、师范馆）招生考试》//朱有瓛：《中国近代学制史料》（第二辑上册），上海，华东师范大学出版社，1987，第 838 页。
④ 何炳松：《三十五年来中国之大学教育》//商务印书馆：《最近三十五年之中国教育》，上海，商务印书馆，1931，第 79 页。
⑤ 金以林：《近代中国大学研究（1895～1949）》，北京，中央文献出版社，2000，第22 页。
⑥ 《张之洞奏请设总理学务大臣》（1904 年 1 月 13 日）//朱有瓛：《中国近代学制史料》（第二辑上册），上海，华东师范大学出版社，1987，第 139 页。
⑦ 喻长霖：《京师大学堂沿革略（节录）》（1909 年）//舒新城：《中国近代教育史资料》，北京，人民教育出版社，1981，第 159 页。
⑧ 周志宏：《学术自由与大学法》，台北，蔚理法律出版社，1989，第 280 页。

堂又不归学务大臣而直隶学部。① 1908 年 6 月 14 日，学部奏请将京师大学堂优级师范科改为京师优级师范学堂②，这是中国高等师范教育独立设置的开始。1909 年 4 月 25 日，学部奏大学堂预备科改为高等学堂，"仍暂统于大学堂"。③ 1910 年 3 月，分科大学正式举行开学典礼，由于"医科监督屈永秋，因在北洋管理医院，尚有经手未完事件，未能到堂，该科一切应办事宜，须俟该监督到堂任事后，再行会同总监督妥筹办理"，学科共设经科、法政科、文科、格致科、农科、工科、商科七科。④ 至于 387 名学生，"惟直隶省人最占多数，新疆省尚无一人"。⑤

（二）京师大学堂部门结构图

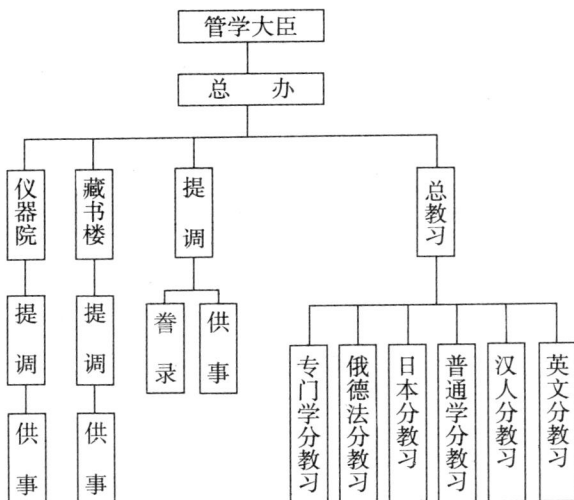

图 2 - 2　1898 年京师大学堂行政系统

资料来源：郝平：《北京大学创办史实考源》，北京，北京大学出版社，1998，第 243 页。

---

① 喻长霖：《京师大学堂沿革略（节录）》（1909 年）//舒新城：《中国近代教育史资料》，北京，人民教育出版社，1981，第 159 页。

② 《学部奏设京师优级师范学堂并遴派监督折》（1908 年 6 月 14 日）//朱有瓛：《中国近代学制史料》（第二辑下册），上海，华东师范大学出版社，1989，第 385 页。

③ 《学部奏大学堂预备科改为高等学堂》（1909 年 4 月 25 日）//朱有瓛：《中国近代学制史料》（第二辑上册），上海，华东师范大学出版社，1987，第 848～849 页。

④ 《学部奏筹办京师分科大学并现办大概情形折》（1910 年 1 月 10 日）//朱有瓛：《中国近代学制史料》（第二辑上册），上海，华东师范大学出版社，1987，第 857 页。

⑤ 《〈教育杂志〉记宣统二年（1910 年）分科大学情形》//朱有瓛：《中国近代学制史料》（第二辑上册），上海，华东师范大学出版社，1987，第 859 页。

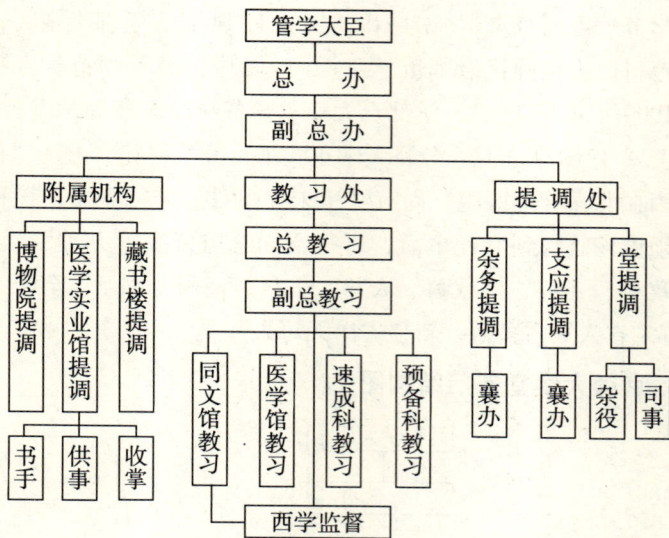

图 2-3 描述了1902年京师大学堂行政系统结构图：

管学大臣 → 总办 → 副总办

副总办下分三大分支：附属机构、教习处、提调处

- 附属机构：博物院提调、医学实业馆提调、藏书楼提调；下设书手、供事、收掌
- 教习处：总教习 → 副总教习 → 同文馆教习、医学馆教习、速成科教习、预备科教习 → 西学监督
- 提调处：杂务提调、支应提调、堂提调；杂务提调下设襄办，支应提调下设襄办，堂提调下设杂役、司事

图 2-3 1902 年京师大学堂行政系统

资料来源：郝平：《北京大学创办史实考源》，北京，北京大学出版社，1998，第 245 页。

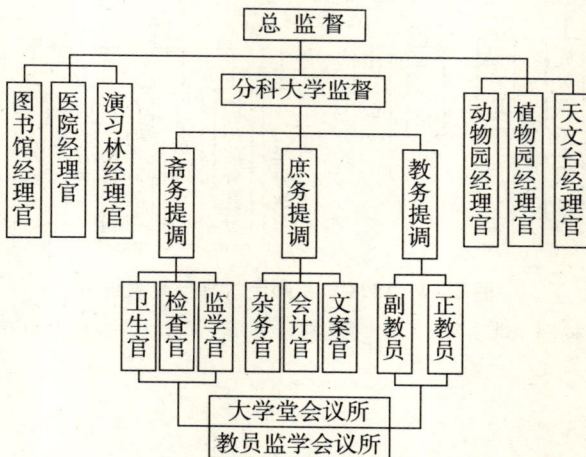

图 2-4 描述了1904年京师大学堂行政系统结构图：

总监督下分：图书馆经理官、医院经理官、演习林经理官、分科大学监督、动物园经理官、植物园经理官、天文台经理官

分科大学监督下设：斋务提调、庶务提调、教务提调

- 斋务提调：卫生官、检查官、监学官
- 庶务提调：杂务官、会计官、文案官
- 教务提调：副教员、正教员

下设大学堂会议所、教员监学会议所

图 2-4 1904 年京师大学堂行政系统

资料来源：郝平：《北京大学创办史实考源》，北京，北京大学出版社，1998，第 246 页。

（三）京师大学堂内部职权结构分析

"京师大学堂为学术人才根本，关系重要。"[1] 但就京师大学堂而言，

---

[1] 《管学大臣张百熙、荣庆请派重臣会商学务折》（1903 年 6 月 27 日）//朱有瓛：《中国近代学制史料》（第二辑上册），上海，华东师范大学出版社，1987，第 72 页。

其内部职权体系明显处于政府的控制之下，学术权力对京师大学堂的影响较弱，至于市场权力则可以说毫无影响（见图2-5）。

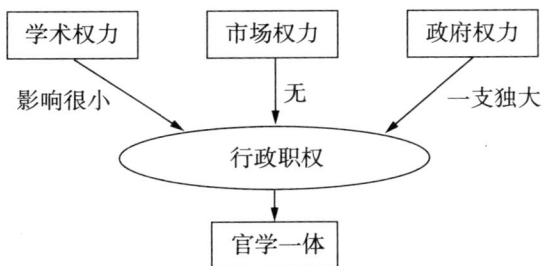

图2-5 京师大学堂内部职权的各方力量对比

1. 一支独大——京师大学堂内部职权中的政府权力

京师大学堂虽然"溯其源流，实自西洋移植而来"，但仍然保有大量的封建成分。"皇家大学"，这才是当年创办者的真正意图。将一所大学建在皇宫旁边，也不会是偶然的巧合。① 京师大学堂虽然也参照西方办学模式，试图对传统教育有所改革，但仍然一派衙门作风，沿袭封建机构的官僚体制。其中最明显的表现就在于人员级别的设置上：

1898年制定的《京师大学堂章程》第六章"设官例"规定，"设管学大臣一员，以大学士、尚书侍郎为之，略如管国子监事务大臣之职；设总教习一员，不拘资格，由特旨擢用，略如国子监祭酒、司业之职；设分教习汉人二十四员，由总教习奏调，略如翰林院五经博士国子监助教之职。其西人为分教习者不以官论；设总办一人，以小九卿及各部院司员充；设提调八人，以各部院司员充"。②

1902年制定的《钦定京师大学堂章程》第五章"设官"规定，"设管学大臣一员以主持全学，统属各员，由特旨派大臣为之；设总办一员，副总办二员，以总理全学一切事宜，随事禀承管学大臣办理"，设各类提调11员。第六章"聘用教习"规定，"设总教习一员，主持一切教育事宜；副总教习二员，佐总教习以行教法，并分别稽查中外各教习及各学生功课"。第一章"全学纲领"还要求"所有学堂人等，自教习、总办、提调、学生诸人，有明倡异说、干犯国宪及与名教纲常显相违背者，查有实据，

---

① 陈平原：《中国大学十讲》，上海，复旦大学出版社，2002，第197~198页。
② 《总理衙门筹议京师大学堂章程》（1898年7月3日）//朱有瓛：《中国近代学制史料》（第一辑下册），上海，华东师范大学出版社，1986，第661页。

轻则斥退，重则究办"。① 同年 2 月，因张百熙奏举，上谕"前直隶冀州直隶州知州吴汝纶，著赏加五品卿衔，充大学堂总教习"。②

1904 年制定的《奏定大学堂章程》规定："大学堂应设各项人员如下：大学总监督、分科大学监督、教务提调、正教员、副教员、庶务提调、文案官、会计官、杂务官、斋务提调、监学官、检察官、卫生官、天文台经理官、植物园经理官、动物园经理官、演习林经理官、医院经理官、图书馆经理官"。"大学总监督受总理学务大臣之节制，总管全堂各分科大学事务，统率全学人员"；"分科大学监督，每科一人，共八人，受总监督之节制，掌本科之教务、庶务、斋务一切事宜"；"每科设教务提调一人、庶务提调一人、斋务提调一人以佐之"。并开始实行教习会议制度，规定"堂内设会议所，凡大学各学科有增减、更改之事，各教员次序及增减之事，通儒院毕业奖励等差之事，或学务大臣及总监督有咨询之事，由总监督邀集分科监督、教务提调、正副教员、监学公同核议，由总监督定议"；"各分科大学亦设教员、监学会议所，凡分科课程之事，考试学生之事，审查通儒院学生毕业应否照章给奖之事，由分科大学监督邀集教务提调、正副教员、各监学公同核议，由分科监督定议"；"事关更改定章、必应具奏之事……应由总监督邀集各监督、各教务提调、正教员、监学会议，并请学务大臣临堂监议，仍以总监督主持定议"；"凡涉高等教育之事，与议各员，如分科监督、各教务提调、各科正教员、总监学官、总卫生官意见如有与总监督不同者，可抒其所见，径达于学务大臣"。③ 从上述规定可以看出，虽然有关学科增减、教师聘任、学生考核等学术事务最终的决定权仍掌握在分科监督或总监督手中，但教师毕竟有了表达自己意见的机会和渠道，对学术事务开始有了参与权，这可以说是后来的评议会和教授会的雏形，标志着中国近代大学内部管理体制的萌芽。④

因"管学大臣既管京城大学堂，又管外省各学堂事务，目前正当振兴学务之际，经营创始，条绪万端，即大学堂一处，已属繁重异常，专任犹虞不给，兼综更恐难周"，1904 年 1 月，张之洞奏请"于京师专设总理学

---

① 《钦定京师大学堂章程》（1902 年 8 月 15 日）//璩鑫圭、唐良炎：《中国近代教育史资料汇编：学制演变》，上海，上海教育出版社，2007，第 256 ~ 257、243 页。

② 《上谕》（1902 年 2 月 13 日）//朱有瓛：《中国近代学制史料》（第二辑上册），上海，华东师范大学出版社，1987，第 908 页。

③ 《奏定大学堂章程》（1904 年 1 月 13 日）//璩鑫圭、唐良炎：《中国近代教育史资料汇编：学制演变》，上海，上海教育出版社，2007，第 392 ~ 394 页。

④ 吴立保：《中国近代大学本土化研究》（博士论文），上海，华东师范大学，2009，第 25 页。

务大臣，以领辖全国学务。其京师大学堂拟请设总监督一员，请旨简派三四品京堂充选"。① 1904 年颁布的《奏定学务纲要》中明确规定："学堂教员宜列作职官，以便节制，并定年限。"② 1905 年 10 月，山西学政宝熙在《请设学部折》中以"外国教员皆系职官，且有任事期限，所以责成专而收效速"，而提出今各省学堂所聘之教习"亟宜申明定章，作为官职，别以品秩，判以正副，重以礼貌，优以俸薪"，并再次提出"学堂教员宜列作职官"："凡高等学堂以上之教员，应由督抚奏补，中学堂以下，则随时札委，均咨明学部立案，列入官籍之中。"③ 1905 年 12 月 12 日，裕德、孙家鼐上奏建议：大学堂、高等学堂和中学堂校长、教习均应设立专官，以便学部节制。大学堂校长拟定为三品，高等学堂校长拟定为四品，中学堂校长拟定为五品；大学堂教员拟定为六品，高等学堂教员拟定为七品，中学堂教员拟定为八品。官衔还作为一种奖励方式，校长、教员"庶久于其职得有成绩"，可稽至各省学政三品以上者，拟请加学部侍郎衔；四品以下者，拟请加学部左丞衔。如督抚兼尚书侍郎、都御史、副都御史之制。④ 1907 年 7 月 31 日，学部更是奏请"援照度支部总银行造币厂设立总监督成案，请将大学堂总监督一员作为实缺，秩视左右丞，三年为一任"，以后"遇有正三品应升之缺，一律开列"。⑤ 从京师大学堂我们可以依稀看到当代大学的影子。

在京师大学堂筹建之时，大学堂的课程设置、教习聘请还屡屡横遭各帝国主义的干涉。《总理衙门筹议京师大学堂章程》第二章第二节规定外国语言文字开设英、法、俄、德、日五个语种；第五章第三节规定英文分教习十二人（英人华人各六），日文分教习二人（日本人华人各一），俄德法文分教习各一人，专门学分教习十人。此章程公布后，意大利驻华公使立即照会总理衙门，抗议"该章程各国言语教习内，并未载义（意）国言语教习，此系遗忘无疑。义（意）国之言，诸国中之最古最佳者，试思中

① 《张之洞奏请设总理学务大臣》（1904 年 1 月 13 日）//朱有瓛：《中国近代学制史料》（第二辑上册），上海，华东师范大学出版社，1987，第 139 页。
② 《奏定学务纲要》（1904 年 1 月 13 日）//璩鑫圭、唐良炎：《中国近代教育史资料汇编：学制演变》，上海，上海教育出版社，2007，第 504 页。
③ 《山西学政宝熙请设学部折》（1905 年 10 月 12 日）//朱有瓛：《中国近代学制史料》（第二辑上册），上海，华东师范大学出版社，1987，第 140 ~ 141 页。
④ 《翰林院代奏编修许邓起枢条陈厘订学务折》（光绪三十一年十一月十六日抄）//王学珍、郭建荣：《北京大学史料》（第一卷），北京，北京大学出版社，2000，第 137 ~ 138 页。
⑤ 《奏请京师大学堂总监督改为实缺折》（1907 年 7 月 31 日）//多贺秋五郎：《近代中国教育史资料》（清末编），台北，文海出版社，1976，第 476 ~ 477 页。

国政府自补其忘……将来除英俄德等国言语以外，仍教义（意）言，并请义（意）师教授"。① 德国驻华公使也照会总理衙门，认为"如此布置，实于均称相抵之道大有不符之处"，"缘一国之利权较重，如此似不公平"，提出"如各国文学共设教习十五人，均系五大国之人，若聘请德国人三人，如此方为公允。又查该章程内定专门学校十种，分教习各一人，共十人，内亦须聘请德国二人，亦系按此类推之意"。② 对此，管学大臣孙家鼐以"中国开设大学堂乃中国内政，与通商事体不同，岂能比较一律，德国意国大臣似不应干预"③ 回复。但帝国主义敢于公然对京师大学堂横加干涉，这正是中国近代社会半殖民地性质的表现，也是高等教育史上的一大奇闻。

此外，京师大学堂的日常事务也由政府统一管理，如人员配备、资金使用、学科课程设置、招生就业等等。京师大学堂历史上最重要的三个章程也都是由政府重要官员如张之洞、张百熙、荣庆等人起草，然后由朝廷批准实施，其中详细规定了学科设置、教师聘用、学生来源、学生人数等具体内容。

2. 无所作为——京师大学堂内部职权中的学术权力

京师大学堂的办学宗旨虽名为"中体西用"，实则以西用为主。这从京师大学堂的学科门类就可以看出，除了经科和部分文科（文科除了中国史学外还包括万国史学、英国文学、法国文学、德国文学等）之外，其他学科都是西学。当时中国本土几乎无人擅长西学，只能聘请外国教员，这些教员绝大多数并非著名学者，而由外国传教士充任。④ 学术权力本由知识而来，既然多数教师学术造诣不高，因此学术权力的影响力自然不大。

康有为在回忆 1898 年《京师大学堂章程》起草经过时言道："酌英美日之制为之，甚周密，而以大权归之教习。"⑤ 这可以说是"教授治校"这

---

① 《义国使署照会总理衙门京师大学堂须聘请义国教习》（1898 年 8 月 10 日）//朱有瓛：《中国近代学制史料》（第一辑下册），上海，华东师范大学出版社，1986，第 679 页。
② 《德国使臣照会总理衙门京师大学堂须聘请德国教习》（1898 年）//朱有瓛：《中国近代学制史料》（第一辑下册），上海，华东师范大学出版社，1986，第 680 页。
③ 《管学大臣孙家鼐致总理衙门咨文》（1898 年 8 月 26 日）//朱有瓛：《中国近代学制史料》（第一辑下册），上海，华东师范大学出版社，1986，第 681 页。
④ 熊明安：《中国高等教育史》，重庆，重庆出版社，1988，第 406 页。
⑤ 《康有为记章程起草经过》//朱有瓛：《中国近代学制史料》（第一辑下册），上海，华东师范大学出版社，1986，第 664 页。

一概念在中国近代大学里的最初萌芽。① 京师大学堂设立了会议所，各分科大学也设立了教员监学会议所，赋予教师以一定权力，这虽然远不及后来北大的评议会和教授会，但这种体系已经注意到了大学内部纵向和横向的分权：在纵向上，各分科大学设有教员监学会议所，在"分科课之事，考试学生之事"等方面有一定的自主权；在横向上，各级各类管理人员和教员都为会议所成员，也在一定程度上参与学校的管理，具有一定的发言权。另外，在大学堂内部与会人员意见不合、难以取得一致时可径直提交学务大臣处裁决。

3. 不相闻问——京师大学堂内部职权中的市场权力

京师大学堂的创办虽颇多周折，反复奏议，但一旦运作，资金方面毫无掣肘，"凡涉及京师大学堂开办的问题，光绪皇帝几乎是有求必应，大开绿灯"。其实，从在此之前的京师同文馆开始，资金就很充足。戏剧学家齐如山晚年回忆其在同文馆的学生生活时说："驻馆的学生，除不管衣服外，其余都管，所谓煤油蜡烛，微如纸媒洋火等等，都由馆中供给。饮食最优，六个人一桌，共四大盘，六大碗，夏天一个大海，还有荷叶粥果藕等等。冬天则无大海，而添一个火锅，盘碗中的菜不必说，单说这个火锅，共分三种，任凭学生点要……这还不算，如果不愿吃，仍可随便要菜，不但如此，倘有熟人来亦可留饭，也是随便要菜，不但吃饭一文钱不花，连赏钱都没有。"② 京师大学堂师范馆头班生俞同奎则回忆道："我们不但不缴学费，并且由校供应伙食。每餐八人一桌，六菜一汤，冬天则改为四菜一火锅，鸡鸭鱼肉都有。"③ 可见学堂在经济上是没有压力的。京师大学堂经济上不存在压力，又因其承国子监之脉，是独一无二的全国最高学府，没有其他大学能在师资和生源方面构成实质性竞争，因此可以说市场权力对其几乎毫无影响。

"中国地大民殷，照东西各国例，非各省设立大学不可。今先就京师设立大学一所，以为之倡。"④ 从京师大学堂的教育制度以及教学内容、方法来看，其"距离近代大学的要求还很远，实质上仍处于封建太学向近代

---

① 王建华：《中国近代大学的形成与发展——大学校长的视角》，《清华大学教育研究》2000 年第 4 期。

② 郝平：《北京大学创办史实考源》，北京，北京大学出版社，1998，第 45 页。

③ 俞同奎：《四十六年前我考进母校的经验》//朱有瓛：《中国近代学制史料》（第二辑上册），上海，华东师范大学出版社，1987，第 967 页。

④ 《奏定大学堂章程》（1904 年 1 月 13 日）//璩鑫圭、唐良炎：《中国近代教育史资料汇编：学制演变》，上海，上海教育出版社，2007，第 349 页。

大学转变和过渡的阶段"。① 从京师大学堂的仿效对象来看,不但第一份章程便是"以日为师"的产物,是梁启超"略取日本学规,参以本国情形草定规则八十余条"② 而定,而且"壬寅学制"、"癸卯学制"中有关高等教育的条文也几乎与日本学制中的相关规定一致。

京师大学堂"当时在整个教育体制中占据着最高的统治地位,它实际是扮演着教育部的角色。因此,这所大学与其说是一所具有自治权的高校,不如说是一个同以前的翰林院和国子监类似的教育行政机构。在一定程度上,京师大学堂是仿照日本的东京大学而建的,而东京大学又是仿效了法国和德国的教育模式,所以从理论来说,京师大学堂的作用基本上与法国19世纪的拿破仑式大学作用相同"。③ 当然,大学的自治权和学术自由问题直至十几年后的民国初年才开始在中国高等教育界受到关注和重视。

第二节　民国初期公立大学管理概述

民国肇始,百业待兴,有识之士无不把目光聚集于为国蓄才的高等教育。新的政权,新式教育,一切尚无成法可依,一切均在借鉴西方高等教育的基础上进行摸索、尝试和调整。一时之间,一系列高等教育政策法规纷纷出台,为构建中国现代大学体系做出了卓越贡献。虽然其中部分内容的调整不免过频,甚至有摇摆不定、前后矛盾之嫌,但也由此可见那段风云际会的时代各种教育理念之间的激烈碰撞与共融。

民国初期,清末派到西方各国留学的学生陆续学成回国,直接促成了中国现代大学的建立。这一时期也可以说是中国历史上最富于创造性和激动人心的时期之一,许多从国外回来的教育家以充沛精力和饱满热情投身于中国的教育变革中,并由他们推动政府实现中国教育体制的变革。民国初期的教育改革"与其说是由政治家进行的,倒不如说是由教育家进行的"。④

---

① 金以林:《近代中国大学研究(1895～1949)》,北京,中央文献出版社,2000,第27～28页。
② 田正平、商丽浩:《中国高等教育百年史论——制度变迁、财政运作与教师流动》,北京,人民教育出版社,2006,第2页。
③ 许美德:《中国大学1895～1995:一个文化冲突的世纪》,许洁英译,北京,教育科学出版社,2000,第64页。
④ 巴斯蒂:《是奴役还是解放?——记1840年以来外国教育实践及制度引入中国的进程》//许美德、巴斯蒂:《中外比较教育史》,上海,上海人民出版社,1990,第12页。

从办学模式来看，民国初期的大学经历了由仿日、仿德到借鉴美国的转变。借鉴日本的时期主要是形式上的模仿，而借鉴德国和美国的时期，则是从形式到理念的高度一致了。从高等教育内部管理角度来讲，比较明显的是民国初期政策法规对大学内部领导体制规定的变化：从"壬子癸丑学制"时期的教授会，到《国立大学校条例》规定的董事会，再到南京国民政府时期的校务会。当然，在大学内部领导体制变化的同时，其他机构也相应有所调整（见图 2-6）。

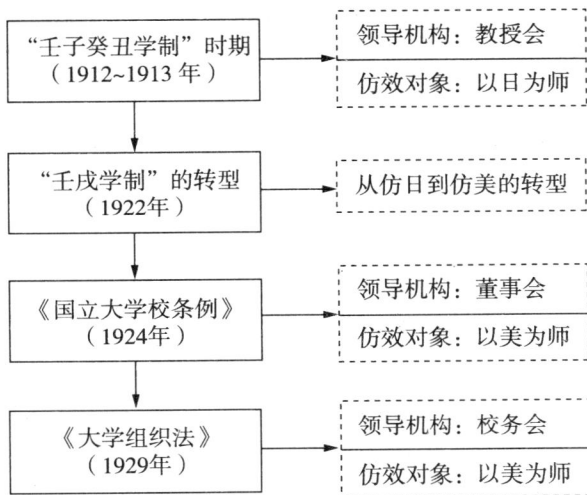

```
┌─────────────────────┐      ┌──────────────────────┐
│ "壬子癸丑学制"时期    │─────▶│ 领导机构：教授会       │
│ （1912~1913 年）      │      ├──────────────────────┤
└─────────────────────┘      │ 仿效对象：以日为师     │
          │                  └──────────────────────┘
          ▼
┌─────────────────────┐      ┌──────────────────────┐
│ "壬戌学制"的转型      │─────▶│ 从仿日到仿美的转型     │
│ （1922年）            │      └──────────────────────┘
└─────────────────────┘
          │
          ▼
┌─────────────────────┐      ┌──────────────────────┐
│ 《国立大学校条例》     │─────▶│ 领导机构：董事会       │
│ （1924年）            │      ├──────────────────────┤
└─────────────────────┘      │ 仿效对象：以美为师     │
          │                  └──────────────────────┘
          ▼
┌─────────────────────┐      ┌──────────────────────┐
│ 《大学组织法》         │─────▶│ 领导机构：校务会       │
│ （1929年）            │      ├──────────────────────┤
└─────────────────────┘      │ 仿效对象：以美为师     │
                             └──────────────────────┘
```

图 2-6　民国初期大学内部领导体制的变化

一、"壬子癸丑学制"时期的公立大学管理

民国初年的高等教育机构分为大学、专门学校和高等师范学校三类，而本研究关注的对象主要是第一类即大学。

"民国肇造，百度更新，巩固国基，端赖教育。"[①] 1912 年 1 月，教育部电各省颁发《普通教育暂行办法》，指出："民国既立，清政府之学制，最必须改革者。"[②] 同年 3 月，教育部电告各省饬所属高等专门学校从速开学；孙中山又以大总统的名义令教育部通告各省将已设优级、初级师范一

[①] 《教育部训令三则》（1912 年 9 月 2 日）//陈学恂：《中国近代教育史教学参考资料》（中册），北京，人民教育出版社，1987，第 177 页。

[②] 教育部：《电各省颁发普通教育暂行办法》（1912 年 1 月 19 日）//璩鑫圭、唐良炎：《中国近代教育史资料汇编：学制演变》，上海，上海教育出版社，2007，第 605 页。

并开学。① 同年 7 月，民国政府教育总长蔡元培在北京召开了中央临时教育会议，因"欧洲各国学制，多从历史上渐演而成，不甚求其整齐划一，而又含有西洋人特别之习惯；日本则变法时所创设，取西洋各国之制而折衷之，取法于彼，尤为相宜"②，此次会议仍以日本为师，讨论了许多重要的教育政策与措施。同年 9 月，教育部根据临时教育会议的决议，公布了教育会议所决定的学制系统，称为"壬子学制"。

其后，教育部又陆续颁布了各种学校法令，有关高等教育的有《大学令》、《专门学校令》、《公立私立专门学校规程》、《大学规程》、《私立大学规程》、《高等师范学校规程》等，上述各项法令史称"壬子癸丑学制"。其中，《大学令》规定大学以"教授高深学术、养成硕学闳材、应国家需要"为宗旨，大学各科学生入学资格须在预科毕业或经试验有同等学力者，大学得设预科、本科及大学院；《专门学校令》规定专门学校以"教授高等学术、养成专门人才"为宗旨，其入学资格须在中学校毕业或经试验有同等学力者，专门学校得设预科、本科及研究科。

与大学、专门学校平行的是高等师范学校。1912 年 9 月公布的《师范教育令》将师范教育分为师范学校和高等师范学校两类，并将高等师范学校定为国立；1913 年 2 月公布的《高等师范学校规程》规定高等师范学校分预科、本科及研究科。民国成立后，教育部调整全国师范教育布局，将清末的优级师范学堂改为高等师范学校，并由原来的省立改为国立，分别在北京、南京、武昌、广州、沈阳、成都六处各设一所高等师范学校，北京另设高等女子师范学校一所。高等师范学校内，将从前的公共科改为预科，分类科改为本科，加习科改为研究科。③

与清末的"癸卯学制"相比，"壬子癸丑学制"取消了经科；将高等学堂改设为大学预科并附设于大学内；改通儒院为大学院并分设各种研究机构，使其成为名副其实的研究机关；特设具有高等教育性质、可与大学平行而程度略低的专门学校；取消大学毕业以"科第"奖励的办法；允许

---

① 教育部：《电各省饬所属高等专门学校从速开学》（1912 年 3 月 5 日）、《孙总统令教育部通告各省将已设之优级、初级师范一并开学》（1912 年 3 月 14 日）//璩鑫圭、唐良炎：《中国近代教育史资料汇编：学制演变》，上海，上海教育出版社，2007，第 611 页。

② 蔡元培：《全国临时教育会议开会词》（1912 年 7 月 10 日）//高平叔：《蔡元培教育论著选》，北京，人民教育出版社，1991，第 17 页。

③ 熊明安：《中国高等教育史》，重庆，重庆出版社，1988，第 437 页。

大学私立，无论国立、私立均由教育部管辖（教会大学除外）。① 高等教育阶段不分级，设立大学。大学实际分为预科、本科、大学院三个层次。其中预科三年，根据准备升入的本科科别分为三部类；本科三至四年，分为文、理、法、商、医、农、工七科；本科之后设大学院，不定年限，招收各本科毕业生为大学院生。在主系列之外，有高等师范学校、专门学校与大学平行：高等师范学校招收中学校、师范学校毕业生及同等学力者，施以一年预科和三年本科的教育，本科分国文、英语、历史地理、数学物理、物理化学、博物等部；研究科一至两年，生员从本科毕业生或其他人员中选取。专门学校分类培养法政、医学、药学、农业、工业、商业、美术、音乐、商船、外国语等高级应用型专门人才，实际上可归之为实业教育类；专门学校分预科、本科、研究科三个层次，预科一年，本科三年或四年毕业。② 这个学制一直执行到 1922 年。

由于民初的知识界与教育界中留日学生占据主导地位，在对清末学制进行改造的同时又因同样借鉴于日本而对清末学制有一定的延承性，高等教育也因此更像日本高等教育模式的翻版。③ 对此，蔡元培本人亦曾坦言："至现在我等教育规程，取法日本者甚多。"④

（一）领导体制

从管理体制来看，1912 年 10 月教育部公布的《大学令》对大学的组织做了具体规定（见图 2-7）：大学以"教授高深学问、养成硕学闳才、应国家需要"为宗旨；分为文科、理科、法科、商科、医科、农科、工科；以文理两科为主，合于下列条件之一，方得名为大学，即文理两科并设者，文科兼法商两科者，理科兼医农工三科或两科一科者；大学各科学生入学资格，须在预科毕业或经试验有同等学力者；为研究学术之蕴奥，设大学院，其入院之资格为各科毕业生或经试验有同等学力者；大学各科之修业年限三年或四年，预科三年，大学院不设年限。大学设校长一人，总辖大学全部事务；各科设学长一人，主持一科事务。大学设教授、助教授，遇

① 金以林：《近代中国大学研究（1895~1949）》，北京，中央文献出版社，2000，第 37 页。
② 孙培青：《中国教育史》（修订版），上海，华东师范大学出版社，2000，第 361~362 页。
③ 荀渊：《从传统到现代——近代中国的高等教育》，兰州，甘肃民族出版社，2004，第 107 页。
④ 蔡元培：《全国临时教育会议开会词》（1912 年 7 月 10 日）//高平叔：《蔡元培教育论著选》，北京，人民教育出版社，1991，第 17 页。

必要时，得延聘讲师；各科再设讲座，由教授担任之，教授不足时，得使助教授或讲师担任之。同时，大学设立以校长为议长、各科学长及各科教授互选若干人组成的评议会，审议各学科之设置及废止、讲座之种类、大学内部规则、审查大学院生成绩及请授学位者之合格与否、教育总长及大学校长咨询事件；各科设立以学长为议长、以教授为会员的教授会，审议学科课程、学生试验事项，审查大学院生属于该科之成绩、审查提出论文请授学位者之合格与否及教育总长、大学校长咨询事件；并规定"凡关于高等教育事项，评议会如有意见，得建议于教育总长"。① 在校长委任方面，1915 年 8 月 4 日，教育部《各省专门学校校长由部加给委任状》规定，"各省公立专门学校校长须由各该管长官按照部定资格开具详细履历，咨由本部加给委任状，其免职亦应咨报本部以资考核"。②

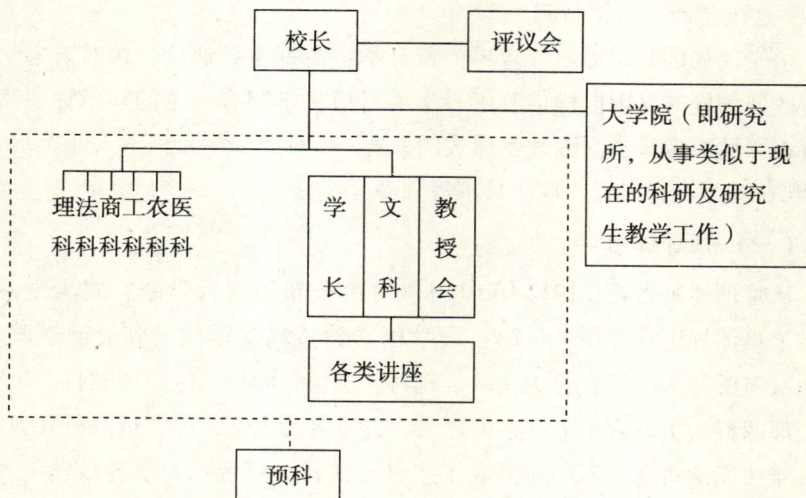

图 2 – 7　1912 年《大学令》规定的大学内部结构

　　《大学令》在中国高等教育史上第一次以政府法令的形式赋予教授参与大学管理的权力。③ 何炳松在评价这个法令时说："《大学令》中最可注意的特点就是全校的评议会和各科的教授会的设置，这是现代所谓'教授

---

① 《教育部公布大学令》（1912 年 10 月 24 日）//中国第二历史档案馆：《中华民国史档案资料汇编》（第三辑教育），南京，凤凰出版社，1991，第 108~110 页。
② 《各省专门学校校长由部加给委任状》（1915 年 8 月 4 日）//多贺秋五郎：《近代中国教育史资料》（民国编上），台北，文海出版社，1976，第 476 页。
③ 吴锦旗：《民主与自治的典范：民国大学中的教授治校制度——从北京大学到清华大学的历史考察》，《高教发展与评估》2011 年第 1 期。

治校'制度的起源。"① 设立大学评议会及各科教授会，实为大学"教授治校"原则之具体体现，亦为学术自由与学术独立精神之制度性保障。但遗憾的是，尽管民初《大学令》做了上述规定，但当时主要国立大学并没有设立评议会，"教授治校"原则并未付诸实施。真正将"教授治校"原则付诸实施并在制度上予以保障者，当为蔡元培在北京大学创设评议会及教授会之尝试。

"壬子癸丑学制"以评议会、教授会代替"癸卯学制"中大学堂所设的会议所及各分科大学所设的教员监学会议所分别处理校内的行政事宜，可视为"教授治校"思想的雏形，并同《奏定大学堂章程》一样，规定如有不同意见者，可抒其所见，径达于最高教育行政长官。

（二）运行机制

从大学内部运行机制来看，这一时期教育部在学校管理、内部结构、职员任用等方面也出台了一系列规定。

在学校管理方面，1912 年 9 月，教育部公布了《学校管理规程》，规定"凡关于养成学生品格之各项管理规则，学生应遵守之"；"校长应按照学校种类状况订定管理细则；校长、教员及学监负训育学生之责任，其对于学生所施之训告，学生应服从之"；"管理细则在国立学校，应呈报教育总长；在地立及私立学校，应呈报本地方监督官厅"；并强调"学生对于教授上及校务事宜，如确有意见，得上书或面陈于本校职员听候采择，但不得固执己见，借端要挟以致妨碍学业"。②

在内部结构方面，因"旧设法政学堂，多于本科、预科之外，设立别科，并有不设本科而专设别科者，按之专门学校性质，殊属不合"，为此，《专门学校令》便将别科删去。1912 年 10 月，教育部颁发第 20 号部令，虑及"民国肇建，法政人才需用孔亟，自应量为变通"，故"准于法政专门学校暂设法律别科、政治经济别科"。但同时也明令"此项考取别科学生事宜，至民国四年七月三十一日一律停止"。③ 后因"各处法政专门学校纷纷添设别科"，"考其内容，大率有专门之名，而无专门之实"，为此，1913 年 10 月 18 日，教育部通令"嗣后京外法政专门学校应注重预科及本

---

① 何炳松：《三十五年来中国之大学教育》//商务印书馆：《最近三十五年之中国教育》，上海，商务印书馆，1931，第 97 页。
② 《学校管理规程》（1912 年 9 月 2 日）//多贺秋五郎：《近代中国教育史资料》（民国编上），台北，文海出版社，1976，第 404 页。
③ 《教育部暂准法政专门学校设立别科令》（1912 年 10 月 25 日）//璩鑫圭、唐良炎：《中国近代教育史资料汇编：学制演变》，上海，上海教育出版社，2007，第 675 页。

科，不得再招考别科新生"。① 此外，1913 年 1 月，教育部颁布的《大学规程》对大学各科的分门及科目做了具体规定，并在《大学令》的基础上明确"大学院为大学教授与学生极深研究之所，各以其所研究之专门学名之。大学院以本门主任教授为院长，由院长延其他教授或聘绩学之士为导师。大学院不设讲座，由导师分任各类，于每学期之始提出条目，令学生分条研究，定期讲演讨论"。② 由此可见，当时大学的研究生教育机构与科研机构合为一体，导师由院长聘任，教学采用研究、讲演和讨论方式进行。

在职员任用方面，1914 年 7 月 6 日颁布的《教育部直辖专门以上学校职员任务暂行规程》（部饬第 59 号）③ 规定："直辖专门以上学校设职员如下：校长、学长、教务主任、教员、学监主任、学监、庶务主任、事务员，其他设有附属学校之主任及附属试验场或病院之场长、院长等，学长限于大学校用之，教务主任限于高等师范学校、专门学校用之。"并将直辖专门以上学校各职员任务明确规定为："学长或教务主任承校长之命，掌理分科或主管之教务"；"教员承校长之命，襄同学长或教务主任掌理学生之教育"；"学监主任承校长之命，掌学生之训育。学监承学监主任之命，分掌管理学生事宜"；"庶务主任承校长之命，掌理庶务会计事宜。事务员承庶务主任之命，分掌庶务会计事宜"；"校长考核所属职员，如有怠于职务者，应酌量情形详报教育总长核办，但学监、事务员得由校长自行核办"。④

同日，《教育部直辖专门以上学校职员任用暂行规程》（部饬第 61 号）⑤ 颁布，对直辖专门以上学校各职员的任用程序进行了详细规定："大学校校长由大总统任命之。高等师范学校及专门学校校长由教育总长任用之，并呈报大总统。""凡直辖专门以上学校之专任教员，均由校长延聘相

① 《教育部限制法政学校招考别科生令》（1913 年 10 月 18 日）∥朱有瓛：《中国近代学制史料》（第三辑上册），上海，华东师范大学出版社，1990，第 613 页。
② 《教育部公布大学规程》（1913 年 1 月）∥舒新城：《中国近代教育史资料》，北京，人民教育出版社，1981，第 658~659 页。
③ 此规程后于 1914 年 7 月 28 日（部饬第 97 号）修正。将事务员职责修改为"事务员承学长、各主任及场长或院长之命，分掌所管事宜"；将校长考核职责修改为"校长考核所属职员，如有应行解职时，须将情形详报教育总长查核"。
④ 《教育部直辖专门以上学校职员任务暂行规程》（1914 年 7 月 6 日）∥潘懋元、刘海峰：《中国近代教育史资料汇编：高等教育》，上海，上海教育出版社，2007，第 795~796 页。
⑤ 此规程后于 1917 年 12 月 27 日（部令第 89 号）修正。第 10 条修改为"凡直辖学校教员以专门以上学校毕业或于某门学问具有专长者充之，学监主任以专门以上学校毕业或曾任中学以上学校职员三年以上者充之"。

当之人充之，但须开具详细履历，详经教育总长认可。凡直辖专门以上学校之兼任教员，均由校长延聘相当之人充之，但须开具详细履历，详报教育总长。""凡直辖专门以上学校之学监主任及庶务主任，均由校长延聘相当之人充之，但须开具详细履历，详报教育总长。凡直辖专门以上学校之学监及事务员，由校长延用相当之人充之，但须开具详细履历，详报教育总长。""大学校分科学长及预科学长，由校长就各科专任教员中推举三人，详请教育总长选任。高等师范学校、专门学校之教务主任，由校长于专任教员中指定相当之人充之，但须详报教育总长。""外国教员由校长延聘，但须详经教育总长认可后方生效力。"此外，还对直辖学校校长、教员、学监主任、庶务主任及学监的学历或经历进行了规定："凡直辖学校校长，非专门以上学校毕业不得充任。但有荐任官以上资格、曾任教育职务满三年者，亦得充之。凡直辖学校教员及学监主任，非专门以上学校毕业不得充任。但教员非由学校毕业而于某门学问具有专长者，亦得充之。凡直辖学校庶务主任及学监，以曾任中等以上学校职员二年以上或曾办教育行政事务二年以上者充之。"①

至此，"壬子癸丑学制"对大学内部职权体系的规定已初步成型。此时的中国教育虽已俨然是中央集权式的体制，但其实地方教育当局大多各自为政，自行其是。据《第一次中国教育年鉴》统计，1916 年全国公立大学数仍为 3 所（国立北京大学、直隶北洋大学和山西大学），公立专门学校数为 48 所，高等师范学校数为 7 所。②

二、"壬戌学制"的转型

南京临时政府成立之初，制定民国新学制时的最初意向是以欧美学制为蓝本，"初时志愿甚弘，拟遍采欧美各国之长，衡以本国情形，成一最完全之学制。然当时由欧美回国之人，专习教育者绝少，不能窥见欧美立法精神，译出文件，泰半不适用。且欧美制终不适于国情，结果仍是采取日本制，而就本国实际经验，参酌定之"。③ 所以不少人认为，民国初年的

---

① 《教育部直辖专门以上学校职员任用暂行规程》（1914 年 7 月 6 日）//潘懋元、刘海峰：《中国近代教育史资料汇编：高等教育》，上海，上海教育出版社，2007，第 799~800 页。

② 吴相湘、刘绍唐：《第一次中国教育年鉴》（丙编），台北，传记文学出版社，1971，第 14、145~146 页。

③ 蒋维乔：《民元以来学制之改革》//陈学恂：《中国近代教育史教学参考资料》（中册），北京，人民教育出版社，1987，第 164 页。

学制因基本上沿袭清末采用的日本学制，所以教育成就不大。

20世纪美国的现代大学制度对许多国家产生了影响，中国大学也是从新文化运动开始接受美国模式的影响。"欧战以后，各国学者乃悟大学教育亦宜注意，凡所为推广倡设者，汲汲惟恐或后。盖今后之时代，一大学教育发达之时代也。"① 随着美国教育对中国影响的加深，有人提倡采用美国的学制，希望通过模仿美国来改变中国的教育状况。对此，蔡元培曾言道："然日本国体与我不同，不可不兼采欧美相宜之法。即使日本及欧美各国尚未实行，而教育家正在鼓吹者，我等亦可采而行之。"② 所以在北洋政府统治时期，又发动了一场规模较大的学制改革运动。

"我国学制仿自日本，数年以来，不胜其敝。彼邦人士纷纷议改，我国稍明教育者亦类能言之；即不明教育者，观数年来教育之结果，亦可以知矣。"1915年4月，湖南省教育会针对"壬子癸丑学制""学校之种类太单简、学校之名称不正确、学校的目的不贯彻、学校的教育不完成、学校的阶段不衔接及学校的年限不适当"等问题提出了"改革学校系统案"（简称湘案），主张学制应"便于义务教育之推行"，"便于一国学术之发展"。③ 后虽未见实行，但新学制之改革，实以此案为嚆矢。随后，有关学制改革的讨论日益广泛和深入。与此同时，北京大学、南京高等师范学校（后改为东南大学）、湖南第一师范学校等校进行了学制改革的具体实践。

（一）从效仿日本到效仿欧美

对于学科设置，1914年12月《教育部整理教育方案草案》指出，"吾国大学专采综合制，故每办一校必设多科，博而不专，斯力难兼及；今宜略为变通，兼用单科制度，凡大学令中所举文理法医农工各科，办其一者准称大学。其前经设立多科者，亦从其便"，强调"大学校单科制与综合制并行"，并拟由部修订大学令及大学规程通饬办理。④ 1917年1月，蔡元培在"国立高等学校校务讨论会"上提出"大学改制之议"，主张"大学专设文理二科，其法、医、农、工、商五科，别为独立之大学，其名为法

---

① 《国立东南大学缘起》//《南大百年实录》编辑组：《南大百年实录》（上），南京，南京大学出版社，2002，第99页。

② 蔡元培：《全国临时教育会议开会词》（1912年7月10日）//高平叔：《蔡元培教育论著选》，北京，人民教育出版社，1991，第17页。

③ 《湖南省教育会提议改革学校系统案》//璩鑫圭、唐良炎：《中国近代教育史资料汇编：学制演变》，上海，上海教育出版社，2007，第849～858页。

④ 《教育部整理教育方案草案》（1914年12月）//舒新城：《中国近代教育史资料》，北京，人民教育出版社，1981，第240～241页。

科大学、医科大学等"。① 蔡的主张得到了与会各代表的"一致赞同"。1917 年 9 月 27 日，教育部公布了《修正大学令》，设立大学的条件更为灵活，规定"设二科以上者，得称为大学；其但设一科者，称为某科大学；"将大学本科之修业年限由原来的三年或四年改为四年，预科由原来的三年改为二年；取消了讲座制之规定，"大学设正教授、教授、助教授，遇必要时，得延聘讲师"，只有正教授和教授才可以成为评议会会员；"其独立一科之大学不设学长"；不再要求"大学各科各设教授会"，大学只设评议会，评议会审议事项"如仅涉及一科或数科者，得由各该科评议员自行议决"②，以利于理顺校科关系，协调行政职能，提高行政效率。③《修正大学令》主要吸取了德国高等教育制度。而蔡元培在北大的改革，更是被看作是德国大学的经验作用于北大。④

关于学制改革，1921 年 10 月，全国教育会联合会在广州召开第七次代表大会，讨论学制改革问题，并以广东教育会的提案为基础提出了新的学制系统，提交北洋政府教育部 1922 年 9 月召集的"学制会议"讨论。之后"学制会议"将这个学制系统略加修改后交 1922 年 10 月在济南召开的全国教育会联合会第八次年会上征求意见，并最终于 11 月 1 日公布了《学校系统改革案》，又称"壬戌学制"⑤。从 1915 年"湘案"的提出，到 1921 年广东"学校系统草案"形成，经过"十月怀胎"，"壬戌学制"终于"一朝分娩"。

"壬戌学制"关于高等教育之规定如下：大学校设数科或一科均可，

① 蔡元培：《大学改制之事实及理由》（1918 年 1 月）// 高平叔：《蔡元培教育论著选》，北京，人民教育出版社，1991，第 125 页。
② 《教育部公布修正大学令》（1917 年 9 月 27 日）// 中国第二历史档案馆：《中华民国史档案资料汇编》（第三辑教育），南京，凤凰出版社，1991，第 167~169 页。
③ 李剑萍：《百年来中国的大学自治与社会干预》，《河北师范大学学报》（教育科学版）2005 年第 1 期。
④ 娄岙菲：《蔡元培"兼容并包"之再诠释》，《教育学报》2007 年第 5 期。
⑤ 此学制后由北京政府于 1927 年 11 月 17 日修正。相关条款修改为：大学校须文科、实科并设，每校至少须设两科以上；大学校本科修业年限四至六年（各科得按其性质之繁简，于此限度内斟酌定之），大学校得暂设预科，修业两年，收受初级中学四年毕业生或三三制之高级中学一年修业生；依旧制设立之高等师范学校，得于相当时期内提高程度，收受高级中学毕业生，修业年限四年，称为师范大学校；大学校于必修课外得用选科制；因学科及地方特别情形，得设专门学校，修业年限三年以上；专门学校得暂设预科，修业一年，其入学资格与大学预科同；大学校及专门学校得附设专修科，修业年限无定（凡志愿修习某种学术或职业而有相当程度者人之）；为补充初级中学教员之不足，得设两年之师范专修科，附设于大学校之教育系或师范大学校，收受师范学校及高级中学毕业生；大学院为大学毕业生研究之所，年限无定。

其单设一科者称某科大学校；大学校修业年限四至六年（各科得按其性质之繁简，于此限度内斟酌定之）；依旧制设立之高等师范学校，应于相当时期内提高程度，收受高级中学毕业生，修业年限四年，称为师范大学校；大学校用选科制；因学科及地方特别情形得设专门学校，高级中学毕业生入之，修业年限三年以上，年限与大学校同者待遇亦同；依旧制设立之专门学校，应于相当时期内提高程度，收受高级中学毕业生；大学校及专门学校得附设专修科，修业年限不等（凡志愿修习某种学术或职业而有相当程度者入之）；大学院为大学毕业及具有同等程度者研究之所，年限无定。① 资料显示，"自新学制公布以后，因限制较宽，全国大学骤然增加"。②

　　1922 年新学制的颁布，使中国的高等教育从追求欧洲经典转向美国模式。1922 年以后，由于新学制规定大学可设数科或一科，设一科者可称某科大学，从而引起专门学校的升格运动，结果是专科学校迅速递减，而大学则迅速递增，但总校数及总学生数均告上扬。③

　　与以往不同的是，该学制系统取消了中等及高等教育阶段之各种预科，使大学不再担负普通教育的任务，无形中使之能集中精力进行专业教育和科学研究，将"自清末以来的辐射复轨制转变为单轨形式，使学制体系内上下左右之间的联系较前灵活畅通"。④ 同时准许高等师范学校升格为师范大学且独立设置。该学制规定专门学校和高等师范学校入学资格与大学一样，专门学校修业四年的毕业生可享受大学四年制本科毕业生待遇；高等师范学校毕业生可以同等学力入大学研究院深造。这实际上意味着专门学校和高等师范学校基本上获得了同大学相当的地位。⑤

　　"壬戌学制"之颁布，消除了自清末以来的"日本阴影"，转而深受美国教育制度的影响。作为模仿美国"六三三"学制的产物⑥，这一学制基

---

① 宋恩荣、章咸：《中华民国教育法规选编》（修订版），南京，江苏教育出版社，2005，第 34～35 页。
② 吴相湘、刘绍唐：《第一次中国教育年鉴》（丙编），台北，传记文学出版社，1971，第 15 页。
③ 苏云峰：《中国新教育的萌芽与成长（1860～1928）》，北京，北京大学出版社，2007，第 140 页。
④ 苏云峰：《中国新教育的萌芽与成长（1860～1928）》，北京，北京大学出版社，2007，第 109 页。
⑤ 金以林：《近代中国大学研究（1895～1949）》，北京，中央文献出版社，2000，第 41 页。
⑥ 苏云峰：《中国新教育的萌芽与成长（1860～1928）》，北京，北京大学出版社，2007，第 106～108 页。

本上一直沿用至今，也是中国近代史上持续时间最长、影响最大的一个学制①。此时中国的高等教育体制完成了第二次转型，即由借鉴日本模式转向主要借鉴美国模式，换句话说，"美国模式在此时占了上风"②，它的影响也逐渐深入到大学包括内部职权体系在内的各个方面。

（二）运行机制

这一时期，教育部在大学的校长兼任、教职员任用、教员专任和内部结构等方面进一步加强了管理。

在校长兼任方面，1915 年 12 月，《大总统关于官吏不得兼充学校校长及限制兼任教员办法批令》批准教育部原呈："校长责任重要，断非现任官吏所能兼理，应由该部查明更换，毋稍造就。"③ 1917 年 2 月 6 日，教育部训令《各学校校长不得兼充他项职务》强调，"各学校校长均不得兼充他项职务，其现任校长兼有他职者，应即将兼职一律辞去或酌量停免"。④此外，对专门学校校长的委任程序也进行了调整。1917 年 11 月 8 日，教育部《规定教育厅长遴选专门学校校长委任县视学及劝学所呈报事项》要求，省立专门学校校长不再"由省长委任、咨部加委"，"改由厅长遴选呈由省长委任后报部备查"。⑤

在教职员任用方面，1917 年 5 月 3 日，教育部颁布《国立大学职员任用及薪俸规程》，规定"国立大学职员如下：校长、学长、正教授、本科教授、预科教授、助教、讲师、外国教员、图书馆主任、庶务主任、校医、事务员"。其中，校长由大总统任命之；学长由校长呈请教育总长任用之，并呈报大总统；正教授、教授、讲师、外国教员、图书馆主任、庶务主任、校医均由校长聘任之，并呈报教育总长；助教、事务员均由校长延用之，并汇报教育总长。大学教员计有正教授、本科教授、预科教授、助教、讲师及外国教员六种名称，明确"职员除讲师外，不得兼处他处职务"，并

---

① 于述胜：《中国教育制度通史》（第 7 卷），济南，山东教育出版社，2000，第 46 页。

② 巴斯蒂：《是奴役还是解放？——记 1840 年以来外国教育实践及制度引入中国的进程》//许美德、巴斯蒂：《中外比较教育史》，上海，上海人民出版社，1990，第 12 页。

③ 《大总统关于官吏不得兼充学校校长及限制兼任教员办法批令》（1915 年 12 月）//中国第二历史档案馆：《中华民国史档案资料汇编》（第三辑教育），南京，凤凰出版社，1991，第 72～73 页。

④ 《各学校校长不得兼充他项职务》（1917 年 2 月 6 日）//多贺秋五郎：《近代中国教育史资料》（民国编上），台北，文海出版社，1976，第 412 页。

⑤ 《规定教育厅长遴选专门学校校长委任县视学及劝学所呈报事项》（1917 年 11 月 8 日）//多贺秋五郎：《近代中国教育史资料》（民国编上），台北，文海出版社，1976，第 384 页。

对大学教员设置了五项晋级情形：教授成绩、每年实授课时间之多寡、所担任学科之性质、著述及发明、在社会之声望。同时，明确 1914 年 7 月颁布的《教育部直辖专门以上学校职员任务暂行规程》、《教育部直辖专门以上学校职员薪俸暂行规程》、《教育部直辖专门以上学校职员任用暂行规程》中关于大学校职员、教员之各项规定均应废止。① 其中最值得注意的是，该规程规定"正教授、助教延聘，以一年为试教时期，期满若双方同意，得订立长期契约"。此规定可谓为我国大学法制上首先明文采取试聘及长聘制之立法例，似乎是受到美国大学制度之影响。②

在教员专任方面，1915 年 12 月，《大总统关于官吏不得兼充学校校长及限制兼任教员办法批令》批准教育部原呈："一校之中，兼任多于专任，究非良法。应由该部督饬各校长酌量办理，除教授勤恳、生徒翕服，及为学科必需者仍准延订外，余由校长慎选专员，一律更易，以重课程，是为至要。"③ 1917 年 2 月 6 日，教育部训令《专门以上学校主要科目教员应定为专任中等学校教员尤应专任》规定，"专门以上各学校所有主要科目，应一律定为专任，不得沿计时支薪之例，权宜兼充。如确因特别科目取材艰乏或该项学科时间过少等不得已情形，仍须暂行兼任者，应由各该校长声叙理由，以凭考核"。④ 1919 年 3 月 21 日，教育部又下发《咨各省省长据专门以上学校校长会议议决专门以上学校聘用兼任教员应否酌加限制案请转饬遵办文》（第 527 号），规定"专门以上学校聘用教员应注重专任教员，每学门至少须有专任教员一人；至聘用兼任教员，须以非重要且时间过少之科目或虽为重要科目难得专任之人者为限等"。⑤

在内部结构方面，首先，因"吾国语言不能统一，为政教上之大障碍，已为一般教育家所公认"，1918 年 6 月 1 日，教育部令高等师范学校

---

① 《教育部公布国立大学职员任用及薪俸规程》（1917 年 5 月 3 日）//潘懋元、刘海峰：《中国近代教育史资料汇编：高等教育》，上海，上海教育出版社，2007，第 800～802 页。

② 周志宏：《学术自由与大学法》，台北，蔚理法律出版社，1989，第 282 页。

③ 《大总统关于官吏不得兼充学校校长及限制兼任教员办法批令》（1915 年 12 月）//中国第二历史档案馆：《中华民国史档案资料汇编》（第三辑教育），南京，凤凰出版社，1991，第 72～73 页。

④ 《专门以上学校主要科目教员应定为专任中等学校教员尤应专任》（1917 年 2 月 6 日）//多贺秋五郎：《近代中国教育史资料》（民国编上），台北，文海出版社，1976，第 412 页。

⑤ 《咨各省省长据专门以上学校校长会议议决专门以上学校聘用兼任教员应否酌加限制案请转饬遵办文》（1919 年 3 月 21 日）//多贺秋五郎：《近代中国教育史资料》（民国编上），台北，文海出版社，1976，第 264 页。

附设国语讲习科，专教注音字母及国语，以养成国语教员为宗旨，以为推广国语教育之预备。① 其次，1919 年 3 月 22 日，教育部又下发《咨各省省长专门学校拟增加学科目应先报部核准文》（第 531 号），特定暂行办法："凡各项专门学校如有应现今之趋势或地方之需要，拟增加某项学科者，可由该校详具理由，呈由本部核办。但所增学科及时间以不妨碍学生脑力为主，其所拟增授科目应俟报部核准后再行开始教授，以昭慎重。"② 最后，1919 年 4 月，教育部根据全国教育会联合会议决推广体育计划一案，训令高等师范学校"均宜察酌情形量为筹设"体育专修科，"并为增进体育学术起见，得于设立研究科时特置体育研究科，力求深造，以备他日体育上根本改良之用"；"至目前各校体育教员亦应设法增进其知能，应由各高等师范参照国语讲习科办法，酌设体育讲习会，施行各项有关于体育上之讲演"。③

三、《国立大学校条例》时期的公立大学管理

1924 年 2 月，北洋政府教育部颁布了《国立大学校条例》④ 及附则，重申了《修正大学令》和"壬戌学制"中的有关规定，如："国立大学校以教授高深学术，养成硕学闳才，应国家需要为宗旨"；"国立大学校分科为文、理、法、医、农、工、商等科"；"国立大学校得设数科或单设一科"；"国立大学校各科分设各学系"；"国立大学校修业年限，四年至六年，其课程得用选科制"；"国立大学校设大学院"；"得附设各项专修科及学校推广部"；"国立大学校设校长一人，总辖校务，由教育总长聘任之"；等等。

如图 2 - 8 所示，《国立大学校条例》对大学内部组织结构做了一些变更：一是增加大学董事会设置，与评议会平行，作为学校行政管理的核心组织。"国立大学校得设董事会，审议学校进行计划及预算决算暨其他重

---

① 《教育部令高等师范学校附设国语讲习科（附简章）》（1918 年 6 月 1 日）//朱有瓛：《中国近代学制史料》（第三辑下册），上海，华东师范大学出版社，1992，第 487 ~ 488 页。

② 《咨各省省长专门学校拟增加学科目应先报部核准文》（1919 年 3 月 22 日）//多贺秋五郎：《近代中国教育史资料》（民国编上），台北，文海出版社，1976，第 264 页。

③ 《教育部关于国立高等师范学校均设体育专修科与体育讲习会训令》（1919 年 4 月 14 日）//中国第二历史档案馆：《中华民国史档案资料汇编》（第三辑教育），南京，凤凰出版社，1991，第 853 ~ 854 页。

④ 此条例后于 1925 年 4 月 16 日修正。第十一条修改为："国立大学校设校长一人，总辖校务，由教育厅长陈请简任或聘任之。"

要事项。"董事会由例任董事（校长）、部派董事（由教育总长从部员中指派）和聘任董事（由董事会推选呈请教育总长聘任，第一届董事由教育总长直接聘任）组成，其议决事项由校长呈请教育总长核准施行。二是增设教务会议，必要时得设教务长，审议学则及关于全校教学、训育事宜，由各科各学系及大学院主任组织之。三是大学教员设正教授、教授两级，由校长聘任；国立大学校得延聘讲师。同时，恢复民初大学教授会的设置，"国立大学各科、各学系及大学院，各设教授会，规划课程及其进行事宜，各以本科本学系及大学院之正教授、教授组织之。各科系规划课程时，讲师并应列席"。四是改各科学长为各科、各学系及大学院主任，由正教授或教授兼任。五是在附则中恢复了"壬戌学制"取消的预科，规定在高级中学未遍设以前，国立大学校得暂设预科。同时规定私立大学校也参照本条例办理，并废止了《大学令》和《大学规程》。① 随后，1924 年 12 月发布的教育部布告第 13 号通咨各省，在高级中学未遍设以前，各专门学校拟照部定国立大学暂设预科办法，暂仍增设预科，收受旧制中学及初中毕业生。②

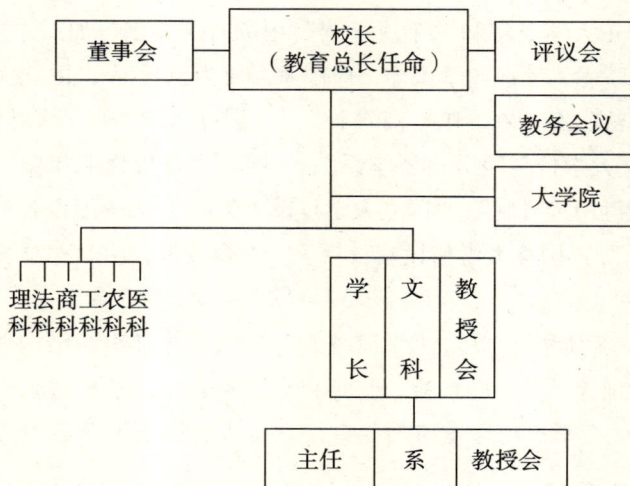

图 2 - 8　1924 年《国立大学校条例》规定的大学内部结构

---

① 《教育部公布国立大学校条例令》（1924 年 2 月 23 日）//中国第二历史档案馆：《中华民国史档案资料汇编》（第三辑教育），南京，凤凰出版社，1991，第 173～175 页。
② 《布告第 13 号（各专门学校拟照部定国立大学暂设预科办法暂仍增设预科）》（1924 年12 月 31 日）//多贺秋五郎：《近代中国教育史资料》（民国编中），台北，文海出版社，1976，第 418 页。

《国立大学校条例》实质上取消了教授治校制度，建立了董事会制度。该条例规定设立的大学董事会，"是国立大学向所未有的机关"。[①] 在校长为例任董事之外，教育总长还额外指派部派董事和聘任董事，其实也是国家对国立大学的一种控制和干预。[②] 这个条例的规定，基本与东南大学的组织系统一致，是美国现代大学的管理模式，它标志着中国现代大学从组织管理上完成了从模仿日本转向直接模仿美国的转型。

至 1926 年 7 月，全国共有公立大学 25 所、公立专门学校 42 所、高等师范学校 1 所（不含当时无案报部及暂准备案者）。[③] 但 1917 年《修正大学令》、1922 年"壬戌学制"及 1924 年《国立大学校条例》对有关大学设置资格的修改（规定设两科以上者就可称为大学，而不必以文、理两科为主；单设一科者可称为"某科大学"），在促进这一时期高等教育于数量上迅速发展的同时也导致国内开始出现大学一哄而上的局面，大批专门学校纷纷升格为"大学"，这对于中级专门人才的培养极为不利。

四、国民政府时期的公立大学管理

广州政权定鼎南京后，全国局面渐变。尤其是东北易帜、军阀混战结束后，军费渐少而教费增加。南京国民政府成立后，国内南北统一，各方建设猛进，政府倾力发展文教，知识界亦迅速发展，史称"黄金十年"。到 1937 年抗战全面爆发前夕，大学可以说是稳步发展、逐步定型。

其间，1927 年 6 月，蔡元培代表国民政府教育行政委员会[④]呈文国民党中央政治会议，请求变更教育行政体制："仿法国制度，以大学区为教育行政之单元，区内之教育行政事项，由大学校长处理之"；"以一事权，

---

① 何炳松：《三十五年来中国之大学教育》//商务印书馆：《最近三十五年之中国教育》，上海，商务印书馆，1931，第 105 页。
② 斯日古楞：《中国国立大学近代化的宏观考察》，《高教探索》2011 年第 2 期。
③ 《教育部公布全国公立私立专门以上学校一览表》（1926 年 7 月）//中国第二历史档案馆：《中华民国史档案资料汇编》（第三辑教育），南京，凤凰出版社，1991，第 199 ~ 203 页。
④ 1925 年 7 月，国民政府在广州成立后，在其辖区设"教育行政委员会"，行使教育行政领导职权，其作用与北京政府教育部同。1927 年 6 月，国民党中央执行委员会第 105 次政治会议通过蔡元培等人的提案，撤销广州国民政府的教育领导机构（教育行政委员会），仿照法国教育行政制度，中央设中华民国大学院主管全国教育，地方试行大学区，取代民国以来中央政府设教育部、各省设教育厅的教育行政制度；同年 10 月 1 日，大学院正式成立；根据《大学院组织法》规定，大学院为全国最高学术教育机关，隶属国民政府，管理全国学术和教育事宜。1928 年 11 月 1 日，国民政府下令，大学院改为教育部，隶属于国民政府行政院，所有原大学院一切事宜均由教育部办理。

而利教育事"，从而"改官僚化为学术"①，推进"教育学术化"和"学术研究化"，将教育行政、教育学术、教育研究合而为一。旋准试行。但仅一年后，大学院制便因人事纷争、违宪嫌疑、配套政策不完善等问题被废止。

（一）领导体制

1928 年 5 月，中华民国大学院第一次全国教育会议以 1922 年新学制为基础并略加修改，提出《整理中华民国学校系统案》，即"戊辰学制"，分原则与组织系统两部分。其中高等教育阶段规定：大学校修业年限四至七年，医科及法科修业年限至少五年；为补充初级中学教员之不足，得设两年之师范专修科，附设于大学教育学院，收受高级中学及师范学校毕业生；研究院为大学毕业生而设，年限不定。② "戊辰学制"只是在 1922 年新学制基础上，根据时局需要做出局部变通而已。

在南京国民政府成立初期，因加强自身统治的需要，除筹办系列中山大学以外，省、私立大学也争相改组或筹办。"国民政府成立后的二三年间，实为我国大学教育史上最活动、最复杂的一个短时期，比前清光绪二十八年和民国十二年两次的大学运动还要热闹。"③ "为限制滥设大学起见"④，1929 年 7 月 26 日，国民政府公布《大学组织法》⑤。规定国立大学由教育部审察全国各地情形设立之，而省、市、私立大学之设立、变更及停办，须经教育部核准；"大学分文、理、法、教育、农、工、商、医各学院。凡具备三学院以上者始得立为大学。不合上项条件者为独立学院，得分两科。大学各学院或独立学院各科，得分若干学系。大学各学院及独立学院得附设专修科。大学得设研究院"。

同时，《大学组织法》对大学校长、学院院长、大学各学系主任、大学职员之任命聘任权限、校务会及其审议事项等做了明确规定：一，"大学设校长一人，综理校务。国立大学校长由国民政府任命之，省立市立大

---

① 蔡元培：《提请变更教育行政制度之文件》（1927 年 6 月 7 日）、《提议设立大学院案》（1927 年 6 月）//高平叔：《蔡元培教育论著选》，北京，人民教育出版社，1991，第 515 ~ 520 页。

② 《中华民国学校系统原则、系统表及说明》（1928 年 5 月）//中国第二历史档案馆：《中华民国史档案资料汇编》（第五辑第一编教育），南京，凤凰出版社，1994，第 11 页。

③ 何炳松：《三十五年来中国之大学教育》//商务印书馆：《最近三十五年之中国教育》，上海，商务印书馆，1931，第 122 页。

④ 《本部工作之回顾及计划》//多贺秋五郎：《近代中国教育史资料》（民国编中），台北，文海出版社，1976，第 585 页。

⑤ 此法后于 1934 年 4 月 28 日由国民政府修正公布。第九条修正为："大学校长一人综理校务，国立、省立、市立大学校长简任，除担任本校教课外，不得兼任他职。"

学校长由省市政府分别呈请国民政府任命之。除国民政府特准外，均不得兼任其他官职。""独立学院设院长一人，综理院务；国立者由教育部聘任之，省立、市立者由省市政府请教育部聘任之，不得兼职。""大学得聘兼任教员，但其总数不得超过全体教员三分之一。""大学职员及事务员由校长任用之。"二，"大学各学院各设院长一人，综理院务，由校长聘任之；独立学院各科各设科主任一人，综理各科教务，由院长聘任之。""大学各学系各设主任一人，办理各该系教务，由院长商请校长聘任之，独立学院各系主任由院长聘任之。""大学各学院教员分教授、副教授、讲师、助教四种，由院长商请校长聘任之。"从此，大学内部人事形成由上而下的聘任制，大学行政组织正式成为一种权力高度集中的科层体制。① 三，取消评议会，改设校务会。"大学设校务会，以全体教授、副教授所选出之代表若干人及校长、各学院院长、各学系主任组织之，校长为主席。前项会议校长得延聘专家列席，但其人数不得超过全体人数五分之一。校务会议得设各种委员会。"校务会议审议事项为：大学预算、大学学院系之设立及废止、大学课程、大学内部各种规则、关于学生试验事项、关于学生训育事项及校长交议事项。四，取消各院各系教授会，改设院务会议、系教务会议。规定"大学各学院设院务会议，以院长、系主任及事务主任组织之，院长为主席，计划本院学术设备事项，察议本院一切进行事宜"。"各学系设系教务会议，以系主任及本系教授、副教授、讲师组织之，系主任为主席，计划本系学术设备事项。"（见图 2 - 9）此外，还规定"大学修业年限，医学院五年，余均四年"。②

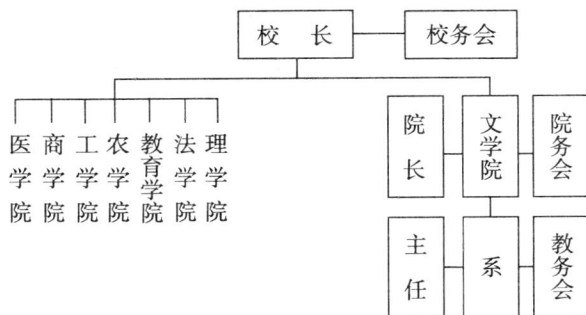

图 2 - 9　1929 年《大学组织法》规定的公立大学内部结构

---

① 周志宏：《学术自由与大学法》，台北，蔚理法律出版社，1989，第 285 页。
② 《大学组织法》（1929 年 7 月 26 日）//多贺秋五郎：《近代中国教育史资料》（民国编中），台北，文海出版社，1976，第 566 页。

"因国家建设上之需要，将专门学校改为专科学校"。① 1929 年 7 月 26 日，国民政府也公布了《专科学校组织法》。规定：国立专科学校由教育部审察全国各地情形设立，而省立、市立、私立专科学校之设立、变更及停办，须经教育部核准；"专科学校设校长一人，综理校务。国立专科学校校长由教育部聘任之，省立或市立专科学校校长，由省市政府请教育部聘任之"；"专科学校设校务会议，其规则由学校自定，呈请教育部核准"；"专科学校教员分专任、兼任两种，由校长聘任之，但兼任教员总数不得超过全体教员三分之一"；"专科学校职员及事务员，由校长任用之"；"专科学校修业年限为二年或三年"。②

1929 年 8 月 10 日，教育部公布《大学规程》，对大学或独立学院的学系、课程、经费、设备、试验、成绩和专修科等做了具体规定。同年 8 月 19 日，教育部公布《专科学校规程》③，将专科学校分为四类：甲类（工业）、乙类（农业）、丙类（商业）、丁类（药学、艺术、音乐、体育、图书馆、市政、商船等），对专科学校的课程、经费、设备、试验、成绩、教员资格等做了具体规定；并规定暂设预科，修业年限为一年。④

自此，中国高等教育机构分成大学、独立学院和专科学校三类。大学、独立学院的办学目标是"研究高深学术，养成专门人才"；专科学校的办学目标是"教授应用科学，养成技术人才"。两者的区别在于：大学、独立学院注重"研究"，学术性重于应用性；专科学校偏重"教授"，应用性重于学术性。

（二）运行机制

南京国民政府成立后，教育管理渐次完善，对大学的管理和控制也愈益严厉。

在教员资格及其专任方面，1927 年 6 月，教育行政委员会公布了《大学教员资格条例》，将大学教员分为教授、副教授、讲师和助教四等，明确规定"大学教员以专任为原则，如有特别情形不能专任时，其薪俸得以

---

① 《教育部成立二年来的工作概况》（1930 年）//中国第二历史档案馆：《中华民国史档案资料汇编》（第五辑第一编教育），南京，凤凰出版社，1994，第 129 页。

② 《国民政府颁布专科学校组织法》（1929 年 7 月 26 日）//中国第二历史档案馆：《中华民国史档案资料汇编》（第五辑第一编教育），南京，凤凰出版社，1994，第 179 页。

③ 此规程后于 1931 年 3 月 26 日修正，取消一年的预科，并在专科学校类别之丁类增加医学专科学校。

④ 《大学规程》（1929 年 8 月 10 日）、《专科学校规程》（1929 年 8 月 19 日）//多贺秋五郎：《近代中国教育史资料》（民国编中），台北，文海出版社，1976，第 568~570、571~573 页。

钟点计算"。同年9月，又修正公布了《大学教员薪俸表》，并附注"各教员之薪俸，得因各大学之经济情形，而酌量增减之，外国教员同"。① 此薪俸表成为战前十年各大学制订教师薪俸的指导性文件。

在大学整顿方面，因旧制的专门学校组织不尽适合社会需要，国民政府开始对其中的法政、医学专门学校进行整顿。1929年6月17日，第三届中央执行委员会第二次全体会议第四次会议议决："关于国立大学法律科之课程编制及研究指导，应归司法院直接监督。私立法律政治学校，非经司法院特许、教育部立案，不得设立，中央及地方之司法行政机关或法院，不得设类似法官养成所之教育机关。"（此案随后于7月6日行政院分令遵照）② 7月19日，教育部以"法医两科直接关系人命，间接影响社会生存，唯大学或独立学院始得设立"，规定"凡旧有公私立法政医学两种专门学校，一律自十八年度停止招生，办至现有学生毕业时结束，其校产及经费移作办理他种专科学校之用"。③ 后因教育部修订《专科学校规程》时增列医学一科，各省旧设之医学专门学校，一律改称医学专科学校。11月19日，《司法院监督国立大学法律科规程》④ 公布，规定"国立大学法律科之课程、编制及其研究、指导由司法院直接监督之"，同时也对国立大学法律科的必修课目、授课时间、研究时间、研究方法等具体安排做了详细规定，并强调此规程适用于省立、市立或私立各大学及独立学院。⑤ 1933年6月7日，教育部第540号训令《司法院发给法律科毕业学生证明书规则》公布，要求"国立大学或独立学院设有法律科并已遵照《司法院监督国立大学法律科规程》第六条、第七条、第八条及第十四条各规定办理，经司法院认为成绩优良者得将法律科之毕业学生开列名册，请求发给证明书"。⑥

在课程管理方面，因《大学规程》规定"大学各学院或独立学院各科课程，得采学分制。但学生每年所修学分须有限制，不得提早毕业"，且

---

① 《大学教员资格条例》（1927年6月15日）//宋恩荣、章咸：《中华民国教育法规选编》（修订版），南京，江苏教育出版社，2005，第636~638页。

② 吴相湘、刘绍唐：《第一次中国教育年鉴》（戊编），台北，传记文学出版社，1971，第53页。

③ 《教育部成立二年来的工作概况》（1930年）//中国第二历史档案馆：《中华民国史档案资料汇编》（第五辑第一编教育），南京，凤凰出版社，1994，第129页。

④ 此规程后于1930年4月7日对第二条必修课目进行了修正。

⑤ 《司法院监督国立大学法律科规程》（1929年11月19日）//多贺秋五郎：《近代中国教育史资料》（民国编中），台北，文海出版社，1976，第593~594页。

⑥ 《司法院发给法律科毕业学生证明书规则》（1933年6月7日）//多贺秋五郎：《近代中国教育史资料》（民国编下），台北，文海出版社，1976，第314页。

各大学施行学分制办法多有不同，为划一起见，1932 年 1 月教育部颁发《施行学分制划一办法》，通令各校一律采用学年兼学分制，凡采取"绩点"或其他名称者应一律改称学分，规定大学学生应修学分最低标准，并定于 1932 年度开始实行。①

在学科设置方面，尽管《大学组织法》规定大学至少须设三学院、大学各学院或独立学院各科得分若干学系，《大学规程》除规定医学院或独立学院医科不分系、法学院或独立学院法科得专设法律学系外，还规定了文、理、法、教育、农、工、商各学院应分设各系名称，但当时各大学"校自为政"，很不一致。为此，1930 年 4 月第二次全国教育会议提出的《改进高等教育计划》认为，"用全力使现在的高等教育内容充实，程度提高，但作质量的改进，不再作数量上的扩充"。在论及"充实国立大学内容并整理现有各大学办法"时，更是提出院系整理办法若干：（1）凡不满三学院的国立大学，亟宜就急切需要，增设学院。（2）凡已设三院以上的国立大学，在两年内暂不必增院，应增加学系使各院内容充实。（3）凡同在一区域内的国立各大学，增设院系，应互避重复。已重复者，应由教育部在可能范围内酌量裁并。并规定"凡增设之各大学，初设时应称学院，分文理两科，为切近发展的基础。到三院完成以后，才称大学。院系除属于文理者外，须各就地方需要，分别设置"②。如 1928 年 2 月在甘肃公立法政专门学校基础上成立的兰州中山大学，在 1931 年改称甘肃大学欲呈请教育部立案时，就因该校仅设中国文学、法律、教育三系，学生只有二百余人，设备简陋，校舍狭隘，教育部以"对于高等教育之计划，在力谋充实学校内容，提高学生程度，但作质量之改进，不求数量之扩充"为由，于 1931 年 4 月 2 日令其降格，改称甘肃学院，暂设文法两科，原有教育系附隶文科，将来俟理学院筹备完成，再恢复大学名称。③ 1932 年 9 月，国立暨南大学遵教育部令改教育学院为系，隶文学院，而将法学院裁撤；1932 年国立山东大学教育学院停办，文理两学院合并为文理学院；等等。④

---

① 《教育部颁发〈施行学分制划一办法〉》（1932 年 1 月 30 日）// 中国第二历史档案馆：《中华民国史档案资料汇编》（第五辑第一编教育），南京，凤凰出版社，1994，第 186 ~ 187 页。

② 《改进高等教育计划》// 多贺秋五郎：《近代中国教育史资料》（民国编中），台北，文海出版社，1976，第 714、715 页。

③ 《教育部咨第 380 号》// 多贺秋五郎：《近代中国教育史资料》（民国编中），台北，文海出版社，1976，第 611 页。

④ 教育年鉴编纂委员会：《第二次中国教育年鉴》（第五编高等教育），台北，文海出版社，1986，第 120、138 页。

据《第一次中国教育年鉴》统计，截至1932年，全国公立大学、学院及专科学校共有56所，其基本情况见表2-2。

表2-2 全国公立大学、学院及专科学校基本情况一览（截至1932年）

校 名	所设学院（或科）名称	所在地	备 注
国立中央大学	文、理、法、教育、农、工	南京	
国立北平大学	法、农、工、医、女子文理、商、艺术	北平	
国立北京大学	文、理、法	北平	
国立北平师范大学	文、理、教育	北平	
国立清华大学	文、理、法、工	北平	
国立中山大学	文、理工、法、农、医	广州	
国立浙江大学	文、理、农、工	杭州	
国立武汉大学	文、理、法、工	汉口	
国立暨南大学	文、理、商	上海	
国立同济大学	工、医	上海	
国立山东大学	文理、农、工	青岛、济南	
国立四川大学	文、理、法	成都	
国立交通大学	铁道管理、土木工程、机械工程、电机工程、自然科学	上海、北平、唐山	
国立北洋工学院	工	天津	
中法国立工学院	工	上海	
国立上海商学院	商	上海	
国立上海医学院	医	上海	
国立广东法科学院	法	广州	
东北大学	文法、理工、教育	沈阳	
安徽大学	文、理、法	安庆	
湖南大学	文、理、工	长沙	
河南大学	文、理、法、农、医	开封	
山西大学	文、法、工	太原	
广西大学	理、农、工	梧州	
东陆大学	文、理、工	昆明	

续表

校　　名	所设学院（或科）名称	所在地	备　　注
吉林大学	文法、理工	吉林	
东北交通大学	商	锦州	
甘肃学院	文、法	兰州	
河北法商学院	法、商	天津	
河北工业学院	工	天津	
河北女子师范学院	文、理	天津	
河北农学院	农	保定	
河北医学院	医	保定	
湖北教育学院	教育	武昌	
山西法学院	法	太原	
山西教育学院	教育	太原	
江苏教育学院	教育	无锡	
新疆俄文法政学院	法	迪化	
四川工学院	工	成都	
四川农学院	农	成都	
国立杭州艺术专科学校	绘画、图案、雕塑、建筑、音乐（另设研究部、高中部）	杭州	1929 年秋由国立艺术院改名
国立音乐专科学校	本科（分七组）、研究班、选科、特别选科、高中、高中师范科	上海	1929 年 7 月由国立音乐院改名
广东省立工业专科学校	化学、机械、土木、附设高中	广州	1930 年由广东省立工业专门学校改名
山西省立农业专科学校	农艺、森林、牧畜、附设高中	太原	1931 年由山西公立农业专门学校改名
山西省立工业专科学校	化学工程、机械工程、电机工程、附设高中	太原	1931 年由山西公立工业专门学校改名

校 名	所设学院（或科）名称	所在地	备 注
山西省立商业专科学校	银行、会计、商工管理、交通管理、附设高中	阳曲新满城	1930 年由山西公立商业专门学校改名
江西省立农艺专科学校	农艺、附设高中	南昌	1931 年由江西省立农业专门学校改名
江西省立工业专科学校	土木、采矿冶金、附设高中	南昌	1931 年由江西省立工业专门学校改名
江西省立医学专科学校		南昌	1931 年由江西省立医学专门学校改名
察哈尔省立农业专科学校	农艺、附设高中及初中	张家口土耳沟	1930 年度起改办专科
浙江省立医药专科学校	医、药	杭州	1931 年由浙江省立医药专门学校改名
河北省立水产专科学校	渔捞、制造、附设高中	天津	1929 年 11 月由河北省立水产专门学校改名
江西省立法政专门学校	法律、政治经济	南昌	1932 年办理结束
广西公立法政专门学校	法律、政治经济	桂林	1932 年办理结束
云南公立法政专门学校	政治经济	昆明	1932 年办理结束
实业部上海商品检验局上海市卫生局共立兽医专科学校		上海	1932 年 12 月暂准备案

资料来源：吴相湘、刘绍唐：《第一次中国教育年鉴》（丙编），台北，传记文学出版社，1971，第 17～18、153～154 页。

1934 年 5 月，为"招收大学本科毕业生，研究高深学术，并供给教员研究便利起见，得依大学组织法第八条之规定"，教育部制定《大学研究院暂行组织规程》，"研究院分文、理、法、教育、农、工、商、医各研究所，称文科研究所、理科研究所、法科研究所、教育研究所、农科研究所、工科研究所、商科研究所、医科研究所。凡具备三研究所以上者，始得称研究院，在未成立三研究所以前，各大学所设各科研究所，不冠用研究院名称"。并特别规定："设置研究院研究所之大学，须具备下列三条件：（1）除大学本科经费外，有确定充足之经费专供研究之用；（2）图书、仪器、建筑等设备堪供研究工作之需；（3）师资优越。"① 至 1936 年，全国公私立大学及独立学院共拥有研究所 22 个，其中文、法、商、教育类 10 个，理、工、医、农类 12 个。②

到抗战全面爆发前夕的 1936 年，中国高校达到巅峰水平，全国共有专科以上学校 108 所、教员 7560 人、学生 41922 人③，并出现若干所国际高水平大学。其中公立专科以上学校 55 所，包括公立大学 22 所、公立独立学院 14 所、公立专科学校 19 所。④ 到 1937 年，北大、清华两校教员虽都只有 200 名左右，但学校的国际排名均已在世界前 100 名之内。如果说五四时期乃是北大"一枝独秀"的话，那么到 20 世纪 30 年代，中国大学已真正实现"百花齐放"。⑤

历史学家郭廷以曾经回忆："一九三二年后，教育经费从不拖欠，教授生活之安定为二十年来所未有……一九三七年前五年，可说是民国以来教育学术的黄金时代。"⑥ 清华大学教授萧公权则说："清华五年的生活，就生活的便利和环境的安适说，几乎接近理想。"⑦ 此乃实情。萧当时的居处为：大书房一间，会客室一间，餐室一间，卧房三间，浴室一间，储藏

---

① 《大学研究院暂行组织规程》//宋恩荣、章咸：《中华民国教育法规选编》（修订版），南京，江苏教育出版社，2005，第 399~400 页。
② 教育年鉴编纂委员会：《第二次中国教育年鉴》（第十四编教育统计），台北，文海出版社，1986，第 11 页。
③ 教育年鉴编纂委员会：《第二次中国教育年鉴》（第十四编教育统计），台北，文海出版社，1986，第 4 页。
④ 《抗战期间全国专科以上学校概况表（1936~1945 年）》//中国第二历史档案馆：《中华民国史档案资料汇编》（第五辑第二编教育一），南京，凤凰出版社，1997，第 778~779 页。
⑤ 刘超：《中国大学的去向——基于民国大学史的观察》，《开放时代》1999 年第 1 期。
⑥ 郭廷以：《近代中国史纲》，香港，中文大学出版社，1979，第 670 页。
⑦ 萧公权：《问学谏往录：萧公权治学漫忆》，上海，学林出版社，1997，第 117~118 页。

室、厨房和厨役卧房各一间。由此足见老清华以如此小的规模，在短短几年间即成为世界著名学府，确有其坚实的软硬件基础。可以说，正是这样的环境，支撑了民国相对繁荣的高等教育事业。

中国现代意义上的大学的出现，是 20 世纪 20 年代初的事情。从整体上说，中国现代大学从建立到初具规模，其中特别优秀的像北京大学、东南大学（后改名为中央大学），可以说只用了大约十年的时间，表现出了很强的后来居上的特点。那么这种后来居上到底是如何实现的呢？本章将以蔡元培时期的北京大学和郭秉文时期的东南大学为例，探讨 20 世纪 20 年代前后军阀政治与政党政治交替之际，大学内部职权与政治、学术、市场多重互动的复杂关系。

第三节　教授治校制：以蔡元培时期的北京大学为例

北京大学的前身是 1898 年创建的京师大学堂。辛亥革命后，1912 年 2 月严复被任命为京师大学堂总监督，接管大学堂事务。同年 5 月，京师大学堂改称为北京大学校，大学堂总监督改称大学校校长，各科监督改称学长。根据 1912 年 10 月教育部《大学令》的规定，北京大学废除了经科，分文、理、法、商、农、工六科，原高等学堂又改为大学预科并附设于大学，通儒院改为大学院。1914 年 3 月，农科改为农业专门学校，离北大而独立。① 1915 年袁世凯宣布称帝，不久失败病亡，黎元洪继任大总统。1916 年 9 月 1 日，黎政府教育总长范源濂致电尚在法国的蔡元培："请我公担任北京大学校长一席，务祈鉴允。"1916 年 12 月 26 日，蔡元培被任命为北京大学校长，1917 年 1 月 4 日到校视事。蔡元培就任校长②是北京大学的转折点，亦是民国大学的转折点。

蔡元培接手时的北京大学自民国元年以来学潮迭起，校长频繁更换，而校园生活普遍不安定。不仅官僚气息浓厚，学生"皆有做官发财思想，故毕业预科者，多入法科，入文科者甚少，入理科者尤少，盖以法科为干禄之终南捷径也"。而且学风不良，学员成天出入茶楼戏院。当然已有一

---

① 萧超然等：《北京大学校史（1898～1949 年）》，上海，上海教育出版社，1981，第 35 页。
② 1923 年 1 月 17 日，蔡元培提出辞去北京大学校长职务。从这时起，蔡元培就在实际上离开了北大校长的岗位。

些学者反驳这些说法有些言过其实，或是以偏概全，认为学员并非全都如此不堪。但是可以肯定的是，学员大多为仕途而来，非为求学而来。"因做官心热，对于教员，则不问其学问之浅深，惟问其官阶之大小。官阶大者，特别欢迎，盖为将来毕业有人提携也。"① 蔡元培接手北京大学后，对北大的领导体制和运行机制进行了一系列改革，所实行的教授治校和大学自治带来了北大组织结构上的重大变化，其管理模式也成为当时大学效仿或研究的对象，至今仍是中国近代高等教育史中常说常新的话题。

一、北京大学部门结构图

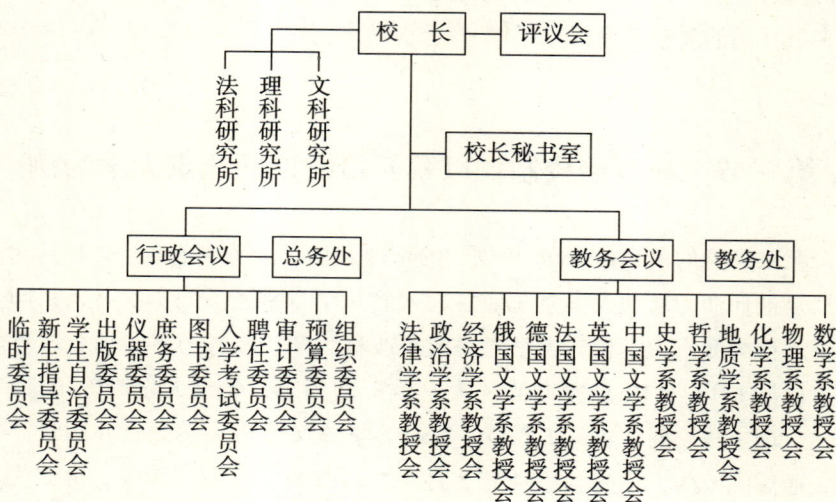

图 2 –10　1919 年北京大学部门结构

资料来源：萧超然等：《北京大学校史（1898～1949 年）》，上海，上海教育出版社，1981，
第 325 页。

二、领导体制

在领导体制方面，蔡元培的思想实质是教授治校。教授治校起源于欧洲中世纪大学，是西方大学理念的精髓。19 世纪时，德国的柏林大学成为教授治校的典范。柏林大学设立教授会，由全体正教授组成，大学的各项事务都由教授会决定。直到今天，德国大学仍保持着教授治校的传统结构，"教授——组织体制的第一级——是大学这一建筑的砌块。……第二级是

---

① 蔡元培：《就任北京大学校长之演说》（1917 年 1 月 9 日）// 高平叔：《蔡元培教育论
　　著选》，北京，人民教育出版社，1991，第 72 页。

学部，相当于美国大学的学院。……惟一真正的决策机构是部务委员会，它由 15—40 名成员组成。部务委员会由全部教授、部分非教授教师组成，有时也有学生和助教代表参加。……第三级是大学。在这一级，主要的决策性机构是学术评议会。正像每个学部是一个教授俱乐部一样，评议会是一个由学部主任和教授代表——这种代表每个学部一个，任期有限——组成的俱乐部"。①

北京大学是中国现代型大学之开端，而北京大学之制度与精神，实是借鉴西方大学的。② 京师大学堂创办之初，模仿的是日本学制；蔡元培长校，带进来的是德国的大学理念。蔡元培曾多次到欧美各国留学、考察，在政治制度上他赞成议会制和内阁制，反对专制独裁；在学校体制上他主张民主办学，成为国内最早提倡教授治校的人之一③，因而学术权力在北大的职权体系中得到了很好的保障。蔡元培对北京大学的治理是模仿他非常推崇的德国模式，他提到：虽然德国政府专制，但德国的大学是极端的平民主义；其"大学学长、校长均每年一换，由教授会公举；校长且由神学、医学、法学、哲学四科之教授轮值；从未生过纠纷，完全是教授治校的成绩"。④ 在北大改革中，蔡元培力倡大学自治、教授治校。他认为"大学的事务，都由大学教授所组织的教育委员会主持。大学校长，也由委员会举出"。⑤"希望本校以诸教授为各种办事机关的中心点，不要因校长一人的去留使学校大受影响。"⑥

蔡元培初到北大时，仍然是"一切校务都由校长与学监主任庶务主任少数人办理，并学长也没有与闻的"。蔡元培到校后对北京大学的领导体制进行了改革："组织评议会，给多数教授的代表，议决立法方面的事；恢复学长权限，给他们分任行政方面的事"。⑦ 并将评议会作为全校的最高立法机构和权力机构，凡学校重大事务都必须经过评议会审核通过。评议

---

① 约翰·范德格拉夫等：《学术权力——七国高等教育管理体制比较》，王承绪等译，杭州，浙江教育出版社，2001，第 22~24 页。

② 金耀基：《大学之理念》，北京，生活·读书·新知三联书店，2001，牛津版序第 2 页。

③ 梁柱：《蔡元培与北京大学》（修订本），北京，北京大学出版社，1996，第 42 页。

④ 蔡元培：《我在北京大学的经历》（1934 年 1 月 1 日）∥高平叔：《蔡元培教育论著选》，北京，人民教育出版社，1991，第 630 页。

⑤ 蔡元培：《教育独立议》（1922 年 3 月）∥高平叔：《蔡元培教育论著选》，北京，人民教育出版社，1991，第 378 页。

⑥ 蔡元培：《北大第二十三年开学日演说词》（1920 年 9 月 16 日）∥高平叔：《蔡元培教育论著选》，北京，人民教育出版社，1991，第 271 页。

⑦ 蔡元培：《回任北大校长在全体学生欢迎会上演说词》（1919 年 9 月 20 日）∥高平叔：《蔡元培教育论著选》，北京，人民教育出版社，1991，第 233 页。

会由"校长、学长及各科教授每科二人自行互选"组成，校长和各科学长为当然评议员，校长为当然议长，评议员"以一年为任期任满可再被选"。① 评议会负责讨论"各学科之设立与废止、讲座之种类、大学内部规则、关于学生风纪事项、审查大学院生成绩及请授学位者之合格与否、教育总长及校长咨询事件、凡关于高等教育事项将建议于教育总长者"。② 本来，蔡元培在1912年任南京临时政府教育总长时，在《大学令》中就规定了大学要设评议会，但后来并没有认真落实。自他到北大任校长后，这项制度才得到全面实施。

1917年设立的第一届评议会组成人员有：校长蔡元培，文科学长陈独秀，理科学长夏元瑮，法科学长王建祖，工科学长温宗禹；教授代表：文本科胡适、章士钊，文预科沈尹默、周思敬，理本科秦汾、俞同奎，理预科张大椿、胡睿济，法本科陶履恭、黄振声，法预科朱锡龄、韩述祖，工本科孙瑞林、陈世璋。③

在评议会设立时，曾有同学提出要有学生代表参加，但蔡元培认为教职员对校务是负专责的，是时时接洽的，"若参入不接洽又不负责任的学生，必不免纷扰"，因而没有同意。故评议会主要由教授组成，实际上是一个教授会，这也是教授治校的重要体现。④ 评议会作为全校最高审议机关，较好地体现了教授治校的精神，凡大学立法均须评议会讨论通过，"以容纳众人意见"，具有民主讨论的风气。李书华教授后来回忆这一时期评议会工作情景时曾说："我曾被选作过评议员，目睹开会时对于各种议案的争辩，有时极为激烈。"⑤ 后来马叙伦也回忆道：凡是学校的大事，都得经过评议会，尤其是聘任教授和预算两项。聘任教授有一个聘任委员会，经委员会审查，评议会通过，校长也无法干涉。教授治校的精神就在这里。表面看来，校长只有"无为而治"，什么权力好像都被剥夺了；但是，北大在连续几年风波动荡里面，能够不被吞没，全靠了他，后来北京师大等

① 1919年后，评议员选举办法有所调整，改为每五名教授得选评议员一人，一年改选一次；可以开会选举，也可以在选票上写好被选人姓名，寄给评议会，然后由评议会定期当众开票。
② 《国立北京大学评议会规则》（1918年）//吴惠龄、李墅：《北京高等教育史料》（第一集），北京，北京师范学院出版社，1992，第22页。
③ 梁柱：《蔡元培与北京大学》（修订本），北京，北京大学出版社，1996，第43页。
④ 梁柱：《蔡元培与北京大学》（修订本），北京，北京大学出版社，1996，第44页。
⑤ 李书华：《七年北大》//陈平原、夏晓虹：《北大旧事》，北京，生活·读书·新知三联书店，1998，第98页。

校也仿行了。①

三、学术管理

蔡元培非常推崇洪堡的大学理念："窃查欧洲各国高等教育之编制，以德意志为最善。"② 一是因为他曾经在德国留学四年，虽然不在柏林大学，但耳濡目染，对德国大学制度非常熟悉；二是与洪堡的大学理念在世界大学中取得的重大成就不无关系。当时的德国教育经过洪堡改革后已脱胎换骨，处于巅峰时期，大学的德国模式在世界各地落地生根并被不断创新。

蔡元培第一步是秉承德国大学模式，加强学科建设。他认为，"学为学理，术为应用"③，"学为基本，术为支干"。"文、理，学也；法、商、医、工，术也。""治学者可谓之'大学'，治术者可谓之'高等专门学校'。两者有性质之别，而不必有年限与程度之差。"④"文理二科，专属学理；其他各科，偏重致用。""今既以文理为主要，则自然以扩张此两科、使渐臻完备为第一义。"⑤ 他认为："所谓大学者，非仅为多数学生按时授课，造成一毕业生之资格而已也，实以是为共同研究学术之机关。"⑥ "大学并不是贩卖毕业的机关，也不是灌输固定知识的机关，而是研究学理的机关。""既然认定大学是研究学理的机关，对于纯粹学理的文理科，自当先作完全的建设。"⑦ "完全的大学，当然各科并设，有互相关联的便利。若无此能力，则不妨有一大学专办文理两科，名为本科，而其他应用各科，可办专科的高等学校，如德、意等国的成例，以表示学与术的区别。因为北大的校舍与经费，决没有兼办各种应用科学的可能，所以想把法律分出

---

① 马叙伦：《从"五四运动"到"六三索薪"》//张竞无：《民国大学：遥想大学当年》，北京，东方出版社，2012，第72～73页。
② 蔡元培：《大学改制之事实及理由》（1918年1月）//高平叔：《蔡元培教育论著选》，北京，人民教育出版社，1991，第125页。
③ 蔡元培：《在爱丁堡中国学生会及学术研究会欢迎会演说词》（1921年5月12日）//高平叔：《蔡元培教育论著选》，北京，人民教育出版社，1991，第329页。
④ 蔡元培：《读周春岳君〈大学改制之商榷〉》（1918年4月15日）//高平叔：《蔡元培教育论著选》，北京，人民教育出版社，1991，第136～137页。
⑤ 蔡元培：《大学改制之事实及理由》（1918年1月）//高平叔：《蔡元培教育论著选》，北京，人民教育出版社，1991，第125、126页。
⑥ 蔡元培：《〈北京大学月刊〉发刊词》（1918年11月10日）//高平叔：《蔡元培教育论著选》，北京，人民教育出版社，1991，第170页。
⑦ 蔡元培：《北大第二十二年开学式演说词》（1919年9月20日）//高平叔：《蔡元培教育论著选》，北京，人民教育出版社，1991，第235页。

去，而编为本科大学；然没有达到目的。"①

改革前，北京大学设文、理、法、工、商五科，科下设门。由于原来北大五科并立，没有重点，"而每科所设，少者或止一门，多者亦不过三门。欲以有限之经费，博多科之体面，其流弊必至如此"。② 当时的文科仅设有中国哲学门、中国文学门、英国文学门，十分薄弱。1917 年暑假后，增设了中国史学门，这是由中国文学门教员和国史编纂处编纂员中分出一部分组成的。外国文学除原有的英文门外，1917 年增设了法国文学和德国文学两门。1920 年，预科俄文班毕业，于是又增设了俄国文学门。理科除原有的数学、物理、化学三门外，1917 年增设了地质学门。经过扩充，文、理两科比过去加强了。

北大商科 1917 年始设立，按教育部规定，原拟分设银行学、保险学等门，终因经费不敷无法设置，仅讲授普通商业学，与商科之名不符，因此仿照美日等国大学法科兼设商业学之先例，将商科改为商业学而隶属于法科，并决定俟现有的商业学学生毕业后即予废止（1919 年即终止）。北大工科仅有土木工及采矿冶金两门，门类不全，设备亦简陋，而与北洋大学的工科设置重复，且两校的工科学生合计不及千人，因此蔡元培认为无此重复的必要。经与有关方面商议决定，北大预科毕业生中愿入工科者，转送入北洋大学，本校工科俟原有的学生毕业后即行停办（土木工学门和采矿冶金门分别于 1922 年和 1923 年停办）。这样，就实际取消了工、商两科，将用于工、商两科的经费、设备及校舍用于扩充理科，而北洋大学之法科归入北大后，也使其能集中力量发展工科。

当时各地高等学堂鉴于学生程度不齐，因此在校内设预科，作为升入本科的准备。北大原有的预科，由于管理上的放任，形成了与本科竞胜的半独立状态，竟至自称为预科大学。改制之后，取消了原来的预科学长，将预科分别直属于本科各科，为直接升入各科做预备，并受本科学长的管理。预科教授则按不同学门，分别与本科教授合并组成教授会。

为办成以本科文、理两科为主的大学，北大扩充文、理两科，停办工科、商科（工科合并到北洋大学，商科停招学生），准备把法科分出去，办成独立的专科大学（后未实现，又将北洋大学的法科并入北大）。经过

① 蔡元培：《我在北京大学的经历》（1934 年 1 月 1 日）// 高平叔：《蔡元培教育论著选》，北京，人民教育出版社，1991，第 628 页。
② 蔡元培：《大学改制之事实及理由》（1918 年 1 月）// 高平叔：《蔡元培教育论著选》，北京，人民教育出版社，1991，第 126 页。

改革，加强了文、理两科。经此调整，北京大学成了文、理、法三科并存的大学。这种变化不只是学科的简单删减，而是一种教学理念的深刻变化——重学轻术，这也为教授治校做了铺垫。

蔡元培还主张："凡大学必有各种科学的研究所。"① "研究所仿德、美两国大学之 Seminar 办法，为专攻一种专门知识之所。"② "为北大发展计，与其求诸量，无宁求诸质；与其普及，无宁提高。"③ 1917 年底，文、理、法三科各学门先后成立了研究所，由校长于各所教员中推一人为主任。到 1918 年初，各研究所共有研究员 148 人（其中毕业生 80 人，高级生 68 人），另有通信研究员 32 人。其中理科研究员仅 18 人，文科较多，达 71 人。如范文澜、冯友兰、叶圣陶、俞平伯等都是这一时期的研究员。④ 1918 年公布的《北京大学研究所总章》规定"各分科大学中之各门俱得设研究所"；⑤ 1919 年，蔡元培在北大废去文、理、法科之名，改门为系，全校共有 14 个系，即数学系、物理系、化学系、地质学系、哲学系、中国文学系、英国文学系、法国文学系、德国文学系、俄国文学系、史学系、经济系、法律系（见图 2－10）⑥；1920 年，增设了地质研究所，文科研究所内又设立了编译室、考古研究室、歌谣研究会、方言调查会、明清档案整理会等。这样，文、理两科不仅规模扩大了，质量也提高了。⑦ 1921 年 12 月，蔡元培又决定改组研究所。经校评议会第三次会议讨论，通过了《国立北京大学研究所组织大纲》，按组织大纲规定，研究所分设自然科学、社会科学、国学和外国文学四门；所长由校长兼任，各门设主任一人，由校长于教授中指任之，任期两年，经理本门事务；各门研究的问题与方法由相关各系的教授共同商定。但由于学校经费和人力条件的限制，到 1922 年，只开办了一个国学门。⑧

---

① 蔡元培：《何谓文化》（1920 年 10 月 27 日）//高平叔：《蔡元培教育论著选》，北京，人民教育出版社，1991，第 280 页。

② 蔡元培：《公布北大〈研究所简章〉布告》（1920 年 7 月 30 日）//高平叔：《蔡元培教育论著选》，北京，人民教育出版社，1991，第 267 页。

③ 《北京大学日刊》1930 年 4 月 12 日。

④ 梁柱：《蔡元培与北京大学》（修订本），北京，北京大学出版社，1996，第 58、59 页。

⑤ 《北京大学研究所总章》（1918 年）//潘懋元、刘海峰：《中国近代教育史资料汇编：高等教育》，上海，上海教育出版社，2007，第 398 页。

⑥ 北京大学废科设系后，仍还有文、理科的说法，但已不是原来的意义了。

⑦ 萧超然等：《北京大学校史（1898～1949 年）》，上海，上海教育出版社，1981，第 43～44 页。

⑧ 梁柱：《蔡元培与北京大学》（修订本），北京，北京大学出版社，1996，第 62 页。

　　蔡元培改革北大的第二步是效仿德国大学教授治校的传统，"组织各门教授会，由各教授与所公举的教授会主任，分任教务"。1917 年 12 月，北大评议会通过《各学科教授会组织法》，从制度上保障了教员对学科内学术性事务的决策权。依据这个章程，每一个教员，无论是研究科、本科还是预科教授、讲师以及外国教员都是教授会成员。教授会的职权主要有：一是学术性事务的决策权，即决定学科内教授法、选择教科书和编纂学科课程表；二是行政性事务的参与权，即参与讨论学科的增设及废止、应用书籍及仪器的添置。① 随后由蔡元培主持分别按学门成立教授会，当时教员分教授、讲师、助教三种，除助教外均为教授会会员。教授会主任由会员推举，任期两年。1918 年，全校共成立了国文、哲学、英文、法文、德文、法律、经济、政治、数学、化学、物理共 11 个学门的教授会。经过各学门教授选举，国文门教授会主任为沈尹默，数学门教授会主任为秦汾，化学门教授会主任为俞同奎，政治门教授会主任为陶履恭，经济（包括商业）门教授会主任为马寅初，德文门教授会主任为顾孟余，英文门教授会主任为胡适，物理门教授会主任为何育杰，法律门教授会主任为周家彦，哲学门教授会主任为陶履恭，法文门教授会主任为贺之才。稍后，还成立了地质门教授会和中国史学门教授会，主任分别为何杰和康心孚②。

　　1919 年北京大学废门改系后，改由各系成立教授会。③ 各系主任由教授会投票选举，规定凡系里有教授一人者即为主任；两人者按期轮值，以先到者始；三人以上互相选举，如票数相等，校长可增投一票决定人选。教授会负责规划本系的教学工作，如课程的设置、教科书的采择、教授法的改良、学生选科的指导和学生成绩的考核等。④ 系主任任期两年（后改为固定职务）。⑤

　　在办学方针上，蔡元培主张"思想自由，兼容并包"，认为"大学者，

① 《1917 年学科教授会组织法》//朱有瓛：《中国近代学制史料》（第三辑下册），上海，华东师范大学出版社，1992，第 62 页。
② 梁柱：《蔡元培与北京大学》（修订本），北京，北京大学出版社，1996，第 44～45 页。
③ 荀渊：《从传统到现代——近代中国的高等教育》，兰州，甘肃民族出版社，2004，第 128 页。
④ 梁柱：《蔡元培与北京大学》（修订本），北京，北京大学出版社，1996，第 44～45 页。
⑤ 萧超然等：《北京大学校史（1898～1949 年)》，上海，上海教育出版社，1981，第 42～43 页。

'囊括大典，网罗众家'之学府也"。① 他在《就任北京大学校长之演说》中便提出"抱定宗旨"、"砥砺德行"、"敬爱师友"三项要求，指出"大学者，研究高深学问者也"，"故宗旨不可以不正大"，学生"品行不可以不谨严"，师生共处一堂，"自应以诚相待，敬礼有加"，"庶可收切磋之效"。② 于是他从"聘请积学而热心的教员着手"③，"广延积学与热心的教员，认真教授，以提起学生研究学问的兴趣"④。

蔡元培在教师聘任上采取的是"学诣第一"的原则，认为只要是具有真才实学、教学热心、有研究学问的兴趣和能力的学者，不论国籍、资格、年龄、思想倾向如何，都应加以聘任。他根据这一原则对北京大学教师队伍进行充实和整顿，一方面延请学有所成、富有声誉的专家学者来北大任教，另一方面辞掉了一些不称职的中外教师。经过整顿，北大教师队伍面貌为之一新，明显表现出年轻化、富于学术活力的特点。据 1918 年初的统计，217 名教员中有 90 名教授，对其中 76 人的统计显示，50 岁以上者 6人，35 岁以下者 43 人，最年轻的文科教授徐宝璜仅 25 岁，像胡适、刘半农等被聘为教授时年仅二十七八岁。⑤

四、职能部门

在行政管理方面，按蔡元培的改革设想，是要在学校的行政、教务和事务方面分别设立各种相关的委员会，由有关教授分别领导、统一管理。他认为"照此办法，学校的内部组织完备，无论何人来任校长，都不能任意办事。即使照德国办法，一年换一个校长，还成问题么?"⑥ 蔡元培在行政职能部门的改革主要有:

第一，设立行政会议，作为全校的最高行政机构和执行机关。蔡元培提出"组织行政会议，把教务以外的事务，均取合议制。并要按事务性

① 蔡元培:《〈北京大学月刊〉发刊词》（1918 年 11 月 10 日）//高平叔:《蔡元培教育论著选》，北京，人民教育出版社，1991，第 171 页。
② 蔡元培:《就任北京大学校长之演说》（1917 年 1 月 9 日）//高平叔:《蔡元培教育论著选》，北京，人民教育出版社，1991，第 72~73 页。
③ 蔡元培:《我在北京大学的经历》（1934 年 1 月 1 日）//高平叔:《蔡元培教育论著选》，北京，人民教育出版社，1991，第 627 页。
④ 蔡元培:《我在教育界的经验》（1937 年 12 月）//高平叔:《蔡元培教育论著选》，北京，人民教育出版社，1991，第 709 页。
⑤ 梁柱:《蔡元培与北京大学》（修订本），北京，北京大学出版社，1996，第 98~99 页。
⑥ 蔡元培:《回任北大校长在全体学生欢迎会上演说词》（1919 年 9 月 20 日）//高平叔:《蔡元培教育论著选》，北京，人民教育出版社，1991，第 233 页。

质，组织各种委员会，来研讨各种事务"。行政会议负责实施评议会议决的事项，下设各种专门委员会分管各类事务。它的成员以教授为限，由各专门委员会的委员长及教务长、总务长组成，校长兼行政会议议长。它下设的 11 个专门委员会分管一部分行政事务，计有：庶务委员会（管理全校的房舍、卫生），组织委员会（负责机构调整和草拟各种章程），学生自治委员会（接洽学生自治事项），出版委员会（负责校内书刊的审查和出版），预算委员会（制订学校预算计划），审计委员会（审核经费使用情况），图书委员会（负责图书馆的行政），仪器委员会（主管各仪器室的行政），聘任委员会（负责聘请教师），入学考试委员会（定入学考试的标准），以及新生指导委员会。各专门委员会成员，由校长推举，经评议会通过后正式委任。

第二，废除学长制，设立教务会议及教务处，由各学系主任组成，并互相推选教务长一人，任期一年（后来改为固定职务，不再轮流），统一领导全校的教学工作。教务处的设立，克服了过去各科门各自为政的分散混乱状态。马寅初、顾孟余、胡适等都担任过这一时期的教务长。

第三，成立总务处，设总务长一人，主管全校的人事和事务工作。总务长由校长委任，最初由蒋梦麟充任。总务处机构包括：文牍、会计部（主任蒋梦麟兼），注册、编志、询问、介绍部（主任郑寿仁），图书馆（主任李大钊），仪器部（主任陈世璋），出版部（主任李辛白），校舍、斋务、杂务、卫生部（主任沈士远）。

为进一步健全制度、明确职责，1921 年 12 月，蔡元培又提出《北大各种会议进行办法提案》，并经校评议会第三次会议通过施行。其主要内容为：各行政会议、教务会议、总务会议及其他关于校务之重要会议（如教授会等）之议决案，均须报告校长。各行政会议之议决案由校长决定及分配施行，教务会议议决案经校长同意后分配教务长或其他机关施行，总务会议等之议决案由校长同意后分配总务长或其他机关施行。这样在北大总共设立四种机构分别管理：评议会司立法，行政会议及各行政委员会司行政，教务处、各学系教授会、预科委员会和研究所等司教务，总务处司事务。①

蔡元培的上述改革，体现了其教授治校、民主管理的思想，目的是将推动学校发展的责任交给教授，让真正懂得学术的人来管理学校。正如他

---

① 梁柱：《蔡元培与北京大学》（修订本），北京，北京大学出版社，1996，第 48～49 页。

本人所言："凡此种种设施，都是谋以专门学者为本校主体，使不至因校长一人之更迭而摇动全校。"① 他上任不到两年，就把一个死气沉沉的官僚养成所，改造成为一所生龙活虎的近代大学，开创了新文化运动的先声。北大不仅成为五四运动的摇篮，而且为民国以后的大学教育树立了崭新的楷模。北大教授胡适曾经转述美国哲学家杜威的话说："拿世界各国的大学校长来比较一下，牛津、剑桥、巴黎、柏林、哈佛、哥伦比亚等等，这些校长中，在某些学科上有卓越贡献的，固不乏其人；但是，以一个校长身份，而能领导那所大学对一个民族、一个时代起到转折作用的，除蔡元培而外，恐怕找不出第二个。"② 1919 年 5 月 4 日，由北大学生掀起了轰轰烈烈的五四运动。蔡元培虽然赞成学生的爱国热情，而且多方营救被捕学生，但在辛亥革命之后他其实并不赞成学生参加政治运动。所以当被捕学生于 5 月 7 日被释放后，蔡元培认为他的职务已尽，且认为这次运动自己难辞其咎，于次日提出辞职。在各方极力挽留下，蔡元培最终为北大师生所感动，在委托蒋梦麟代理校长两个月之后，于 9 月 20 日正式回北京大学。在此之后，蔡元培又有两次抗议政府的辞职经历，且接连访问欧洲，其间主要由蒋梦麟代理校长。直至 1927 年 7 月，北大被奉系军阀政府并入京师大学校，他才不再在名义上担任北大校长。③

蔡元培任北大校长的十年之中，有近一半的时间并不在北大主持实质性的工作，虽然其"居北京大学校长的名义，十年有半；而实际在校办事，不过五年有半"④，但北京大学仍然蓬勃发展，这与蔡元培所建立的以"教授治校"为核心的民主管理制度不无关系。1919 年 5 月 10 日，蔡元培辞职南下后，在致北大同学的信中说："北京大学之教授会，已有成效，教务处亦已组成，校长一人之去留，决无妨于校务。"⑤ 1920 年 10 月 20 日，蔡元培在赴欧考察教育与学生话别时说："我这次出去，若是于本校不免发生困难，我一定不去。但是现在校中组织很严密，职员办事很能和

① 蔡元培：《北大成立二十五周年纪念会开会词》（1922 年 12 月 17 日）//高平叔：《蔡元培教育论著选》，北京，人民教育出版社，1991，第 450 页。
② 冯友兰：《中国现代哲学史》，广州，广东人民出版社，1999，第 53 页。
③ 梁柱：《蔡元培与北京大学》（修订本），北京，北京大学出版社，1996，第 293 页。
④ 蔡元培：《我在北京大学的经历》（1934 年 1 月 1 日）//高平叔：《蔡元培教育论著选》，北京，人民教育出版社，1991，第 632 页。
⑤ 蔡元培：《告北大同学诸君》（1919 年 5 月 10 日）//高平叔：《蔡元培教育论著选》，北京，人民教育出版社，1991，第 216 页。

衷，职员与学生之间也都是开诚布公。我没有什么不放心的事了。"① 顾孟余在《忆蔡孑民先生》一文中说："先生长校数年，以政治环境关系，在校之时少而离校之时多。离校之时，校务不但不陷停顿，且能依照计划以进行者，则以先生已树立评议会及各种委员会等之制度。此制度之精神，在以教授治理校务，用民治制度，决定政策，以分工方法，处理各种兴革事业。然非校长之清公雅量，则此制度不克成立，非师生绝对信赖校长，此制度不易推行也。"② 1923 年 6 月 24 日，蔡元培又一次辞职离开时，写信给北大学生："北大校务，以诸教授为中心。大学教授由本校聘请，与北京政府无直接关系，但使经费有着，尽可独立进行。"③ 同一天，他在给北大教职员的信里说："五月以来，北大校务，赖评议会维持办理……董事会未成立之前，拟请教务长、总务长与各组主任会设委员会，用合议制执行校长职务，并请委员会公推主席一人代表全权。照此进行，似无窒碍。合诸先生学理、经验之所具，而益以和衷共济之精神，以运用于北京大学积年改进之组织，区区校务，游刃有余。培一人之去就，又何关轻重耶？"④ 因此，他期望北大师生此后"能保持自治的能力，发展自动的精神，并且深信大学组织，日臻稳固……"⑤

蔡元培在北京大学的十年，是北京大学光辉的十年，也是中国高等教育史上光辉的十年。蔡元培的改革使北大在短短的一年多时间内云集各个流派，荟萃当代名家，一时盛况无二，蔡元培也被尊为"北大永远的校长"、"北大之父"。蔡元培时期的北京大学是中国大学发展史上的一座里程碑，作为领袖人物的蔡元培以他化腐朽为神奇的力量和不可言说的人格魅力，成为北京大学不朽的神话。"北大的校长走马灯似地轮转了多少人，但是只要一提起北大校长，让人首先想起的就是蔡元培校长。在北大昔日的历史传统和今日的格局气象中，蔡元培更内化为一种象征与启示。"⑥ 北

① 蔡元培：《在北大话别会演说词》（1920 年 10 月 20 日）//高平叔：《蔡元培教育论著选》，北京，人民教育出版社，1991，第 273 页。
② 顾孟余：《忆蔡孑民先生》//中国蔡元培研究会：《蔡元培纪念集》，杭州，浙江教育出版社，1998，第 158 页。
③ 蔡元培：《致北大学生函》（1923 年 6 月 24 日）//高平叔：《蔡元培教育论著选》，北京，人民教育出版社，1991，第 469 页。
④ 蔡元培：《致北大教职员函》（1923 年 6 月 24 日）//高平叔：《蔡元培教育论著选》，北京，人民教育出版社，1991，第 467~468 页。
⑤ 蔡元培：《回任北大校长在全体学生欢迎会上演说词》（1919 年 9 月 20 日）//高平叔：《蔡元培教育论著选》，北京，人民教育出版社，1991，第 233 页。
⑥ 余杰：《落花人独立 孤单蔡元培》，http://ent. ifeng. com/phoenixtv/74040017797775360/20050511/548097. shtml。

大因蔡元培确立其传统和精神而成为中国大学的象征；蔡元培也因北大，成为中国近代最伟大的教育家。

第四节 董事会制：以郭秉文时期的东南大学为例

五四运动爆发以后，提倡新教育运动的呼声和新教育实践活动成为席卷教育界的热潮。由于留美学生的大量归国，杜威实用主义学说成为这场新教育运动的理论指导，影响超过欧洲模式。东南大学，作为这一时期崛起的声名卓著的大学，被称为"近代第一所以模仿美国大学教育制度为蓝本创办起来的大学"[1]，典型反映了这一时期中国高等教育从日本模式转向美国模式的发展情形。

东南大学成立于1921年6月6日，系中国第二所国立大学，其前身是南京高等师范学校，其首任校长为原南京高等师范学校校长郭秉文[2]。郭秉文在东南大学的办学是继蔡元培北京大学改革后的又一标志性事件，不过其学习与借鉴的对象从德国模式转向了美国模式。在郭秉文的主持下，东南大学声名鹊起，被誉为"中国自然科学发展的基地"，并迅速与北京大学齐名，有"北大以文史哲著称，东大以科学名世，然东大文史哲教授实不亚于北大"[3] 之美誉。东南大学寓师范于大学，囿文理与农工商等实科于一体，此种组合为当时国内所仅见，实为中国综合大学之先驱。许多海外教育家在调查中国教育现状后认为，该大学是"中国最有希望的大学"。当东南大学鼎盛之时，其规模之宏大，学者之云集，思想之开放，言论之自由，被誉为"第一所现代国立高等学府"（孟禄语）、"最好的大学"（司徒雷登语），时有"北有北大，南有东大"、"东南最高学府"之称，是20世纪20年代中国现代大学的典型代表。[4]

1925年皖系军阀执政，数度直接干预东南大学校政，导致了一场罕见的易长风潮，持续经年。1927年仿法国"大学区制"，以国立东南大学、

---

① 张雪蓉：《美国影响与中国大学变革（1915～1927）——以国立东南大学为研究中心》，北京，华龄出版社，2006，第5页。
② 其任期至1925年1月6日止。
③ 王成圣：《郭校长秉文传》，《中央大学七十年》，台北，中央大学编印，1985，第70页。
④ 张雪蓉：《美国影响与中国大学变革（1915～1927）——以国立东南大学为研究中心》，北京，华龄出版社，2006，第43页。

河海工科大学等九所高校，组建为国立第四中山大学。1928 年学校改名为国立中央大学，设理、文、法、教育、医、农、工、商八个学院①，学科之全和规模之大为全国高校之冠，也是南京国民政府执政 20 余年间唯一一所全部拥有《大学组织法》规定的八个学院的大学。在30～40 年代，中央大学被誉为"民国最高学府"。1952 年全国院系调整，学校文理等科迁出，以原中央大学工学院为主体，先后并入复旦大学、交通大学、浙江大学、金陵大学等校的有关系科，在中央大学本部原址建立了南京工学院。

一、东南大学部门结构图

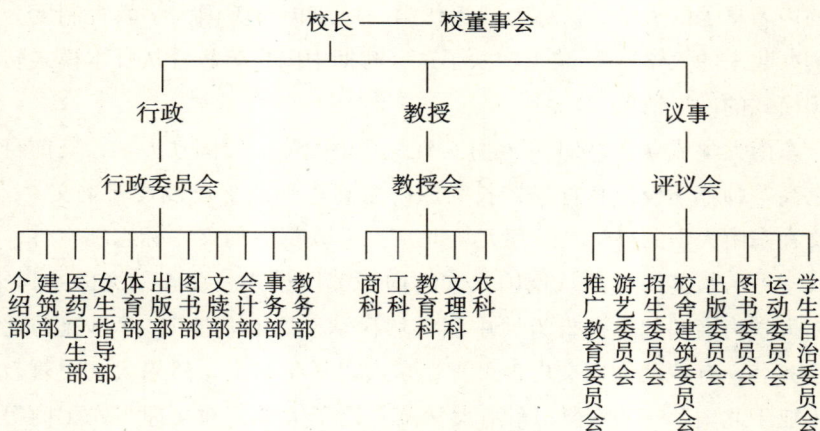

图 2 - 11　国立东南大学组织系统

资料来源：朱斐：《东南大学史》（第一卷），南京，东南大学出版社，1991，第105 页。

二、领导体制

与当时北京大学以教授为核心的评议会不同，东南大学推行以"董事会"为核心的学校领导体制。虽然东南大学成立之初也设立了诸如教授会和评议会之类的机构，但学校的行政大权却主要掌握在校董会手中。"真正掌握学校管理体制大权的是校长为首的校董会，教授在学校的自治上所发挥的作用十分有限。"②

---

① 《中央大学本部组织大纲》（1928 年 11 月 15 日）//《南大百年实录》编辑组：《南大百年实录》（上），南京，南京大学出版社，2002，第 273 页。

② 许小青：《从东南大学到中央大学——以国家、政党与社会为视角的考察（1919～1937）》（博士论文），武汉，华中师范大学，2004，第 23 页。

　　根据《改南高为东南大学计划及预算书》第五条之规定，"设理事会，对于校务负辅助指导之责，以下列各种人组织之：教育部代表、南高原有评议员、曾捐款给本校者、教育界素有声望向对于本校曾尽力者、曾在本校尽力有年者"。① 郭秉文在东南大学成立后，为了使民主治校、教授作用发挥制度化，于 1921 年颁布了《国立东南大学大纲》，形成了校长领导下的"三会制"即评议会、教授会、行政委员会的行政组合，同时增设校董事会制（见图 2 - 11）。②

　　据 1921 年《国立东南大学大纲》之规定，东南大学设评议会，由校长、各科代表、各系代表、行政各部代表、附属中小学代表组成，以校长或其代表人为主席，职权为讨论本校教育方针、用于经济之建设事项、重要之建筑及设备、系与科之增设废止或变更及关于校内其他重要事项。同时，东南大学设教授会，教授会以校长暨各科各系之主任及教授组织之，以校长或其代表人为主席；职权为建议系与科之增设废止或变更于评议会、赠予名誉学位之议决、规定学生成绩之标准及关于其他教务上公共事项；并下设科教授会及系教授会，以一科或一系之教授组织之会议关于一科或一系之事件会议时以科主任或系主任为主席。③ "凡教务问题之涉及两系以上者，得在教授会解决之。"④

　　1921 年 6 月 6 日校董会正式成立，第一届董事共 17 人，分别是：中国实业巨擘张謇（曾任民国实业总长、农工总长等职），教育界泰斗蔡元培（时任北京大学校长），外交部部长王正廷，教育部代部长袁希涛，北京大学代校长蒋梦麟，江苏省教育会会长沈恩孚，江苏省教育司司长、江苏教育会副会长黄炎培，上海工商巨子穆藕初，原南高校长、江苏省教育司副司长江谦，上海总商会会长聂云台，上海银行公会会长陈光甫，中华基督教青年会总干事余日章，江苏省财政厅厅长严家炽，上海交通银行总经理、后任上海银行公会会长钱新之，著名实业家、棉纱与面粉大王荣宗敬，教育部专门教育司司长任鸿隽，东南大学校长郭秉文。据当时报刊记载："此次所举诸董事或为耆德硕学，或为教育名家，或为实业巨子，于社会

① 《改南高为东南大学计划及预算书》//《南大百年实录》编辑组：《南大百年实录》（上），南京，南京大学出版社，2002，第 105 页。
② 张雪蓉：《美国影响与中国大学变革（1915～1927）——以国立东南大学为研究中心》，北京，华龄出版社，2006，第 65 页。
③ 《国立东南大学大纲》（中华民国 10 年 3 月 16 日）//《南大百年实录》编辑组：《南大百年实录》（上），南京，南京大学出版社，2002，第 129～130 页。
④ 《国立东南大学与南高师教授会章程》（1922 年 4 月）//中国第二历史档案馆：《中华民国史档案资料汇编》（第三辑教育），南京，凤凰出版社，1991，第 249 页。

事业均极热心。东南大学得此助力，其发达之速可预卜矣。"① 为了便于工作，东大董事会议决设立"办事校董"和"经济校董"，并推定袁希涛、沈恩孚、黄炎培三位教育家为办事校董；聂云台、穆藕初、钱新之三位企业家为经济校董。②

依据典型的美国董事会制度，董事会拥有筹资、预算、选择校长、学校决策的最高权力。董事会一般并不直接干涉学校内部的具体行政事务，其制定的政策方针由校长负责具体实施。但正如亚伯拉罕·弗莱克斯纳在他著名的《现代大学论》中所说，"一旦选定校长，无论怎么说，绝大多数的董事也就很少再对大学产生直接的影响。而他们的间接影响，在我看来很大程度上属于无意识的影响却可能是——实际上也常常是——很大的"。③

根据 1921 年董事会简章，其职权仅有两条，一为扶助学校（事业）之进行，二是保管私人捐助之财产，属于议事、咨询性质，并不干预校内事务。1923 年 11 月，郭秉文建议参照美国大学校董会的做法，扩大董事会的职权。在 1924 年修订《国立东南大学校董会简章》后，新的董事会几乎取代评议会原有的功能，校董会的职权不仅具有决定学校大政方针、审核学校预算决算和推选校长于教育当局的权力，而且还拥有决定学校科系之增加、废止或变更，保管私人所捐之财产和议决学校其他之重要事项的权力④，完全成了学校最高的立法和决策机构，位置高于行政委员会、教授会和评议会。这样，评议会作为立法机构的职能已经丧失，其存在毫无意义。所以，郭秉文随即又向董事会提出废除评议会的建议，并得到通过。至此，东南大学已完全形成了美国式的董事会管理模式，由董事会对大学重大事务进行审议、监督和决策，而教授治校的权力只体现在教授会里。⑤

---

① 《东南大学设立董事会》∥《南大百年实录》编辑组：《南大百年实录》（上），南京，南京大学出版社，2002，第 116 页。
② 张雪蓉：《1920 年代东南大学的董事会制度研究》，《东南大学学报》（哲学社会科学版）2005 年第 6 期。
③ 亚伯拉罕·弗莱克斯纳：《现代大学论——美英德大学研究》，徐辉、陈晓菲译，杭州，浙江教育出版社，2001，第 158～159 页。
④ 《国立东南大学校董会简章》（奉中华民国 13 年 6 月 25 日教育部指令修正）∥《南大百年实录》编辑组：《南大百年实录》（上），南京，南京大学出版社，2002，第 117 页。
⑤ 张雪蓉：《美国影响与中国大学变革（1915～1927）——以国立东南大学为研究中心》，北京，华龄出版社，2006，第 72～73 页。

三、学术管理

关于系科设置，郭秉文见解独特。他认为，在一所综合性的大学里，既要注重文理，也要注重致用，还可造就师资。多科并重，数者互补，才可相得益彰。当蔡元培在北大按学与术的不同调整系科设置，侧重文理基础科学研究的时候，郭秉文在东大求学与术并重，设科多广齐全。在他的主持下，东南大学既设文科、理科，也设工科、农科、商科，并且"寓师范于大学"，保留了原南高师的教育科。

东南大学成立初期，设5科24系，后发展调整为6科31系，即：文科6个系，国文系、历史系、外国语文系、政治系、经济系、哲学系；理科4个系，物理系、化学系、数学系、地学系；教育科4个系，教育系、心理系、乡村教育系、体育系；工科3个系，机械工程系、土木工程系、电机工程系；农科7个系，植物系、动物系、农艺系、园艺系、畜牧系、蚕桑系、病虫害系；商科7个系，普通商业系、会计系、工商管理系、银行理财系、保险系、国际贸易及领事系、交通运输系。其后，又将文科、理科并为文理科，系未更动。① 其设科之全、专业之新，居全国之冠。茅以升曾说："本大学学制以农、工、商与文、理、教育并重，寓意甚远。此种组合为国内所仅见，亦即本大学精神所在也。"② 此外，这时的东南大学已有一定的学科交叉渗透。据东南大学《文理科概况》记载："大学既兴，各科皆以系为单位而统之以科，于是本科统有国文系、英文系、哲学系、历史系、地学系、数学系、物理系、化学系。10年又增设政治经济系、西洋文学系，同时以农科之生物系、教育科之心理系，兼属本科。"③

按照东南大学发展情形及需要，预算极应扩充，但根据国家经济状况，势须核减经费。1924年4月，因考虑"文理科为大学基本学科，应循序进行；教育科为南高递嬗而成，毕业学生极得社会信仰，国内大学办教育科者尚少，且无如本校之办理完善，应予逐渐扩张，又附属之中小学，备该科研究试验之用，应继续办理；农科开办甚早，根柢已深，事业亦多，应

---

① 　朱斐：《东南大学史》（第一卷），南京，东南大学出版社，1991，第102页。
② 　《茅以升等提议添设土木工程及电机工程案》//《南大百年实录》编辑组：《南大百年实录》（上），南京，南京大学出版社，2002，第206页。
③ 　《文理科概况》//《南大百年实录》编辑组：《南大百年实录》（上），南京，南京大学出版社，2002，第191页。

就现在之局面，充实其内容；商大①设在上海，以本国商业上之需要，甚得社会之信仰，惟以校址校舍尚在购建，应候购建完毕，设法扩充；工科虽有良好之教授，因公家经济困难之故，尚未能臻于工科大学应有之标准，欲期完善，自非大加扩充不可，然而公家财力如此难商，断难办到。江苏境内已办有工科大学及工专等校几所，且有较为完备者，现在工科学生，数尚不多，而设备方面，又不能有适应需要之扩张，如仍照常进行，不特发展难期，仰恐贻误学子"，故校董会常会建议工科"暂行收束停办，所有学生，由校设法转学他校，或并酌予补助，以完成其学业"。因"群情激昂，校内舆论，共表同情"，后又先后经 5 月 14 日常务校董会议、6 月 28 日校董会临时会会议及 8 月 4 日校董会临时会继续会议复议，"决以河海工程学校与本校工科为基础，改组工科大学，即请本校工科主任茅唐臣君为校长……如本校工科学生有不愿加入工科大学，而欲转入其他工科者听之"。经众讨论，"议决此项办法既与停办之原案不相抵触，又于学生转学上不生困难，本会认为可行"。② 此后，东南大学便只有文科、理科、教育科、农科和商科，而没有工科。

四、职能部门

根据 1921 年《国立东南大学大纲》，校董事会对于校务负辅助指导之责（1924 年后校董会放在与校长并列的位置甚至更高），评议会、教授会为议事性质的机构，行政委员会为全校行政之总枢。

东南大学评议会为商榷校务便利起见，酌设各专门委员会或临时委员会，其常设各专门委员会有学生自治、运动、图书、出版、校舍建筑、招生、游艺和推广教育等委员会，遇临时事务发生时，得设临时委员会；各委员会设主任一人、委员若干人，由校长于评议会会员中指任之。委员会并不是什么新的东西，但专门委员会制度的广泛应用却是这一时期的特点，评议会、教授会、行政会议、校务会议都可以决定成立某一专题的专门委员会。专门委员会组织的应用，减轻了评议会、教授会、行政会议、校务

---

① 南高师于 1917 年秋设立商业专修科，1920 年冬议设国立东南大学时，决定将高师商科扩充改组为商科大学，以人才与环境之关系，分设上海。迨 1921ʹ年夏，东南大学成立，适暨南学校亦有在上海设立商业专科之计划，爰由中南协会建议，请两校合办，借以集中人才，节省经费，定名为东南大学暨南学校合立上海商科大学。国内有商科大学，自该校始。1922 年 3 月议将商科大学归东南大学独力专办，旋经东南大学校董会议决认可，即定名为国立东南大学分设上海商科大学。

② 《校董会关于工科之决议案》（1924 年 4 月 27 日）// 《南大百年实录》编辑组：《南大百年实录》（上），南京，南京大学出版社，2002，第 176～177 页。

会议的负担，在一定程度上也扩大了师生员工参与学校管理的基础。①

东南大学的重大事务由校董会决定，而学校的日常事务则由校长负责。东南大学设行政委员会为全校行政之总枢，其委员就本校教职工中委任若干人充之，以校长或其代表人为主席；职权为规划全校公共行政事宜、审查行政各部事务及执行临时发生之各种行政事务；各科各系行政事宜由各科各系商承校长处理之。行政委员会下设教务、事务、会计、文牍、图书、出版、体育、女生指导、医药卫生、建筑和介绍各部，各部设主任一人，由校长延聘之；各部职员由校长延聘之，于必要时得设事务员若干人，由校长函聘之。②

1925 年初，东南大学的事业发展达到了顶峰。其时全校共有教师员工200 多人，学生 1600 人，名师云集，人才辈出，被誉为中国东南地区的最高学府。"东南大学当时为长江以南唯一的国立大学，与北大南北并峙，同为中国高等教育的两大支柱。"东南大学的许多学科，如由中国近代动物学的奠基人秉志创建的生物系，由中国地学界一代宗师竺可桢创办的地学系（包括地理、地质、气象），由最早把近代数学引进中国的熊庆来创办的数学系等，在中国大学中都是最早设立的。燕京大学校长、后任美国驻华大使的司徒雷登在其所著《在华五十年》中，对郭秉文和东大教师赞誉有加："当时的东南大学是现代政府高等教育机构的原型，也是全中国最好的大学。他招募了五十名'归国学生'，每一个人都在自己的领域出类拔萃。"③ 美国著名教育家、国际教育会东方部主任孟禄博士在考察了中国各主要大学之后，称赞东南大学"是中国最有希望之大学"，"将来该校之发达，可与英牛津、剑桥两大学相颉颃"。④

然而，随后所发生的"易长风潮"却使得如日中天的东南大学元气大伤。1925 年 1 月 6 日，北京政府教育部代理部务的次长马叙伦下达新年第一号训令："前派东南大学郭秉文应即解职，另候任用。现经改聘胡敦复为国立东南大学校长，除函聘外，仰即遵照。"⑤ 此次易长风潮，历时一整年，余波连三载，东大由盛而衰，并成为日后学校更名的原因之一。

---

① 陈岱孙：《三四十年代清华大学校务领导体制和前校长梅贻琦》// 黄延复：《梅贻琦与清华大学》，太原，山西教育出版社，1995，第 153 页。

② 《国立东南大学大纲》（中华民国 10 年 3 月 16 日）// 《南大百年实录》编辑组：《南大百年实录》（上），南京，南京大学出版社，2002，第 129 ~ 131 页。

③ 司徒雷登：《在华五十年》，常江译，海口，海南出版社，2010，第 95 页。

④ 朱斐：《东南大学史》（第一卷），南京，东南大学出版社，1991，第 132 页。

⑤ 《教育部解除郭秉文校长职务的训令》// 《南大百年实录》编辑组：《南大百年实录》（上），南京，南京大学出版社，2002，第 181 页。

民初教育史上影响巨大的东大易长风潮，就其实质而言，是国民党人利用孙中山和段祺瑞执政府联盟的机会，联合校内反对派排挤郭秉文和校董会，争夺东南大学领导权，是国民党力量兴起后对地方自治力量侵蚀的结果。在某种程度上讲，郭秉文被免职的意义已超出了郭氏个人的悲剧范围，易长风潮也使得东南大学从一个相对远离政治的地方大学，演变成为一个党派势力竞逐的舞台。①

第五节　民国初期公立大学内部职权结构分析

蔡元培时期的北京大学实行以评议会为核心的"教授治校"，将评议会作为学校最高立法机构和权力机构，而郭秉文时期的东南大学却推行以"校董事会"为核心的学校领导体制。两者存在很大差异，但这种差异其实暗含着某种极大的共性。

伯顿·克拉克在分析大学权力时，曾将影响大学的各种显性或隐性权力简化为三种，即国家权力、市场和学术权威，三者互为关联、彼此博弈，并提出了著名的三角协调图（见图2－12）。

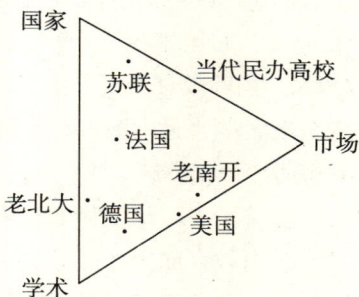

图2－12　伯顿·克拉克的三角协调图

注：本图以伯顿·克拉克分析模型为依据，并根据笔者的理解做了相应调整。

本研究亦将政府、市场和学术视作影响公立大学内部职权的三支重要力量，由此将伯顿·克拉克的三角协调图略加变化后用来分析蔡元培时期的北京大学和郭秉文时期的东南大学的公立大学内部职权体系（见图2－13）。

---

① 许小青：《论东南大学的国立化进程及其困境（1919～1927）》，《高等教育研究》2006年第2期。

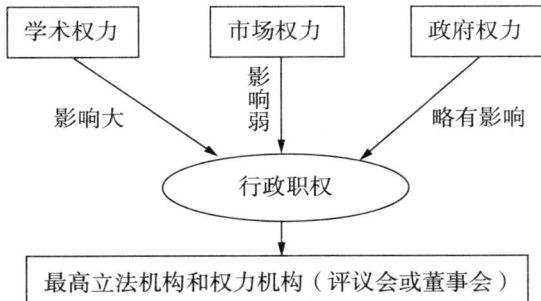

图 2-13　民国初期影响公立大学内部职权的各方力量对比

一、学术为本——公立大学内部职权中的学术权力

清末，章太炎即提出教育独立的设想："学校者，使人知识精明，道行坚厉，不当隶政府，惟小学校与海陆军学校属之，其他学校皆独立。"① 其主旨是摆脱清政府对中等以上学校的干预，保证教育的自由发展。与此同时，严复亦主张"政、学分途"②；而王国维更明确强调："学术之发达，存于其独立而已。"③ 邹树文在《北京大学最早期的回忆》中，描述了另一件事："有一天服部宇之吉教习讲心理学，恰巧张之洞来查学，服部正在讲人的记忆力，说是中年的时候记不起少年或幼年的事情，因中年事多，把少年所经过的事遮盖了，等到老年的时候，往往把中年的事忘了，于是少年及幼年的事，反而浮现出来，所以人到老年，往往可以想得幼年的事了。这一小段对于记忆力的讨论，触怒了张之洞，以为是讥笑他老了。后来商定学堂章程时，曾有一度要想取消心理学课程。"但即使张之洞贵为朝廷管学大臣，也不能在大学学术事务上随心所欲。"要在师范课程里取消心理学，这个迁怒的办法，当然亦不能实行的"。④ 西方观念的启悟和中国书院的传统，使得上层知识界对教育相对独立于政治已有了清晰的近代意识。⑤

---

① 章太炎：《代议然否论》（1908 年）//朱维铮、姜义华：《章太炎选集》（注释本），上海，上海人民出版社，1981，第 474 页。

② 严复：《论治学治事宜分二途》//王栻：《严复集》（第一册），北京，中华书局，1986，第 89 页。

③ 王国维：《论近年之学术界》//姚淦铭、王燕：《王国维文集》（第三卷），北京，中国文史出版社，1997，第 39 页。

④ 邹树文：《北京大学最早期的回忆》//朱有瓛：《中国近代学制史料》（第二辑上册），上海，华东师范大学出版社，1987，第 960 页。

⑤ 张晓唯：《民国时期"教育独立"思潮评议》，《历史教学》2001 年第 7 期。

1912 年 2 月，蔡元培作为民国首任教育总长发表《对于新教育之意见》，其中论及"教育有二大别：曰隶属于政治者，曰超轶乎政治者。专制时代（兼立宪而含专制性质者言之），教育家循政府之方针以标准教育，常为纯粹之隶属政治者。共和时代，教育家得立于人民之地位以定标准，乃得有超轶政治之教育"。① 1917 年 1 月，蔡元培在《就任北京大学校长之演说》中提出："大学者，研究高深学问者也。""所以诸君须抱定宗旨，为求学而来。入法科者，非为做官；入商科者，非为致富。宗旨既定，自趋正轨。"②

这一时期的北京大学能够保持自主性也与校长蔡元培不无关系。蔡元培强调"大学以思想自由为原则"，"近代思想自由之公例，既被公认，能完全实现之者，厥惟大学。大学教员所发表之思想，不但不受任何宗教或政党之拘束，亦不受任何著名学者之牵掣……此大学之所以为大也"。③ "对于学说，仿世界各大学通例，循'思想自由'原则，取兼容并包主义。""对于教员，以学诣为主。""其在校外之言动，悉听自由，本校从不过问，亦不能代负责任。"若"与政治无涉，则听之"。④ 梅贻琦也强调，"对于校局，则以为应追随蔡孑民先生兼容并包之态度，以克尽学术自由之使命。昔日之所谓新旧，今之所谓左右，其在学校应均予以自由探讨之机会，情况正同"。⑤ 蔡元培主张"教育是应当立在政潮外边的"⑥；倡导"教育事业不可不超然于各派政党以外"，"不可不超然于各派教会以外"，"当完全交与教育家，保有独立的资格，毫不受各派政党或各派教会的影响"。⑦ 1925 年北大等校因反对章士钊，提出脱离教育部，胡适等欧美派人士独持异议，理由是：学校应置身政争之外，"早日脱离一般的政潮与学

---

① 蔡元培：《对于新教育之意见》（1912 年 2 月 21 日）//高平叔：《蔡元培教育论著选》，北京，人民教育出版社，1991，第 1 页。
② 蔡元培：《就任北京大学校长之演说（1917 年 1 月 9 日）》//高平叔：《蔡元培教育论著选》，北京，人民教育出版社，1991，第 72 页。
③ 蔡元培：《大学教育》（1930 年）//高平叔：《蔡元培教育论著选》，北京，人民教育出版社，1991，第 574 页。
④ 蔡元培：《致〈公言报〉函并答林琴南函》（1919 年 3 月 18 日）//高平叔：《蔡元培教育论著选》，北京，人民教育出版社，1991，第 190 页。
⑤ 梅贻琦：《对战后清华发展之理想》//黄延复：《梅贻琦与清华大学》，太原，山西教育出版社，1995，第 331 页。
⑥ 蔡元培：《邀范源濂任教育部次长的谈话》（1912 年 4 月）//高平叔：《蔡元培教育论著选》，北京，人民教育出版社，1991，第 8 页。
⑦ 蔡元培：《教育独立议》（1922 年 3 月）//高平叔：《蔡元培教育论著选》，北京，人民教育出版社，1991，第 377 ~ 378 页。

潮，努力向学问的路上走，为国家留一个研究学术的机关"①。这与洪堡的教育理念如出一辙。洪堡在《论国家的作用》中清楚地表述了教育应该独立于国家和政治之外的主张。在洪堡看来，国家的基本任务是保障人的自由，"公共教育应完全处于国家作用范围之外"。② 洪堡认为，"国家总是希望培养整齐划一的'标准公民'，以制造'顺民'来追求安定，因而不可避免地会给公共教育规定某一种指定的形式，这样培养出来的人，会使整个社会'缺乏任何对立力量，因而缺乏任何均势'"。③

　　"所谓大学者，非谓有大楼之谓也，有大师之谓也。"④ "教授是大学的灵魂，一个大学学风的优劣，全视教授人选为转移。"⑤ "所以延聘教员，不但是求有学问的，还要求于学问上很有研究的兴趣，并且能引起学生的研究兴趣的。"⑥ 蔡元培在北京大学聘用教师的标准是：学诣为主，唯才是用。只要教师有较高的学术水平，其他的条件都不重要。他有六个"不论"：其一，不论派别。认为"无论为何种学派，苟其言之成理，持之有故，尚不达自然淘汰之命运者，虽彼此相反，而悉听其自由发展"。⑦ 因此，在当时的北大，"为学问而学问的精神蓬勃一时，保守派、维新派和激进派都同样有机会争一日之短长；背后拖着长辫，心里眷恋帝制的老先生与思想激进的新人物并坐而论，同席笑谑"。⑧ 其二，不论年龄。胡适、徐宝璜、朱家骅等人被聘为教授时只二十几岁，大部分名教授也不过三十几岁。其三，不论学历。最典型的如梁漱溟，是中学毕业生，当年报考北大未被录取，但对印度哲学颇有研究，仍被聘为哲学讲师。其四，不论资历。如王宠惠曾是国务院总理，但蔡元培只聘他为讲师。因北大规定兼课者只能任讲师，连鲁迅先生也不例外。其五，不论国籍。当时有个别外籍

---

① 胡适：《为北大脱离教育部关系事致本校同事的公函》（1925 年 8 月 21 日）//白吉庵、刘燕云：《胡适教育论著选》，北京，人民教育出版社，1994，第 217 页。
② 威廉·冯·洪堡：《论国家的作用》，林荣远、冯兴元译，北京，中国社会科学出版社，1998，第 75 页。
③ 费迎晓、丁建弘：《洪堡与蔡元培教育思想比较研究》，《世界历史》2004 年第 4 期。
④ 梅贻琦：《就职演说》//张竟无：《民国大学：遥想大学当年》，北京，东方出版社，2012，第 35 页。
⑤ 竺可桢：《大学教育之主要方针》//张竟无：《民国大学：遥想大学当年》，北京，东方出版社，2012，第 353 页。
⑥ 蔡元培：《北大第二十二年开学式演说词（1919 年 9 月 20 日）》//高平叔：《蔡元培教育论著选》，北京，人民教育出版社，1991，第 235 页。
⑦ 蔡元培：《致〈公言报〉函并答林琴南函（1919 年 3 月 18 日）》//高平叔：《蔡元培教育论著选》，北京，人民教育出版社，1991，第 190 页。
⑧ 蒋梦麟：《西潮与新潮——蒋梦麟回忆录》，北京，东方出版社，2006，第 143 页。

教师依仗国势，践踏教学，学术水平低，授课效果差，蔡元培坚决予以辞退。而对确有真才实学的外籍专家，则盛邀来华讲学。其六，不论政见。蔡元培既聘用、扶掖了一批思想进步、知识渊博的学者到校任教并恃为依靠力量，如陈独秀、李大钊、鲁迅等，也留用延揽了部分思想守旧但确在某一方面饱有学识的名流，如刘师培、刘申叔、辜鸿铭等。① 当时北大各科都有几个外国教员，都是托中国驻外使馆或外国驻华使馆介绍的，学问并非都好，蔡元培按着合同上的条件辞退了几人。有一法国教员要控告他，有一英国教习甚至请来英国驻华公使朱尔典来同他谈判，但蔡元培仍坚持将其辞退。②

蔡元培曾说："我素信学术上的派别，是相对的，不是绝对的。"③ "大学者，'囊括大典，网罗众家'之学府也。《礼记》《中庸》曰：'万物并育而不相害；道并行而不相悖。'" 放眼世界著名大学，无不是大师云集、流派纷呈，不同的思想"常樊然并峙于其中，此思想自由之通则，而大学之所以为大也。"④ 在蔡元培主持北大期间，共产主义、无政府主义、国粹主义等各种学术思想"樊然并峙"，各类人物如提倡白话文者、主张文言文者、复辟论者、西化论者等"汇集一堂"。正如马寅初先生所言："当时在北大……各派对于学术，均能自由研究，而鲜摩擦，学风丕变，蔚成巨欢。"⑤ "既有高举民主与科学大旗，鼓吹'打倒孔家店'和'文学革命'的陈独秀、胡适、鲁迅、李大钊、刘半农、钱玄同等新派学者，也有力倡国学乃至帝制复辟的刘师培、黄侃、辜鸿铭等旧派学者。'陈君介石、陈君汉章一派的文史与沈君尹默一派不同；黄君季刚一派的文学，又与胡君适之的一派不同，那时各行其是，并不相妨。'当时的北大，三院礼堂是胡适用'科学的'方法讲授《中国哲学史》，二院礼堂则是梁漱溟在替'释迦孔子发挥'；黄侃在讲堂上摇头晃脑大骂钱玄同不合古训，而钱则理直气壮地讲'的了吗呢'。兼容并包、思想自由的生动局而，莫过如此！"⑥

---

① 高天明：《名校长与近代中国大学精神》，《深圳大学学报》（人文社会科学版）2003年第6期。

② 蔡元培：《我在北京大学的经历》（1934年1月1日）//高平叔：《蔡元培教育论著选》，北京，人民教育出版社，1991，第627页。

③ 蔡元培：《我在北京大学的经历》（1934年1月1日）//高平叔：《蔡元培教育论著选》，北京，人民教育出版社，1991，第627页。

④ 蔡元培：《〈北京大学月刊〉发刊词》（1918年11月10日）//高平叔：《蔡元培教育论著选》，北京，人民教育出版社，1991，第171页。

⑤ 韩延明：《蔡元培、梅贻琦之大学理念探要》，《高等教育研究》2001年第3期。

⑥ 朱宗顺：《蔡元培与蒋梦麟高等教育思想和实践之比较》，《高等教育研究》2006年第4期。

据说在同时同地的楼上楼下，胡适和梁漱溟二位便打起哲学对台，胡适以留学美国的洋博士而教中国哲学史，梁漱溟以布鞋布袜实行墨家精神的土学者而高谈东西文化、西洋文明，这可以说是北大的极盛时代。①

蔡元培提出："教育者，与其守成法，毋宁尚自然；与其求划一，毋宁展个性。"② 当时的北大，还开了一些奇奇怪怪的课程，比如"梵文"、"佛学"。北大以之为"绝学"，愿以最重礼遇、最高待遇聘请相关学者到校授课。一年只开一门，一星期只讲一次，每次常只有一人听课。经济上不划算，但北大深知大学不可算"经济账"，自己既然享有"中国最高学府"之美誉，此处不养"绝学"，则中国文化之某一"学"，岂不因此而"绝种"！③ 蔡元培还提出，"学校图书、仪器等之设备费，至少须占全校经费百分之四十以上。薪水及行政费，不得超越全校经费百分之六十"。④

郭秉文自南高而东大，始终保持教授会组织，用以指导全校的教学、教务及研究工作。在设立评议会期间，强调评议会的职能主要是讨论学校的大政方针、教育方针，而评议会的委员和所属十个常设委员会的主任，基本上都是教授，甚至连行政委员会副主任，行政各部主任亦多由教授兼任。各科、各系的主任必为教授更不待说。他认为学校是学术性机构，是培养人才之地，非学者不能担此责任。⑤

郭秉文长校期间，1915 年 10 月在美国创建的科学社主要成员大多学成归国，先后在南高师和东大任教，他们将科学社迁入南高师校园，并更名为"中国科学社"。受中国科学社的影响，南高师、东大尤其注重学术研究和科学训练。这种"用科学的精神办教育，用科学的方法育人才，教学科研相互促进，人才脱颖而出"的成功做法，成为南高师和东大的一大特色，并使南高师、东大作为"中国科学社的大本营"而闻名遐迩，逐渐成为归国留学生的首选之一。据 20 世纪 20 年代《国立东南大学教员履历

① 谢兴尧：《红楼一角》//张竟无：《民国大学：遥想大学当年》，北京，东方出版社，2012，第 82~83 页。
② 蔡元培：《新教育与旧教育之歧点——在天津中华书局"直隶全省小学会议欢迎会"上演说词》（1918 年 5 月 30 日）//高平叔：《蔡元培教育论著选》，北京，人民教育出版社，1991，第 155 页。
③ 张竟无：《绪论：遥想大学当年》//张竟无：《民国大学：遥想大学当年》，北京，东方出版社，2012，绪论第 7 页。
④ 蔡元培：《筹办杭州大学的建议》（1923 年 3 月）//高平叔：《蔡元培教育论著选》，北京，人民教育出版社，1991，第 459 页。
⑤ 朱斐：《郭秉文创办东南大学》，《民国春秋》1999 年第 1 期。

表》统计，在 222 名教员中，有海外留学经历者 143 人，占 64%。① 他们带来了新的教育理念和科学思想，成为已有学科的改造者和新学科的开创者，从而提升了学科水平，增强了学科特色和现代性。如竺可桢创办新型地学系，胡刚复引进物理学，秉志创建中国第一个生物学系，熊庆来引进近代数学，茅以升开拓土木工程及电机工程。②

郭秉文在东南大学时还主张办学要力求四方面的平衡，其中人文与科学的平衡即包含了平等对待各种学术思想，提倡学术自由之意。当时的南京尚处于军阀统治时期，但在东南大学，教授们却可以公开介绍各种新的思潮和理论，既可宣传社会主义、马克思主义，也可宣传三民主义、国家主义、改良主义，形成百家并存、自由争鸣的局面。这与蔡元培的"思想自由，兼容并包"、"囊括大典，网罗众家"的主张，可谓南北呼应、异曲同工。

在北京政府时期，为加强对各大学的控制，1924 年教育部颁布了《国立大学校条例》，规定大学校长"由教育总长聘任之"，学校设董事会，董事分例任董事（校长）、部派董事（由教育总长就部员中指派）和聘任董事（由董事会推选呈请教育总长聘任）三种，董事会议决事项，由"校长呈请教育总长核准施行"。这个条例的用意十分明显，就是要把学校全部置于他们的控制之下，完全按照军阀政府的旨意行事。条例颁布后，北京大学教授于 3 月 15 日提出书面意见，表示强烈反对。他们指出"条例"未经教育界公开讨论，乃是"蔑视学校及教员之人格，殊为可愤"；并且特别指出国立大学设董事会是"谬于模仿"，"就我国实际情况而言，教育务求独立，不宜转入政治漩涡"。北大评议会也发表宣言，反对军阀政府企图通过董事会来"干涉学校的内部行政"。宣言称："教授治校，实本于世界现代之潮流，而又合于中国目前之需要"。3 月下旬，北大全体学生也在宣言中坚决表示对这个条例"誓不承认"。在全校师生的强烈反对下，这个条例成了一纸空文。③

即使是在南京国民政府成立以后，大学依然秉承其独立的天性。东南大学在 1927～1932 年间，先是四易校名，依次是国立东南大学、国立第

① 龚放：《高等教育现代化进程中的南京大学》，《南京大学学报》（哲学·人文科学·社会科学版）2002 年第 3 期。
② 陈明远：《那时的大学》，太原，山西人民出版社，2011，第 150～152 页。
③ 萧超然等：《北京大学校史（1898～1949）》（增订本），北京，北京大学出版社，1988，第 167 页。

四中山大学、江苏大学、国立中央大学①；后又七易校长（含代理及未到任），依次为张乃燕、吴稚晖（辞未到任）、朱家骅、桂崇基、任鸿隽、刘光华（代理）、段锡朋、罗家伦。② 而在清华大学，1928～1937 年间先后担任代理校长、校长和代理校务的有梅贻琦、罗家伦、叶企孙、冯友兰、吴南轩、翁文灏、叶企孙和梅贻琦等人。③ 1932 年 7 月，胡适对国民党当局向大学及教育机构安插党羽、酿成风潮，明确表示反对："用大学校长的地位作扩张一党或一派势力的方法，结果必至于使学校的风纪扫地，使政府的威信扫地。"④ 这是他作为"诤臣"规诫政府，以维护教育机关的特殊性。而在 1936 年春的浙江大学，因校长郭任远极力压制学生运动，学生发表《驱郭宣言》，提出"要学者不要党棍"的口号，最终由蒋介石出面，竺可桢被任命为浙江大学的校长。⑤

　　1928 年 9 月通过的《国立清华大学条例》尚规定"国立清华大学设董事会"，其职权为推举校长候选人，决议国立清华大学重要章制、教育方针、预算、派遣及管理留学生之方针与留学经费之支配、通常教育行政以外之契约缔结和其他关于设备或财政上之重要计划，审查决算及校长之校务报告和建议清华大学基金之保管办法于保管机关。⑥ 后经过改隶废董的斗争，诸多障碍均已廓清，"教授治校"开始成为学校的主导性治理模式。

① 1927 年 6 月 9 日，国民政府教育行政委员会颁布"大学区制"，决定先于江苏、浙江两省试行，各省区设立一所大学，并统管全区教育。同日，教育行政委员会明令将原国立东南大学、河海工程大学、江苏法政大学、江苏医科大学、上海商科大学以及南京工业专门学校、苏州工业专门学校、上海商业专门学校、南京农业学校等江苏境内专科以上的九所公立学校合并，组建为国立第四中山大学，隶属中央政府。1928 年 2 月 10 日，大学委员会通知，根据《大学区条例》有关"各省大学依据地名名之"的规定，第四中山大学"应即照改为江苏大学"。第四中山大学师生对此"不胜骇异"，立即成立了"国立第四中山大学改定校名请愿代表团"，慷慨陈词地上书大学院，恳请收回成命。4 月 5 日大学院又做出决定："大学区大学均不必加'国立'二字。"原第四中山大学只能改称"江苏大学"。学生得悉后，群情激愤，掀起轩然大波。4 月 24日大学委员会临时会议决议："江苏大学改称中央大学，得加'国立'二字。"
② 李雅娟：《罗家伦与中央大学》，《云梦学刊》2009 年第 5 期。
③ 《国立清华大学（1928～1937）历任校长一览表》//清华大学校史研究室：《清华大学史料选编》（第二卷上），北京，清华大学出版社，1991，第 136 页。
④ 胡适：《论学潮》（1932 年 7 月 10 日）//白吉庵、刘燕云：《胡适教育论著选》，北京，人民教育出版社，1994，第 316 页。
⑤ 《中国现代教育家传》编委会：《中国现代教育家传》（第二卷），长沙，湖南教育出版社，1986，第 6 页。
⑥ 《国立清华大学条例》（1928 年 9 月通过）//清华大学校史研究室：《清华大学史料选编》（第二卷上），北京，清华大学出版社，1991，第 138～139 页。

清华教授会力量由此不断加强，从而形成了新的权力架构。① 1929 年 6 月通过的《国立清华大学规程》规定，国立清华大学的组织基础是教授会、评议会和校务会议，教授会以全体中国教授组织之，外国教授亦得同等参加；评议会以校长、教务长、秘书长、各院长及教授会所互选之评议员七人组织之；校务会议由校长、教务长、秘书长及各院长组织之。因教授会并不经常开会，评议会实际上是教授会的常务机构，而校务会议的主要职责是议决一切通常校务行政事宜。如果说清华这个领导体制是当时所谓"教授治校"的典型，则"教授治校"的作用就是通过评议会职能来表现的。②

此外，大学评议会的权力也在国家层面得到法律的保障。如 1927 年 6 月教育行政委员会公布的《大学教员资格条例》第 17～19 条规定："工程师学位与学士学位或硕士学位相等者，可由大学评议会指定之；国内外大学同等级之学位而取得之程度有差别者，可由大学之评议会特别指定之；凡于学术有特别研究而无学位者，经大学之评议会议决，可充大学助教或讲师。"③

追求自由和民主，追求个性发展，是民国大学的理想之一。教育部曾"令各高等师范学校，联合赴美考察教育状况，按美国教育自由活泼，尤合民国教育之精神"。④ 蔡元培时期的北京大学和郭秉文时期的东南大学虽然在管理体制上存在巨大差异，但学术权力一直都是作为大学中的强势权力出现，郭秉文在东南大学虽未实行"教授治校"，但与蔡元培时期北京大学的共同之处便是"教授治学"，这也是两所大学取得成功的最重要原因。

二、时弱时强——公立大学内部职权中的政府权力

大学固然不同于一般机构，有相对的独立性，其学术传统一旦建立，会有很大的内在驱动力；但在一个教育经费严重短缺、政治干预无所不在的时代，政府的抑扬，依然能决定大学的沉浮。"国立省立大学与政府当

---

① 刘超、李越：《梅贻琦与清华之崛起》，《清华大学学报》（哲学社会科学版）2012 年第 6 期。

② 陈岱孙：《三四十年代清华大学校务领导体制和前校长梅贻琦》//黄延复：《梅贻琦与清华大学》，太原，山西教育出版社，1995，第 151 页。

③ 《大学教员资格条例》（1927 年 6 月 15 日）//宋恩荣、章咸：《中华民国教育法规选编》（修订版），南京，江苏教育出版社，2005，第 637 页。

④ 《1918 年教育部记高等师范学校概况》//朱有瓛：《中国近代学制史料》（第三辑下册），上海，华东师范大学出版社，1992，第 678 页。

局之关系，尤其财政关系是也。中国政府当局，对于大学教育发展之影响极大。中国国立省立大学之经费，靠中国政府或省政府供给者，占十分之九以上"；"又国立及省立大学之校长，皆由政府任命，在国立大学由教育部推荐，在省立大学，由省政府推荐。故不论中央政府或地方政府，其行动对于大学之幸福，皆有直接重要之影响"。①

在 20 世纪前半期，由于政权的转移与首都的迁徙，北京大学与东南大学（中央大学）都曾因"首都大学"而独领风骚。其中，北京大学活跃于 1898～1927 年，而东南大学（中央大学）领先于 1928～1949 年。对于大学来说，"近水楼台先得月"；对于政府来说，意识形态控制必须借助最高学府的支持。这种权力与知识的共谋，使得"首都大学"获得更多发展的动力与资源。随着首都的迁徙，从政府到学界都认定教育及学术中心也必须另起炉灶。②

北京大学成为第一所国立大学，这里有文化积淀与学术传统的因素，但"起决定作用的还是政治权力"。③ 蔡元培也说，北京大学"半由于人才之集中，半亦由于地位之特别。盖当时首都仅有惟一之国立大学，故不知不觉中当艰难之冲，而隐隐然取得领袖之资格"。④ 1921 年 7 月，蔡元培在旧金山华侨欢迎会发表演说，提到"东南大学新办预科，其幼稚可以想见"，"力量较大者，惟一北京大学，有三千余学生，一百六十余教授，单独担任全国教育，惟力量有限，而中小学校太多，势难联成一气"。⑤ 四年后，蔡氏却说：东南大学、武昌大学、河北大学、东北大学、西北大学、郑州大学、广东大学和东陆大学等，"都有了良好的开端"。⑥ 1926 年的双十节，蔡元培发表《十五年来我国大学教育之进步》，在谈及民国元年以来大学教育的发展时，除北京大学外，文中特别点到几所大学："又素有美国大学预备科（之称）的清华学校，已扩为大学。在江苏与广东，增了

---

① 《国际联盟教育考察团报告书》 // 多贺秋五郎：《近代中国教育史资料》（民国编下），台北，文海出版社，1976，第 1167 页。
② 陈平原：《中国大学十讲》，上海，复旦大学出版社，2002，第 57、61 页。
③ 陈平原：《中国大学十讲》，上海，复旦大学出版社，2002，第 58 页。
④ 蔡元培：《〈北京大学三十一周年纪念刊〉序》（1929 年 11 月 20 日）// 高平叔：《蔡元培教育论著选》，北京，人民教育出版社，1991，第 555 页。
⑤ 蔡元培：《在旧金山华侨欢迎会上演说词》（1921 年 7 月 16 日）// 高平叔：《蔡元培教育论著选》，北京，人民教育出版社，1991，第 341、342 页。
⑥ 蔡元培：《中国现代大学观念及教育趋向》（1925 年 4 月 3 日）// 高平叔：《蔡元培教育论著选》，北京，人民教育出版社，1991，第 490 页。

东南与广州两大学。天津的北洋，上海的南洋与同济，均扩为大学了。"①
这时在蔡元培眼中，东南大学固然是值得一提的国立大学，但"不过许多
大学中的一校"，并没有特别推举之意，尤其在论及北大与东大时，作为
北大校长，更是取居高临下的姿态。可仅仅在三年后，风云突变，蔡元培
在《〈北京大学三十一周年纪念刊〉序》中转过来说："今则首都既已南
迁。一市之中，大学林立，一国之中，大学更林立。北大不过许多大学中
的一校，决不宜狃于已往的光荣，妄自尊大。"② 前此一年，胡适则在中央
大学说："北大久不为北大；而南高经过东大时期，而成中央大学，经费
较昔日北大多三倍有余，人才更为济济。我希望中央大学同人，担北大所
负之责，激烈的谋文化革新，为全国文化中心。"③ 这显然是已意识到由东
南大学摇身一变而成的中央大学，将对北京大学构成巨大的威胁，甚至可
能取代北大而"隐隐然取得领袖之资格"。

　　20 世纪 20 年代前后的中国正处于"城头变幻大王旗"、政局动荡不安
的军阀统治时期，各派军阀争权夺利，每一位当权者的首要任务都是武力
征战，因而无力控制和发展教育，教育宗旨与政策"数度更改，多未能贯
彻，这是政府部门表现最弱"的一个时期。④ 如北洋政府从 1912 年到 1928
年 16 年间更换了 47 届政府，1912 年至 1926 年 14 年间教育总长变动 50
次，更换了 38 个教育总长，由此可见当时政局极为动荡，中央政府对教育
的管理失效。⑤ 而从 1917 年到 1928 年由于军阀混战，军费开支巨大，教育
经费多被挤占挪用，如 1919 年中央预算中海陆军费用占预算支出 42%，而
教育经费却不到预算支出 1%。⑥ 可这也绝不意味着对大学的外部干预就完
全消失了，恰恰相反，这时的干预一刻也没有消失，有的时候还很强大。
如尽管蔡元培在当时有着极高的声望，但他在十年的北大校长任上有过八

①　蔡元培：《十五年来我国大学教育之进步》（1926 年 10 月 10 日）// 高平叔：《蔡元培
　　教育论著选》，北京，人民教育出版社，1991，第 507 页。
②　蔡元培：《〈北京大学三十一周年纪念刊〉序》（1929 年 11 月 20 日）// 高平叔：《蔡
　　元培教育论著选》，北京，人民教育出版社，1991，第 555 页。
③　胡适：《胡适日记全编》（5），曹伯言整理，合肥，安徽教育出版社，2001，第
　　122 页。
④　苏云峰：《中国新教育的萌芽与成长（1860~1928）》，北京，北京大学出版社，2007，
　　第 38 页。
⑤　林荣日：《制度变迁中的权力博弈——以转型期中国高等教育制度为研究重点》，上
　　海，复旦大学出版社，2007，第 99~100 页。
⑥　卢绍稷：《中国现代教育》，上海，商务印书馆，1933，第 156 页，转引自李华兴《民
　　国教育史》，上海，上海教育出版社，1997，第 534 页。

次请辞。① 诚如蔡元培在《不肯再任北大校长的宣言》中写道："我绝对不能再作那政府任命的校长；为了北京大学校长是简任职，是半官僚性质，便生出许多官僚的关系……要是稍微破点例，就要呈请教育部，候他批准。什么大学文、理科叫作本科的问题，文、理合办的问题，选科制的问题，甚而小到法科暂省学长的问题，附设中学的问题，都要经那拘文牵义的部员来斟酌。"②

　　论及大学的独立性，蔡元培常以德国为佐证。在《不肯再任北大校长的宣言》中，蔡元培称："我绝对不能再作不自由的大学校长：思想自由，是世界大学的通例。德意志帝政时代，是世界著名开明专制的国，他的大学何等自由。那美、法等国，更不必说了。"③ 三个月后，蔡元培在《回任北大校长在全体学生欢迎会上演说词》曰："诸君都知道，德国革命以前是很专制的，但是他的大学是极端的平民主义；他的校长与各科学长，都是每年更迭一次，由教授会公举的……这是何等精神呵！"④ 最严重的时候，甚至宣称"与北京政府划断直接关系，而别组董事会以经营之"；"大学教授由本校聘请，与北京政府无直接关系，但使经费有着，尽可独立进行"；"政客官僚摧残教育之计划且方兴未已"，"若不急筹高等教育独立之良法，势必同归于尽"。⑤ 1923 年北京大学学生在"挽蔡（元培）驱彭（允彝）"时，发表宣言拒绝彭允彝任教育总长，决定"不承认任何人为北大校长"，如政府另委校长，"则唯有以极激烈手段对付，誓以三千学子之热血，涤此大学历史之腥膻"；而包括北京大学在内的六校评议会则举行联席会议决定："凡是由彭允彝签署的教育部一切公文，概不接受。"⑥ 1925 年 3 月，因反对王九龄出任教育总长，评议会决议："如王九龄悍然就职，北京大学就宣言与教育部脱离关系。"8 月，为抗议章士钊对女师大的无理解散，北大评议会布告不承认章士钊为教育总长，并通过北大与教

① 应星：《塑造中国大学精神的现代实践——以蔡元培 1917～1923 年对北京大学的改造为中心》//刘琅、桂苓：《大学的精神》，北京，中国友谊出版公司，2004，第 49 页。
② 蔡元培：《不肯再任北大校长的宣言》（1919 年 6 月 15 日）//高平叔：《蔡元培教育论著选》，北京，人民教育出版社，1991，第 220 页。
③ 蔡元培：《不肯再任北大校长的宣言》（1919 年 6 月 15 日）//高平叔：《蔡元培教育论著选》，北京，人民教育出版社，1991，第 220 页。
④ 蔡元培：《回任北大校长在全体学生欢迎会上演说词》（1919 年 9 月 20 日）//高平叔：《蔡元培教育论著选》，北京，人民教育出版社，1991，第 232～233 页。
⑤ 蔡元培：《致北大教职员函、致北大学生函、致北京国立各校教职员联席会议函》（1923 年 6 月 24 日）//高平叔：《蔡元培教育论著选》，北京，人民教育出版社，1991，第 467、469、471 页。
⑥ 吕林：《北京大学》，长沙，湖南教育出版社，1989，第 37～39 页。

育部脱离关系、宣布独立的提案。① 以上激烈的言辞，虽然只是一时的悬想，也可见其时大学之独立性与北洋政府之缺乏权威。

我们经常可以听到一些这样的消息，说国外某政要许以巨额经费想得到某著名大学的名誉学位却被拒之门外，由此说明西方大学的独特地位，其实类似的事情在中国过去的大学也曾有过。当清华大学还是清华学校的时候（1923 年初），有所谓"黎冯子弟请求自费免考入学"之议，即黎（元洪）冯（国璋）两家的子弟以每年每人出 1054 元的学费免考入清华，这件事由于当时教育总长彭允彝的参与，几乎已成事实。但由于学生会、教授评议会极力反对，认为"此例一开，我怕清华园一片干净土，到处都是少爷公子们，那时清华真可成为贵族学校了"。这件事终究没有办成。此事开头以后，还曾酝酿过一阵招收自费生之议，条件是"凡省份、团体或个人，捐助清华学校国币一万元经费，可保送学生一名，多则递加"。最终也是因为教授和学生的反对终告流产。过去的大学确有很多不尽如人意之处，但在一些基本的尊严上，教授和学生还是毫不让步的。②

1946 年 1 月，周鲠生在给胡适的信中曾忆及蔡元培时代的北京大学："我们在北大的时候，尽管在军阀政府之肘腋之下，可是学校内部行政及教育工作完全是独立的，自由的；大学有学府的尊严，学术有不可以物质标准计度之价值，教授先生们在社会有不可侵犯之无形的权威，更有自尊心。"③ 例如，1920 年前后，由于无政府主义思潮在北大一部分学生中还比较活跃，一些同学曾开展对考试问题的讨论，主张废止考试，并向学校提出要求。《北大学生周刊》还在这一年 5 月出过一期"教育革命号"，所载文章都是主张彻底废除考试，取消一切考核和纪律。蔡元培认为考试确"有好多坏处"，但大学是培养人才的地方，学校有责任考核学生的学习情况，否则难以发给证书，所以原则上以要不要证书为准，不要证书者可废止考试。1923 年 1 月，学校公布了不受试验不要文凭的 17 位学生名单，其中有朱谦之等人，当时同学间曾戏称他们为"自绝生"。④ 教育部对于学生不要文凭就不受试验的事情竟然未加干涉，可见当时大学拥有相当大的自主权。

---

① 梁柱：《蔡元培与北京大学》（修订本），北京，北京大学出版社，1996，第 44 页。

② 谢泳：《大学旧踪》，南昌，江西教育出版社，1999，第 27 页。

③ 《周鲠生致胡适》（1946 年 1 月 30 日）//中国社会科学院近代史研究所中华民国史组：《胡适来往书信选》，北京，中华书局，1979，第 87 ~ 88 页。

④ 萧超然等：《北京大学校史（1898 ~ 1949）》（增订本），北京，北京大学出版社，1988，第 211 页。

郭秉文认为教育不应卷入政潮，政治不应干预教育，学校应由教育家独立去办，非如此不能保持学府的纯洁性，并学者就是学者，"君子不党"，不应亲近政治势力——他自己就毕生未参加党派。郭秉文的"学者治校，学者不参预政党、政治"的思想，对东南大学师生影响甚深①，也与蔡元培提出的"教育独立"不谋而合。1917年2月6日，教育部发布训令《各学校学生不得加入政党》，认为"各学校在校生徒加入政党，流弊滋多，亟应严切申禁。嗣后各学校生徒一律不得加入政党，各该校职员等查有在校学生列入党籍者，应即遵照前后禁令论令脱离，以资整饬。各该职员教员等以教育、学术为天职，尤宜独立于政争之外，无论政治现象如何转移，政治人物如何争逐，均应守我静寂，致力于天职之所在，庶几生徒有所则效"。② 后来的中央大学校长罗家伦曾经有过这样一段自白："聘人是我最留心最慎重的一件事。抚躬自问，不曾把教学地位做过一个人情，纵然因此得罪人也是不管的。"无怪乎教育部长王世杰在回复蒋介石的提问"罗志希很好，为什么有许多人批评他，攻击他"时，这样作答："政府中和党中许多人向他推荐教职员，倘若资格不合，不管是什么人，他都不接受。"③ 这在当时的政治环境下，实属不易。

郭秉文担任校长期间，还主张学校远离政治，对于20世纪20年代国民党势力的日益扩张并未给予太多的关注。"东南大学与政党素不发生关系，言论思想至为自由，教员中亦无党派地域之别。言留学所在之国，则英、美、德、法、日本；言省籍，则苏、浙、皖、赣、湘、鄂、川、黔、闽、广、直、豫；言个人所隶属或接近之党，则国民党、研究系、国家主义派、社会党，而要以鄙视一切政党，态度超然，纯以研究学问为事居多；言宗教，则孔教、佛教、基督教与不信一切宗教者……统观今日之大学校长，自蒙蔡子民以下能胜于郭氏者又有几人乎？然在郭氏任内，一方请梁任公演讲，一方学衡社同人即批评戊戌党人。一方请江亢虎演讲，一方杨杏佛即与笔战。大学言论自由，亦不过如此，至谓某为大学校长某为教授，某与某政党关系何，此何足问？……环顾国内，惟东南大学为不受政治影

---

① 朱斐：《郭秉文创办东南大学》，《民国春秋》1999年第1期。
② 《各学校学生不得加入政党》（1917年2月6日）// 多贺秋五郎：《近代中国教育史资料》（民国编上），台北，文海出版社，1976，第411页。
③ 王运来：《罗家伦重建中大》// 张竞无：《民国大学：遥想大学当年》，北京，东方出版社，2012，第57~58页。

响专事从事研究学术之机关。"① 这种超然于党派之外的态度，在军阀时代也不失为一种学术独立的处世之道。

就经费方面论，东南大学虽名为国立，但名至而实不归，其经费主要筹自东南地方社会，而非由中央政府直接拨付。因中央缺乏权威，虽经政令下达东南各省共同负担，却得不到切实执行。就校长的任命权限而言，国立东南大学也有其特殊一面。《国立东南大学校董会简章》规定了校董的六大职权，其中第三条规定"推选校长于教育当局"，换言之，校长的任免最后程序虽在教育部，但校长的人选却必须是校董会所推举的，这实际上将东南大学的人事任免大权牢牢地控制在校董会的手中，对于这种近于苛刻的校董会简章，教育部也竟完全批准照章实行。这多少反映出当时国家与社会力量对比中较为真实的一面。②

然而，随着政党政治的兴起，南北国民党势力的崛起与郭秉文所尊奉的自由主义办学理念形成了尖锐的冲突，这一冲突的结果使郭成为政治变革时代中的牺牲品。正如布鲁贝克所说："高等教育越卷入社会的事务中就越有必要用政治观点来看待它。就像战争意义太重大，不能完全交给将军们决定一样，高等教育也相当重要，不能完全留给教授们决定。"③ 政治的力量必然要渗透到高校，不允许高校"独立"于政治之外。东大易长事件也说明了政府不允许另外的力量控制高校，"独立于执政者的自主的高等教育尚难预见。在军阀时代，高等教育只能在当地军阀的支配下发挥作用"。④

南京国民政府成立以后，全国政局相对稳定，中央权力逐渐加大，本着"以党治国"原则，加强了对大学的政治控制。1928年1月，大学院公布《各级学校政治训育委员会条例》规定"大学政治训育委员会委员11～19人，由校长于下列人员选任之：各学院院长、各科或各系主任、学生军教员和其他教员；设主席一人，由各委员互选之；遇必要时，校长得出席训育委员会"。⑤ 1928年5月大学院发布第345号训令，通告：为"树党治

① 许小青：《从东南大学到中央大学——以国家、政党和社会为视角的考察（1919～1937）》（博士论文），华中师范大学，2004，第35页。
② 许小青：《从东南大学到中央大学——以国家、政党和社会为视角的考察（1919～1937）》（博士论文），华中师范大学，2004，第19页。
③ 约翰·S.布鲁贝克：《高等教育哲学》，王承绪等译，杭州，浙江教育出版社，2001，第32页。
④ 费正清、费维恺：《剑桥中华民国史（1912～1949年）》（下），刘敬坤等译，北京，中国社会科学出版社，1994，第436页。
⑤ 《各级学校政治训育委员会条例》（1928年1月）//多贺秋五郎：《近代中国教育史资料》（民国编中），台北，文海出版社，1976，第424页。

之基础……无论公立私立各大学之学生，均应由教育行政机关举行三民主义考试，以验各生对于三民主义了解之程度"。① 1928 年 8 月，南京国民政府公布了经国民党中央执行委员会第 160 次常务会议准中央训练部提出的《各级学校增加党义课程暂行通则》，要求"各级学校除在各种课程内融会党义精神外，须一律按本通则之规定增加党义课程"。② 1929 年 1 月，教育部订定的《审查教科图书共同标准》规定"关于教材之精神者"之第一条便是"适合党义"③；同年 8 月公布的《大学规程》第八条更是将党义课程规定为各科共同必修科目④。同年 11 月中国国民党中央执行委员会训练部部务会议通过的《各级学校聘用党义教师训育主任规则》规定，各级学校党义教师和训育主任之聘用、解约、待遇诸多事项应由各该校"具函向其所属教育行政机关同级之党部训练部"报告。⑤ 1931 年 8 月，《各级学校党义教师及训育主任工作大纲》以教育部训令第 1362 号公布，规定各级学校党义教师及训育主任共同的工作有三：关于辅助学校行政者、关于指导学生生活者和关于自身修养者。⑥ 从而大大加强了对各类大学特别是公立大学的控制。

在南京国民政府时期，政府对大学内部职权的控制，以 20 世纪 30 年代的文实之争最为典型。⑦ 专科以上学校招收新生，向来各自办理。但"吾国二三十年来，学校课程，常偏重于文法，而忽视农工医各门"。⑧ 据

① 《令各省区教育行政长官暨各大学区及各大学校校长（为定期举行全国公私立大学三民主义考试由）》（1928 年 5 月 7 日）//大学院：《大学院公报》（第 6 期），台北，文海出版社，1966，第 18 页。
② 《各级学校增加党义课程暂行通则》（1928 年 8 月 6 日）//多贺秋五郎：《近代中国教育史资料》（民国编中），台北，文海出版社，1976，第 232 页。
③ 《教育部订定审查教科图书共同标准》（1929 年 1 月 22 日）//中国第二历史档案馆：《中华民国史档案资料汇编》（第五辑第一编教育），南京，凤凰出版社，1994，第 92 页。
④ 《教育部公布大学规程》（1929 年 8 月 14 日）//中国第二历史档案馆：《中华民国史档案资料汇编》（第五辑第一编教育），南京，凤凰出版社，1994，第 175 页。
⑤ 《各级学校聘用党义教师训育主任规则》（1929 年 11 月 29 日）//多贺秋五郎：《近代中国教育史资料》（民国编中），台北，文海出版社，1976，第 594 页。
⑥ 《各级学校党义教师及训育主任工作大纲》（1931 年 8 月 11 日）//多贺秋五郎：《近代中国教育史资料》（民国编中），台北，文海出版社，1976，第 632~633 页。
⑦ "实科"一词，现于教育领域已不常用，而代之以"理工科"。在近代史上，"实科"一词的采用与实学有直接的关系。中国有悠久的实学传统，宋明道学家首先提出实学范畴，明清之际形成一种讲求经世致用、注重实功实利的实学思潮。鸦片战争以后，经世实学成为士大夫学习西方实用技术的思想资源。在洋务运动中，以西方自然科学为主要内容的教学课程被引入中国，统称为实科。1901 年山东巡抚袁世凯曾专门条陈变法主张，其中提出"增实科"。
⑧ 《国民政府训令（第 233 号）》（1932 年 9 月 15 日）//多贺秋五郎：《近代中国教育史资料》（民国编下），台北，文海出版社，1976，第 180 页。

《第二次中国教育年鉴》记载，1928 年全国专科以上学校文、法、商、教育、艺术等科招收学生占 72.57%，而理、工、农、医等科招收学生仅占 26.78%①，甚失均衡。尤其九一八事变以后，外侮日亟，非造就多数实用科学人才不足以适应非常环境及各种建设之需要。

针对高等教育学科结构的这种畸形病态，早在 1929 年 4 月，国民政府公布《中华民国教育宗旨及其实施方针》时就规定，"大学及专门教育，必须注重实用科学，充实学科内容，养成专门知识技能，并切实陶融为国家社会服务之健全品格"。② 1929 年 8 月，教育部公布的《大学规程》规定，"大学依《大学组织法》第五条第一项之规定，至少须具备三学院，并遵照《中华民国教育宗旨及其实施方针》，大学教育注重实用科学之原则，必须包含理学院或农、工、商、医各学院之一"。③ 1931 年 5 月，国民会议通过确定教育设施趋向之提案，其中第六条为"大学教育以注重自然科学及实用科学为原则"。④ 由此，民国时期大学办学开始向注重实科的方向倾斜。⑤ 1931 年 9 月第三届中央执行委员会第 17 次常务会议通过的《三民主义教育实施原则》在高等教育的"目标"中，要求"学生应切实理解三民主义的真谛，并且有实用科学的知能，俾克实现三民主义之使命"。⑥在这种方针政策指导下，国民政府采取系列措施"限制文科的招生人数，以鼓励更多的学生学习自然科学和工科"⑦，也就"理所当然"了。

1932 年 6 月，陈果夫向国民党中央政治会议提交《改革教育初步方案》，拟订方案如下："全国各大学及专门学院自本年度起一律停止招收文法艺术等科学生，暂定以十年为限"；"在各大学中如设有农工医等科，即将其文法等科之经费移作扩充农工医科之用；其无农工医科者，则斟酌地

---

① 教育年鉴编纂委员会：《第二次中国教育年鉴》（第五编高等教育），台北，文海出版社，1986，第 42 页。
② 《中华民国教育宗旨及其实施方针》（1929 年 4 月 26 日）//宋恩荣、章咸：《中华民国教育法规选编》（修订版），南京，江苏教育出版社，2005，第 36 页。
③ 《教育部公布大学规程》（1929 年 8 月 14 日）//中国第二历史档案馆：《中华民国史档案资料汇编》（第五辑第一编教育），南京，凤凰出版社，1994，第 174 页。
④ 《国民会议确定教育设施之趋向案》（1932 年 5 月 13 日）//中国第二历史档案馆：《中华民国史档案资料汇编》（第五辑第一编教育），南京，凤凰出版社，1994，第 1027 页。
⑤ 孙培青：《中国教育史》（修订版），上海，华东师范大学出版社，2000，第 426 页。
⑥ 《三民主义教育实施原则》（1931 年 9 月 3 日）//宋恩荣、章咸：《中华民国教育法规选编》（修订版），南京，江苏教育出版社，2005，第 41 页。
⑦ 费正清、费维恺：《剑桥中华民国史（1912～1949 年）》（下），刘敬坤等译，北京，中国社会科学出版社，1994，第 443 页。

方需要分别改设农工医等科，就原有经费尽量划拨应用"。① 经交教育组审查，认为"更张太骤，恐有窒碍，艺术院校，全国为数无多，北平艺术学院业经部令停止招生，办理结束。兹拟由教育部令饬各艺术院校加设实用艺术课程，以助工商业之发展。至于全国各大学及专门学院之文法等科，可由教育部派员视察，如有办理不善者，限令停止招生，或取销立案，分年结束。嗣后遇有请设文法等科者，除边远省份为养成法官及教师准设文法等科外，一律饬令暂不设置"。②

1932 年 12 月，国民党四届三中全会通过《关于教育之决议案》，规定"现有之国立省立或私立大学应由教育部严加整理，同一地方院系重复者力求归并，成绩太差、学风嚣张者应即停办"；"各省市及私立大学或学院应以设立农工商医理各学院为限，不得添设文法学院"。③ 同月，国民政府又颁布了《改革大学文法等科设置办法》，更加明确规定："全国各大学及专门学院之文法等科，可由教育部派员视察，如有办理不善者，限令停止招生或取销立案，分年结束。嗣后遇有请设文法等科者，除边远省份为养成法官及教师，准设文法等科外，一律饬令暂不设置。又在大学中，有停止文法等科学生者，其节余之费，应移作扩充或改设理、农、工、医药等科之用。"④ 对此，教育部"切实奉行，使现有文、法诸科教育不事扩张而于现有农、工、医诸实科与理科则力求充实"。⑤

1933 年 5 月，教育部颁发《二十二年度各大学及独立学院招生办法》，纠正文法科教育畸形之发展，规定各大学兼办甲类（包括文、法、商、教育、艺术）学院及乙类（包括理、工、农、医）学院者，如甲类学院所设学系与乙类学院所设学系数目不同，则任何甲类学院各系所招新生及转学生之平均数，不得超过任何乙类学院各系所招新生及转学生之平均数。各独立学院兼办有甲乙两类学科者，其招生办法同。至专办甲类学科之独立学院所招新生之数额，不得超过各该学院。1931 年度新生数额，即有特殊

---

① 《附录陈委员果夫提改革教育初步方案》// 多贺秋五郎：《近代中国教育史资料》（民国编下），台北，文海出版社，1976，第 180 页。

② 《国民政府训令（第 233 号）》（1932 年 9 月 15 日）// 多贺秋五郎：《近代中国教育史资料》（民国编下），台北，文海出版社，1976，第 180 页。

③ 《关于教育之决议案》（1932 年 12 月 21 日）// 多贺秋五郎：《近代中国教育史资料》（民国编下），台北，文海出版社，1976，第 183 ~ 184 页。

④ 教育部参事处：《教育法令汇编》（第 1 册），上海，商务印书馆，1936，第 142 页，转引自金以林《近代中国大学研究（1895 ~ 1949）》，北京，中央文献出版社，2000，第 199 页。

⑤ 吴相湘、刘绍唐：《第一次中国教育年鉴》（丙编），台北，传记文学出版社，1971，第 6 页。

情形，亦须先经教育部核准。以上各项规定，除专收女生之学院暂不适用外，其余公私立专科以上学校一律照办，否则其新生入学资格不予审定，或做其他纠正之处置。①

"为继续矫正文法科教育之畸形发展，注重造就多数实科人才"，1934年4月20日教育部第4269号训令《二十三年度各大学及独立学院招生办法》更做进一步之限制：规定各大学及独立学院招收新生，皆须以学系为单位；凡各大学（独立学院）兼办甲乙两类学院（科）者，任何甲类学院（科）各系所招新生及转学生之平均数，不得超过任何乙类学院（科）各系所招新生及转学生之平均数；专办甲类学科之独立学院，每一学系或专修科所招新生及转学生之数额，不得超过五十名；凡未严格依照本办法招生之学校，其新生及转学生入学资格本部概不予以核定，惟专收女生之学院及医学院或医科学生，仍暂不受此限制。并规定所有各大学乙类学院及独立学院乙类学科均按照设备状况、校舍容量招收合格新生。② 稍后，教育部对一些大学的整理和改进也明显地体现了这一政策。比如训令清华大学法学院法律系"遵照叠次训令，即行结束"③；训令东北大学"外国文学系、法律系及教育系，原有班次既经结束，以后毋庸设立"④。1935年，教育部公布整理大学院系的结果，共裁撤、归并或停止招生33个学系，其中属于文法科的有30个系之多；新增院系自然也多为实科，如同济大学增设理学院，工学院增设高等测量系，清华大学增设工学院，北洋工学院增设电机工程系，安徽大学、山东大学增设农学院，中山大学、岭南大学增设工学院，中国学院增设理科，大厦大学增设土木工程科，福建学院改办农科。⑤ 这种反差充分体现了重实抑文的政策。

1935年4月，教育部参酌国家需要及前两年招生实际情形，重订《二十四年度各大学及独立学院招生办法》，规定各大学及独立学院之文、法、商、教育、理、农、工、医所属一切系科，嗣后招收新生及转学生，均应

---

① 教育年鉴编纂季员会：《第二次中国教育年鉴》（第五编高等教育），台北，文海出版社，1986，第42页。

② 《二十三年度各大学及独立学院招生办法》（1934年4月20日）//多贺秋五郎：《近代中国教育史资料》（民国编下），台北，文海出版社，1976，第308页。

③ 《教育部致国立清华大学训令》（1934年7月13日）//中国第二历史档案馆：《中华民国史档案资料汇编》（第五辑第一编教育），南京，凤凰出版社，1994，第201页。

④ 《教育部致东北大学训令》（1934年7月20日）//中国第二历史档案馆：《中华民国史档案资料汇编》（第五辑第一编教育），南京，凤凰出版社，1994，第200页。

⑤ 谢树英：《近年来中国大学教育之趋向》，《光华大学半月刊》1935年第9、10期合刊。

详审各该系科师资情形及设备状况，酌定招生名额。各大学之设有文、法、商、教育等学院或独立学院之设有文、法、商、教育学科者，每一学系所招新生及转学生之平均数，依二十三年度各校院招生情形之统计，得为二十名。以后除成绩特优经部于招考前特准者外，以三十名为限。凡未依照办法办理者，其新生入学资格，教育部不予承认。此项办法，对于专收女生之学院，仍暂不适用。

1936年度招生仍照1935年度办法，1937年度亦继续参酌办理，同时教育部另令国立中央大学、国立武汉大学、国立浙江大学、国立北京大学、国立清华大学等校，试办联合招生，嗣因北平学校有特殊情形，乃由中央、武汉、浙江三大学先联合举办。

自限制文法等科招生办法施行以来，理工等科学生年有增加，实科类（理、工、农、医）学生数比例由1928年的26.78%上升到1937年的48.99%，而文科类（文、法、商、教育、艺术）学生数比例由1928年的72.57%下降到1937年的48.82%[①]，高等教育学科结构趋于合理，中国历来重文轻实的教育传统有所改变，高等教育也更加适应社会需要。当然，由于国民党规定党化教育的宗旨"不须更加讨论"[②]，国民党人旨在"党治"，因而其主张停办或限制"文法科"教育以强化对高等教育的控制，自在情理之中。

综上所述，政府力量的确屡屡试图控制大学，但从总体上看，虽然北京大学、东南大学都是国立大学，但其实在那个特殊的时代，两所大学并未被政府力量所裹挟。

三、有声无实——公立大学内部职权中的市场权力

清末民初虽然时局不稳且国家贫弱，但北京大学承太学之脉，地位特殊，经济上相对宽裕，不需考虑利用市场力量来筹集资金，这从教授的高薪就可以看出一二。如蔡元培聘请胡适为北大教授，最初的工资是260元，这在胡适给母亲的信中说得很清楚："适在此上月所得薪俸为260元，本月加至280元，此为教授最高级之薪俸。适初入大学便得此数，不为不多矣。"而当时的消费水准大概是伙食费每月9元。住房价格也可从信中看

---

①　教育年鉴编纂委员会：《第二次中国教育年鉴》（第五编高等教育），台北，文海出版社，1986，第42页。

②　《国民党第四次全国代表大会第三次会议通过〈依据训政时期约法关于国民教育之规定确定其实施方针案〉》（1931年11月17日）//中国第二历史档案馆：《中华民国史档案资料汇编》（第五辑第一编教育），南京，凤凰出版社，1994，第1048页。

出："今天下课后，出去寻房屋，寻了两处，一处有房十七间，价钱太贵了，房子又太旧了，故不曾和他还价。一处有房十八间，都还新，似乎还合用。我问他价钱，他开口要二十五元一月，大约廿一、二元可以租下。明天再去问问看。若可让至二十元，我便租了。"他在写给妻子江冬秀的信中也曾提及："今天我已看定了一所房子，共有十七间，地方离大学很近。我已付了定钱，大约二十日内可以搬进去住。"① 其他教授的工资或相当或略少些，但整体来说北大教授的工资相对其他阶层非常之高，这也说明北大在经济方面并不拮据。虽然也有欠薪讨薪事件发生，但原因则在政局之频繁更迭。而且蔡元培停办工、商两科就是为了将北大办成纯学术研究型大学，加上政府经济上的支持以及生源、师资方面强大的号召力，自然市场权力对其影响极弱。

东南大学作为近代中国的第二所国立大学，自创设伊始，便饱受经费困扰。"国款办国学"乃民国初期的教育拨款惯例，但北京政府无意也无力承担东大的办学经费。既然中央无力担负，只好从地方筹措。北京政府借口东大虽为国立，但旨在造就东南各省人才，为东南各省共有之大学，故而该大学的经费由东南四省——江苏、浙江、安徽和江西共同负担。这样，东南大学虽然号称"国立"，其经费却主要筹自东南地方社会，而非由中央政府直接拨付。当时的国务会议曾规定东南大学的经费半数由江苏省承担，半数由安徽、浙江和江西三省分担，但三省或谓"本省财政万分艰窘，自顾不遑"，或谓"本省财政罗掘具穷，无可腾挪"，或谓"按理自应分担，唯库空如洗，无以为筹"。② 北洋军阀时期，中央政府政令往往不出京师，地方各自为政，人所共知，对此也只有无可奈何。

长期的经费积欠极大地影响了东大的发展，为避免学校陷入停顿，在东南大学发展之初，无论是江苏地方军阀，还是江苏教育会等其他社会团体，郭秉文均努力与之保持良好关系。这种良好的人际关系网络为东南大学的发展提供了广泛的经济和社会支持。特别是借助校董会的影响力多方运作，如1924年东大筹建生物馆，其中10万元系校董筹集而来；校董穆藕初独资兴建了东大农具院的房舍，还捐资66000两白银资助东大教师出国深造；说服江苏督军齐燮元以其父的名义捐款修建孟芳图书馆；争取美

① 耿云志、欧阳哲生：《胡适书信集》，北京，北京大学出版社，1996，第111、138、139页。
② 朱斐：《东南大学史》（第一卷），南京，东南大学出版社，1991，第103页。

国洛克菲勒基金会 10 万美元资助科学馆的建设及 5 万元的仪器设备费等①，从而形成了独特的依托地方社会的管理模式。但在客观上，这不仅造成学校内部教授自治权力的削弱，也导致了日后中央与地方权力的纷争。

大学除教学、科研外，还应承担社会服务的基本职能，这是美国大学模式的鲜明特征。郭秉文与蔡元培不同的就是强调学校与社会的联系，并依靠社会力量办学。如《国立东南大学大纲》第四章"学制"第七条规定，除设立文理科、教育科、农科、工科和商科外，另设推广部，其类别为校内特别生、通信教育和暑期学校。东南大学农科更是明确提出："本科成立之始，即以研究、教授、推广三者为职志。"② 而中央大学原有文、理、法、教育、工、农、医、商八个学院，由于 1932 年 7 月整理委员会将设于上海的商、医二学院划出，因此，中大实设六个学院。罗家伦长校后，鉴于国难深重、国内航空事业近乎空白，创办自动工程研究班（后改为机械特别研究班），培养中国最早一批航空工业专门人才，并于 1938 年成立了国内第一个航空工程系。1935 年，考虑到当时急需医务人才，同时为充实中大学科起见，于 5 月再度创办了医学院，6 月又主办国立牙科学校，从此奠定了中大七院的格局。③

由上可见，郭秉文在东南大学的办学实践，主要借鉴和模仿了美国大学的模式。与蔡元培时期的北大相比，东南大学受市场权力影响更大一些。东南大学虽然模仿美国的董事会制，但缺乏美国大学董事会运作的健康大环境。20 世纪 20 年代的中国，是灾难深重的中国，各派军阀为了争权夺利连年混战。就江苏省而言，经 1923 年和 1924 年两次江浙军阀大战，省财政几近山穷水尽。但郭秉文能在如此困难条件下筹集巨款、兴馆建舍，在一定程度上奠定了经济独立、教育独立的物质基础，其切实保护学术权力不受侵犯、周旋于政府与商界之间的种种努力也体现了他出众的魄力和坚定的治学信念。

---

① 张亚群、邓岳敏：《郭秉文的大学理念及其实践探析》，《集美大学学报》（教育科学版）2005 年第 2 期。

② 《东南大学农科民国 12 年度执行改良苏省农业计划经过情形报告》（1923 年）//《南大百年实录》编辑组：《南大百年实录》（上），南京，南京大学出版社，2002，第 203 页。

③ 王运来：《罗家伦重建中大》//张竟无：《民国大学：遥想大学当年》，北京，东方出版社，2012，第 58～59 页。

小　结

中国的大学教育，虽可远溯自上古的官学时期，然现代大学的开端，则仍以北京大学的前身京师大学堂的设立为标志。1896 年 8 月，孙家鼐在《议复开办京师大学堂折》中说："今中国京师创立大学堂，自应以中学为主，西学为辅；中学为体，西学为用……以中学包罗西学，不能以西学凌驾中学，此是立学宗旨。"① 京师大学堂的办学宗旨在学堂还未建立之前便已确定，即"中体西用"。"中体西用"这个理念本身有其可贵之处，但毕竟非大学自发形成，一时难以融会贯通，同样，大学的运行体制也来不及自然生成。本来中国已经有历史悠久的书院这一教育形式，但"新学"非但没有脱胎于"旧学"之中，反而与"旧学"水火不容，加之书院教学与科举制度渊源颇深，也就与科举制度"一荣俱荣、一损俱损"了。② 如此一来，大学制度建设便只有"旁采泰西"一途，所以梅贻琦说："今日中国之大学教育，溯其源流，实自西洋移植而来。"③ 对西方大学模式的模仿、借鉴和融合，是中国近代大学发展的一个突出特点。

民国初年，政治方面由专制而共和，由共和而洪宪帝制。在袁世凯死前，南北对立；在袁死后，南北内部纷争四起，军阀割据。由于政治上的不安，军阀连年混战，无暇他顾，故 1912 年至 1927 年间是文化思想界的"自由假期"。④ 也只有在这一时期，中国才真正开始致力于建立一种具有自治权和学术自由精神的现代大学。⑤ 而从南京国民政府成立到抗日战争全面爆发前的十年间，更是被称为"黄金十年"。在此期间，中华民国在政治、经济、文化、教育、社会政策、边疆民族政策、外交、军事等各方面皆取得了一定成就，整体环境达到 1840 年以来的最佳状态，也是民国高

---

① 《管理官书局大臣孙家鼐议复开办京师大学堂折》（1896 年）// 朱有瓛：《中国近代学制史料》（第一辑下册），上海，华东师范大学出版社，1986，第 624 页。

② 上官剑等：《"外生性"与"内生性"：中西方大学起源之比较》，《高等教育研究》2007 年第 6 期。

③ 梅贻琦：《大学一解》// 刘琅、桂苓：《大学的精神》，北京，中国友谊出版公司，2004，第 32 页。

④ 苏云峰：《中国新教育的萌芽与成长（1860～1928）》，北京，北京大学出版社，2007，第 19 页。

⑤ 许美德：《中国大学 1895～1995：一个文化冲突的世纪》，许洁英译，北京，教育科学出版社，2000，第 66 页。

等教育稳步发展、趋于定型的时期。

　　民国初期的公立大学内部职权体系主要表现为德国式"教授治校制"和美国式"董事会制"之间的争议，并有过反复。如果说蔡元培在北京大学进行的系列改革遵循的是德国"洪堡传统"，那么，同一时期的郭秉文在东南大学办学，则完全是以美国的大学教育制度为蓝本。曾经有人将当时的北京大学、东南大学与欧美大学进行比较之后，得出这样的结论："从前之北京大学，可说是粗有欧洲大学之规模；东南大学，则显似以美国 College 为规模。"①　这实际上对二者办学风格来源做了大略的说明。

　　按照蔡元培的理想，北大行政改革的目标是教授完全治校。在北大，教授掌握全校的校政，拥有选举教务长、评议员和系主任的权力，各机构间相互制衡，形成教授治校的独立运行体系，这追求的是德国教授治校的目标，体现了欧洲文化背景下的权力制衡和民主自治的精神。而东南大学的"三会"（行政委员会、教授会、评议会）是校长领导下的组织机构，从《国立东南大学大纲》中可以看出校长总管全校事务，其各级管理人员均校长直接聘任或指任，而不是在教授中选举产生，全校人事之任免，概由校长一人决定。其教授"治"校，仅局限于教授的参政议政之权，董事会一般不干涉学校内部的具体行政事务，其制定的方针政策由校长负责具体实施。这是美国式的管理模式，也是西方文化背景下政府责任内阁制的间接反映。

　　东南大学的"董事会制"对北京大学的内部职权也产生了一定影响。一些有影响力的留美派人物，如实际主持北大校政的胡适、蒋梦麟和东南大学校长郭秉文都一致认为蔡元培的教授治校过于理想化，在当时中国的历史条件下，实际难以像德国大学那样真正运转开来。特别是由于当时许多教授都是相互推荐进来，实行教授治校后，拉帮结派变得表面化，极易影响学校的决策，因此他们认为美国的管理模式教政分开、各行其责，更有利于学校的发展。②　沈尹默就认为，"1922 年后，蒋梦麟和胡适联合起来，把教政分开，以校长治校。胡适是骨子里一开始就反对评议会，至此

---

①　常导之：《欧美大学之比较及我国高等教育问题》，《国立大学联合会月刊》1929 年第 6 期。
②　张雪蓉：《美国影响与中国大学变革（1915～1927）——以国立东南大学为研究中心》，北京，华龄出版社，2006，第 71～72 页。

达到了他的目的，评议会成为空的，取消了教授治校"。①

东南大学的改革实践证明董事会制度在联系学校与社会、获得经费保障、寻求教育独立和摆脱政治干预等方面的作用巨大，在东南大学实行董事会制后，国内一些大学也纷纷效仿。甚至连蔡元培也在 1923 年 6 月 24日《致北大教职员函》和《致北京国立各校教职工联席会议函》中，曾建议与北京政府断绝关系，"别组董事会以经营之"，表现出了对董事会制度的赞赏。但董事会以外力介入学校，不免出现教授治校与董事会干预校政的矛盾，容易造成校长与教师的隔阂，使校长成为"长者"（primus）而非"同辈"（inter pares）②，董事会制度的消极作用也相当明显，在东南大学取消评议会后不久发生的易长风潮最终使得"学校元气大伤，东大由盛而衰，并成为日后学校更名的原因之一"③。

在各校改革的基础上，北洋政府教育部于 1924 年 2 月 23 日制定并颁布了《国立大学校条例》，对董事会制度予以明文规定。这标志着政府开始加大对大学的干预力度，所以一经公布就受到北京大学等校教授的强烈反对。毕竟大学实际采用何种治校方式与国家规定大学治校方式还是有所区别，如果以法规政策的名义往大学派驻一些政府官员，那么无论是"教授治校制"还是"董事会制"都会予以抵制。

在抱定"学术自由"理念的各国立大学看来，董事会制度实为危害现代大学独立之举；设立大学董事会和教务会议，实则削弱了以教授为主体的大学评议会权力，危及现代大学"教授治校"原则，故受到以北京大学为代表的各国立大学之坚决抵制。如北京大学教授明确指出："今教育部之于国立大学设立董事会，在原则上立论，同人等已觉其谬于模仿；且就吾国实际状况而言，教育务求独立，不宜转入于政治之漩涡。"④ "教授自治，实本于世界现代之潮流，而合于中国目前之需要。大部对此潮流及需要。正宜维护之培植之，以期其发挥而光大。今乃竟设董事会以钳制之，使大学内部各种机关，莫不蜷伏于其下，而自治之制度，盖难趋于发达。是不唯无补中国目前之实际，且有违世界现代之潮流矣。"⑤ 认为其是"摧

① 沈尹默：《我和北大》//张竟无：《民国大学：遥想大学当年》，北京，东方出版社，2012，第 97 页。
② 亚伯拉罕·弗莱克斯纳：《现代大学论——美英德大学研究》，徐辉、陈晓菲译，杭州，浙江教育出版社，2001，第 161 页。
③ 朱斐：《东南大学史》（第一卷），南京，东南大学出版社，1991，第 157 页。
④ 《本校教授致校长公函：为教部新颁大学条例事》，《北京大学日刊》第 1421 号，1924年 3 月 17 日。
⑤ 《教育界消息：教部颁布国立大学条例之反响》，《教育杂志》1924 年第 4 期。

残大学教授制之萌芽，而以校外之官僚财阀组织董事会或理事会，以处理学校之大政。夫大学为研究学术之机关，教授为研究学术之专门人材，今必以研究学术者，听命于非研究学术者，而受其盲目的支配，于理为不可通，于情为不堪受"。①"以研究学术者，听命于非研究学术者"，实则破坏现代大学"教授治校"原则，是政府干涉学术之政治行为，故各国立大学多次呼吁取消。

为顺应民主要求，教育部于 1925 年 3 月 7 日颁布第 55 号和第 56 号训令，责令东南大学董事会停止行使权力，恢复评议会。② 并在 1926 年修订的《修正国立东南大学组织大纲》中加强了教授会的权力，除议决教务上的一切公共事项外，还对评议会提议事项进行议决，形成对评议会的制衡作用，且拥有选举校长的权力，其他大学如清华大学、北京师大等亦有这一趋向。

综上所述，20 世纪 20 年代的中国大学在内部管理体制的理念和实践上均出现了"教授治校制"与"董事会制"的较大分歧。民国时期大学的教授治校在 1926 年和 1927 年中达到顶峰，但随着国民党统一政权的确立和巩固，教授治校再次受到挑战。1929 年的《大学组织法》事实上取消了教授治校制度，公立大学基本上不再设立董事会，直接采用校长负责制，而以校务会议作为具有民主决策程序的领导机构。虽然校务会由全体教授、副教授所选出之代表及校长、各学院院长、各学系主任组织之，但教授治校显然受到了削弱。③

尽管民国初期关于中国大学的德国式"教授治校制"与美国式"董事会制"多有争议，但二者对学术权力都未有实质性伤害，而是各有其适用范围。而如果考虑到现实借鉴意义，在当代中国大学规模不断扩张的背景下，美国大学成熟运作的"董事会制"则更加适合中国国情，美国大学的学术成就近期而言也较德国更为突出。因为"典型的美国方式"是"一旦

---

① 《评议会致教育部函》，《北京大学日刊》第 1615 号，1925 年 1 月 15 日。
② 第 55 号训令为《教育部关于东大成立评议会的训令》，内容为："查《国立大学校条例》第 14 条规定：国立大学校设评议会。该校应即遵照办理，并由该校教授等自行互选评议员，克日成立评议会。所有该校内部组织及各项章程，迅速详细拟订，呈部核定，俾校务进行有所依据。"第 56 号训令为《教育部关于东大校董会停止行使职权的训令》，内容为："查《国立大学校条例》第 13 条，国立大学校得设董事会，原为协助学校进行起见，乃该校校董会近年以来，常有侵越权限情事，势将益滋纠纷，应即暂行停止行使职务。"
③ 张雪蓉：《美国影响与中国大学变革（1915～1927）——以国立东南大学为研究中心》，北京，华龄出版社，2006，第 80～81 页。

选好校长，它们通常就将大学的日常管理交给校长和教师"①，况且职能部门分散一些非学术权力可以更好地为教学和科研服务。我们学习西方大学的成功运行模式，不是简单地移植其形式，而更要看到这种形式背后之深刻内涵和内在逻辑，只有确保学者对学术权力的实际掌控，当代中国大学才有可能重现民国大学的昔日辉煌。

---

① 亚伯拉罕·弗莱克斯纳：《现代大学论——美英德大学研究》，徐辉、陈晓菲译，杭州，浙江教育出版社，2001，第158页。

第三章　清末民初私立大学内部职权体系研究

　　中国私立大学①在帝制末年孕育产生，在军阀混战中获得生长机遇，在抗战前十年取得长足进步，在抗战之后继续发展。而如何看待近代中国的私立大学，乔玉全在《21世纪美国高等教育》一书中的一段话耐人寻味，书中指出："有人称美国与欧洲办大学的观念和模式不同，对欧洲来讲办大学的口号是'宁缺毋滥'，而美国人的说法是'有比无强'。"②1949年以前，中国社会的文化制度虽然有一定缺陷，但大体上和世界文明主流还是同步的。这个同步的标志就是，那时中国的新闻制度、中国的出版制度和中国的大学制度，基本保持了这些制度在西方起源时的基本特征，也就是说，这些制度都是私人可以介入的。③

　　对于高等教育数量与规模均十分落后的近代中国而言，私立大学从整体上看存在种种不足和缺陷，然而，其对中国高等教育的贡献不可小觑。这一时期的中国私立大学增加了高等教育资源总量，营造了高等教育多元化的格局，彰显了学校的个性与特色，并且成为教育自由的重要表征。因此，研究清末民初私立大学的特殊存在形态与发展脉络，对中国当代民办高等教育事业的发展无疑具有重要的参考和借鉴价值。

---

① 本章所指私立大学，是指除教会大学之外的私立大学。之所以强调将教会大学排除在本章研究的视野之外，原因如下：教会大学在中国近代高等教育发展中具有特殊的地位，尤其是在西学东渐中所起到的桥梁和纽带作用值得关注，但它产生和发展的模式与本章要研究的近代私立大学区别较大。下一章将对教会大学进行专门论述。
② 乔玉全：《21世纪美国高等教育》，北京，高等教育出版社，2000，第4页。
③ 谢泳：《西南联大给我们留下了什么》//张竞无：《民国大学：遥想大学当年》，北京，东方出版社，2012，第437页。

第一节　清末民初私立大学管理概述

中国自古以来就有私人兴学的传统。早在春秋战国时期，孔子设立私学，就开创了中国古代私人办学之先河，改变了"学在官府"的局面。1905～1911 年晚清时期，清政府的"新政"为新式私立高等教育机构的出现提供了外部环境，具有变法革新和救亡图强新思想的开明绅士、深受教会影响的知识阶层、归国留学生和受西方文化影响的新式知识分子所构成的新型社会群体逐渐形成，以现代方式组建的中国私立大学开始孕育产生。1912～1927 年北洋军阀政府统治时期，中国政治结构、经济组织、文化价值、教育体制乃至社会风俗等发生了深刻变化，为私立大学带来了适宜的体制环境和新的生长机遇。1927～1937 年，中国私立大学有了长足进步，办学质量和数量有了较大提高与发展，私立大学亦步入规范化发展轨道。

一、清朝末期的私立大学管理

私立学校与公立学校，在教育任务上并无二致，只是因经费来源不同，遂致名称有别。"我国私立学校之设立，追溯其源，实以基督教教会导其先河，盖自南京条约之后。外人来华者日渐增多，每就通商之五埠及香港，开办男女学堂，训练教会服务人员，嗣后国人亦多仿设。"① 在鸦片战争以后，列强强迫中国订立不平等条约，取得内地传教权，更因传教而在内地设立学校。其时国内有识之士，为御侮图强计，亦先后开办私立学校。1904 年颁布《奏定学堂章程》，旋设学部、废科举、宣布教育宗旨，于是各州县之士绅及秀才童生等，纷纷创设学堂。但"清末私立学校，多属中学以下程度，其高等以上者，除教会外，颇少私立"。②

由于晚清政府逐渐意识到需要"借绅之力以辅官之不足，地方学务乃能发达"③，因此在清朝末年的学校教育制度中，政府允许设立私学，但并

---

① 教育年鉴编纂委员会：《第二次中国教育年鉴》（第二编教育行政），台北，文海出版社，1986，第 117 页。
② 教育年鉴编纂委员会：《第二次中国教育年鉴》（第二编教育行政），台北，文海出版社，1986，第 118 页。
③ 学部：《奏定各省教育会章程折》（1906 年 7 月 28 日）//朱有瓛、戚名琇、钱曼倩、霍益萍：《中国近代教育史资料汇编：教育行政机构及教育团体》，上海，上海教育出版社，2007，第 255 页。

不纳入学制体系。而且由于政治或民族因素，对于中国大学产生和发展初期的论述，过去一般多偏重政府角色，而有意无意地忽视了绅商、教会及外国教习在"催化新教育之推广上"的作用。绅商参与的教育改革多发生于与西方接触较易之沿海口岸地区，至甲午战败后亦达到高潮，而其中以江苏、浙江与广东等工商业发达地区最为显著，其贡献甚至凌驾于政府之上。这一时期的教育改革提倡者多为官绅及商人，而很少教育专业人员（诸如书院山长、教谕、训导、塾师等），这是因为教育人员忙于在科举制度中讨生活，长期封闭，不与外界接触所致。如在近代中国私人兴学史中规模最大、经费自给自足、自成体系且能适应社会经济发展、改变社会结构成就卓著的江苏张謇（1853~1926）即为近代中国最伟大的实业家，他在清末民初所办的实业包括纺织、榨油、面粉、钢铁、轮船、垦牧、银行等方面的公司，数量在 15 家以上。其本人及其兄弟投资于教育的经费总共有白银 240 万~250 万两之多，创办的学校偏重于实利主义，以符合社会需求为旨归，涵盖国民、师范、职业、普通中学、大专、社会、女子与特殊教育①，是近代私人兴学个案中最成功的一个例子。

　　研究表明，在清政府制定的学校章程中几乎只涉及官立的学堂。根据《奏定学堂章程》，学堂分为三种，即官立、公立和私立。那时所谓"公立"的定义，跟现在不同。由官府设立的名为"官立"；由民间士绅捐集款项，或由当地合股集资公款（就是合资）的，则名为"公立"；只有一人（一家）独自出资的，才名为"私立"。② 如《南洋公学章程》（1898年）第一条明确规定："西国以学堂经费，半由商民所捐，半由官助者为公学。今上海学堂之设，常费皆招商、电报两局众商所捐，故定名曰南洋公学。"③ 复旦公学创始于 1905 年，建校过程中曾吁请清地方政府和各界士绅援助。由两江总督周馥拨交吴淞官地 70 亩为建校地址，并拨一万两银子为经费；又于 1907 年请两江总督端方奏准，辅助常年经费 1400 两银子。因此，其在 1908 年所订的《复旦公学章程》和 1910 年填报的《江苏省宝山县公立学堂一览表》中，都自称为"公立学堂"④；1922 年春复旦公学

---

① 苏云峰：《中国新教育的萌芽与成长（1860~1928）》，北京，北京大学出版社，2007，第 3、8、73 页。
② 陈明远：《那时的大学》，太原，山西人民出版社，2011，第 199 页。
③ 《南洋公学章程》（1898 年 6 月 12 日）// 陈学恂：《中国近代教育史教学参考资料》（上册），北京，人民教育出版社，1986，第 312 页。
④ 复旦大学校史编写组：《复旦大学志》（第一卷），上海，复旦大学出版社，1985，第 58 页。

设立大学部，1928 年呈请立案为复旦大学。① 中国公学创始于 1906 年，当时因日本干涉中国留学生，激起学界公愤，相率归国者数千人，胥谋以自办大学，为教育界开一新纪元，兹校于是肇建焉，属民办官助性质。民国成立后，按照教育部规定，民办即为私立。《1920 年梁启超吴淞中国公学改办大学募捐启》记载："国中私立学校除国外教会补助设立者外，其纯由本国自力独创而规模足与本校媲者，殆不一二觏。十余年来……经费奇绌，故所办限于中学。……决于明年为始（1921）改办大学。"② 19 世纪末 20 世纪初绅商在教育改革和发展中起了带头作用，成为"私立大学之起源"③，并直接带动了民国时期私立大学的创建。

在清末学制中专门提及私立学堂的仅见于 1904 年 1 月颁布的《奏定学务纲要》，其中规定："此后京外官绅兴办各种学堂，无论官设公设私设，俱应按照现定各项学堂章程课目切实奉行，不得私改课程，自为风气"；"私学堂禁专习政治、法律，其私设学堂，概不准讲习政治、法律专科，以防空谈妄论之流弊。应由学务大臣咨行各省，切实考察禁止"；"私学堂禁私习兵操，凡民间私设学堂，非经禀准，不得教授兵式体操。其准习兵操者，亦止准用木枪，不得用真枪以示限制，应由学务大臣咨行各省，晓谕民间一律遵照"。④ 此外，仅在《奏定初等小学堂章程》、《奏定高等小学堂章程》和《奏定中学堂章程》等学堂章程相关规定中涉及公立、私立学堂。该时期虽然清政府在学制上并不鼓励私人创办高等以上学堂，但对已建立的私立高等学堂还是基本上予以支持，特别是地方政府对私立高等学堂尤其给予全力扶助。⑤

《奏定学务纲要》明确规定"私学堂禁专习政治、法律"⑥，直至 1910 年 1 月 31 日，浙江省翰林院编修陈敬第等呈请浙江巡抚增韫代奏变通部章准予私立学堂专习法政，将前定《学务纲要》内"禁止私立学堂专习法政"一条全行删去，并"由部通行各省准私立法政学堂，一切教授设备及

---

① 《1922 年前成立的大学一览表》//朱有瓛：《中国近代学制史料》（第三辑下册），上海，华东师范大学出版社，1992，第 182 页。
② 《1920 年梁启超吴淞中国公学改办大学募捐启》//朱有瓛：《中国近代学制史料》（第二辑上册），上海，华东师范大学出版社，1987，第 738 页。
③ 叶文心：《民国时期大学校园文化（1919～1937）》，冯夏根等译，北京，中国人民大学出版社，2012，第 66 页。
④ 《奏定学务纲要》（1904 年 1 月 13 日）//璩鑫圭、唐良炎：《中国近代教育史资料汇编：学制演变》，上海，上海教育出版社，2007，第 495～496、504 页。
⑤ 宋秋蓉：《近代中国私立大学研究》，天津，天津人民出版社，2003，第 21 页。
⑥ 《奏定学务纲要》（1904 年 1 月 13 日）//璩鑫圭、唐良炎：《中国近代教育史资料汇编：学制演变》，上海，上海教育出版社，2007，第 504 页。

用人管理诸事，仍归提学司严行监督，毕业后一体给奖。既以辅官力之不逮，又足养成多数人才，新政繁兴而才无缺乏，似于立宪前途不无裨益"。① 1910 年 6 月 3 日，复以学部议奏，查《张百熙、荣庆、张之洞重订学堂章程折》（1904 年 1 月 13 日）内有"所有一切章程，将来如有应行变通增损之处，其大者仍当奏明办理，小者由管学大臣审定后通行各省照改"之规定，又以"若专恃官立学堂为途，未免稍狭"，终获学部批准。随后，"准予各省私立学堂专习法政，以广教育而重宪政"；并强调"按照官立法政学堂本科章程办理，并暂准其附设别科，惟不得专设别科，趋于简易，以滋速成之弊"。② 1910 年 7 月 18 日，浙江巡抚增韫再上《奏私立法政学堂援案开办请立案折》，以私立法政学堂"实足补官立法政学堂之所不及，使各属闻风兴起，绅民程度必能日进高明"，特"仰恳天恩敕部立案，以为法政知识普及之基础"。③

　　1910 年 11 月 10 日，学部考虑到"通商口岸须用司法人材实与省城同关紧要，自应将私立法政学堂限于省会一节，酌量推广。凡繁盛商埠及交通便利之地，经费充裕课程完备者，一律准予呈请设立法政学堂，以广造就"。④ 值得注意的是，1910 年 12 月 20 日，学部将从前所定法政学堂章程做了重要修改：其一，改课程。"此后法政学堂此项功课，自当以中国法律为主。"其二，改年限。因"法政学科甚繁"，"自非将正科延长一年，讲习科章程废止，不足以收实效"。其三，改分科。因"中国财政亟需整理，自非专立经济一门，不足以造就此项人才"。此外，因"中学堂毕业生人数过少，各处法政学堂之正科容有难以遽行成立者"，学部奏请"自应量予变通，准其先设别科，以应急需"。⑤

　　一时间，浙江宁波法政学堂、集湖法政学堂、四川岷江法政学堂、福

①　浙江巡抚增韫：《奏变通部章准予私立学堂专习法政折》（1910 年 1 月 31 日）//潘懋元、刘海峰：《中国近代教育史资料汇编：高等教育》，上海，上海教育出版社，2007，第 160 页。
②　学部：《议覆浙抚奏变通部章准予私立学堂专习法政折》（1910 年 6 月 3 日）//璩鑫圭、唐良炎：《中国近代教育史资料汇编：学制演变》，上海，上海教育出版社，2007，第 571 ~ 572 页。
③　浙江巡抚增韫：《奏私立法政学堂援案开办请立案折》（1910 年 7 月 18 日）//潘懋元、刘海峰：《中国近代教育史资料汇编：高等教育》，上海，上海教育出版社，2007，第 174 页。
④　《学部附奏推广私立法政学堂片》（1910 年 11 月 10 日）//朱有瓛：《中国近代学制史料》（第二辑下册），上海，华东师范大学出版社，1989，第 491 ~ 492 页。
⑤　学部：《奏改订法政学堂章程折》（1910 年 12 月 20 日）//璩鑫圭、唐良炎：《中国近代教育史资料汇编：学制演变》，上海，上海教育出版社，2007，第 572 ~ 573 页。

建法政学堂等相继建立。而在其内部管理上，此时的私立法政学堂已设有维持会（董事会）、代表人（董事长）及学堂监督（校长），如福建法政学堂创办时由刘崇佑任代表人，林长民任学堂监督。① 1904 年《奏定高等学堂章程》规定："设高等学堂，令普通中学堂毕业愿求深造者入焉；以教大学预备科为宗旨，以各学皆有专长为成效。"② 清末的高等学堂处于大学堂与中学堂之间，严格来说，此时的私立高等学堂只能看作私立大学的雏形。

二、民国初期的私立大学管理

如前所述，民国初年的高等教育机构分为大学、专门学校和高等师范学校三类③，本研究关注的对象亦主要是第一类高等教育机构即大学。

（一）民国初期的私立大学

1914 年 12 月的《教育部整理教育方案草案》强调：要"变通从前官治的教育，注重自治的教育"；"教育本为地方人民应尽之天职，国家不过督率或助长之地位"；"今后方针注重自治的教育者，国家根本在于人民，唤起人民的责任心，而后学务能起色也"；"国家择其需费较巨之科力求设备完美，如文科法科等则听民间之私立而严格监督之"。④

在人民自治教育思想指导下，民初政府彻底放开私人兴办大学的权力，颁布了大量涉及或专门针对私立大学的政策法令，通过国家立法初步确立了私立大学与公立大学平等的法律地位，积极鼓励私人或私法人在遵守有关教育法令的情况下，设立学校特别是高等学校。总体来看，民国初期的系列政策法令（见表 3－1）为私立大学的迅速成长提供了良好的政策环境。

① 宋秋蓉：《近代中国私立大学研究》，天津，天津人民出版社，2003，第 23 页。
② 《奏定高等学堂章程》（1904 年 1 月 13 日）//璩鑫圭、唐良炎：《中国近代教育史资料汇编：学制演变》，上海，上海教育出版社，2007，第 337 页。
③ 《教育部公布学校系统令》（1912 年 9 月 3 日）//中国第二历史档案馆：《中华民国史档案资料汇编》（第三辑教育），南京，凤凰出版社，1991，第 59~60 页。
④ 《教育部整理教育方案草案》（1914 年 12 月）//舒新城：《中国近代教育史资料》，北京，人民教育出版社，1981，第 229、241 页。

表 3 - 1 民国初期私立大学相关法规

时 间	主要政策法令名称	与私立大学有关的主要内容	意 义
1912 年 10 月 22 日	《专门学校令》	允许私人或私法人设立专门学校	为私立大学设立前奏
1912 年 10 月 24 日	《大学令》	正式允许私人或私法人设立大学，但规定私立大学不得设大学院	最具标志性文件，承认私立大学之法律地位
1912 年 11 月 14 日	《公立私立专门学校规程》	规定私立专门学校设立、变更、废止等认可办法	第一个专门针对私立高等教育机构的法规
1913 年 1 月 16 日	《私立大学规程》	详细规定了创设私立大学的政策	近代中国私立大学的第一个专门规章
1917 年 9 月 27 日	《修正大学令》	放宽了设立大学（包括私立大学）的标准	促成第二次兴办私立大学热潮
1924 年 2 月 23 日	《国立大学校条例》	规定私立大学参照本条例办理，取消了《大学令》和《修正大学令》中私立大学不得设大学院的规定，对公立大学与私立大学已完全一视同仁	此时的私立大学与美国私立大学的运作体制更加接近
1925 年 7 月 2 日	《私立专门以上学校认可条例》（教育部第108号令）	细化了私立专门以上学校认可的程序和手续，以限制各地滥设私立大学的现象	首次对私立专门以上学校认可出台专门规定
1926 年 10 月 18 日	《私立学校规程》 《私立学校校董会设立规程》	规定私立学校及其校董会设立办法	对私立学校及其校董会设立的一般性规定
1927 年 12 月 20 日	《私立大学及专门学校立案条例》	规定私立大学及专门学校立案的具体要求	对私立大学及专门学校立案的专门规章

续表

时　间	主要政策 法令名称	与私立大学有关的主要内容	意　义
1928 年 2 月 6 日	《私立学校 条例》 《私立学校 校 董 会 条 例》	重申了广州国民政府时期的规定，只是在文字上略有改动，内容更为全面	确立了民国时期私立学校应遵守的基本要求，体现了国民政府对私立学校的主导政策
1928 年 5 月 8 日	大学院第 347 号训令	规定"在筹备中之私立大学，须照院颁关于私立学校各条例所规定，先成立校董会，再由会呈请立案后，始可决定校长人选，筹备开学"	确立了校董会立案在先的原则
1928 年 7 月 7 日	大学院第 603 号指令	规定"除学校立案应俟校董会立案核准后再予办理外，关于该校校董会立案，应饬依照新颁校董会条例及立案用表式样另行呈报，再予核办"	
1929 年 7 月 26 日	《大学组织 法》	对公私立大学做出相同规定，并特别规定"私立大学或私立独立学院董事会之组织及职权，由教育部定之"	近代中国大学的第一个专门法
1929 年 8 月 29 日	《私立学校 规程》	由大学院时期各项条例修正合并而成	首次对私立学校之设立、董事会之组织及职权有详细之规定，并开始"积极办理私立学校之立案"
1931 年 8 月 15 日	教育部第 1375 号训令	"原定私立学校呈请立案期限，不得不酌予展缓，专科以上学校准一律展至 1932 年6 月终为止。限满仍不呈请立案者，应由各该主管厅局酌量情形，饬令停止招生或勒令停闭"	最终确定私立专科以上学校呈请立案的截止时间

1. "壬子癸丑学制"时期的私立大学管理

1912年7月，民国政府教育总长蔡元培在北京召开了中央临时教育会议，此次会议仍以日本为师，讨论了许多重要的教育政策与措施。同年9月，教育部根据临时教育会议的决议，公布了教育会议所决定的学制系统，称为"壬子学制"。其后，又陆续颁布了各种学校法令，有关高等教育的有《专门学校令》、《大学令》、《公立私立专门学校规程》、《大学规程》、《私立大学规程》等，上述各项法令史称"壬子癸丑学制"。

1912年5月13日，时任教育总长的蔡元培在《向参议院宣布政见之演说》中强调："私立学校，务提倡而维持之。"① 10月22日，教育部公布的《专门学校令》第五条规定"凡私人或私法人筹集经费，依本令之规定设立专门学校，为私立专门学校"；第六条规定"公立私立专门学校之设立、变更、废止，均须呈报教育总长得其认可"；第十条规定"公立私立专门学校教员之资格，别以规程定之"；第十一条规定"凡公立私立学校不合本令所规定者，不得称为专门学校"。② 10月24日，教育部公布的《大学令》第二十一条规定"私人或私法人亦得设立大学"，从而正式承认私立大学之法律地位，准许设立私立大学；并规定"除本令第六条、第十一条、第十七条第四款、第十九条第三款、第四款外，均适用之"，此处所限制的条款主要是有关大学院事项。所以说，《大学令》除规定私立大学不得设大学院③外，其余与公立大学一视同仁。④ 这是政府首次通过法律确立私立大学在国家教育中的地位⑤，但禁止私立大学设立大学院的规定，也使得私立大学无法开办研究所阶段的教育，不免阻碍了私立大学在研究功能上的发展。

1912年11月14日，教育部公布了《公立私立专门学校规程》，规定私立专门学校的设立、变更和废止均须呈请教育总长认可，并制定了认可

① 蔡元培：《向参议院宣布政见之演说》（1912年5月13日）//高平叔：《蔡元培教育论著选》，北京，人民教育出版社，1991，第11页。
② 《教育部公布专门学校令》（1912年10月22日）//中国第二历史档案馆：《中华民国史档案资料汇编》（第三辑教育），南京，凤凰出版社，1991，第107~108页。
③ 清季的学制于大学上有一通儒院，为大学毕业生研究之所。蔡元培在《我在教育界的经验》一文承认，他"于《大学令》中改名为大学院，即在大学中分设各种研究所。并规定大学高级生必须入所研究，俟所研究的问题解决后，始能毕业"。此仿德国大学制，但是各大学未能实行。
④ 《教育部公布大学令》（1912年10月24日）//中国第二历史档案馆：《中华民国史档案资料汇编》（第三辑教育），南京，凤凰出版社，1991，第108~110页。
⑤ 宋秋蓉：《近代中国私立大学研究》，天津，天津人民出版社，2003，第120页。

办法及充任公私立专门学校教员的资格。这是政府出台的第一个专门针对私立高等教育机构的法规，从其名称上亦可见公私立专门学校法律地位上的平等。所不同者，"私立专门学校呈报教育总长认可时，除依前条规定外，并须开具代表人之履历。代表人对于该校应负完全责任。私立专门学校如系一人设立者，即以设立者为代表人；如系二人以上设立者，应推举一人为代表人，其它非负完全责任之发起人及赞成人，均不在代表之列。代表人如有变更之时，应详具理由及继任者之履历，呈报教育总长认可"。第四条规定"凡私立专门学校呈报教育总长认可时，其呈报书中未经代表人签名盖印者概不收受"。①

1913 年 1 月 16 日，教育部在同年 1 月 12 日公布《大学规程》后又公布《私立大学规程》十四条，详细规定了创设私立大学的政策，这是近代中国针对私立大学的第一个专门规章。第一条规定"私人或私法人设立大学，除遵照《大学令》第三条及第二十一条所规定外，应开具下列事项呈请教育总长认可：（1）目的；（2）名称；（3）位置；（4）学则；（5）学生定额；（6）地基房舍之所有者及其平面图；（7）经费及维持之方法；（8）开校年月。在设置医科者，并须开具临床实习用病院之平面图及临床实习用病人之定额，解剖用尸体之预定数目"。第八条规定"凡具下列各款资格之一者得充私立大学教员；具有下列各款资格之一，且曾充大学教员一年以上者得充校长：（1）在外国大学毕业者；（2）在国立大学或经教育部认可之私立大学毕业，并积有研究者；（3）有精深之著述，经中央学会评定者。如校长教员一时难得合格者，得延聘相当之人充之，但须呈请教育总长认可"。第九条明确"私立大学之学则，应规定之事项如下：（1）入学资格、修业年限、学科、学科目、学科程度等；（2）学年、学期、休业日等；（3）入学、退学、升级、毕业等；（4）微戒事项；（5）学费事项"。② 据此，民国初年的私立大学只需通过一个程序就可以获得国家的承认，即私立大学提出申请，政府通过视察认为条件符合便予以认可。③

从内部管理体制来看，1912 年 10 月 24 日教育部公布的《大学令》对私立大学的组织做了具体规定（见图 3－1）：大学设校长一人，总辖大学全部事务；各科设学长一人，主持一科事务；各科设讲座，由教授担任之，

---

① 《教育部公布公立私立专门学校规程》（1912 年 11 月 14 日）//潘懋元、刘海峰：《中国近代教育史资料汇编：高等教育》，上海，上海教育出版社，2007，第 472～474 页。

② 《教育部公布私立大学规程令》（1913 年 1 月 16 日）//中国第二历史档案馆：《中华民国史档案资料汇编》（第三辑教育），南京，凤凰出版社，1991，第 141～143 页。

③ 宋秋蓉：《民国时期私立大学发展的政策环境》，《清华大学教育研究》2004 年第 2 期。

教授不足时，得使助教授或讲师担任讲座。同时，大学设立以校长为议长、各科学长及各科教授互选若干人组成的评议会，审议各学科之设置及废止、讲座之种类、大学内部规则，审查大学院生成绩及请授学位者之合格与否、教育总长及大学校长咨询事件；各科设立以学长为议长、以教授为会员的教授会，审议学科课程、学生试验事项，审查大学院生属于该科之成绩、提出论文请授学位者之合格与否及教育总长、大学校长咨询事件；并规定"凡关于高等教育事项，评议会如有意见，得建议于教育总长"。①

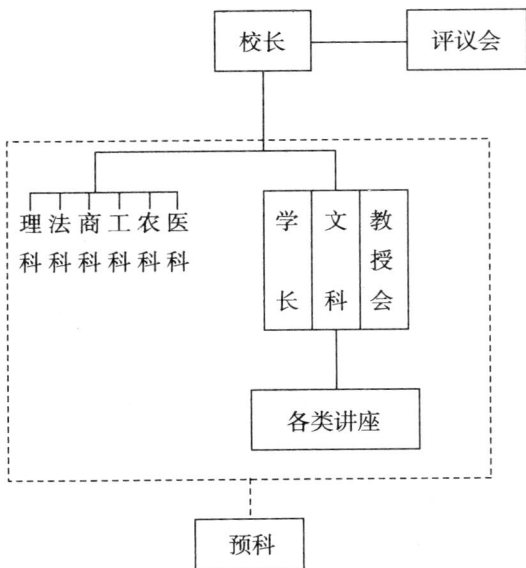

图 3 - 1　1912 年《大学令》规定的私立大学内部结构

2. 评议会到董事会的转型——《国立大学校条例》的出台

第一次世界大战的爆发使中国民族资产阶级获得了一个短暂的发展经济的有利时机，形成了社会对科学文化知识和企业对高层次人才的新需求，成为私立大学发展的根本动力。正如梁启超所言，"大学教育之设施及扩充，为我国目前最急切之要求"。②

1922 年 11 月 1 日公布的《学校系统改革案》（又称"壬戌学制"）取消了预科；并规定"大学校设数科或一科均可，其单设一科者，称某科大

---

① 《教育部公布大学令》（1912 年 10 月 24 日）//中国第二历史档案馆：《中华民国史档案资料汇编》（第三辑教育），南京，凤凰出版社，1991，第 108～110 页。

② 梁启超：《为南开大学劝捐启》//林志钧：《饮冰室合集》（第五册），北京，中华书局，1989，第 10 页。

学校";依旧制设立之高等师范学校和专门学校,应于相当时期内提高程度,收受高级中学毕业生;专门学校年限与大学校同者,待遇亦同。① 后两款规定实际意味着高等师范学校、专门学校基本上同大学的地位相当,彼此差距逐渐消失。② 该改革案亦适用于私立学校。

"壬戌学制"之颁布,消除了自清末以来的"日本阴影",而深受美国教育制度的影响。此时中国的高等教育体制完成了第二次转型,即由主要借鉴日本模式转向主要借鉴美国模式,换句话说,"美国模式在此时占了上风"。③ 它的影响也逐渐深入到私立大学包括内部职权体系在内的各个方面。

1924年2月23日,教育部公布了《国立大学校条例》及附则。④ 与1912年的《大学令》相较,私立大学在组织机构设置上有四项重大变化:一是设立大学董事会,二是设立大学教务会议,三是各科由设讲座改为分设各学系,四是设立大学院。此时的私立大学与美国私立大学的运作体制更加接近。

《国立大学校条例》明确规定:大学"设董事会审议学校进行计划及预算、决算暨其他重要事项"。这样的规定实际上赋予董事会相当大的权力。其组织人选由三部分组成:"一是例任董事,即校长;二是部派董事,由教育总长就部员中指派者;三是聘任董事,由董事会推选呈请教育总长聘任者,第一届董事由教育总长直接聘任。"该条例仍然保留大学评议会,评议学校内部组织及各项章程暨其他重要事项;但同时设立"教务会议","审议学则及关于全校教学、训育事项,由各科各学系及大学院之主任组织之"。此外,恢复各院系之教授会:"国立大学校各科、各学系及大学院各设教授会,规划课程及其进行事宜,各以本科本学系及大学院之正教授、教授组织之。各科系规划课程时,讲师并应列席。"而大学各科下设机构也由《大学令》第十五条的"各科设讲座"改为《国立大学校条例》第四条的"各科分设各学系"。同时,附则中"私立大学校应参照本条例办理"的规定意味着政府取消了《大学令》和《修正大学令》中私立大学不得设

---

① 《大总统公布学校系统令》(1922年11月1日)//中国第二历史档案馆:《中华民国史档案资料汇编》(第三辑教育),南京,凤凰出版社,1991,第102~106页。

② 金以林:《近代中国大学研究(1895~1949)》,北京,中央文献出版社,2000,第41页。

③ 巴斯蒂:《是奴役还是解放?——记1840年以来外国教育实践及制度引入中国的进程》//许美德、巴斯蒂:《中外比较教育史》,上海,上海人民出版社,1990,第12页。

④ 《教育部公布国立大学校条例令》(1924年2月23日)//中国第二历史档案馆:《中华民国史档案资料汇编》(第三辑教育),南京,凤凰出版社,1991,第173~175页。

大学院的规定，对公立大学与私立大学已完全一视同仁（见图 3 - 2）。

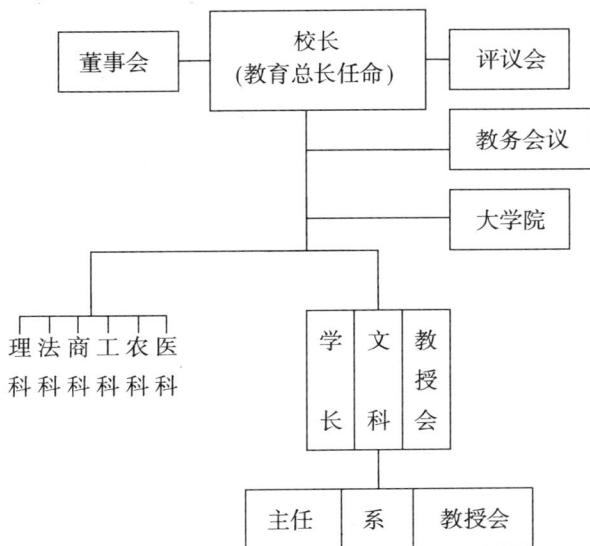

图 3 - 2　1924 年《国立大学校条例》规定的私立大学内部结构

除此之外，"大学校得设董事会"及"得附设各项专修科及学校推广部"之规定都深刻反映了美国高等教育制度对中国的影响。众所周知，董事会是美国高等学校在管理体制方面的首创，它有利于沟通学校与社会的联系；而附设推广部也是从美国借鉴而来的新规定，它体现了美国教育界对大学社会服务职能的新认识。《国立大学校条例》的颁行，标志着中国现代大学从组织管理上完成了从模仿日本到直接模仿美国的转型。

3. 国民政府时期的私立大学内部管理

1926 年 10 月 18 日，国民政府教育行政委员会公布的《私立学校规程》首先规定："凡私人或私法团设立之学校，为私立学校；外国人设立及教会设立之学校均属之。"其次还规定：私立学校"须受教育行政机关之监督及指导"；"私立学校之名称，应明确标示学校之种类，并须于校名上，冠以私立二字"；"须由设立者推举校董，组织校董会，负学校经营之全责"；其"校长对董事会完全负责，执行校务，职教员由校长任免之"；"不得以外国人为校长；如有特别情形者，得另聘外国人为顾问"；其"组织、课程、教授时间及其他一切事项，须根据现行教育法令办理"；"一律不得以宗教科目为必修科，亦不得在课内作宗教宣传"；"如有宗教仪式，不得强迫学生参加"；"校务教务各事项须遵照定章及教育行政机关命令，随时呈报"等。并强调"凡未经立案之私立学校,应于本规程颁布后,依限呈请立案"。①

同日公布的《私立学校校董会设立规程》规定:"私立学校以校董会为其设立者之代表,负经营学校之全责";"大学及专门学校校董会,应呈由教育厅转呈教育行政委员会;转呈时,均须详细调查,开具意见,以备审核";"外国人不得为校董;但有特别情形者,得酌量充任,惟本国人董事名额,须占多数;外国人不得为董事长或董事会主席"。校董会之职权有二:一是关于学校财务,如经费之筹划、预算及决算之审核、财产之保管、财务之监察及其他财务事项;二是关于学校行政,由校董会选任校长完全负责,校董会不直接参与;唯所选校长应得主管教育行政机关之认可,如校长确有失职时,得随时改选之。②

因考虑到"惟按之事实,专门以上学校,其立案原当从严,中等以下学校,其立案不妨略宽,若适用同一之规程,则实施上反形窒碍"③,1927年12月20日,大学院④公布了《私立大学及专门学校立案条例》,规定"凡私立大学及专门学校须经中华民国大学院立案",呈请立案时应由"校董会备具呈文"、"试办三年以上"、"校长由中国人充任";并对立案做了强制性规定:"凡未立案之私立大学或专门学校,其肄业生及毕业生不得与已立案之私立大学及专门学校学生受同等待遇。"⑤ 在此基础上,1928年2月6日大学院又公布了《私立学校条例》和《私立学校校董会条例》,这两个条例重申了广州国民政府时期的规定,只是在文字上略有改动,内容更为全面,确立了民国时期私立学校所应遵守的基本要求,体现了国民政府对私立学校的主导政策。其间,各地也针对上述立案政策出台了具体规定。如1928年1月上海特别市政府核准施行的《上海特别市教育局取缔私立学校条例》⑥。

---

① 《私立学校规程》(1926年10月18日) // 大学院:《大学院公报》(第1期),台北,文海出版社,1966,第39~40页。
② 《私立学校校董会设立规程》(1926年10月18日) // 大学院:《大学院公报》(第1期),台北,文海出版社,1966,第40~44页。
③ 《公布私立专门以上及中小学立案条例》(1927年12月20日) // 多贺秋五郎:《近代中国教育史资料》(民国编中),台北,文海出版社,1976,第457页。
④ 1927年10月,国民政府设立大学院为全国最高学术教育机关,管理全国学术及教育行政事宜。
⑤ 《私立大学及专门学校立案条例》(1927年12月20日) // 大学院:《大学院公报》(第1期),台北,文海出版社,1966,第26~29页。
⑥ 《上海特别市教育局取缔私立学校条例》(1928年1月) // 多贺秋五郎:《近代中国教育史资料》(民国编中),台北,文海出版社,1976,第454~455页。

　　尽管出台了一系列私立学校立案规定，但经"查有多数学校仍未呈请立案，亟应再行通令"，为此，1928 年 3 月 20 日，大学院第 219 号训令要求"各省区教育行政机关转饬所属各私立专门以上学校，限于文到一月内"呈请立案。① 可这个限期显然太过仓促，因而未能实现。

　　1928 年 5 月 8 日，大学院发布第 347 号训令，规定"在筹备中之私立大学，须照院颁关于私立学校各条例所规定，先成立校董会，再由会呈请立案后，始可决定校长人选，筹备开学"。② 7 月 7 日又发布第 603 号指令，规定"除学校立案应俟校董会立案核准后再予办理外，关于该校校董会立案，应饬依照新颁校董会条例及立案用表式样另行呈报，再予核办"。③ 从而确立了校董会立案在先的原则。

　　1929 年 4 月 29 日，中国国民党中央执行委员会秘书处第 592 号公函表明：因中国国民党江苏执行委员会呈请"取缔教会学校及营业化之私立学校一案奉批交教育部相应录批请核办等"，教育部"查私立学校办理不善，在所多有，而借学敛钱者尤属难免，正在严格取缔，迭经派员视察。近如本京之文化大学、女子法政学校均以办理不合先后令其停止招生，上海之远东大学亦以迹近营业正在勒令停办，其他各校亦在视察中。并为整饬学校起见，关于私立学校来部立案，均先派员视察、从严审查，一面改订规程，俟送请立法院审核后即可施行"。④ 1929 年 5 月 3 日，教育部布告告诫学生勿投考未经部准设立及立案之私立学校。布告称：这类学校办理不善，迹近营业，无法律根据，毕业后不能与合法学校之学生受同等待遇。⑤

　　1929 年 7 月 26 日，国民政府公布《大学组织法》，对公私立大学做出如下相同规定："大学分文、理、法、教育、农、工、商、医各学院"；"凡具备三学院以上者，始得立为大学。不合上项条件者，为独立学院，得分两科"；"大学设校务会，以全体教授、副教授所选出之代表若干人及

---

① 《令江苏、浙江大学校长暨各省教育厅长（为令转饬所属私立学校限期立案由）》（1928 年 3 月 20 日）//大学院：《大学院公报》（第 5 期），台北，文海出版社，1966，第 9 页。
② 《令各省区教育行政长官暨各大学区校长（为令饬各私立大学即日呈报立案其在筹备中者应先成立校董会呈请立案由）》（1928 年 5 月 8 日）//大学院：《大学院公报》（第 6 期），台北，文海出版社，1966，第 20 页。
③ 杨大春：《南京国民政府的教会学校政策述论》，《苏州大学学报》（哲学社会科学版）1999 年第 2 期。
④ 《公函第 592 号》（1929 年 4 月 29 日）//多贺秋五郎：《近代中国教育史资料》（民国编中），台北，文海出版社，1976，第 554～555 页。
⑤ 中央教育科学研究所：《中国现代教育大事记》，北京，教育科学出版社，1988，第 180 页。

校长、各学院院长、各学系主任组织之，校长为主席。前项会议校长得延聘专家列席，但其人数不得超过全体人数五分之一。校务会议得设各种委员会"。校务会议审议事项为：大学预算、大学学院系之设立及废止、大学课程、大学内部各种规则、关于学生试验事项、关于学生训育事项及校长交议事项。还规定："大学各学院设院务会议，以院长、系主任及事务主任组织之，院长为主席，计划本院学术设备事项，察议本院一切进行事宜"；"各学系设系教务会议，以系主任及本系教授、副教授、讲师组织之，系主任为主席，计划本系学术设备事项"；"大学修业年限，医学院五年，余均四年"；并特别规定"私立大学或私立独立学院董事会之组织及职权，由教育部定之"（见图3-3）。① 随后，《专科学校组织法》、《大学规程》、《专科学校规程》相继颁布，对大学、独立学院和专科学校的课程、经费、设备、试验、成绩等都做了具体规定。私立大学之不合上述规定者，均改为学院或专科学校。无论大学、学院或专科学校，均须有相当之基金及设备。自此以后，私立专科以上学校乃"渐见整饬"。②

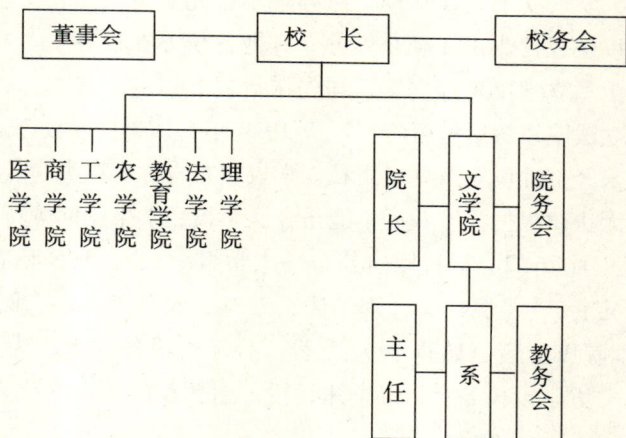

图3-3　1929年《大学组织法》、《私立学校规程》规定的私立大学内部结构

1929年8月29日，教育部公布了由大学院时期各项条例修正合并而成的《私立学校规程》③，首次对私立学校之设立、董事会之组织及职权有详

① 《大学组织法》（1929年7月26日）//多贺秋五郎：《近代中国教育史资料》（民国编中），台北，文海出版社，1976，第566页。

② 教育年鉴编纂委员会：《第二次中国教育年鉴》（第二编教育行政），台北，文海出版社，1986，第119页。

③ 此《私立学校规程》后分别于1933年10月19日、1943年11月5日和1947年5月7日修正公布。

细规定，并开始"积极办理私立学校之立案"。① 规定："凡私人或私法人设立之学校为私立学校，外国人及宗教团体设立之学校均属之"；"私立学校须经主管教育行政机关之许可方得设立，其变更及停办亦须经主管教育行政机关之许可。私立大学、独立学院及专科学校以教育部为主管机关"；"私立学校须经教育行政机关立案，受教育行政机关之监督及指导，其组织、课程及其他一切事项均须遵照现行教育法令办理"；"私立学校如系外国人所设立，其校长或院长须以中国人充任"；"私立学校如系宗教团体所设立，不得以宗教科目为必修科，亦不得在课内作宗教宣传，学校内如有宗教仪式不得强迫或劝诱学生参加"。规定"私立学校以校董会为其设立者之代表，负经营学校之全责"，并明确了校董会呈请核准设立、呈请立案的要求及其职权。规定"有特别情形者得以外国人充任校董，但名额最多不得过三分之一，其董事长或校董会主席须由中国人充任"。规定私立大学、独立学院及专科学校"之呈请核准设立应于校董会立案后行之"，"之呈报开办应于呈准设立后一年内行之"，"之呈请立案应于开办三年后行之"，并具体规定了呈准设立、开办和立案的资格，"凡未依照本规程呈准立案之私立学校，其肄业生及毕业生不得与已立案学校之学生受同等待遇"。② 通过这些条款提高了私立大学立案的门槛。

其中，第 12 条第 2 款"关于学校行政，由校董会选任校长或院长完全负责，校董会不得直接参预。所选校长或院长应得主管教育行政机关之认可，如校长或院长失职，校董会得随时改选之。主管教育行政机关如认校董会所选之校长或院长为不称职时，亦得令校董会另选之，另选仍不称职或校董会发生纠纷以致停顿时，得由主管教育行政机关暂行遴任"之规定，虽然确立了校董会不得直接干预校务之原则，但也赋予教育行政机关很大的权力，使之可以命令改选或自行遴任私立学校校长或院长。1933 年10 月 19 日修正时，更在其后增加"校董会发生纠纷以致停顿时，得由主管教育行政机关令其限期改组；遇必要时，得径由主管教育行政机关改组之"的规定③，即可由教育行政机关强行改组校董会。④

----

① 教育年鉴编纂委员会：《第二次中国教育年鉴》（第二编教育行政），台北，文海出版社，1986，第 118 页。

② 《私立学校规程》（1929 年 8 月 29 日）// 多贺秋五郎：《近代中国教育史资料》（民国编中），台北，文海出版社，1976，第 573～576 页。

③ 《私立学校规程》（1933 年 10 月 19 日修正）// 多贺秋五郎：《近代中国教育史资料》（民国编下），台北，文海出版社，1976，第 496 页。

④ 周志宏：《学术自由与大学法》，台北，蔚理法律出版社，1989，第 285 页。

为加强对私立法政学校的管理，国民政府还对私立法政学校实行特许制度。1929 年 6 月 17 日，第三届中央执行委员会第二次全体会议第四次会议议决："私立法律政治学校，非经司法院特许、教育部立案，不得设立，中央及地方之司法行政机关或法院，不得设之类似法官养成所之教育机关。"① （此案随于 7 月 6 日行政院分令遵照） 7 月 19 日，教育部以 "法医两科直接关系人命，间接影响社会生存，唯大学或独立学院始得设立"；规定 "凡旧有公私立法政医学两种专门学校，一律自十八年度停止招生，办至现有学生毕业时结束，其校产及经费移作办理他种专科学校之用"。② 后因教育部修订《专科学校规程》时增列医学一科，各省旧设之医学专门学校，一律改称医学专科学校。11 月 19 日，《司法院特许私立法政学校设立规程》公布，规定 "凡下列私立学校非经司法院特许不得设立：设有法学院之大学、独立法学院、法律或政治专科学校"；"前条所列举各私立学校之设立，呈请特许时应由该校校董会检具下列文件呈由教育部转送司法院审核：教育部核准立案之证明文件、法律或政治科之课程预定案、法律或政治科之教员履历表、法律或政治科之设备计划书"；"所列举各私立学校之设立经司法院特许后，即由司法院知照教育部及咨明考试院备案，并送登政府公报公布之"；"依本规程特许设立之学校，其法学院或法律科之组织变更时应呈由教育部转送司法院核准，前项之法学院或法律科裁撤时应呈由教育部转送司法院备查"。③ 1933 年 6 月，教育部第 540 号训令《司法院发给法律科毕业学生证明书规则》公布，要求 "国立大学或独立学院设有法律科并已遵照《司法院监督国立大学法律科规程》第六条、第七条、第八条及第十四条各规定办理，经司法院认为成绩优良者得将法律科之毕业学生开列名册，请求发给证明书"，并规定 "本规则于省立、市立、私立大学或独立学院请求发给证明书时亦适用之"。④

对于私立大学立案问题，教育部也曾限令 1929 年 12 月底为立案的最后截止时间，但因立案准备烦琐，未呈报立案学校尚有许多，所以一再延迟。教育部第 1375 号训令显示，因 "上年七月间以第 697 号训令规定：首

---

① 吴相湘、刘绍唐：《第一次中国教育年鉴》（戊编），台北，传记文学出版社，1971，第 53 页。

② 《教育部成立二年来的工作概况》（1930 年）//中国第二历史档案馆：《中华民国史档案资料汇编》（第五辑第一编教育），南京，凤凰出版社，1994，第 129 页。

③ 《司法院特许私立法政学校设立规程》（1929 年 11 月 19 日）//多贺秋五郎：《近代中国教育史资料》（民国编中），台北，文海出版社，1976，第 593 页。

④ 《司法院发给法律科毕业学生证明书规则》（1933 年 6 月 7 日）//多贺秋五郎：《近代中国教育史资料》（民国编下），台北，文海出版社，1976，第 314 页。

都各校应于 1930 年度第一学期开学以前一律立案，其他省市均以 1931 年度第一学期开学前一日为立案截止之期”；“只以近岁以来，战乱频仍，灾荒渐至，各地方之教育事业陷于停顿者不一而足，私立各校致未能一律遵章依限呈请立案；其他特殊故障足以影响其立案者，亦复不鲜。本部详加察核，原定私立学校呈请立案期限，不得不酌予展缓，专科以上学校准一律展至 1932 年 6 月终为止。限满仍不呈请立案者，应由各该主管厅局酌量情形，饬令停止招生或勒令停闭”。①

据《第一次中国教育年鉴》统计，截至 1932 年底，全国共有 46 所私立大学、学院及专科学校核准立案，其立案情况见表 3－2。

表 3－2　1928～1932 年私立大学、学院及专科学校立案情况

校　名	所设学院（或科）名称	核准立案年月	所在地
厦门大学	文、理、法、教育、商	1928 年 3 月	厦门
大同大学	文、理、商	1928 年 9 月	上海
金陵大学	文、理、农	1928 年 9 月	南京
复旦大学	文、理、法、商	1928 年 10 月	上海
沪江大学	文、理、教育、商	1929 年 3 月	上海
光华大学	文、理、商	1929 年 5 月	上海
大夏大学	文、理、法、教育、商	1929 年 5 月	上海
燕京大学	文、理、法	1929 年 6 月	北平
南开大学	文、理、商	1929 年 6 月	天津
东吴大学	文、理、法	1929 年 7 月	苏州、上海
武昌中华大学	文、理、商	1929 年 12 月	武昌
协和医学院	医	1930 年 5 月	北平
中国公学	文、理、法、商	1930 年 6 月	上海
上海法政学院	法	1930 年 6 月	上海
岭南大学	文理、农、工、商	1930 年 7 月	广州
南通学院	农、医、纺织	1930 年 8 月	南通
中国学院	文、法	1930 年 10 月	北平
朝阳学院	法	1930 年 11 月	北平
金陵女子文理学院	文、理	1930 年 12 月	南京

① 《教育部训令》（1931 年 8 月 15 日）//多贺秋五郎：《近代中国教育史资料》（民国编中），台北，文海出版社，1976，第 634 页。

续表

校　名	所设学院（或科）名称	核准立案年月	所在地
上海法学院	法	1930 年 12 月	上海
福建协和学院	文、理	1931 年 1 月	福州
广东国民大学	文、法、工	1931 年 6 月	广州
之江文理学院	文、理	1931 年 7 月	杭州
持志学院	文、法	1931 年 7 月	上海
辅仁大学	文、理、教育	1931 年 8 月	北平
中法大学	文、理、医、社会科学	1931 年 12 月	北平
齐鲁大学	文、理、医	1931 年 12 月	济南
武昌华中大学	文、理、教育	1931 年 12 月	武昌
湘雅医学院	医	1931 年 12 月	长沙
广州大学	文、理、法	1932 年 7 月	广州
福建学院	法	1932 年 7 月	福州
震旦大学	理、法、工、医	1932 年 12 月	上海
焦作工学院	工	1932 年 7 月暂准立案	焦作
正风文学院	文	1932 年 8 月暂准立案	上海
夏葛医学院	医	1932 年 12 月暂准立案	广州
民国学院	文、法	1932 年 12 月暂准立案	北平
私立无锡国学专修学校		1928 年 9 月	无锡
私立武昌文华图书馆学专科学校		1929 年 8 月	武昌
私立武昌艺术专科学校	绘画、艺术教育、音乐、图案、雕塑、附属中学	1930 年 7 月	武昌
私立东亚体育专科学校	本科、附设高中师范科、童子军教练员训练班	1931 年 8 月	上海
私立苏州美术专科学校	国画、西书艺术教育（另设研究科及高中部艺术师范科）	1932 年 7 月	苏州

续表

校　　名	所设学院（或科）名称	核准立案年月	所在地
私立中山体育专科学校		1932 年 9 月	苏州
私立上海美术专科学校	中国画、西洋画、雕塑、艺术教育、工艺图案（另设研究班）	1931 年 12 月暂准立案	上海
私立新华艺术专科学校	国画、西画、雕塑、图案、艺术教育	1932 年 2 月暂准立案	上海
私立广州法政专门学校	法律	1929 年 12 月暂准立案，1932 年办理结束	广州
私立福建法政专门学校	法律、政治经济	1931 年 1 月暂准立案，1932 年办理结束	福州

说明：此表所列金陵大学、沪江大学、燕京大学、东吴大学、协和医学院、岭南大学、金陵女子文理学院、福建协和学院、之江文理学院、辅仁大学、齐鲁大学、武昌华中大学、震旦大学和私立武昌文华图书馆学专科学校原属教会大学，在其陆续向中国政府立案后，成为中国私立大学的重要组成部分，故一并统计。

资料来源：吴相湘、刘绍唐：《第一次中国教育年鉴》（丙编），台北，传记文学出版社，1971，第 18～19、154～155 页。

（二）两次整顿——规范立案办法、提高立案门槛

民国初期，中国先后出现了两次兴办私立大学的热潮。第一次出现于 1912～1913 年间；第二次兴起于 1917 年，至 1924 年达到高潮。在这两次兴学热潮中，涌现出一批起点较高的国人自办私立大学。如严范孙、张伯苓创办的南开大学，陈嘉庚斥资创办的厦门大学，张謇创办的南通大学，以及大同大学、大夏大学、光华大学、中法大学、广州大学、广东国民大学、私立上海美术专科学校、私立东亚体育专科学校等等，这些学校日后都成为中国著名或知名的私立大学。[①]

从总体上看，民国初期政府对私立大学缺乏明确严密的制度化管理，加之国内政局动荡，有关制度也难以实施。因此，从积极方面讲，这有利

---

① 宋秋蓉：《20 世纪上半叶中国私立大学产生与发展的历史轨迹》，《高等教育研究》2006 年第 11 期。

于私立大学的自由发展，从而使私立大学的数量较清末有了大幅度的增加；从消极方面讲，私立大学的设立过于宽滥，难以保证教育质量。据时人记载，民国初期"私人鉴于开办大学之易，均纷纷设立"；私立大学"数量虽增，而内容则愈趋愈下，甚至借办学以敛钱，以开办大学为营业者有之"，其结果是"流品之杂，程度之低，自不待言"。① 为此，教育部曾针对兴办私立大学的两次热潮分别进行了整顿。

1. 第一次整顿：规范私立大学立案办法

由于"壬子癸丑学制"取消了清末学制中的"高等学堂"，而代之以大学预科，全国公立高等教育机构骤然减少；与此同时，经过清末以来的兴学，各省中学生陆续毕业，希望和有条件接受高等教育的人数大为增加。在此种情况下，各地纷纷设立私立大学，国内出现了兴办私立大学的第一次热潮。据萧公权回忆："北京政府对于教育似乎倾向于放任。任何'热心教育'的人，组织一个董事会，筹集一些经费，租赁适宜的房屋，雇请必需的教职员，便可设立'大学'，定期招生。"②

在兴办私立大学的第一次热潮期间，私立大学自身发展很不成熟。民国成立后，"政党林立，竞办大学。于是民国元、二年间，私立大学及法政专门学校，一时蜂起。而私立中小学转趋沉寂。常时政府对于私立学校虽有认可之规定，而各校遵照手续备案者为数甚少"。"民初，国人喜谈政治、组政党，风尚所及，遂使私立学校多趋法专。此种学校，程度不齐，其下焉者，仅等中学。"③

为此，1913 年 1 月 23 日，教育部发布《私立大学立案办法布告》，强调实施《大学令》、《大学规程》和《私立大学规程》，要求"所有私立大学前经呈请到部准予暂行立案者，亟应遵照新颁部令规程，切实办理。自布告之日起，限三个月以内遵照《私立大学规程》，另行报部备查，俟呈报到部届满一年，由部派员视察，如果成绩良好，准予正式立案"。④ 后因"径由各校直接报部，诸多窒碍"，同年，教育部订定《私立专门学校等报部办法布告》，要求私立专门学校及私立大学之"设立、变更、废止情事，

---

① 吴相湘、刘绍唐：《第一次中国教育年鉴》（丙编），台北，传记文学出版社，1971，第 17 页。

② 萧公权：《问学谏往录：萧公权治学漫忆》，上海，学林出版社，1997，第 89 页。

③ 教育年鉴编纂委员会：《第二次中国教育年鉴》（第二编教育行政），台北，文海出版社，1986，第 118、119 页。

④ 《1913 年 1 月 23 日教育部私立大学立案办法布告》//朱有瓛：《中国近代学制史料》（第三辑下册），上海，华东师范大学出版社，1992，第 18 页。

应先呈由各该省行政长官，核其办理情形，果与所拟章程符合，再行加具考语，转报本部，以定准驳"。① 因 "《大学令》、《私立大学规程》业经先后颁布在案，查大学校并无附设专门部之规定，惟各处具呈报部之私立大学，其附设专门部者甚多"，1913 年 6 月 10 日，教育部发布第 33 号布告《私立大学准附设专门部》，谓 "体察目前情形，为私人办学力图便利起见，应即量予变通，准其附设，至专门部之学科、科目、年限及种种办法仍须按照专门学校规程办理以免纷歧"。② 因而在管理上放宽了对私立大学不附设专门部的限制。

"民国初元，国家乍脱专制而创共和，社会对于政治兴味非常亢进；一时法政学校遍于全国，有以一省城而多至八九校者，其获列于政府统计，仅其一部分耳。"③ 1913 年 11 月 22 日，教育部通知各省，私立法政专门学校酌量停办或改为讲习科。通知说："专门学校原听私人或私法人自行筹设，本无限制之规定。惟是开办此项学校，必有一定之基金，相当之教员，合格之学生，方能维持久远，造就人才。乃近者县邑之区，纷纷设立法政专门学校，无论合格学生不易招集，即相当教员亦所难求。考其内容，大率有专门之名，而无专门之实。创办者视为营业之市场，就学者借作猎官之途径，弊端百出，殊堪殷忧。" 故规定所有省外私立法政专门学校，非属繁盛商埠、经费充裕、办理合法、不滋流弊者，应饬令停办或改为法政讲习所。④ 且自 1913 年 1 月 23 日《私立大学立案办法布告》颁行以来，"京外各私立大学未另行报部者仍复不少；其中即有一二报部之学校，披阅其表册，或仅设预科别科，或仅设专门部；其余如学生资格非常冒滥，学校基金毫无的款，种种敷衍不可胜言。似此纯骛虚声，徒淆观听，贻误青年，良匪浅鲜"。为此，1913 年 12 月，教育部又发布《整顿私立大学办法布告》，强调 "原以私立大学得辅助国立大学教育高等人才，以为国家社会之栋干，故特宽以期限，俾得遵照部章逐渐改良，以副国家兴学育才之至意"；规定 "嗣后各私立大学，无论报部与否，及开办之久暂，凡一

---

① 《1913 年教育部订定私立专门学校等报部办法布告》// 朱有瓛：《中国近代学制史料》（第三辑上册），上海，华东师范大学出版社，1990，第 596～597 页。

② 《私立大学准附设专门部》（1913 年 6 月 10 日）// 多贺秋五郎：《近代中国教育史资料》（民国编上），台北，文海出版社，1976，第 471 页。

③ 黄炎培：《读中华民国最近教育统计》（1919 年）// 舒新城：《中国近代教育史资料》，北京，人民教育出版社，1981，第 365 页。

④ 教育部：《通咨各省私立法政专门学校酌量停办或改为讲习所》（1913 年 11 月 22 日）// 潘懋元、刘海峰：《中国近代教育史资料汇编：高等教育》，上海，上海教育出版社，2007，第 486～487 页。

经本部派员视察，即行分别优劣以定立案之准驳，决不稍事姑息"。① 布告中所列问题，在当时的私立大学中确实存在，但北洋政府取缔私立大学的真正原因是部分大学有新同盟会组织活动，所以"整顿布告"主要涉及江苏、浙江、安徽三省的 18 所私立法政大学和专门学校，而对其他私立大学的影响很小，特别是对教会大学更是毫无制约作用。② 据此布告，1914 年 5 月 19 日教育部发布《准予北京各私立大学正式立案布告》，对私立民国大学校、私立中华大学校、私立明德大学校及私立中国公学大学部等四所学校"准予认可"，并指出教育部对私立大学"实有厚望焉"。③

1914 年 9 月，教育部咨行各省声明："公私立只以款所自出之殊而分，在教育上之设施，初无殊别"；"私立学校，为私人或私法人热心公益、集资设立之教育机关，其办理之善者，或予认可，或先立案；其不合者，或不准立案，或饬令停办，要在于分别良否"。并再次重申"本部对于公私立学校之待遇，一以至公平之心出之，此固历来规程上所表见者也"。④

据《中华民国第四次教育统计图表》显示，1915 年 8 月至 1916 年 7 月，全国共有京师私立朝阳大学、京师私立中国公学、私立北京中华大学、四川私立共和大学、武昌私立中华大学、江苏私立大同学院和江苏私立复旦公学等私立大学 7 所，有学生 2776 人、教员 216 人。⑤ 据《第一次中国教育年鉴》统计，1916 年全国共有私立专门学校 21 所。⑥

2. 第二次整顿：提高私立大学立案门槛

民国初期，外国人所办学校也对国人创办私立大学产生了很大的影响。陈嘉庚就说："查我国现称大学者，不下十余所，强半为外人所创办。""吾辈身为中国人，不能自谋完备之教育，而必借助于外人，自愧不暇，

① 《1913 年 12 月教育部整顿私立大学办法布告》//朱有瓛：《中国近代学制史料》（第三辑下册），上海，华东师范大学出版社，1992，第 19 页。

② 张晓路等：《我国近代私立高等学校探析》，《河北大学学报》（哲学社会科学版）2010 年第 1 期。

③ 《准予北京各私立大学正式立案布告》（1914 年 5 月 19 日）//多贺秋五郎：《近代中国教育史资料》（民国编上），台北，文海出版社，1976，第 193 页。

④ 教育部：《咨行各省声明本部对于法政教育方针》（1914 年 9 月 18 日）//潘懋元、刘海峰：《中国近代教育史资料汇编：高等教育》，上海，上海教育出版社，2007，第 487 页。

⑤ 《全国大学统计表（1915 年 8 月至 1916 年 7 月）》//潘懋元、刘海峰：《中国近代教育史资料汇编：高等教育》，上海，上海教育出版社，2007，第 466~467 页。

⑥ 吴相湘、刘绍唐：《第一次中国教育年鉴》（丙编），台北，传记文学出版社，1971，第 145~146 页。

何敢尤人耶?"① 在这一时期,教育部首先对外人所设专门以上学校立案进行规范。

1917年5月12日,教育部公布《专门以上同等学校待遇法》(布告第8号),指出:"查京师及各省区中外人士创设私立各种学校,往往有学科程度较中学为高,而学校之名称及科目与大学校令第三条或专门学校令第二条未能尽符,然其实力经营亦有未便湮没者。本部为推广教育起见,特将此项学校订定考核待遇之法如下开各条。"该办法有四项规定:第一项规定"此项学校办理确有成绩者,经本部派员视察后得认为大学同等学校或专门学校同等学校";第二项规定"此项学校学生修业年限须在三年或三年以上,如设有预科者,其预科修业年限须在一年或一年以上";第三项规定"此项学校呈请本部认定时,应将目的、名称、位置、学科、职员及学生名册、地基及校舍之平面图、经费及维持之方法、开校年月详造表册。在京师者径呈本部,在各省区者呈由行政长官转报本部";第四项规定"经本部认定后,该校毕业生得视其成绩,予以相当之待遇"。②

1919年3月26日,教育部布告外人设立专门以上学校,如不以传教为目的者,准照规程由部备案。布告指出,"凡外国人在内地所设之专门以上学校,不以传布宗教为目的,且不列宗教科目者,准其援照私立专门学校规程或私立大学规程及专门以上同等学校待遇法,呈请本部查核办理",以使"其毕业学生得与公私立各校毕业生受同等之待遇"。③

1917年《修正大学令》和1922年"壬戌学制"中关于单科大学的规定,也在无形中放宽了设立大学的条件,"于是引起专门学校的升格运动",对当时私立大学的滥设也起到了推波助澜的作用,终于使其在1924年达到高潮。"一时大学之发达,有如经济兴旺时期之股份公司,对于需要及应付需要之最良方法,少有顾及。"因此有人戏称这一时期为"大学热"时期。"大学发达之速度,超过其组织,无稳定基础之大学,遂相继以起,因而高等教育所必要之经费及合格教师之供给,均感不足。"正如1931年《国际联盟教育考察团报告书》所言,"此种大学高潮,在数年前虽已过去,但其结果无论良否,迄今仍然存在";"中国人对于高等教育之

---

① 陈嘉庚:《倡办厦门大学演说词》(1919年)//潘懋元、刘海峰:《中国近代教育史资料汇编:高等教育》,上海,上海教育出版社,2007,第449页。
② 《教育部布告第8号》,《政府公报》第481号,1917年5月14日。
③ 《教育部布告外人设立专门以上学校,如不以传教为目的者,准照规程由部备案》(1919年3月26日)//朱有瓛:《中国近代学制史料》(第三辑上册),上海,华东师范大学出版社,1990,第599页。

信仰——几成为对于高等教育之狂热——致使二十五年之内，竟有五十余所大学之创设，此种信仰之本身，确有值得特别羡慕者。但此种迅速创立之制度，纵具有真实之优点，其品质上之缺点，自不可免"，尤其是"中国大学在地理上之分布，杂乱无章"，"诸大学间亦无合理之分工"等。①

对于此种乱象，全国教育会联合会于 1924 年专门通过议案，指出："近年以来，公私立大学之创设，不下数十余处，其中名与实符者固属不少，而设备简陋，宗旨乖异者为数实多。若不切实限制，严格考核，妨碍教育前途，贻害青年学子，实匪浅鲜。"并特函请教育部严定大学设立标准。② 1924～1925 年间，"私立大学盛极一时，立案者不过十三校，而试办者即有十四校，未准试办而径行设立者为数更多。其设备之简陋，师资之贫乏，正与民初之私立法政专门学校相若"。③ 无怪时人惊呼大学已到了"滥设"的地步。

由于大学"滥设"，1925 年 7 月 2 日，北洋政府教育部特公布《私立专门以上学校认可条例》（教育部第 108 号令），细化了私立专门以上学校认可的程序和手续，以限制各地滥设私立大学的现象。《条例》规定："私立专门以上学校于开办前应遵照私立大学规程第一条、第二条、第三条或公立私立专门学校规程第二条、第三条、第四条详具事项表册呈请教育总长核办"；"私立专门以上学校应于开学后三个月内将办理情形详具表册呈报教育总长，经派员视察后认为校址、校舍、学则、学科、分配、职教员资格、学生资格、经济状况及各项设备均无不合者，由部批准试办，以三年为试办期"；"批准试办之私立专门以上学校，在试办期内教育总长认为办理不合者，得令其停止试办；批准试办之私立专门以上学校，确系参照国立大学校条例或遵照专门学校令及各专门学校规程办理并于试办期满后具备下列各项条件（有自置之相当校舍、有确定之基金在五万元以上、经部派员考试学生成绩优良）者，由教育总长正式认可之"。④ 并训令各省："以后创办私立专门以上学校，应先设筹备处，俟呈经本部派员视察批准

---

① 《国际联盟教育考察团报告书》// 多贺秋五郎：《近代中国教育史资料》（民国编下），台北，文海出版社，1976，第 1164、1165 页。

② 金以林：《近代中国大学研究（1895～1949）》，北京，中央文献出版社，2000，第 185 页。

③ 教育年鉴编纂委员会：《第二次中国教育年鉴》（第二编教育行政），台北，文海出版社，1986，第 119 页。

④ 《私立专门以上学校认可条例》（1925 年 7 月 2 日）// 多贺秋五郎：《近代中国教育史资料》（民国编中），台北，文海出版社，1976，第 219 页。

试办后，方得作为正式学校，悬牌招生。"①

至 1926 年 7 月，全国共有私立大学 15 所、私立专门学校 9 所（不含试办及近年无案报部者）。② 与第一次兴办私立大学的热潮相比，在第二次热潮中，涌现了不少基础较好、发展起点相对较高的私立大学，如张伯苓的南开大学就是在享誉全国的著名学校——南开学校的基础上发展起来的。这一时期，政府对于私立大学"虽有认可之规定，而各校遵照手续备案者为数甚少"。③ 因当时政局动荡、内战频仍，北洋政府对全国的控制力相对较弱，教育部可谓是"令不出部门"，该条文形同具文。

南京国民政府成立以后，教育部对私立大学的治理整顿一直持续。1930 年 2 月 28 日，教育部训令《处置已停办或封闭之私立学校办法》规定："凡经令饬停办或封闭之学校，非经过一学期不得就原有基础改易名称或变更组织重请设立同类之学校；凡经令饬停办或封闭之学校，经过相当时期如就原有基础改易名称或变更组织重请设立同类之学校概以新开办之学校论；凡新开办之学校只准招收一年级生以杜冒滥；凡经令饬停办或封闭之学校，当时在校之学生应由各该学校负责结束人将学生名册及相片呈送各该所在地地方教育行政机关听候举行甄别，按其成绩发给修业证明书。"④

按照南京国民政府颁布的《私立学校规程》及《大学组织法》、《专科学校组织法》、《大学规程》、《专科学校规程》，私立大学"应具备相当条件，遵照一定手续，呈经教育行政机关依次核准，方为合法；否则不得私擅设立开办，乃各地办学人员，往往忽视法规，办理遂多舛误"。为引起注意起见，1930 年 3 月 10 日，教育部发布第 3 号布告，特将各法规中关于前项各要点摘录（见表 3-3），以指示办学者以大略。⑤

1930 年 4 月，第二次全国教育会议提出《改进高等教育计划》，指出"整顿私立大学，应分两方面进行：一是消极的取缔，一是积极的奖励"。

---

① 《教育部取缔私立大学》，《晨报》1925 年 10 月 31 日，转引自金以林《近代中国大学研究（1895～1949）》，北京，中央文献出版社，2000，第 185 页。
② 《教育部公布全国公立私立专门以上学校一览表》（1926 年 7 月）//中国第二历史档案馆：《中华民国史档案资料汇编》（第三辑教育），南京，凤凰出版社，1991，第 199～203 页。
③ 教育年鉴编纂委员会：《第二次中国教育年鉴》（第二编教育行政），台北，文海出版社，1986，第 118 页。
④ 《处置已停办或封闭之私立学校办法》（1930 年 2 月 28 日）//多贺秋五郎：《近代中国教育史资料》（民国编中），台北，文海出版社，1976，第 656～657 页。
⑤ 《布告第 3 号》（1930 年 3 月 10 日）//多贺秋五郎：《近代中国教育史资料》（民国编中），台北，文海出版社，1976，第 598～599 页。

表3-3 私立大学相关法规要点摘录

类别	呈报程序	分院或分科	开办费及经常费之最低限度
大学及独立学院	1. 无论何级学校，依《私立学校规程》第九条之规定，应先组织校董会，呈请该会核准设立。 2. 校董会经核准设立后，须于一个月内，依照本规程第十条之同规定，呈请该校设立并呈报核准学校开办，并于开办三年后呈请核定学校立案。	1. 大学依《大学组织法》第四条之规定，设置文、理、法、教育、农、工、商、医八种学院。大学至少须具备三学院，并遵照《中华民国教育宗旨及其实施方针》，大学须注重实用科学之原则，必须包含理学院或医学院之一。 2. 独立学院依《大学组织法》第五条第二项之规定，得分两科，亦不出文、理、法、教育、农、工、商、医各科之范围。	1. 依《大学规程》第十条之规定：大学文学院或文科开办费为10万元，每年经常费为8万元；理学院或理科开办费为20万元，每年经常费为15万元；法学院或法科开办费为10万元，每年经常费为8万元；教育学院或教育科开办费为8万元，每年经常费为8万元；农学院或农科开办费为15万元，每年经常费为8万元；工学院或工科开办费为30万元，每年经常费为15万元；商学院或商科开办费为10万元，每年经常费为8万元；医学院或医科开办费为20万元，每年经常费为20万元。 2. 性质相类之学院或科，如或同时并设，其开办费得酌量减少；又各学院或科第一年之经常费，至少须各有额定数目三分之一。
专科学校	1. 专科学校依《专科学校规程》第20、第24两条，按其所设农业之等级，依照规程所列各项，循序呈请核准学校设立，呈报核准学校开办，并于开办三年后呈请核定学校立案。	1. 专科学校依《专科学校规程》第五条，分甲、乙、丙、丁四类：甲类分冶金机械工程、电机工程、化学工程、土木工程、河海工程、建筑、测量、纺织、染色、造纸、制革、陶业、造船、飞机制造及其他关于工业各科；乙类分农艺、森林、园艺、蚕桑、畜牧、水产及其他关于农业各科；丙类分银行、保险、会计、交通管理、国际贸易、税务、盐务及其他关于商业各科；丁类分药学、艺术、音乐、体育、图书馆学、市政、商船及其他不属于甲、乙、丙三类各专科。 2. 甲、乙、丙三类所列各专科，如就本类设置两种专科以上，甲类得称工业专科学校，乙类得称农业专科学校，丙类得称商业专科学校。	1. 依《专科学校规程》第十条之规定：专科学校甲类之一、二、三、四等项开办费为20万元，每年经常费为10万元；甲类之五、六、七、八、九、十、十五、十六等项开办费为15万元，每年经常费为8万元；甲类之十一、十二、十三、十四等项开办费为10万元，每年经常费为8万元；乙类之一、二、六、七、八等项开办费为8万元，每年经常费为6万元；乙类之三、四、五各项开办费为8万元，每年经常费为5万元；丙类之一、二、三、四、五、六、八等项开办费为8万元，每年经常费为6万元；丁类之商业开办费为6万元，每年经常费为6万元；丁类之商船药学等项开办费为10万元，每年经常费为6万元，至少须有额定数目三分之一。 2. 各专科学校第一年之经常费，至少须各有额定数目三分之一；工业、农业、商业专科学校，其开办费及每年经常费之数目及种类，应视其所设各专科之数目及种类而定，得照额定标准，酌量减少。

取缔办法大略如下：（1）对于未立案的私立大学、学院及专科学校。① 凡未立案的私立大学、学院及专科学校应分别限期遵令呈请立案。不遵令如期呈请者，勒令停办。遵令呈请立案者，分别准予立案或准予试办一年至三年，或勒令停办，或限期结束。② 勒令停办或限期结束的大学、学院及专科学校，不得再行招生。③ 勒令停办的大学、学院及专科学校，有希图违抗者，由教育部令省市教育行政机关封闭。（2）已立案的私立大学、学院及专科学校应由教育部随时派员视察。如行政组织、课程、设备、教员资格及学生成绩等项不合规定标准，或经费亏空过巨时，教育部应酌量情形使其限期改善或筹补。违者予以警告或封闭。凡经教育部指导后不加改善者，予以警告。情形重大或受警告后经过若干时期仍未改善者，封闭。（3）新创办的私立大学、学院及专科学校，应依照大学及专科学校法规办理，并按照私立学校规程先行呈请设立。违者由教育部令省市教育行政机关封闭。

奖励办法大略如下：（1）凡已经立案的私立大学、学院及专科学校，成绩优良者，得由中央或省市政府酌量拨款补助，或由教育部转商各庚款基金会拨款补助。（2）某学院或某科系在教育学术上有特殊贡献者，得由教育部或省市教育行政机关褒奖或给补助费。（3）有实验性质而实验成绩优良者，得由教育部褒奖或给补助费。①

上述取缔及奖励办法后于 1930 年 8 月 23 日由教育部订定为《私立大学、专科学校奖励与取缔办法》。② 为做好未立案及已停闭之私立专科以上学校毕业生肄业生的甄别工作，教育部还特于 1931 年 4 月 21 日公布了《未立案及已停闭之私立专科以上学校毕业生肄业生甄别试验章程》及《未立案及已停闭之私立专科以上学校毕业生肄业生甄别试验委员会章程》。③

1931 年 6 月 1 日，国民政府公布《中华民国训政时期约法》，其中第五章《国民教育》规定："全国公私立之教育机关一律受国家之监督，并负责推行国家所定教育政策之义务"；"私立学校成绩优良者，国家应予以

---

① 《改进高等教育计划》//多贺秋五郎：《近代中国教育史资料》（民国编中），台北，文海出版社，1976，第 715 页。

② 《教育部订定私立大学、专科学校奖励与取缔办法》（1930 年 8 月 23 日）//中国第二历史档案馆：《中华民国史档案资料汇编》（第五辑第一编教育），南京，凤凰出版社，1994，第 180 页。

③ 多贺秋五郎：《近代中国教育史资料》（民国编中），台北，文海出版社，1976，第 619 页。

奖励或补助"。① 1931 年 7 月 27 日，教育部布告第五号指出："学生投考学校，务宜详加审慎，在大学尤为切要"；"须知凡经本部立案之私立学校，与未立案之学校，其课程设备内容等固有区别，而以毕业资格言，凡在未立案各校毕业者，关于公务员考试、律师甄拔、医生营业许可等，均不能与已立案学校之毕业生，受同等待遇，如学生于入学之时，不加审择，于学业及服务前途均有影响"。② 1932 年 12 月，国民党四届三中全会通过《关于教育之决议案》，规定："大学宜提高程度、充实内容，政府每年应拨给巨款扩充国立大学之设备及补助私立大学之有成绩者"；"现有之国立省立或私立大学应由教育部严加整理，同一地方院系重复者力求归并，成绩太差、学风嚣张者应即停办"；"各省市及私立大学或学院应以设立农工商医理各学院为限，不得添设文法学院"。③

民国初期是近代中国私立大学从无到有、逐步发展壮大的时期。至 1936 年，全国共有私立专科以上学校 53 所，其中私立大学 20 所、私立学院 22 所、私立专科学校 11 所。④ 时人评之："与国省市立专科以上学校比，几已同数。行政、教学、设备方面，亦颇有长足之进步。"⑤

第二节　清末民初私立大学内部职权体系
——以南开大学为例

中国现代意义上私立大学的出现，是 1910 年代的事情，其起步虽较晚，但由于"最初办大学的人有现代的眼光"，一开办就直接与现代教育接轨，故具有很高的起点。⑥ 从整体上说，中国现代私立大学从建立到初具规模，其中特别优秀的像南开大学，可以说只用了大约十年的时间。那

① 《中华民国训政时期约法》（1931 年 6 月 1 日）// 多贺秋五郎：《近代中国教育史资料》（民国编中），台北，文海出版社，1976，第 626 页。
② 《教育部布告》（1931 年 7 月 27 日）// 多贺秋五郎：《近代中国教育史资料》（民国编中），台北，文海出版社，1976，第 631 页。
③ 《关于教育之决议案》（1932 年 12 月 21 日）// 多贺秋五郎：《近代中国教育史资料》（民国编下），台北，文海出版社，1976，第 183 ~ 184 页。
④ 《抗战期间全国专科以上学校概况表》（1936 ~ 1945 年）// 中国第二历史档案馆：《中华民国史档案资料汇编》（第五辑第二编教育一），南京，凤凰出版社，1997，第 778 ~ 779 页。
⑤ 教育年鉴编纂委员会：《第二次中国教育年鉴》（第二编教育行政），台北，文海出版社，1986，第 118 页。
⑥ 谢泳：《大学旧踪》，南昌，江西教育出版社，1999，第 2 页。

么这种高起点到底是如何实现的呢？本节将以南开大学为例，探讨 1920 年代前后军阀政治与政党政治交替之际，私立大学内部职权与政府、学术、市场多重互动的复杂关系。

南开大学是近代中国仿照欧美教育制度开办的一所著名私立大学①，可以说是近代中国私立大学的典范。创办人严修（字范孙）是清朝翰林，做过学部侍郎，思想开明。校长张伯苓（字寿春）原是北洋水师学堂毕业生，后受甲午战争失败、"国帜三易"的强烈刺激，转而从事教育工作。张伯苓先在严修家中教塾馆，为以后办学奠定了基础。1904 年 4～6 月，严修偕张伯苓赴日本考察教育，归国后在严氏私宅创办了"私立中学堂"（年终改名为"私立敬业中学堂"），1907 年 9 月更名为"私立南开中学堂"。1912 年按照南京临时政府教育部《普通教育暂行办法》的规定，南开中学堂改名为南开学校，监督改称校长。民国成立后的南开发展得更快，至 1916 年学生已逾千人。②

为解决学生求学深造的问题，早在 1915 年，"徇中学毕业生之请求"，南开学校曾增设英语专门科一班，并续办高等师范班，为有志留学或从事教育工作的青年提供深造的条件，同时成立了专门部，积极创造条件，准备在专门部的基础上发展为大学。后均因"经费竭蹶，维持为难，遂次第停办"。③ 1917～1918 年，严修、张伯苓"远游美国，觇其国内一切设施，与其人民之所以树立，归而有南开大学之计划"。④ "以普通知识仅为国民教育之初步，殊不足以应国家社会之所求。斯高等教育之设施，遂不容不奋起直追。以与欧美相颉颃，俾定国家根本之大计。"⑤ 1919 年 9 月 25 日，举行南开大学首届开学典礼。1925 年 8 月，经北洋政府教育部认可立案。1929 年 6 月，经南京国民政府重新立案。

1937 年 7 月，南开大学惨遭日军狂轰滥炸，三分之二校舍被毁。同年 8 月，南开大学与北京大学、清华大学合组长沙临时大学，后迁往昆明，改称西南联合大学。抗日战争胜利后，三校复员北归，1946 年南开大学迁

---

① 1946 年 4 月 9 日，南开大学改为国立。
② 南开大学校史编写组：《南开大学校史（1919～1949）》，天津，南开大学出版社，1989，第 1～7 页。
③ 南开大学校史编写组：《南开大学校史（1919～1949）》，天津，南开大学出版社，1989，第 84～85 页。
④ 李纯：《南开大学正式成立祝词》（1919 年 11 月 20 日）//潘懋元、刘海峰：《中国近代教育史资料汇编：高等教育》，上海，上海教育出版社，2007，第 445 页。
⑤ 《十六年来之南开大学》//王文俊等：《南开大学校史资料选（1919～1949）》，天津，南开大学出版社，1989，第 2 页。

回天津并改为国立。复校后设文学院、理学院、政治经济学院和工学院，计 16 个系，另设有经济研究所、应用化学研究所及边疆人文研究室。1952 年全国高等学校院系调整，南开大学由一所学科比较齐全的大学变成了一所仅拥有文理科的大学，设有 14 个系、3 个专修科。

私立大学与公立大学在教育目标上并无二致，但在经费来源和管理上有所不同。在中国，高等教育一向是由国家办理，大学的经费由中央政府或省政府提供。办私立大学，张伯苓（南开大学）是一个拓荒者。[1] 其办学目标为"能与英国之牛津、剑桥，美国之哈佛、雅礼并驾齐驱，东西称盛"。[2]

一、南开大学部门结构图

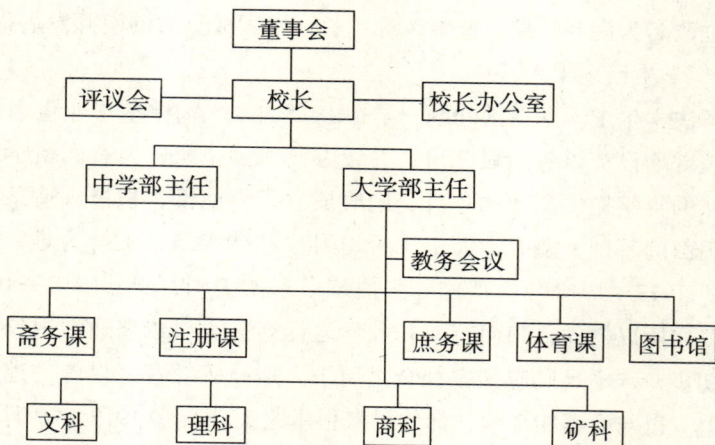

图 3-4 1923 年南开大学组织系统

资料来源：《现行组织》（1923 年）// 王文俊等：《南开大学校史资料选（1919~1949）》，天津，南开大学出版社，1989，第 118~122 页。

二、领导体制

私立南开大学的领导体制实行董事会（校董会）下的校长负责制。董事会广泛吸收企业界、银行界和社会知名人士参与办学，是对学校的重要事务进行咨询、评议、审议的指导机构和筹措学校教育发展基金、支持学

---

[1] 司徒雷登：《私立大学的拓荒者》// 梁吉生：《张伯苓的大学理念》，北京，北京大学出版社，2006，第 125 页。

[2] 张伯苓：《四十年南开学校之回顾》// 张竟无：《民国大学：遥想大学当年》，北京，东方出版社，2012，第 53 页。

校发展的决策机构。据 1923 年南开大学《现行组织》记载，董事会以董事九人组织之，其职权是：聘任校长，大学部及中学部主任各一人由校长推荐，经董事会通过；筹募经费，议决预算，审查决算；学校章程之制定及变更应由董事会通过；发给学生毕业证书并授予学位。①

私立南开大学时期，学校在管理上从一开始就因应社会的支持，设立了校外人士组成的董事会（校董会），这是学校与社会沟通的桥梁。② 1913 年时南开学校以严修、卢木斋、王少泉三人为校董，1916 年徐世昌来校参观，张伯苓又请他担任校董，这是南开最早的董事会。这些校董都是政界、学界或工商界有名望的人士，在天津很有影响，由他们出任校董主要是为了筹募经费，推动学校的发展。他们参与学校的决策，议订预算及审查决算，审订学校章程。③ 南开大学董事会最初称董事部，成立于 1919 年初，由严修、范源濂等人组成；1920 年 3 月组成新的董事部，延请范源濂、严慈约、孙子文、李琴湘、蒋梦麟、王澍明、陶孟和、刘芸生、卞俶成等为董事；1921 年改为董事会；1929 年又根据教育部的统一规定更名为校董会，仍由九人组成，任期三年，每年改选校董的三分之一，可以连任，并且除了学校董事会外，矿科、商学院及经济学院还聘有各自的董事。

历届校董会人选，大多是南开大学的"财东"。具体地说，大致包括三类人：一是官僚政客，如颜惠庆、周自齐等。颜惠庆历任北京政府外交总长、国务总理、内务总长及天津大陆银行董事长等职；周自齐历任交通总长、农商总长、中国银行总裁、币制局总裁、财政部长等。他们在政界、财界有一定影响，可以协调南开与政府的关系，争取政府财政上的支持。二是民族工商业资本家，如李组绅、范旭东、卞俶成等。李组绅是河南六河沟煤矿董事长；范旭东是天津久大盐业公司、永利制碱公司创办人；卞俶成是天津"八大家"之一。他们可以在经费或办学条件上提供帮助。三是学者名流，如范源濂、丁文江、胡适、蒋梦麟、王澍明、孙子文、李琴湘、严慈约等。范源濂曾任教育总长、北京师范大学校长、中华教育文化基金委员会董事长等职；丁文江曾任中国地质调查所所长、中央研究院总干事等职；胡适曾任北大教务长、文学院院长、中央研究院评议员等职；

① 《现行组织》（1923 年）∥王文俊等：《南开大学校史资料选（1919～1949）》，天津，南开大学出版社，1989，第 118～119 页。
② 梁吉生：《允公允能　日新月异——南开大学校长张伯苓》，济南，山东教育出版社，2003，第 280 页。
③ 南开大学校史编写组：《南开大学校史（1919～1949）》，天津，南开大学出版社，1989，第 9 页。

蒋梦麟曾任浙江大学校长、教育部长、北大校长等。这些人在教育界交际广泛，有丰富的教育管理经验，对南开办学有较大帮助。《私立南开大学章程（1932年）》规定，校董会校董每年更选三分之一，但得连任。其职权为：（1）聘任校长；（2）筹募本校经费；（3）议决预算及审查决算；（4）对于本校章程之制定、变更或撤废，予以同意。① 董事会的成立，推进了南开大学开放性办学模式，开拓了南开的教育与经济、社会联系的渠道，奠定了私立南开大学的社会基础。校董会所发挥的对办学的指导、评议、咨询作用，成为大学与社会双向参与的桥梁。

在私立大学，校长作为联系校董会与大学的桥梁，是学校管理的核心，集职、权、责于一身，有相当大的办学自主权。相对于公立大学来讲，私立大学校长的位子要稳定得多。因此，校长个人的能力对一所学校的发展起着非常大的影响。② 首先，因校董会一般不过问学校具体事务，真正全面掌握学校实际情况、深切感受到学校应如何改进以适应社会变化发展的，只有校长自己，所以，校长对学校发展的设计与构思是校董会决策的最重要依据。其次，校董会负责筹备本校经费、议决预算及审查决算以及对于本校章程之规定变更或撤废予以同意，但对其通过的决议还是由其聘任的校长直接执行。此外，校长还是学校形象的代表，与政府和社会各界的交往都须校长身体力行，尤其在资金劝募方面，校长的人格、形象与能力往往是决定性因素之一。南开大学之所以能够取得突出的办学成就，与张伯苓校长有着直接的关系。校长名义上是由校董会聘任，实际上张伯苓是无可争议的人选。因为张伯苓是南开的缔造者之一，在教育界和广大师生中享有极高威信，有丰富的办学经验。因此，南开大学的校长与一般国立大学校长不同，它与校董会的关系也不像一般私立学校那样。张伯苓既是南开大学的总负责人，又是总设计师。③

三、学术管理

南开大学刚成立时从"文以治国、理以强国、商以富国"的思想出发，设文、理、商三科。1921年9月，因河南省六河沟煤矿董事长李组绅

---

① 《私立南开大学章程》（1932年）∥王文俊等：《南开大学校史资料选（1919～1949）》，天津，南开大学出版社，1989，第127页。
② 金以林：《近代中国大学研究（1895～1949）》，北京，中央文献出版社，2000，第133页。
③ 南开大学校史编写组：《南开大学校史（1919～1949）》，天津，南开大学出版社，1989，第104页。

开始每年捐南开大学三万元，添设矿科（1926 年秋，因李组绅停止捐款，矿科撤销，学校推荐毕业班八九人去美国福特汽车公司做推销员，三年级以下同学均转入他校或改学理科）；1923 年 8 月，增设预科（1930 年结束）。

在文、理、商三科中，按照美国大学分科、选科办法将课程分组，组再包括若干学门，以后又把专修的学门称为学系。如 1923 年文科有文学、历史、哲学、教育、心理、政治、经济和人类学等系；理科设算学、化学、物理、生物等系，并拟设地质学及天文学系（后限于师资条件没有办成）；商科设有普通商学、银行学、会计学等系；矿科只设一班，未分系。当时的所谓"系"，并不是行政实体，也不很固定，往往要视延聘教授的情况而定。1926 年前文科一度改为政治、经济、历史、哲学及社会学、教育心理学五系。1926 年，学校对科系设置有了新的认识，认为私立大学的科系设置，要从自身实力出发，不能战线过长。为此，南开大学对文科进行重大改革，提出"按学生之兴趣，察已有之人才，将文科之精力集中于政治、经济两系，训练政治、经济之人才，以应现实中国之需要"。据此，裁并文科五系，以政治、经济两系为主，以历史、哲学、教育心理三系为副系。① 1927 年 9 月成立社会经济研究委员会（即经济学院和经济研究所前身）。1929 年按照《大学组织法》及《大学规程》规定，改科为院，设有文学院（政治系、历史系、经济系）、理学院（数学系、物理系、化学系、生物系）、商学院（财务管理系、银行系、统计系、商业系）②；1931 年，文学院经济系与社会经济研究委员会合并，成立经济学院；1930 年 8 月成立电机工程系，1931 年 9 月成立化学工程系，1932 年 3 月成立应用化学研究所，均隶属于理学院。到 1932 年，设文学院、理学院、商学院、经济学院，其中，文学院下设英文学系、政治学系、哲学教育系，理学院下设算学系、物理学系、化学系、生物学系、先期医学系、电机工程系、化学工程系，商学院下设会计学系、银行学系、普通商业系，经济学院下设农业经济系、工业管理系、运输学系、经济史学系、统计学系。但南开大学经济学院只存至 1934 年，教育部以《大学组织法》中无经济学院名称而令其改组。1934 年秋，经济学院奉命撤销，而在本校商学院中添设经济系、经济研究所，以继续经济学院原有工作。

---

① 南开大学校史编写组：《南开大学校史（1919~1949）》，天津，南开大学出版社，1989，第 139、142 页。
② 费正清、费维恺：《剑桥中华民国史（1912~1949 年）》（下），刘敬坤等译，北京，中国社会科学出版社，1994，第 424 页。

张伯苓常说:"学校不是校长的学校,是大家的学校。"[①] "南开,不是校长一人之南开,是大家的南开。"[②] "学校一切事,不是校长一人号令,应大家共同商量。"[③] 在民主管理方面,南开大学实行教授治校,其集中体现为建立教授会与实行评议会制度。教授会成立于 1923 年 10 月,选举李济、杨石先、薛桂轮等五人为学年委员,除组织教员活动外,并对学校教学工作提出改进意见,"以促进教学效率,协助学校发展并与学术界作应有之联系为宗旨"。[④] 而学院、学系教授会则在办学中发挥更大的作用,按照《私立南开大学章程(1932 年)》第三章"学制组织"规定:"各学院教授会议以各该学院专任教授组成之,议决关于各该学院之事项。校长或教务长得出席此项会议发表意见";"各学系教授会议以各该学系之教授组成之,议决关于各该学系之事项。各该学系所属之学院院长得出席此项会议,发表意见"。[⑤] 评议会成立于 1924 年 3 月,当时为了加强民主管理,广泛听取各方面的意见,学校进一步调整、健全了组织机构,同时决定在董事会以下设评议会,并起草了经全体教职员修正通过的会章。[⑥] 评议会由校长、大学主任(建校初期,还有大学部主任,协助校长负责大学校务,1930 年根据教育部规定改科为院后,取消大学部主任,设秘书长[⑦])、各科主任及教授会议公举教授一人、校长在教职员中指派二人组成,其具体职权为:评议本校大政方针、规划本校内之组织、根据本校进款及各科各系各课之预算支配用途、承受及评议一切建议案和评议本校其他重要事件等[⑧],以后组织日臻完善。根据《私立南开大学章程(1932 年)》,评议会以校长、教务长、秘书长、各院院长、教务会议选举教授二人及校长于

① 张伯苓:《学校不是校长的学校,是大家的学校》(1927 年 12 月) // 王文俊等:《张伯苓教育言论选集》,天津,南开大学出版社,1984,第 162 页。

② 南开大学校史编写组:《南开大学校史(1919~1949)》,天津,南开大学出版社,1989,第 109 页。

③ 张伯苓:《在南开学校全体教职员会上的开会词》(1921 年 3 月 4 日) // 王文俊等:《张伯苓教育言论选集》,天津,南开大学出版社,1984,第 79~80 页。

④ 《国立南开大学教授会会章》 // 王文俊等:《南开大学校史资料选(1919~1949)》,天津,南开大学出版社,1989,第 163 页。

⑤ 《私立南开大学章程》(1932 年) // 王文俊等:《南开大学校史资料选(1919~1949)》,天津,南开大学出版社,1989,第 135 页。

⑥ 南开大学校史编写组:《南开大学校史(1919~1949)》,天津,南开大学出版社,1989,第 109 页。

⑦ 南开大学校史编写组:《南开大学校史(1919~1949)》,天津,南开大学出版社,1989,第 104 页。

⑧ 《南开大学评议会章程》 // 王文俊等:《南开大学校史资料选(1919~1949)》,天津,南开大学出版社,1989,第 122 页。

教职员中指派二人组成之，具体职权为：评议本校校政设计方针；规划本校内部之组织；根据本校岁入款项及各院各系各课之预算，支配用途；制定、变更或撤废本校章程，但须得校董会之同意；承受及评议一切建议案；评议本校其他重要事件。

由此可以看出，南开大学董事会与评议会、教授会的职责权限划分比较清晰，即校董会主要侧重于大学的维持与发展问题，而评议会、教授会则主要侧重于大学内部的组织管理和学术发展工作。

四、职能部门

南开大学的机构设置和人员配备，都是从南开的学校性质出发。南开大学"因系私立，经费竭蹶，用费务求其省，效率务求其高，故组织方面，分部甚简"。① 南开一向重视管理，当其还在严宅偏院时，张伯苓就提出"作事不分家"的五字治校原则，以便通力合作，应付初创时期人少事多的局面。当学生发展到千人以后，张伯苓明确指出："将学校作成一法制学校，总不使一人之去留影响于全校，如古籍所云'人存政举，人亡政息'之意，则可耳！"② 又及时提出了"责任分担、校务分掌、健全制度、定时作事"的主张。所谓"责任分担"，就是使校董参与学校重要事务，"全校事务不致交于校长之一身"；所谓"校务分掌"，即"职员中分管理、庶务、体育3课。各有课长、课员，其余各事并由诸教员帮助，分国文、英文、图书、学会、体育、学校卫生、音乐诸股，各司其职，各理其事。校长既不过劳，校事亦有秩序"③；所谓"健全制度"，即学校建立、健全各种章程；所谓"定时作事"，就是要求各课的工作以至各课职员都要加强工作的计划性。④ 如此，"各事既有秩序，则无论何人视事均能依IE进步。其能力强者能扩充之，虽较弱者亦无退步之虞"。⑤ 张伯苓还将师生参与管理同学校前途、办学成败联系起来，认为："'师生合作'问题，对于

---

① 南开大学校史编写组：《南开大学校史（1919～1949）》，天津，南开大学出版社，1989，第105页。
② 张伯苓：《我校之各项政策》（1916年8月23日）//王文俊等：《张伯苓教育言论选集》，天津，南开大学出版社，1984，第18页。
③ 张伯苓：《我校之各项政策》（1916年8月23日）//王文俊等：《张伯苓教育言论选集》，天津，南开大学出版社，1984，第19页。
④ 南开大学校史编写组：《南开大学校史（1919～1949）》，天津，南开大学出版社，1989，第13～14页。
⑤ 张伯苓：《我校之各项政策》（1916年8月23日）//王文俊等：《张伯苓教育言论选集》，天津，南开大学出版社，1984，第18页。

南开前途，有莫大之关系"；"盖非如此不能使学校进步改良也"。① 1921
年1月，南开大学在北京香山慈幼院召开会议，提出"校务公开、责任分
担、师生合作"的校务管理方针；同年3月成立师生校务研究会，就学校
各种问题提出方案，提交学校加以改进。1924年又提出"开诚布公、根本
改良"的办学方针，号召学生帮助学校推进改革。

南开中学早期行政管理部门主要有教务课、斋务课、庶务课，南开大
学建立初期也只有教务②、庶务、会计、训育、建筑等课，管理人员很
少。③ 1923年时的南开大学由九人组成的董事会管理，"校长由董事会聘
任"，"校长总理全校一切事务"，下有校长办公室，"设秘书若干人，办理
一切文件及校长随时委任事宜"；并有"由校长推荐，经董事会通过"的
大学主任"襄助校长办理全校一切事务，校长出外时代理校长职务"，下
分注册、斋务、庶务、体育等课及图书馆，设主任一人、课员若干人；全
校分"文理商矿四科，每科设主任一人；每科分若干系，设主任一人，商
同该科主任办理该系事项"。④

1932年时的南开大学，仍"由校长总理全校一切校务；校长办公室得
设秘书若干人，襄助校长办理校务"，并新设了教务处和教务会议、秘书
处和事务会议。教务处由校长聘任教务长一人，处理本大学教务方面事宜；
下设注册课、图书馆、体育课，分掌该处各项事务。教务会议主要负责研
究决定全校有关教务事宜，由校长、教务长、专任教授、注册课主任、图
书馆主任和体育课主任组成，以校长或教务长为主席，并负责召集之。秘
书处由校长聘任秘书长一人，秉承校长处理本大学事务方面之事宜；秘书
处设秘书若干人，分担校长临时分派之事务及专任之常务事宜；下设文牍
课、会计课、庶务课、建筑课和学生指导委员会，分掌该处各项事务。事
务会议负责议决校内各处事务方面之一切事宜；由秘书长、各课主任、图
书馆主任和斋务指导员组成，以秘书长为当然主席，议决事项依照其性质
由各事务机关分别执行。南开大学内部行政事务人员之精简，办事效率之

① 张伯苓：《关于师生合作问题》（1925年2月19日）//王文俊等：《张伯苓教育言论选集》，天津，南开大学出版社，1984，第137页。
② 1923年第二学期起，教务课改为注册课。
③ 梁吉生：《允公允能 日新月异——南开大学校长张伯苓》，济南，山东教育出版社，2003，第283页。
④ 《现行组织》（1923年）//王文俊等：《南开大学校史资料选（1919~1949）》，天津，南开大学出版社，1989，第118~122页。

高，执行之快，突出地表现于事务会议。①

张伯苓建立了集中统一的强有力行政指挥系统，形成了以行政管理为主要手段、以管理效率为主要目标的治校模式。② 这一时期的南开大学在学校管理方面独具特色，不像别的学校之普遍设有教务长、总务长、训导长、校长办公室主任等职务和机构，而是仅设秘书长，在校长的领导下总管全校的一切教务、总务与行政工作，黄钰生先生就自始至终是老南开大学的秘书长，也是南开大学的重要创建人之一。③ 南开大学的校务管理、教学设施以及教育效益，在当时全国的公立私立大学中都是比较好的学校之一。据1931年《全国二十年度各大学之概况表》统计，南开大学的教育经费在19所私立大学中占第9位，只相当于燕京大学（此时已将立案的教会大学纳入私立大学管理）经费的31%；与国立大学相比，只相当于中央大学的15%，国立大学中经费最少的山东大学也比南开大学多12万余元。但南开大学教师与学生的比例最高，是1∶10.8，几乎相当于中央大学的两倍，是燕京大学的三倍。④ 不仅"京沪一般对本校印象甚好"，教育当局亦"认本校为私立学校之中'成绩卓著'者"。⑤

张伯苓作为南开大学的缔造者之一，担任校长长达30年之久，为中国近现代教育史上所少见。"他把私人办学这一传统形式注入时代活力，积极探索西方教育与中国国情的密切结合，创造性地构建近代化私立大学模式，不仅把这所大学办得可以与最有名的国立大学相媲美，而且为外国同行所称道。"⑥ 胡适称张伯苓为"中国现代教育的创造者"⑦；梁启超称赞南开大学"不独为中国未来私立大学之母，亦将为中国全国大学之母"⑧；

① 南开大学校史编写组：《南开大学校史（1919～1949）》，天津，南开大学出版社，1989，第109页。
② 梁吉生：《允公允能　日新月异——南开大学校长张伯苓》，济南，山东教育出版社，2003，第282页。
③ 申洋文：《张伯苓先生的教育思想和办学经验是我国教育事业的宝贵财富》//梁吉生：《张伯苓与南开大学》，太原，山西教育出版社，1995，第151～152页。
④ 吴相湘、刘绍唐：《第一次中国教育年鉴》（丁编），台北，传记文学出版社，1971，第34～35页。
⑤ 王文俊等：《南开大学校史资料选（1919～1949）》，天津，南开大学出版社，1989，第45页。
⑥ 母国光：《序》//梁吉生：《张伯苓与南开大学》，太原，山西教育出版社，1995，第1页。
⑦ 胡适：《中国现代教育的创造者》//梁吉生：《张伯苓的大学理念》，北京，北京大学出版社，2006，第118页。
⑧ 《梁任公先生在本校大学部开学时之演说》//王文俊等：《南开大学校史资料选（1919～1949）》，天津，南开大学出版社，1989，第817页。

费正清在《剑桥中华民国史》中谈到中国大学时，南开大学是唯一受到关注的私立学校。书中写道："并不是所有的著名大学都与政府有关系，各种类型和性质的私立学校纷纷成立，特别是在北京和上海以及一些省城。最著名的教育家的活动例子是南开，这是张伯苓领导下在天津成长起来的中等学校和高等教育的联合体。"① 陈平原在《中国大学十讲》中认为，南开是"教育史上的奇迹"。他写道："作为中国最著名的私立大学，'南开之路'非同寻常。如果说 20 世纪中国高等教育有什么'奇迹'的话，那么，很可能不是国立大学北大、清华的'得天独厚'，也不是教会大学燕大、辅仁的'养尊处优'，而是私立学校南开的迅速崛起。"②

第三节　清末民初私立大学内部职权结构分析

在分析清末民初公立大学内部职权结构时，本研究采用了伯顿·克拉克的分析模型，较之北京大学，南开大学受市场权力影响更为明显（见图 2 - 12）。北大仿德国的洪堡大学，所以内部管理体制肖似德国大学，但因中国文化传统，仍受政府影响；南开大学肖似美国大学，与北大比起来，同样重视学术，但受市场影响较北大明显。

本节亦将政府、市场和学术视作影响私立大学内部职权的三支重要力量，用来分析张伯苓时期的南开大学内部职权体系（见图 3 - 5）。

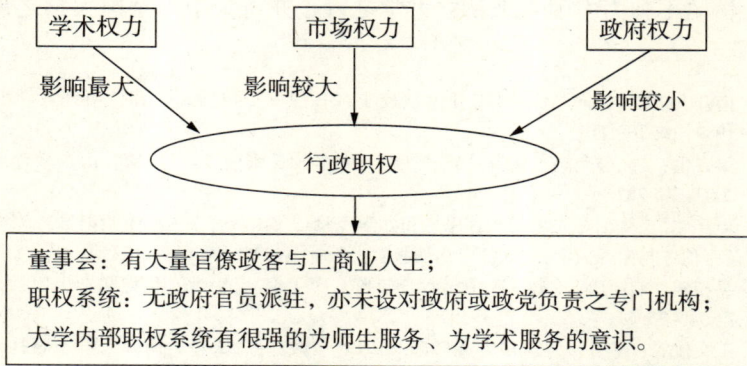

图 3 - 5　民国初期影响私立南开大学内部职权的各方力量对比

① 费正清、费维恺：《剑桥中华民国史（1912～1949 年）》（下），刘敬坤等译，北京，中国社会科学出版社，1994，第 422 页。
② 陈平原：《中国大学十讲》，上海，复旦大学出版社，2002，第 237 页。

　　这一时期，在影响民国初期私立大学内部职权体系的各权力因素中，学术权力影响最大，市场权力次之，政府权力试图掌控大学却明显力不从心。

一、学术立校——私立大学内部职权中的学术权力

　　南开大学对学术研究的重要性认识较早。学校成立不久，就开始在教学与科研相结合方面进行有益的探索。20 世纪 20 年代末，其对中国学术研究状况已有较清醒的估计，并且制定了正确的研究方针和重点。20 世纪 30 年代初，其对于学术研究在大学教育中的地位有了更加明确的看法，认为"一个大学学府的重要，不仅在能造就会念书的学生，而尤在能养成一种研究学术的空气。因此，一个大学在社会上的地位如何，它的学术活动是第一件值得让人注意的"。[①]　"南开的学制和教学，从一开始就照搬美国。"由于"赞助擘划者皆美国留学生，无形中输入美国风味不少"。[②]"一切学制系照美国大学最新分科、选科办法。"[③]

　　张伯苓认为，"大学最要者即良教师"。[④] 南开大学从一开始就以美国大学为模式，所以起初就聘任了一些留美学者或美籍教师来校任教。他们不仅有较为专深的近代科学知识，而且熟悉美国的教育制度与教学方法。到 1930 年，全校教师 40 人，留学美、英等国的共 31 人，占教师总数的近 80%，其中获博士学位的 14 人，占 35%，获硕士学位的 10 人，占 25%；1932 年，全校教师 61 人，留学海外的共 40 人，其中留美学者 38 人（内有博士 18 人，占 30%；硕士 18 人，占 30%）；1936 年，全校教师 85 人（包括兼职教师），留学海外的共 43 人（其中留美 39 人），占全部教师的一半以上，有 17 人和 19 人分别获得博士学位和硕士学位。[⑤] 南开大学的学术权力能形成较大影响也与其拥有大量知名学者有关，如数学系的姜立夫、物理系的饶毓泰、化学系的邱宗岳、哲学系的汤用彤、政治学的徐谟、人

①　南开大学校史编写组：《南开大学校史（1919～1949）》，天津，南开大学出版社，1989，第 183～184 页。

②　南开大学校史编写组：《南开大学校史（1919～1949）》，天津，南开大学出版社，1989，第 97 页。

③　《南开大学 1920 年概况》∥潘懋元、刘海峰：《中国近代教育史资料汇编：高等教育》，上海，上海教育出版社，2007，第 446 页。

④　张伯苓：《南开大学成立之动机》（1922 年 10 月 18 日）∥王文俊等：《张伯苓教育言论选集》，天津，南开大学出版社，1984，第 92 页。

⑤　梁吉生：《允公允能　日新月异——南开大学校长张伯苓》，济南，山东教育出版社，2003，第 240 页。

类学的李济等等。

从客观环境上讲，南开大学也有吸引留学青年学者的条件。民国时期，北京、天津一直是学术中心，学术界很活跃，而南开大学位居天津，又较少北京的政治纷乱，有利于专心致力于学术研究。因此，在何廉1926年回国时，岭南大学致函约聘他为该校商学院院长，月薪300元，但他考虑学术发展，决定就任月薪180元的南开商科教授。又如1923年杨石先回国时，同船的一位留学生邀他去浙江大学，他在清华的同学、哈佛大学博士李济却支持他去南开。考虑到国立浙江大学多受政府控制，而私立南开受政治影响较小，所以，杨石先最终选择了南开大学。[①]

南开大学的一切重大决策如大政方针、资金调配、机构设置等都要经评议会讨论。评议会由校长、大学主任、各科主任、教授会议公举教授一人、校长在教职员中指派二人组成，其中各科主任都是某学科的资深教授，所以学者在评议会中占有多数席位。根据《南开大学评议会章程》相关规定，评议会富有民主自由精神，由会员三人或三人以上提议，就可召开会议；评议会章程由教授及主要职员总数五分之一提议，过半数通过就可以修改，从而凸显教授在治校过程中的作用。[②]

学术权力影响大也与办学者的理念有关。"私立学校的办理不象官立学校那么容易，须用款少而做事多。"[③] 虽然资金问题始终是南开的痼疾，从学校成立到1930年，南开大学大部分年度都亏款，办学因资金问题常受到掣肘不得不做出一些让步，但南开从未因此而偏离其高学术标准的办学风格。正如黄钰生所言，"南大为经济所限，不敢侈谈研究，她只是一个老老实实的教学机关（a teaching institution），间或有点研究"，但是"大学的一切设置、人员、组织，都是为学问而预备的"。[④] 至1924年，南开大学"各科教学仪器设备及外国期刊，该时或仅次于清华而已"。[⑤] 如南开不断加强理科建设，这些都是耗费资金而不会有太多实际收益的学科。张伯

---

① 梁吉生：《允公允能 日新月异——南开大学校长张伯苓》，济南，山东教育出版社，2003，第241~242页。

② 《南开大学评议会章程》//王文俊等：《南开大学校史资料选（1919~1949）》，天津，南开大学出版社，1989，第122页。

③ 张伯苓：《中国的富强之路》（1929年9月23日）//王文俊等：《张伯苓教育言论选集》，天津，南开大学出版社，1984，第171页。

④ 黄钰生：《大学教育与南大的意义》//王文俊等：《南开大学校史资料选（1919~1949）》，天津，南开大学出版社，1989，第787、782页。

⑤ 吴大猷：《南开大学和张伯苓——大学和校长的特色》//王文俊等：《南开大学校史资料选（1919~1949）》，天津，南开大学出版社，1989，第73页。

苓还极力保障教师的权益使他们能安心工作，蒋廷黻回忆说："在我返国时，大多数学校都发不出薪水，老师无心上课，或者尽量兼课，因为薪水是按钟点计算的，某些老师成了兼课专家。这种情形在南开是没有的。张校长很严格，他按规定付酬，学校名气虽不算大，但学生和老师的出席率都是极高的。"① 在经济极端困难的情形下要保证正常教学秩序和教师工资，办学者对教育事业的热爱和对师生的尊重，以及坚强的意志和卓越的能力，都是缺一不可的。1930 年教育部派员视察北平、天津学校时亦曾言道："南开大学，设备虽受经济限制，然颇能以一文钱作二文钱用"；"其教授待遇虽不优，而能奋勉从事。有教授在职近十年，他大学虽以重金邀约，亦不离去者"。②

作为私立大学，学生学费是学校最稳妥的一项大宗收入，招生越多意味着收取的学费越多。作为私立大学的南开，学费"与国立大学（如北大）之学费每年约十元较，自是很高的，但与教会大学（如燕京、岭南等）比较，则是'平民'化的了"。诚如吴大猷所言，"在抗战前，国内（北平、上海）有许多的私立大学，是借学生的学费维持的（如北平的民国大学，容纳投考国立大学落榜的学生，人数颇大）。南开虽经费困难，但从来未作多收学生之意"。③ 就南开大学的师资和设备能力而言，在校生可以达到 500 人，但张伯苓坚决主张办私立大学不以赚钱为目的。当南开大学学生达到 400 人以上时，张伯苓就明确表示："今日南开在十年内，大学生决不扩大至五百名以上，庶良好之校风易于培养，而基础可以稳固也。"④ 南开大学重视学生质量，由此可见一斑。1925 年，北京政府教育部所派视察员对南开的评论为："就中国公私立学校而论，该校整齐划一，可算第一。"⑤ 所以说市场权力对私立南开大学来说影响虽大，但整体上来说是为学术服务，其间所做的一些让步也是为长远之计打算，市场权力影响整体来说小于学术权力影响。

---

① 南开大学校史编写组：《南开大学校史（1919～1949）》，天津，南开大学出版社，1989，第 122 页。

② 《教育部视察员对本校之评语》//王文俊等：《南开大学校史资料选（1919～1949）》，天津，南开大学出版社，1989，第 45～46 页。

③ 吴大猷：《南开大学和张伯苓——大学和校长的特色》//王文俊等：《南开大学校史资料选（1919～1949）》，天津，南开大学出版社，1989，第 71 页。

④ 南开大学校史编写组：《南开大学校史（1919～1949）》，天津，南开大学出版社，1989，第 125 页。

⑤ 金以林：《近代中国大学研究（1895～1949）》，北京，中央文献出版社，2000，第 73 页。

二、不甘示弱——私立大学内部职权中的市场权力

"私人经营之教育事业，要得社会人士之赞助与提携，方能发育滋长。""盖私人经营之学校，其经济毫无来源，其事业毫无凭借，非得教育同志之负责合作，在校或出校校友之热烈爱护，与夫政府及社会各方之赞助与扶持，决不能奠定基础而日渐滋长也！"① 与国立大学相比，私立南开大学的内部职权体系受市场权力影响较大。

这首先是因为南开大学实行的是董事会制。对于一所私立大学来说，资金的重要性不言而喻。张伯苓考察美国教育后提出："诚以教育为人才之母，人才为国家之用，亦凡百事业之所需。盖以彼邦人才大率出自大学，而大学之组织，有赖于私立经营之力为独多。盖美人素重公共道德，个人财产不尽遗之后嗣，而以公诸国人，集群力以经营，是以陶成一国之人才，促供一国之使用。"② 南开大学的董事会包括官僚政客、民族工商业资本家和学者名流，前两者都是资金来源的重要渠道。张伯苓就先后从北洋政府总统徐世昌、黎元洪，山西督军兼省长阎锡山，四省经略使曹锟，交通银行董事长梁士诒，币制局总裁周自齐等处获得大量资助，张学良也曾作为南开大学东北研究会的名誉董事捐助南开。但上述举措也曾引起非议，如拟将曹汝霖、杨以德等政客列为校董时就首先引起了学生的反对。他们认为校董是一校精神的表率，不能拿校董去诱人捐钱，以神圣名器做交易的媒介。并联络南开海内外各处的同学会，敦促学校将这些军阀政客从校董会除名。可私人办学艰辛，严修、张伯苓认为"美丽的鲜花，不妨是由粪水浇出来的"；"盗泉之水不可饮，用它洗洗脚，总不失为一有益之举"。并继续向当时的权势者募捐，但也做了一些让步。③ 而地处上海滩的大夏大学当时为了保护师生安全，还聘请了杜月笙为校董。杜也曾为学校出过一些力。一次，学校因建校舍向银行贷款，由于数目过大按规定要用实物抵押。学校就找杜月笙商量，杜说："不用担心，没有抵押品，由我出面担保还就是了。"对此，大夏大学教授王祉伟不无感慨地写下两句诗："透顶

① 张伯苓：《四十年南开学校之回顾》//张竟无：《民国大学：遥想大学当年》，北京，东方出版社，2012，第52、39页。
② 《十六年来之南开大学》//王文俊等：《南开大学校史资料选（1919～1949）》，天津，南开大学出版社，1989，第2页。
③ 南开大学校史编写组：《南开大学校史（1919～1949）》，天津，南开大学出版社，1989，第88～89页。

悲观求董事,支持大夏靠流氓。"①

此外,南开大学在国内外许多地方都有校友会组织,经常由著名校友担任募款委员。学校每有所求,深得学生家长与社会各界之赞助。"南开津、渝两校之发展,例如校地之捐助,校舍之建筑,校费之补助,以及图书仪器之扩充,奖助金额之设置等,无一非社会人士之赐。"在津有"三六"、"三七"两次募款,成绩均至佳。后校友总会发起"伯苓四七奖助基金"运动,原定目标为四十万元加七十万元即一百一十万元,取庆祝南开四十周年与张伯苓七十生辰之意,继增至二百八十万元,后改为四百七十万元。最后结束时,总数量超过 600 万元,可谓完全出乎意料,创造了国内教育捐款之最高纪录。张伯苓不禁感慨道:"社会实可谓为南开之保姆,而南开实乃社会之产儿……一部南开发展史,实乃社会赞助之记录册也"。② 但是,南开大学接受外国捐款,立场十分鲜明,绝不因接受捐款而受制于人。1929 年底,张伯苓派其弟张彭春再次赴美募捐,临行前张彭春明确表示:"此次出国之用意,虽不明言,大家必知之。不过,大家要知道,我们之募捐,既非投机性质,又非教会学校之受人限制。南开之所以为南开,自有它荣耀之历史。余此次出去,最大之目的,是使外人认识南开,决不受任何有限制之募款,因为南开是靠着自己发展的。"③

市场权力对私立大学的学术机构设置也有一些影响。对于大学科目,张伯苓还特别与美国老师和同学反复讨论,得出的结论是:"一切均以切于现在生活为准。"④ 这成为张伯苓办南开大学的不易之典和必遵之法。由于缺乏公立大学优惠的办学条件,为求生存,私立大学"争人所不争",充分利用社会环境与地域特征,在学科与专业设置上注意市场需要、拾遗补阙,形成自身的办学特色。这一时期的私立大学普遍趋势是开设一些应用性学科和新兴专业,以培养社会急需的专业人才。如南开大学建立化学工程系、电机工程系,其实都有这种考虑⑤,而当时的清华与北大尚未设

---

① 金以林:《近代中国大学研究(1895~1949)》,北京,中央文献出版社,2000,第 96~97 页。
② 张伯苓:《四十年南开学校之回顾》//张竞无:《民国大学:遥想大学当年》,北京,东方出版社,2012,第 50、52 页。
③ 《校友会欢送凌张》,《南大周刊》第 74 期,1929 年 12 月 10 日,转引自梁吉生《允公允能 日新月异——南开大学校长张伯苓》,济南,山东教育出版社,2003,第 320 页。
④ 张伯苓:《访美感想》(1919 年 1 月 25 日)//王文俊等:《张伯苓教育言论选集》,天津,南开大学出版社,1984,第 61 页。
⑤ 南开大学校史编写组:《南开大学校史(1919~1949)》,天津,南开大学出版社,1989,第 97 页。

置这两个学科。南开大学化学工程系是学校"应时势之急需",为培养"洽合中国环境"的化工实用人才和谋求"中国化学工业之发达及其自给"而设立的。南开大学增设电机工程也系谋划已久,学校认为:"电为最方便之动力,在近代实业中,应用至广。方今百业待举,电机工程人才在最近之将来需要必增,而国内培养斯项人才之学校,则为数极鲜。"① 并且一反当时国内大学电机工程系偏重理论、轻视中国工业实际的倾向,强调理论与实践并重,学生既求专门技术,又兼管理能力。1928 年,南开大学制定的《南开大学发展方案》明确提出"土货化"方针,公开声明"中国自有其天然特别环境,与夫传统特别文明,适于彼者,未见适于此。外人之法制能资吾人之借镜,不能当吾人之模范",中国大学教育"即以中国历史、中国社会为学术背景,以解决中国问题为教育目标","努力以'认识中国'、'服务中国'为鹄的也"②,亦是考虑了此点。再以商科为例,当时的公立大学中只有东南大学一校设立,而设在上海、天津等大城市的私立大学几乎都设有商科。如复旦公学扩充为大学后,密切注视经济和社会发展的需求,注重应用学科建设,根据当时国际国内商业发展以及国际"商战"时代上海民族工商业对商业人才的需求,在国内首创商科;1924年时的复旦大学,其商科学生人数占全校学生总人数的三分之二。③ 除复旦以外,大夏、光华等私立大学也都开设了商科和其他应用性强的专业。南开大学经济学院的前身社会经济研究委员会也是因为考虑到"南开大学设在天津,而天津是个港口大城市,它的经济发展联系着整个华北,应该就地取材"④ 而设。

况且,私立大学要以校养校,所办系科和专业必须切合社会需要,这样才容易获得社会捐助。1920 年南开陷入经费难以维持的困境,不得已,张伯苓再次南下募款。河南省六河沟煤矿董事长李组绅答应每年捐款3 万元,条件是添设矿科,从此南开又增设一科。当然,南开大学"把实用——利用厚生当作科学的目的","有文科而无中文系",在学界也引起了很多非议,很多人认为"张伯苓以实用为科学的重点,是把科学从崇高的

① 南开大学校史编写组:《南开大学校史(1919~1949)》,天津,南开大学出版社,1989,第163、160页。
② 《南开大学发展方案》//王文俊等:《南开大学校史资料选(1919~1949)》,天津,南开大学出版社,1989,第38~39页。
③ 复旦大学校史编写组:《复旦大学志》(第一卷),上海,复旦大学出版社,1985,第392页。
④ 黄肇兴、王文钧:《回忆何廉先生》//王文俊等:《南开大学校史资料选(1919~1949)》,天津,南开大学出版社,1989,第393页。

地位拖到尘埃。张伯苓只配做一个职业中学的校长，不配做一个大学的校长"。①

为筹措办学资金，私立大学的科研机构也开展应用型研究。如南开大学应用化学研究所就是实用科学技术研究适应经济发展要求的产物，也是理科院系加强同社会横向联系的一种尝试。因当时"我国学校与社会之间，夙称隔阂。隔阂之意，盖谓学科与国情不合，而学生之所学，非即其将来之用也"。② 张伯苓与研究所创办人张克忠在给研究所定名时特别注明"应用"二字，并且在该所章程上明确规定："本所目的，在研究我国工商业实际上之问题，利用南开大学之设备，辅助我国工商界改善其出品之质量，俾收学校与社会合作之实效。"③ 本着上述精神，该所一建立就设有化验部、制造部、咨询部，从学校领取的定额经费很少，资金主要靠有偿服务社会取得，并通过"以所养所"先后建起专题研究室、化工实验室、普通实验室、分析实验室、酵母培养室、天平室、图书资料室，同时自己设计安装了精馏塔、双效真空蒸发器、连续过滤机、旋转干燥机、螺旋原油机、混合机、喷洒干燥机及压延设备等，还建立了南开化学工业社作为试验工厂。④ 应用化学研究所既重视基础理论研究，又注重实践；既培养专业人才，又面向社会，在有偿服务的同时，尽可能发挥研究所的社会效益。这对后来私立大学的科研机构都有借鉴意义。

为扩大社会声誉和增加学校收入，私立大学还采取多种办学形式，进一步扩大生源，为学校的生存与发展奠定坚实基础。如南开大学在培养大学生的同时，也积极向社会敞开大门，利用暑假时间传播学术、促进教育，从1922年起即开办暑期学校。招收对象以天津及直隶各县中小学教员为主，也有部分中学毕业生及准备考大学者，每生按不同学程收取杂费、学费、宿费、膳费及试验费不等，修业期满考试及格之学程给予该学程及格证书。⑤ 除讲课外，还组织学员参观，举办傍晚乘凉演讲会、野餐会等活

---

① 黄钰生：《张伯苓先生追悼词》//梁吉生：《允公允能 日新月异——南开大学校长张伯苓》，济南，山东教育出版社，2003，第384~385页。

② 南开大学校史编写组：《南开大学校史（1919~1949）》，天津，南开大学出版社，1989，第206页。

③ 《南开大学应用化学研究所章程》//王文俊等：《南开大学校史资料选（1919~1949）》，天津，南开大学出版社，1989，第358页。

④ 南开大学校史编写组：《南开大学校史（1919~1949）》，天津，南开大学出版社，1989，第207~208页。

⑤ 《天津南开大学暑期学校简章》//王文俊等：《南开大学校史资料选（1919~1949）》，天津，南开大学出版社，1989，第125~127页。

动。南开大学的暑期学校办得很红火，每期都有几百名学员。1923年正在天津达仁女校任教的邓颖超就曾参加第二期南开大学暑期学校学习。①

三、力不从心——私立大学内部职权中的政府权力

在有着长期封建专制传统的中国，政府的权力对各项社会事业的发展往往起着决定性的作用。在北洋军阀及国民党政府统治时期，教师在政治上、生活上都很不安定，国立大学的经费也常没有保障，欠薪十分严重。但私立大学因处于特殊的历史时期以及办学者的见识和勇气，较少受政治干扰，虽然经费困难，但教师薪俸绝无拖欠，也未受政府很大约束，大学领导者非政府职员，大学中无政府官员派驻，亦无为政府或政党负责之专门机构。虽然南开大学也曾有被迫开除进步学生之举，但作为私立大学，总体来说有充分的办学自主权，官方的干预较少。可以自行决定经费的筹集和使用；自行决定招生、专业与课程设置、人员聘任，包括职称、待遇、福利和晋级等。1930年，光华大学政治系教授罗隆基在《新月》杂志上发表文章，主张维护人权，批评国民党专制，当时的教育部竟饬令光华大学把罗隆基撤职。为此，张寿镛校长于1931年1月19日呈文国民政府，文中说："今旬奉部电遵照公布后，教员群起恐慌，以为学术自由从此打破，议论稍有不合，必将陷此覆辙，人人自危！"他还借蒋介石当时提出所谓"赦免政治犯"的言论，就题发挥："夫因政治而著于行为者尚且可以赦免；今罗隆基仅以文字发表意见……略迹原心，意在匡救阙失。言者无罪，闻者足戒。……拟请免予撤职处分，以示包容。"②

在当时的历史条件下，私立大学也比一般国立大学更易发挥办学的积极性与主动性。南开大学就没有照搬国民政府的"三民主义"教育宗旨和方针，没有积极推行党化教育，很长时间也没有将国民党党义作为本校必修的课程，各种活动也不受国民党规定的限制。南开大学对教授的学术研究和学术兴趣，一直采取鼓励和支持的态度，从不干涉，更不会屈从于外界的压力。在南开校内存在一种自由民主的气氛，在学术方面，无论在讲室内、壁报上，既可以拿出马克思的社会主义来研究，也可以拿出黑格尔的国家至上论来探讨，资本主义、个人主义，都可以摆出来供人欣赏，即

---

① 南开大学校史编写组：《南开大学校史（1919~1949）》，天津，南开大学出版社，1989，第91~92页。
② 王慧章：《张寿镛与光华大学》//陈远：《逝去的大学》，北京，同心出版社，2005，第51~52页。

使在壁报上引两句"青年以入团为天职"、"向人民学习"，也不会有人来干涉。① 张伯苓曾力排众议，将秉持唯物史观的范文澜聘为南开大学国文系教授，范在南开传播唯物史观和马克思主义，影响很大；张伯苓还聘请反对国民党一党专政的罗隆基为南开大学政治系讲师，罗的主张和言论一直为国民党所不容，因而人身安全受到威胁，张伯苓得知后，立即向教育部提出申告，要求保护罗的人身安全。② 即使是在复校时蒋介石坚持将南开大学改为国立，并允诺复校后每年经常费由政府"扶助资助"，张伯苓鉴于办学艰难，只得同意，但仍然表示：以十年为期，十年后改为私立。③

随着私立大学的陆续立案，政府和庚子赔款管理机构也开始对私立大学进行各种形式的资助。1928 年 4 月，《江西省私立学校补助费暂行条例》获大学院准予备案，其中规定："凡私立学校曾经备案，并经省教育视察指导员视察报告办理合法、具有相当成绩者，均给予补助费"；"私立学校补助费核给，以班数为标准，大学或专门，本科每班全年 280 元，预科每班全年 260 元"；"凡受补助之私立学校每班人数规定，大学或专门本科须在 15 人以上，预科须在 20 人以上"；"凡私立学校办理欠善，违背党化教育宗旨，虽人数足额，经视察指导员之特别报告，得取消其补助费"。④ 1930 年 8 月 23 日教育部订定的《私立大学、专科学校奖励与取缔办法》规定："凡已经立案之私立大学、学院及专科学校成绩优良者，得由中央或省市政府酌量拨款补助，或由教育部转商各庚款教育基金委员会拨款补助。"同时还规定："某学院或某科系在教育学术上有特殊贡献者，得由教育部或省市教育行政机关褒奖或给补助费。"⑤ 1931 年 6 月 1 日，国民政府公布《中华民国训政时期约法》，第五章"国民教育"第五十三条规定："私立学校成绩优良者，国家应予以奖励及补助。"⑥ 1934 年 5 月 18 日，教育部公布《私立专科以上学校补助费分配办法大纲》，决定"自民国二十

① 王水：《南大一年》//王文俊等：《南开大学校史资料选（1919～1949）》，天津，南开大学出版社，1989，第 807 页。
② 郭凯、吴建征：《张伯苓与南开大学师资建设》，《教育评论》2010 年第 6 期。
③ 南开大学校史编写组：《南开大学校史（1919～1949）》，天津，南开大学出版社，1989，第 326 页。
④ 《江西省私立学校补助费暂行条例》（1928 年 4 月 17 日）//多贺秋五郎：《近代中国教育史资料》（民国编中），台北，文海出版社，1976，第 520～521 页。
⑤ 《教育部订定私立大学、专科学校奖励与取缔办法》（1930 年 8 月 23 日）//中国第二历史档案馆：《中华民国史档案资料汇编》（第五辑第一编教育），南京，凤凰出版社，1994，第 180 页。
⑥ 《中华民国训政时期约法之国民教育专章》（1931 年 6 月 1 日）//宋恩荣、章咸：《中华民国教育法规选编》（修订版），南京，江苏教育出版社，2005，第 37 页。

三年度起，设置私立专科以上学校补助费额"，以"奖助优良之私立专科以上学校发展"；"补助费之给予，应以立案私立专科以上学校之办理成绩优良而经济困难，未得公私机关之充分补助者为限，同时注重理农工医之发展（每年至少应占全部补助费百分之七十），并酌量顾及地域之分配"。①1936 年 5 月 5 日，国民政府公布的《中华民国宪法草案》第一三八条规定，国家对于国内私立经营之教育事业成绩优良者，予以奖励或补助。②当然，这种对私立大学的资助，其实也是政府控制私立大学的一个方面。如 1928 年大学院派柳诒徵到无锡国专调查后认为："呈报条例符合成绩优良即于 9 月 20 日批准立案。"以后无锡国专得到教育部经费"每学年洋3000 元"。但无锡国专为此付出的代价是要开设党义课、三民主义试验和军事教育训练。③

小　　结

金陵大学校长陈裕光曾言："公立与私立并重，在民主国家内，除公立学校外，应有私立学校之并存与公立学校相得益彰，同为学术而努力。如世界著名的牛津、剑桥、哈佛、耶鲁等私立大学，均有学术声誉，且为国际间称颂之最高学府。"④ 私立中国公学创始人之一姚洪业也曾说过："考各国学术之进化，莫不有民立学堂与官立学堂相竞争相补救而起，如美国之有耶鲁大学，日本之有早稻田大学之类，皆成效大著，在人耳目。今我中国公学实为中国前途民立大学之基础，若日进不已，其成就将能驾耶鲁大学与早稻田大学而上之。"⑤ 有研究者梳理历史后发现：哪个领域率先允许民间人士进入，那么这个领域的改革就相对比较深入，这个领域肯

---

① 《私立专科以上学校补助费分配办法大纲》（1934 年 5 月 18 日）//宋恩荣、章咸：《中华民国教育法规选编》（修订版），南京，江苏教育出版社，2005，第 397 页。
② 《中华民国宪法草案》（1936 年 5 月 5 日）//宋恩荣、章咸：《中华民国教育法规选编》（修订版），南京，江苏教育出版社，2005，第 52 页。
③ 谢泳：《从无锡国专到清华国学研究院》//陈远：《逝去的大学》，北京，同心出版社，2005，第 173 页。
④ 《陈裕光校长在金大举行 60 周年庆祝大会上的讲话（节录）》//《南大百年实录》编辑组：《南大百年实录》（中），南京，南京大学出版社，2002，第 85 页。
⑤ 《湖南姚（洪业）烈士遗书》//朱有瓛：《中国近代学制史料》（第二辑上册），上海，华东师范大学出版社，1987，第 729 页。

定涌现风云人物，必然对中国社会起到很大的推动作用。①

清末时期，私立大学的法律地位不明，《奏定学堂章程》中除规定中小学可以私立外，关于大学则无准许私立之条文。但当时在全国各地已有私立高等学堂作为私立大学之雏形，且有欧美各国教会设立之教会大学（后者于20世纪20年代逐渐被纳入私立大学管理）。教会大学作为中国新式高等教育的先驱，在性质上属于私立，同时也为随后非教会私立大学的出现提供了合理性。由于当时对于私立大学、教会大学未有法律加以规范，致使私立大学、教会大学均无法可依。

民国元年，中华民国临时政府教育部废除了清政府颁布的只许私人兴办中等以下学校、高等学校全归官办的规定，宣布开放办学权限，除高等师范学校一种外，均允许私人开办。② 此后，私立大学大量涌现，它们主要分布于京津地区及东南沿海一带经济、文化发达地区。其中，私立南开大学是近代中国一个很值得重视的教育现象，代表了中国教育早期现代化的一个方向。她以"私立非私有"的办学理念，为寻求与中国实际相结合的办学模式而执着探索。③

南开大学是中国私立大学成功的典范，从初创时一所规模很小的私立学校，经过长期的艰苦创业和不断探索，终以良好的学术环境与师资条件、严谨的科学训练方针以及崇尚务实的精神，发展成为当时最负盛名的一所私立大学，而当时"教会所属的高等学校大部分都还只是处于学院的水平"。④ 在教育逐渐成为热门话题的今日，历史上与现实中的南开，都未引起学界的足够重视。⑤ 如果说北京大学是近代国立官学的象征，那么南开大学就是民办私立的成功典范。⑥ 同样主张教育救国，创办南开的张伯苓，发展出一种迥异于蔡元培、梅贻琦等的"实业兴学"路线。而南开之私立，不只体现在经济上的自筹资金，更落实为文化精神上的"特立"与"自立"。⑦ 当我们质问为什么中国不能出现像哈佛、耶鲁这样著名的大学

① 谢志浩：《私立教育的反思：传统与现实》//陈远：《逝去的大学》，北京，同心出版社，2005，第283页。
② 金以林：《近代中国大学研究（1895～1949）》，北京，中央文献出版社，2000，第68页。
③ 梁吉生：《允公允能 日新月异——南开大学校长张伯苓》，济南，山东教育出版社，2003，第445页。
④ 许美德：《中国大学1895～1995：一个文化冲突的世纪》，许洁英译，北京，教育科学出版社，2000，第74页。
⑤ 陈平原：《中国大学十讲》，上海，复旦大学出版社，2002，第235页。
⑥ 高伟强等：《民国著名大学校长》，武汉，湖北人民出版社，2007，第237页。
⑦ 陈平原：《中国大学十讲》，上海，复旦大学出版社，2002，第237页。

时，我们是否还能记得中国过去的大学也曾存在过私学传统？是否还能记起以前我们也曾有过这样的学校？

新中国成立以后，随着社会主义公有制和计划经济制度的确立，私立大学失去了生存的基础，从此在中国教育的舞台上销声匿迹三十余年。改革开放之后，民办高等学校应运而生，中断了三十多年的私立大学"似曾相识燕归来"。当代民办高校虽也具某种程度的私立性质，其整体水平却较民国时期的私立大学相去甚远，且未有任何迹象表明会有某所民办高校能在近期内似老南开一般出类拔萃。甚至有学者明言，面对现在众多如企业一般运作的民办大学，看不到一丝大学的影子。① 究其原因，主要在于民办高校深受政策影响和易受生源市场支配。

在政策设计上，当代民办高校成长于高校扩招时期，几乎都是职业学校，政府并不希望民办高校走学术路线；而民办高校一开始便采取市场化模式，主要依靠学费来支撑学校运作，但即使把标准一降再降也招生困难，这也使得民办高校整体水平难以提升。政策导向和市场导向使得民办高校无心学术，也很难吸引学术精英，在高等教育领域的影响不仅远逊于民国时期，更是难以比肩英美私立大学。从世界高等教育发展的历史来看，私立大学一直都是高等教育极其重要的组成部分，因其能成功游移于政府集权之外且能自觉规避经济利益的诱惑，甚至往往还能超越公立大学，成为办学的风向标。正所谓"曾几何时，峰回路转，现实社会不少眼前的议题都可以在历史上找到回响，仿佛空谷足音，几十年前后起伏共鸣。这是想不到的古今观想"。②

---

① 陈远：《不同的大学，相同的命运》//陈远：《逝去的大学》，北京，同心出版社，2005，第214页。
② 吕鹏军：《民国高等教育何以能"中邦三十载，西土一千年"？》，《中国图书评论》2012年第12期。

第四章 清末民初教会大学内部职权体系研究

"现代大学从十一世纪起源，十三世纪达到了比较完善的程度，基本上由教会大学演变过来。"① 但长期以来，教会大学作为"西方文化侵略桥头堡"和"文化租界"，曾引起众多国人的反感。时至今日，这种反感虽不无依据，却失之笼统与偏颇。"因为它没有将教会大学作为主体的教育功能与日益疏离的宗教功能乃至政治功能区别出来，也没有将学校正常的教育工作与西方殖民主义的侵华政策区别出来。"② 在当时的历史条件下，教会大学作为近代中西方文化交流的产物和重要组成部分，虽然数量不多，但起点很高，在中国的高等教育近代化进程中起着某种程度的示范与导向作用。由于众所周知的原因，教会大学在新中国成立后于大陆"突然消失"，这个"结局是悲剧性的，但故事本身并非悲剧"。③ "故事结束了，而且没有可能重演。但这是一个值得讲述的故事，最终的成就值得记录。"④

教会大学曾经是中国新式高等教育的先驱。⑤ 但在 20 世纪 20 年代中期之前，教会大学的发展始终游离于中国正规教育体系之外，中国政府视教会大学为享受治外法权的外国机构，并拒绝将教会大学归入私立学校一类；20 世纪 20 年代中期以后，教会大学陆续向中国政府立案，并日益本土化、专业化与世俗化，成为中国私立大学的重要组成部分。本章主要以清末民初的教会大学为研究对象，探讨这一时期的政治变幻对教会大学生

---

① 谢泳：《西南联大给我们留下了什么》∥张竞无：《民国大学：遥想大学当年》，北京，东方出版社，2012，第 439 页。

② 章开沅、林蔚：《中西文化与教会大学》，武汉，湖北教育出版社，1991，序言第 3 页。

③ 章开沅：《中国教会大学的历史命运——以贝德士文献（Bates' Papers）为实证》，《上海社会科学院学术季刊》1996 年第 1 期。

④ 芳卫廉：《基督教高等教育在变革中的中国（1880～1950）》，刘家峰译，珠海，珠海出版社，2005，导言第 2 页。

⑤ 徐以骅：《教育与宗教：作为传教媒介的圣约翰大学》，珠海，珠海出版社，1999，总序第 1 页。

存和发展的深刻影响，以及教会大学徘徊于宗教与世俗、政治与教育、市场与学术之间多重互动的复杂关系。

第一节　清末民初教会大学管理概述

在中国，教会大学是一总称，内部又分为基督教① （也称新教）大学、天主教（也称公教）大学两大系列。"大学在中国之基础，乃由基督教所手植。"② 一般认为，1879 年由度恩书院、培雅书院合并而成的上海圣约翰书院是外国差会③在中国创办的第一所教会大学。④ 但就学科程度而言，"在 1900 年前没有一所真正达到大学水平的大学"⑤，所谓的大学也只是在原有学校基础上戴了个大学的"帽子"而已。至 1952 年，所有接受外国津贴的高等学校全都由中华人民共和国教育部收归国有。70 多年间，外国差会在中国陆续创办的被公认为属于高等教育机构的教会大学有 21 所：辅仁大学、燕京大学、北京协和医学院、津沽大学、铭贤学院、圣约翰大学、沪江大学、震旦大学、震旦女子文理学院、齐鲁大学、东吴大学、金陵大学、金陵女子文理学院、之江大学、福建协和大学、华南女子文理学院、华中大学、武昌文华图书馆学专科学校、岭南大学、华西协和大学和求精商学院。⑥

一、鸵鸟政策：清朝末期的教会大学管理

"前清时代，外人所经营之教育，不脱宗教主义。"⑦ 鸦片战争以前，

---

① 早期的基督教只有一个教会，后在基督教的历史进程中分化为许多派别，主要有天主教（中文也可译为公教、罗马公教）、东正教、新教（中文又常称为基督教）三大派别，以及其他一些影响较小的派别。中文的"基督教"一词有时被用于专指基督新教，这似乎是中文的特有现象。
② 《全国基督教大会报告书〈论今日基督教之教育状况〉》（1922 年）//朱有瓛、高时良：《中国近代学制史料》（第四辑），上海，华东师范大学出版社，1993，第 156 页。
③ 差会（Mission）是西方国家负责集资、派遣人员到国外传教布道的机构。
④ 田正平：《教会大学与中国现代高等教育——以 19 世纪末 20 世纪初为中心》，《高等教育研究》2004 年第 3 期。
⑤ 杰西·格·卢茨：《中国教会大学史（1850～1950 年）》，曾钜生译，杭州，浙江教育出版社，1987，第 28 页。
⑥ 苏渭昌：《二十一所教会大学始末简介》，《上海高教研究》1984 年第 2 期。
⑦ 《陈佽达译：欧美人在中国之教育的设施》（1921 年）//舒新城：《中国近代教育史资料》，北京，人民教育出版社，1981，第 1079 页。

清政府一直实行的是禁教政策，对传教活动更是严加取缔，传教士只能在澳门一地公开活动。鸦片战争以后，军事上的惨败使清政府执行了100多年的禁教政策开始逐渐解冻。1844年7月中美签订的《望厦条约》首次规定："合众国民人在五港口贸易，或久居，或暂住，均准其租赁民房，或租地自行建楼，并设立医馆、礼拜堂及殡葬之处。"继美国之后，中法《黄埔条约》（1844年10月）第22条不但规定法兰西人可以在通商口岸建造教堂、医院、学校等，而且中国还承担了保护教堂的义务："佛兰西人亦一体可以建造礼拜堂、医人院、周急院、学房、坟地各项，地方官会同领事官，酌议定佛兰西人宜居住、宜建造之地……倘有中国人将佛兰西礼拜堂、坟地触犯毁坏，地方官照例严拘重惩。"但在第二次鸦片战争以前大多数传教士也仅限于通商口岸传教，其活动比较收敛，清政府对传教士活动尚能加以一定程度的限制，形成这一时期的所谓限教政策。如中法《黄埔条约》规定："凡佛兰西人在五口地方居住或往来经游，听凭在附近处所散步……但不得越领事官与地方官议定界址……如有犯此例禁，或越界，或远入内地，听凭中国官查拿，但应解送近口佛兰西领事官收管。"事后清政府严格执行这一条款，只"准其于通商五口地方，建堂礼拜，不得擅入内地，传教煽惑。倘有违背条约，越界妄行，地方官一经拿获，即解送各国领事馆管束惩办"。1845年2月，道光帝发布上谕，驰禁天主教。上谕云："习学天主教为善之人请免治罪，其设立供奉处所，会同礼拜，供十字架图像，诵经讲说，毋庸查禁。……所有康熙年间各省旧建之天主堂，除已改为庙宇民居者毋庸查办外，其原旧房屋各勘明确实，准其给还该处奉教之人。"[①]

　　第二次鸦片战争以后，中国门户全面洞开，传教士获得了在中国全境自由传教的特权，限教政策被宗教宽容政策所取代。首先，取消了传教活动的地域限制。如1858年的中法《天津条约》规定："凡按第八款备有盖印执照安然入内地传教之人，地方官务必厚待保护。"其次，不仅对传教之人"矜恤保护"，对习教之人也"不可欺侮凌虐"和"骚扰"。如1858年的中美《天津条约》规定："嗣后所有安分传教习教之人，当一体矜恤保护，不可欺侮凌虐。凡有遵照教规安分传习者，他人毋得骚扰。"最后，则是取消了一切限制。如1860年的中法《北京条约》规定："晓示天下黎民，任各处军民人等传习天主教、会合讲道、建堂礼拜，且将滥行查拿者，

---

①　王立新：《美国传教士与晚清中国现代化》，天津，天津人民出版社，2008，第70～71页。

予以应得处分。"1858 年的中美《天津条约》规定:"向来所有或写、或刻奉禁天主教各明文,无论何处,概行宽免。"

1860 年后的晚清政府更是"悉遵成约"、"委曲求全",以维持"中外和局"。① 然传教士"既至中华,则又每苦于风土人情之谙,语言文字之隔膜,望洋兴叹,自觉无能为力,乃徬徨四顾,访求同志于华人之中。无奈异教之势固,而迷信之焰炽";"工欲善其事,必先利其器,他事业,布道一端,何独不然。今教会中既不可得,则请谋某次焉。集多数之童子,使之受教会学堂之教育,则其间亦当不乏可任教之人,所以兴学之不可以一日缓也"。② 清政府迫于帝国主义枪炮的威胁,对外人办学采取默认的态度,未制定任何法规监督、约束之,任其在中国领土上培养他们的代理人和信徒。③ 教会教育抓住了中国"陈梦乍醒后一片空白的机缘"④,不失时机地充当了西学的有力载体。早期的教会学校仅仅作为"诱导学生前来的一种手段而已,其真正的目的不是教育他们而是使他们信仰基督教"⑤,即作为宣道的辅助手段。郑观应在《上海设立同文馆》一文中提到当时传教士开办教会学校时的情景:"英法两国设立义学,广招贫苦童稚,与以衣食而教习之……且多传习天主教。"⑥

自 1844 年英国东方女子促进会成员阿尔德赛(Miss Alderseng)在宁波建立起中国本土第一所教会学校起,到清朝末年,传教士已在中国沿海及内地建立起包括初、中、高等教育在内的学校教育系统。到 1877 年以前,全国共有教会学校 347 所,各类学校学生 5917 人⑦,并且以兴办初等学校为主。在 19 世纪 90 年代,教会学校发展的新趋势是:"学校和学院追求大学的名称和地位,现在已经变得很普遍了……高等教育——这个主题

---

① 王立新:《晚清政府对基督教和传教士的政策》,《近代史研究》1996 年第 3 期。
② 范约翰:《清心书院滥觞》(1860 年)//陈学恂:《中国近代教育史教学参考资料》(下册),北京,人民教育出版社,1987,第 207 页。
③ 胡艳:《关于我国近代对私立学校管理的探讨》,《高等师范教育研究》1996 年第 3 期。
④ 秦立霞:《从传教为主到教育为本——试论近代教会大学角色转变的历史根源》,《江苏高教》2002 年第 1 期。
⑤ 狄考文:《基督教会与教育》(1877 年)//朱有瓛、高时良:《中国近代学制史料》(第四辑),上海,华东师范大学出版社,1993,第 85 页。
⑥ 郑观应:《上海设立同文馆》//朱有瓛:《中国近代学制史料》(第一辑上册),上海,华东师范大学出版社,1983,第 577 页。
⑦ 胡卫清:《普遍主义的挑战:近代中国基督教教育研究(1877~1927)》,上海,上海人民出版社,2000,第 54~55 页。

是众所瞩目的，在不久的将来它很可能是教会工作的主要部分。"① 并开始强调教会大学"不应当是一所神学校，不应当是一所过分注重宗教教育的学校，而应当是一所国内大学式的学校，首先学习英文，然后全面学习人文学科"。② 到 19 世纪末，教会学校总数在 2000 所左右，学生增至 4 万名以上，且出现了大学（实际上都是在中学基础上添加的大学班级）——大学生总数不到 200 名，教会大学在逐渐地形成之中。③

这一时期比较著名的教会大学有：美国圣公会合并 1865 年设立的培雅书院和 1866 年设立的度恩书院于 1879 年成立的圣约翰书院，1905 年正式改名为圣约翰大学；美国传教士狄考文 1864 年在山东登州开设的蒙养学堂 1876 年正式改名为登州文会馆，该馆 1903 年与青州英国浸礼会库寿龄所办之广德书院大学班合并成立广文学堂，这是齐鲁大学的前身；美国纽约监理公会总布道会传教士林乐知 1881 年在上海兴办中西书院，1882 年设立大学院，后迁到苏州办理，成为东吴大学的一部分；美国长老会 1845 年创办的宁波崇信义塾，1867 年迁杭州皮市巷，改名育英义塾，1885 年更名为育英书院，开始有高等教育之计划，分正科预科，1890 年增设英文科，1911 年全部迁至新校址，因江为名，定名为之江大学；美籍牧师哈巴 1888 年创办的格致书院，则是岭南大学的前身。④ 到了 1900 年，"许多人已经认识到中国传统教育之外，还存在着另一种完全不同的教育制度"。⑤

20 世纪初，清政府先颁布学堂章程，在"中国政府首次制订的教育制度中运用了许多由西方人设计，并在教会学校中得到体现的教育技术"⑥，后又明令"立停科举以广学校"⑦。科举制退出历史舞台，使育才、取才合于学校一途，实际上取消了教会学校学生走向政坛的限制，为在华教会教育提供了前所未有的机遇。但这一时期中国教育改革的兴起和新式学堂的

---

① 李承恩：《教会学校的历史、现状与展望》（1890 年）//陈学恂：《中国近代教育史教学参考资料》（下册），北京，人民教育出版社，1987，第 41、43 页。
② 杰西·格·卢茨：《中国教会大学史（1850～1950 年）》，曾钜生译，杭州，浙江教育出版社，1987，第 29 页。
③ 顾长声：《传教士与近代中国》，上海，上海人民出版社，2004，第 213～214 页。
④ 苏渭昌：《二十一所教会大学始末简介》，《上海高教研究》1984 年第 2 期。
⑤ 杰西·格·卢茨：《中国教会大学史（1850～1950 年）》，曾钜生译，杭州，浙江教育出版社，1987，第 70 页。
⑥ 杰西·格·卢茨：《中国教会大学史（1850～1950 年）》，曾钜生译，杭州，浙江教育出版社，1987，第 492 页。
⑦ 《清帝谕立停科举以广学校》（1905 年）//舒新城：《中国近代教育史资料》，北京，人民教育出版社，1981，第 62～66 页。

纷纷建立使教会学校不可挽回地失去了在中国西式教育中的先导地位和对中国教育改革的"示范"性作用,使自成系统、享受治外法权、被不少中国人视为帝国主义侵略工具的教会学校面临严峻挑战。许多传教士感受到了竞争的压力,有些人"已开始强调教育的学术标准"这样的目标了,也有些人"考虑把他们的学校提高到大学水平或者在他们中学的基础上设立戴帽子大学"①,并且认为教会大学的出路是"要么成为一所综合大学,由一流人材有效地管理,拥有优秀的教员和学者,并且与由传教士控制的宣教事业分道扬镳;要么成为一所五流的有名无实的大学,只有一些往日的荣耀,而被日益增长的竞争远远甩在后面"②。

1904 年清政府改行新教育制度,教会学校"益形发达",原拟向官厅立案,而当时执政者不知"教育权"之可贵,唯以不给奖励为限制之手段。③ 如 1901 年山西教案发生后,驻沪耶稣教总教士英人李提摩太代表教会与清廷洽商赔款事宜,提出:"晋省酿祸之重,系民智不开所致,拟由晋省筹给赔款银五十万两,建立学堂。"因事关教育主权,山西官员不敢贸然允诺。经李提摩太多次催促,仍于权限分属问题分歧较大,"函电往复,隔阂殊多"。后议定"晋省筹银五十万两,分期交付该总教士开办中西学堂"。并于合同内声明"此中西大学堂与晋省大学堂一样看待,显示以畛域之判,即隐杜干预教育之权","金以宜委曲求全"。④ 中央教育行政部门对该校的管理亦明示内外有别,在学务大臣时期,该学堂毕业生的两次奏案仅"奖给进士出身,惟不再给实官,以示区别"。⑤ 1911 年收回自办后,学部才同意让已毕业而未获功名的学生,"如愿回堂补习,仍准送部复试,所请实官奖励,届时如未停止,但使程度相符,尚可照奖"。⑥

① 杰西·格·卢茨:《中国教会大学史(1850~1950年)》,曾钜生译,杭州,浙江教育出版社,1987,第 15 页。
② 徐以骅:《教育与宗教:作为传教媒介的圣约翰大学》//章开沅:《文化传播与教会大学》,武汉,湖北教育出版社,1996,第 114 页。
③ 教育年鉴编纂委员会:《第二次中国教育年鉴》(第二编教育行政),台北,文海出版社,1986,第 117~118 页。
④ 岑春煊:《奏请将晋省赔款五十万两交英人设学折》(1902 年)//舒新城:《中国近代教育史资料》,北京,人民教育出版社,1981,第 1092~1093 页。
⑤ 学部:《奏山西西学专斋整顿办法片》(1911 年 4 月 13 日)//潘懋元、刘海峰:《中国近代教育史资料汇编:高等教育》,上海,上海教育出版社,2007,第 82 页。
⑥ 《学部咨复山西巡抚西学专斋毕业年限及奖励办法文》(1911 年 8 月 3 日)//朱有瓛:《中国近代学制史料》(第二辑上册),上海,华东师范大学出版社,1987,第 996 页。

1905 年 9 月 2 日，直隶总督袁世凯等联名上奏朝廷，明确提出：国家危迫情形，一刻千金，"故欲补救时艰，必自推广学校始。而欲推广学校，必自先停科举始"。言辞激烈地请求"雷厉风行"、"停罢科举"。① 当天，清政府上谕宣布："自丙午科为始，所有乡会试一律停止，各省岁科考试亦即停止。"② 从而宣告了中国科举制度的终结，标志着传统教育体制开始发生根本性的转变，清除了教会学校在华办学的若干桎梏。"1905 年以后，申请进教会学校的人多到学校无法接收，同时，修完学校规定课程的学生也比以前增加。教会领导人对此反应非常热烈，他们纷纷提高了学校的学术水平，扩大了原有的学校，并且还建立起许多新学校。"③

清政府虽然从一开始便竭力反对西方对其内部事务的干涉，但对教会学校则相当宽容。1905 年一些传教团体通过美国驻华公使柔克义（W. W. Rockhill），试图谋求政府对教会学校的承认，但此一要求遭到学部的拒绝。中国基督教教育会的编辑、圣约翰大学的美国教员孟嘉德评论说，此事"清楚地表明教会学校被认为是帝国教育体系一个组成部分的时刻尚未到来"。④ 清政府学部于 1906 年咨行各省："教育为富强之基，一国有一国之国民，即一国有一国之教育，匪惟民情国俗各有不同，即教育宗旨亦实有不能强合之处。现今振兴学务，各省地方筹建学堂，责无旁贷，亟应及时增设，俾士民得有向学之所。至外国人在内地设立学堂，奏定章程并无允许之文；除已设各学堂暂听设立，无庸立案外，嗣后如有外国人呈请在内地开设学堂者，亦均无庸立案，所有学生，概不给予奖励。"⑤ 此即教会学校不受国家法令支配、丧失教育权之由来。⑥ 清政府无力过问教会学校事务，也不愿给这些学校立案，从而以"无庸立案"和"概不给奖"的一纸规定放弃了对教会学校的管理权。由此，清政府对于教会教育自然也取"放任主义"："毕业教会学校者无享受学

---

① 《袁世凯等奏请废科举折》（1905 年 9 月 2 日）// 朱有瓛：《中国近代学制史料》（第二辑上册），上海，华东师范大学出版社，1987，第 110～111 页。

② 《上谕》（1905 年 9 月 2 日）// 朱有瓛：《中国近代学制史料》（第二辑上册），上海，华东师范大学出版社，1987，第 113 页。

③ 杰西·格·卢茨：《中国教会大学史（1850～1950 年）》，曾钜生译，杭州，浙江教育出版社，1987，第 90 页。

④ 徐以骅：《教育与宗教：作为传教媒介的圣约翰大学》，珠海，珠海出版社，1999，第 130～131 页。

⑤ 《学部咨各省外人在内地设学无庸立案学生概不给奖文》（1906 年）// 多贺秋五郎：《近代中国教育史资料》（清末编），台北，文海出版社，1976，第 613 页。

⑥ 丁致聘：《中国近七十年来教育记事》，南京，国立编译馆，1935，第 20 页。

位与实官之权利，且并无立案之例。"① 此学部咨文的发表标志着清政府对教会教育消极限制政策的正式形成，也是一种典型的弱国外交政策在教育上的反映。②

1908 年 6 月 3 日，《外交报》载文提醒世人"外人争谋我教育之权，其积虑处心，较诸他事竞争尤阴鸷而险狠"，"居然以启牖华人引为一己之天职"，"以皋比讲授之仪代利炮坚船之用"③；并疾呼"吾国之于教育问题，当视为生死骨肉之方，而不当假为润色承平之具"④。同年 7 月 29 日，学部颁发《通行京外聘用外国教员合同应照部颁式样文》，对各省中学堂以上学堂聘用外国教员合同的制定与遵行做出规定，强调"合同既定之后，彼此办事，即应按照合同办理"，针对各省聘用外国教员合同"宽严不同、未能一律"的情况，酌定聘用外国教员合同十九条部颁式样"以归一律"。其所附《颁行聘用外国教员合同式样》规定："教员应受监督节制"；"凡学部颁行学堂章程及本学堂现行续订各项章程该教员到堂后应一律遵守，不得歧异"；"教员专任教授课程，凡学堂内外一切他事不得干预"；"教员无论是否教士出身，凡在学堂教授功课不得借词宣讲涉及宗教之语"；"如有不遵合同暨违背章程条规等事或才力不及行检不饬，监督得即行辞退"。⑤

这一时期的教会学校尽管有不少弱点和局限性，但作为中国境内最早出现的西式学校，打破了中国传统落后的封建教育体制的垄断地位，"实际上在一个时期内成为教授某种形式的现代知识的唯一机构，因此也可以说是中国最早的现代教育机构"。⑥ 同时，各教会大学也纷纷通过在外国注册立案这一"看上去反常的步骤"，使其成了中国土地上的外国大学——这是由中外不平等条约所规定的"治外法权原则奇特的延伸"，也是西方高等教育体系在中国的延伸。⑦ "学校能够授予文学士或理学士的学位，这

① 郭秉文：《中国教育制度沿革史》，福州，福建教育出版社，2007，第 85 页。
② 胡卫清：《普遍主义的挑战：近代中国基督教教育研究（1877 ~ 1927)》，上海，上海人民出版社，2000，第 354 页。
③ 外交报：《申论外人谋握我教育权之可畏》（1908 年 6 月 3 日）// 朱有瓛、高时良：《中国近代学制史料》（第四辑），上海，华东师范大学出版社，1993，第 689 页。
④ 外交报：《论外人谋我教育权之可危》（1907 年 8 月 23 日）// 朱有瓛、高时良：《中国近代学制史料》（第四辑），上海，华东师范大学出版社，1993，第 688 页。
⑤ 《通行京外聘用外国教员合同应照部颁式样文》（1908 年 7 月）// 多贺秋五郎：《近代中国教育史资料》（清末编），台北，文海出版社，1976，第 497 ~ 498 页。
⑥ 王立新：《美国传教士与晚清中国现代化》，天津，天津人民出版社，2008，第 118 页。
⑦ 徐以骅：《教育与宗教：作为传教媒介的圣约翰大学》，珠海，珠海出版社，1999，第 88、39 页。

种头衔在西方非常重要，在中国也开始逐渐重要起来。而且，这样一来，有利于教会学校毕业生被西方各大学和研究院所接受。这是一件重要的事情，因为出国留学已成为许多学生奋斗的目标。许多行政人员认为，有了西方的特许证，他们的学校在美国争取资金时就能处于比较有利的地位。"① 此后，"官方文件无视教会学校的存在，而差会则推行自己的一套政策，结果造成两种教育制度迥然不同，互不沟通"②；教会大学"从行政到教学，很少与中国政府发生关系"③；"夫至全国教育之权，尽握于他人之手"④；以致有学者将当时的教会大学概括为四句话："根在外国，权在教会，西人为主，外国方式"⑤。

二、怀柔政策：北洋政府时期的教会大学管理

民国"新政府在最初时期，对于基督教完全采取宽容的态度。出席第一次国民党会议的 600 人中，就有十分之一是基督教徒"。⑥ 民初教育部对于教会学校，尽管表面上继续延续清末"不干涉亦不承认"的政策，但在实际工作中却并非完全消极，而是积极准备进行调整。据郭秉文 1914 年的记述，"若现今政府，则全返其情形，虽对于教会教育无甚积极之政策，闻已派委员往日本考察一切，固非漠不关心者也"。⑦ 民国成立后，北洋政府一系列政策便相继出台，以逐步加强对教会大学的管理。这一时期的主要政策及其主要内容见表 4 - 1。

---

① 杰西·格·卢茨：《中国教会大学史（1850～1950 年）》，曾钜生译，杭州，浙江教育出版社，1987，第 49 页。
② 杰西·格·卢茨：《中国教会大学史（1850～1950 年）》，曾钜生译，杭州，浙江教育出版社，1987，第 100 页。
③ 陈裕光：《回忆金陵大学》//陈远：《逝去的大学》，北京，同心出版社，2005，第 155 页。
④ 外交报：《论外人谋我教育权之可危》//朱有瓛、高时良：《中国近代学制史料》（第四辑），上海，华东师范大学出版社，1993，第 688 页。
⑤ 陈文远：《近代中国教会大学的功能演变及原因探究》，《高等教育研究（成都）》2006 年第 4 期。
⑥ 《平冢益德记辛亥革命至壬戌学制期间的第三国在华教育活动》//朱有瓛、高时良：《中国近代学制史料》（第四辑），上海，华东师范大学出版社，1993，第 179 页。
⑦ 郭秉文：《中国教育制度沿革史》，福州，福建教育出版社，2007，第 85 页。

表 4 - 1 北洋政府关于教会大学的系列政策

时 间	主要政策 法令名称	与教会大学有关的 主要内容	意 义
1917 年 5 月 12 日	教育部第 8 号 布告《专门以 上同等学校待 遇法》	对"中外人士创设私立 各种学校"订定考核待 遇,并规定请求认定的 程序和所需呈报的事项 清单	从过去消极被动式的 "不干涉亦不承认"调 整为积极主动地引导其 立案注册,拟承认教会 学校的私立身份,为教 会学校立案之前奏
1919 年 3 月 26 日	教育部第 6 号 布告《外国人 所设之专门学 校毕业生待遇 办法》	规定"外国人在内地所 设专门以上学校"不以 传布宗教为目的,且不 列宗教科目	对 1917 年第 8 号布告的 补充
1920 年 11 月 16 日	教育部第 11 号 布告《外国人 所设专门以上 各学校准照中 国公私立专门 学校规程报部 备案》	规定"外国人之在国内 设立高等以上学校者, 许其援照大学令、专门 学校令以及大学专门学 校各项规程办法"呈请 教育部查核办理	许可教会大学参照各项 规程办法呈请查核办理
1921 年 4 月 9 日	教育部第 138 号训令《教会 所设中等学校 请求立案办法》	规定"关于学科内容及 教授方法,不得含有传 教性质"	在国家教育法令中首次 把"宗教教育"与立案 问题联系起来,对宗教 教育做了严苛限制
1925 年 11 月 16 日	教育部第 16 号 布告《外人捐 资设立学校请 求认可办法》	坚持"私立"、"中国人 控制"、"教育与宗教分 离"三大精神	对教会学校的机构、宗 旨、课程分别做了明确 规定,彻底改变中国教 会大学的组织建构与办 学体系,直接导致教会 大学的"中国化"与 "本土化"

因"外人在内地设立之各种学校,其编制多与部定规程不合,但既办
教育统计,对于此类学校自不能不特别注意"。1915 年 6 月 8 日,教育部

通咨《各省区有外人设立之各种学校应造调查表报部》，拟表式三种（学校调查表、一县调查表和一省调查总表）"由省照式刊发各县切实调查、各省于各县调查表送齐后汇造调查总表连同县表于次年三月间送部"，并"汇编略表附于统计表后，以资参考"。1918 年 8 月 20 日，教育部再次通咨《各省区外人设立学校调查表应连同统计表送部》，要求"自办理六年度教育统计起，所有外人设立学校调查表改与统计表一同造送，以期迅速"。①

1917 年 5 月 12 日，教育部公布《专门以上同等学校待遇法》（布告第 8 号）。其中指出："查京师及各省区中外人士创设私立各种学校，往往有学科程度较中学为高，而学校之名称及科目与大学校令第三条或专门学校令第二条未能尽符，然其实力经营亦有未便湮没者。本部为推广教育起见，特将此项学校订定考核待遇之法如下开各条。"布告规定的"中外人士创设私立各种学校"第一次将外人所办学校视为中国私立学校的一部分。该办法有四项规定：第一项规定"此项学校办理确有成绩者，经本部派员视察后得认为大学同等学校或专门学校同等学校"；第二项规定"此项学校学生修业年限须在三年或三年以上，如设有预科者，其预科修业年限须在一年或一年以上"；第三项规定了请求认定的程序和所需呈报的事项清单；第四项规定"经本部认定后，该校毕业生得视其成绩，予以相当之待遇"。② 通读布告可以看出，此时政府对教会大学的政策已明显改变，已从过去消极被动式的"不干涉亦不承认"调整为积极主动地引导其立案注册，准备将教会学校纳入私立学校范围予以管理，这也符合世界各国的通行做法。但该布告对包括教会学校在内的所有外人所设学校的宗教课程与宗教活动，没有进行明文限制，这无疑会给立案和管理工作带来麻烦。

为此，教育部又于1919 年 3 月 26 日发布第 6 号布告《外国人所设之专门学校毕业生待遇办法》，指出"查外国人在内地所设之专门以上学校，虽学科编制不无歧异。本部为广育人材起见，深冀其毕业学生得与公私立各校毕业学生受同等之待遇，兹特订定办法。凡外国人在内地所设专门以上学校，不以传布宗教为目的，且不列宗教科目者，准其援照私立专门学校规程或私立大学规程及专门以上同等学校待遇法，呈请本部查核办

① 《各省区有外人设立之各种学校应造调查表报部》（1915 年 6 月 8 日）、《各省区外人设立学校调查表应连同统计表送部》（1918 年 8 月 20 日）//多贺秋五郎：《近代中国教育史资料》（民国编上），台北，文海出版社，1976，第400页。
② 《教育部布告第 8 号》，《政府公报》第 481 号，1917 年 5 月 14 日。

理"。① 到 1914 年，在中国的新教传教士中，直接从事传播福音工作的人不到总人数的一半，教会大学则由 1900 年的几所和 199 名学生发展到 1920 年的 16 所和近 1700 名学生。②

1920 年 11 月 16 日，北洋政府教育部发布第 11 号布告《外国人所设专门以上各学校准照中国公私立专门学校规程报部备案》，再次明令"查近年以来，外国人士在各地设立专门以上之学校者，所在多有。其热心教育，殊堪嘉许。惟是等学校，大半未经报部认可，程度既形参差，编制时复歧异，以致毕业学生不得与各公立私立专门学校毕业学生受同等之待遇，滋足惜焉。兹为整理教育、奖励人才起见，特定外国人之在国内设立高等以上学校者，许其援照大学令、专门学校令以及大学、专门学校各项规程办法，呈请本部查核办理，以泯畛域，而期一致"。③

因实力所限，北洋政府对教会大学始终在管与不管之间摇摆。上述北洋政府的相关法令仅仅要求教会学校立案，获得名义上的认可，其他问题尚未在考虑之列，这种态度一直持续到 20 世纪 20 年代。到 20 世纪 20 年代，主要教会大学不仅已基本成型，而且开始进入发展的鼎盛时期。这一时期外国人在中国办理学校的学生数占学生总数的 32%，其中初等学校为 4%，中等学校为 11%，高等学校竟高达 80%。④

20 世纪 20 年代对中国而言是至关重要的十年，亦是中国教会大学命运攸关的十年。非基督教运动在 1922 年下半年刚趋于沉寂，紧接着 1924 年收回教育权运动又狂飙突起，锋芒所向直指教会教育，并在 1925 年形成全国性高潮。时任北京大学校长的蔡元培发文表示"教育事业当完全交与教育家，保有独立的资格，毫不受各派政党或各派教会的影响"，"以传教为业的人，不必参与教育事业"⑤，实际上否定了传教士开办的教会学校。余家菊则指出，"于中华民族之前途有至大的危险的，当首推教会教育。教会在中国取得了传教权与教育权，实为中国历史上之千古痛心事"，并

① 《教育部布告第 6 号》，《政府公报》第 1131 号，1919 年 3 月 29 日。
② 杰西·格·卢茨：《中国教会大学史（1850～1950 年）》，曾钜生译，杭州，浙江教育出版社，1987，第 93 页。
③ 《外国人所设专门以上各学校准照中国公私立专门学校规程报部备案》（1920 年 11 月 16 日）//多贺秋五郎：《近代中国教育史资料》（民国编中），台北，文海出版社，1976，第 314 页。
④ 《陈傒达译：欧美人在中国之教育的设施》（1921 年）//舒新城：《中国近代教育史资料》，北京，人民教育出版社，1981，第 1077 页。
⑤ 蔡元培：《教育独立议》（1922 年 3 月）//高平叔：《蔡元培教育论著选》，北京，人民教育出版社，1991，第 377、378 页。

率先提出了要对教会学校"施行学校注册法"。① 1924 年 7 月,《少年中国会南京大会宣言》主张"反对丧失民族性的教会教育及近于侵略的文化政策"。② 1924 年 7 月,中华教育改进社第三届年会做出决议,要求"收回教育权"。1924 年 10 月,全国教育会联合会第十届年会通过《教育实行与宗教分离案》和《取缔外人在国内办理教育事业案》。1925 年 8 月,中华教育改进社第四届年会通过《关于宪法中制定教育专章案》,提出"教育事业应超然于宗教及政党争议之外,并不得于学校上课时间内教授宗教或党纲,亦不得举行宗教仪式"。1925 年 10 月,全国教育会联合会第十一届年会通过《关于收容教会学校师生案》,建议各省区行政官厅"指定或筹办相当学校,容纳教会学校退学学生;教会学校中之教师,有愿脱离关系者,应广为聘用"。③ 尽管如此,1925 年 4 月中华基督教教育会董事会年会通过的《关于教会学校注册立案的决议案》却在要求"基督教学校应即速向地方政府或中央政府注册立案"的同时,宣称"惟须顾及基督教之特殊功用,不受注册之限制"。④

　　因"各国教会在我国各处所设中等学校甚多,热心兴学,殊堪嘉许。惟办法或未尽遵照部章程度遂难一律,且未经本部立案学生毕业后不能与其他公私立学校学生受同等之待遇,滋足惜焉",1921 年 4 月 9 日,教育部颁布了《教会所设中等学校请求立案办法》(教育部第 138 号训令),第一条即规定"学校名称应冠以私立字样",首次明确了教会学校的"私立"性质;强调立案的教会学校必须遵守中国政府的教育法令,并规定"关于学科内容及教授方法,不得含有传教性质","违反以上各条者,概不准予立案;即已经立案,如有中途变更者,得将立案取消"⑤,这在国家教育法令中首次把"宗教教育"与立案问题联系起来,实际上是对宗教教育做了最严苛的限制。在当时的中国,"几乎没有人怀疑,教育的主要目的是为国家服务,以及中国不允许任何坚持传播福音与从事教育双重目的的学校

---

① 余家菊:《教会教育问题》// 朱有瓛、高时良:《中国近代学制史料》(第四辑),上海,华东师范大学出版社,1993,第 696、703 页。

② 《1924 年 7 月少年中国会南京大会宣言》// 朱有瓛、高时良:《中国近代学制史料》(第四辑),上海,华东师范大学出版社,1993,第 734～735 页。

③ 朱有瓛、高时良:《中国近代学制史料》(第四辑),上海,华东师范大学出版社,1993,第 735～739 页。

④ 《中华基督教教育会董事会年会关于教会学校注册立案的决议案》(1925 年 4 月 1 日至 2 日)// 朱有瓛、高时良:《中国近代学制史料》(第四辑),上海,华东师范大学出版社,1993,第 786 页。

⑤ 《教育部训令第 138 号》,《政府公报》第 1844 号,1921 年 4 月 12 日。

的存在"。① 在收回教育权运动后期的 1924 年，教育部的态度更是强硬，规定凡教会学校未经核准备案者，其毕业生投考国内各大学概不收录。② 收回教育权运动是自清末以来收回利权运动的深入与发展，是中华民族意识觉醒的标志，也是教会大学走向本土化和世俗化必不可少的前奏③。在收回教育权运动中，有人对 1922 年中国高等教育的情况做了统计，当时国立、省立、私立、教会及外人之高等教育机关共计 125 所，学生 34880 人，其中教会及外人所办高等教育机关 18 所，学生 4020 人，教会大学的人数占全国大学生人数的 11.5%。④

在 20 世纪 20 年代的历史情境中，实现从"传教士"到"教育家"的角色转换几乎成了教会大学的唯一选择。⑤ 即使是对立案抱有抵触情绪的圣约翰大学校长卜舫济也曾在 1924 年告诫说："在中国觉悟到高等教育的必要之前，对我们的大学尚有需要，因其填补了中国之空缺。然而一旦中国之高等教育被有效地组织起来，对我们的需要便不再迫切，除非我们作出为中国官立和私立大学所无有之独特贡献。"⑥ 此后，随着民族化进程的加速，教会大学的宗教功能逐渐减弱，教育功能日益增长，而且不断加强与社会的联系并为社会服务，教会大学的发展进入了全面改革和逐渐中国化的时期。⑦ 1925 年 4 月，中华基督教教育会迫于形势，不得不承认："应向政府注册，遵守政府之规定，采用政府之标准，受政府之监督指导。"⑧

1925 年 11 月 16 日，北洋政府教育部公布了《外人捐资设立学校请求认可办法》⑨，这是中国近现代史上第一个全面管理包括教会学校在内的外

---

① 杰西·格·卢茨：《中国教会大学史（1850～1950 年）》，曾钜生译，杭州，浙江教育出版社，1987，第 246 页。

② 中央教育科学研究所：《中国现代教育大事记》，北京，教育科学出版社，1988，第 91 页。

③ 孙培青：《中国教育史》（修订版），上海，华东师范大学出版社，2000，第 399 页。

④ 徐文台：《关于收回教育权》//朱有瓛、高时良：《中国近代学制史料》（第四辑），上海，华东师范大学出版社，1993，第 718 页。

⑤ 任利剑：《从"布道者"到"教育家"——教会大学的角色变化及其意义》//章开沅、林蔚：《中西文化与教会大学》，武汉，湖北教育出版社，1991，第 31 页。

⑥ 徐以骅：《教育与宗教：作为传教媒介的圣约翰大学》，珠海，珠海出版社，1999，第 302 页。

⑦ 史静寰、吴梓明：《教会大学与中国知识分子——从燕京大学的几位中国基督徒知识分子谈起》//章开沅：《文化传播与教会大学》，武汉，湖北教育出版社，1996，第 212 页。

⑧ 《中华基督教教育会之自辩》，《上海民国日报》1925 年 4 月 10 日，转引自曲士培《中国大学教育发展史》，北京，北京大学出版社，2006，第 237 页。

⑨ 《教育部布告第 16 号》，《政府公报》第 3459 号，1925 年 11 月 20 日。

国人在华所设学校的法令①，对教会学校的机构、宗旨、课程分别做了明确规定，彻底改变了中国教会大学的组织建构与办学体系，直接导致了教会大学的"中国化"与"本土化"。② 该办法坚持"私立"、"中国人控制"、"教育与宗教分离"三大精神，规定：（1）凡外人捐资设立各等学校，遵照教育部所颁布之各等学校法令规程办理者，得依照教育部所颁布关于请求认可之各项规则，向教育行政官厅请求认可；（2）学校名称上应冠以私立字样；（3）学校之校长须为中国人，如校长原系外国人者，必须以中国人充任副校长，即为请求认可时之代表人；（4）学校设有董事会者，中国人应占董事名额之过半数；（5）学校不得以传布宗教为宗旨；（6）学校课程须遵照部定标准，不得以宗教科目列入必修课。此办法要求把教会学校纳入中国私立学校的范围，受教育主管部门的监督指导，与1921 年的办法相比要温和许多，从"禁止"宗教教育变为"限制"宗教教育。同时还申明此前有关布告、办法均予以废止。③ 但由于时局混乱和各教会学校的等待观望，该《认可办法》形同虚设。

　　有研究认为，这一时期的"教育不仅得益于中央政权的软弱，也得益于帝国主义列强的多元化影响"。④ 偏重英语，仿效照搬英美教育制度，是在华教会大学的普遍倾向，就连1921 年中国基督教教育考察团的英美教育家们亦对在华教会学校的"外国面孔"大为震惊。教会大学的西化倾向使其游离于中国社会之外，与普通民众的生活脱节，"一校之中，俨如一国"，构成了一个个文化飞地或"疏离的学术象牙塔"。如20 世纪初以来，圣约翰大学的课程基本上用英语教授，学校几乎所有的章程、规则、通告、往来公函、会议记录、年度报告均使用英语，形成十分独特的英语教学环境。由于圣约翰的英语教学闻名遐迩，许多洋务部门如海关、电报局、洋行以及外交部门都对圣约翰的学生另眼相看，社会上一时竟有"圣约翰英语"之称。⑤ 一位圣约翰的老校友曾在1925 年写给神学院院长聂高莱

---

① 徐以骅：《教育与宗教：作为传教媒介的圣约翰大学》，珠海，珠海出版社，1999，第132 页。
② 陈才俊：《华人掌校与教会大学的"中国化"——以陈裕光执治金陵大学为例》，《高等教育研究》2008 年第7 期。
③ 1927 年11 月19 日，北洋政府教育部以部令第187 号（《政府公报》第4160 号，1927 年11 月23 日）的形式，对此办法进行了修正。
④ 费正清、费维恺：《剑桥中华民国史（1912～1949 年）》（下），刘敬坤等译，北京，中国社会科学出版社，1994，第416 页。
⑤ 徐以骅：《教育与宗教：作为传教媒介的圣约翰大学》，珠海，珠海出版社，1999，第29 页。

（O. W. Nicholj）的信中感叹道："圣约翰已今非昔比，面目全非。她在教育上已有长足进步，与一所外国大学几乎并无二致。在圣约翰的学生中住一晚就恍如在异国他乡一样。"1926 年圣约翰的教育政策委员会亦承认，社会上普遍认为"圣约翰并未能尽力使自己适应中国人和他们的特殊需要，它的发展是以美国而不是以中国的教育模式为蓝本的"。① 因此，在相当大的程度上，教会大学都可被视为西方（主要是英美）高等教育体系在中国的延伸。

三、立案政策：国民政府时期的教会大学管理

"高等教育为教会素所注重，在中国所设立之大学校声誉赫赫，其毕业生为国家之强有力分子固不待言，如圣约翰、沪江、岭南、福州、金陵、湘雅②、华西、燕京等大学无不为预备中国今日之领袖人才之所。"③ 国民政府成立之后，关于教会学校的管理则比北洋政府更为系统和严厉，在世俗化、中国化方面更进了一步，这由其密集出台的各项政策可见一斑（如表 4 - 2 所示）。

表 4 - 2　国民政府关于教会大学的系列政策（1926 ~ 1937 年）

时　间	主要政策 法令名称	与教会大学有关的 主要内容	意　　义
1926 年 10 月 18 日	《私立学校规程》	明确教会大学为私立大学并限期立案	将外国教会学校纳入中国的私立学校体系，使其在法律上不再独立于中国教育体系之外，这是国民政府对教会学校政策的立足点
	《私立学校校董会设立规程》	要求设立董事会，明确董事来源及其职权	

---

① 徐以骅：《中学与西学——作为西学输入渠道的圣约翰大学》// 章开沅、马敏：《社会转型与教会大学》，武汉，湖北教育出版社，1998，第 43 ~ 45 页。

② 据教育部 1915 年 9 月 15 日《咨湖南巡按使湘雅医学专门学校应冠私立二字并将校则改定文》（第 2477 号），该校经费系由湖南育群学会及美国雅礼会共同担任，应即正名为私立湘雅医学专门学校，以符定章。

③ 露懿思：《基督教教育在中国之情形》// 李楚材：《帝国主义侵华教育史资料：教会教育》，北京，教育科学出版社，1987，第 9 页。

续表

时　间	主要政策法令名称	与教会大学有关的主要内容	意　义
1927 年 12 月 20 日	《私立大学及专门学校立案条例》	规定"凡私立大学及专门学校须经中华民国大学院立案",凡私立大学及专门学校呈请立案应由"校董会备具呈文"、"试办三年以上"、"校长由中国人充任"	对立案做了强制性规定
1928 年 2 月 6 日	《私立学校条例》	重申和补充广州国民政府时期的规定	确立了民国时期私立学校包括教会学校所应遵守的基本要求,体现了国民政府对这些学校的主导政策
	《私立学校校董会条例》		
1928 年 5 月 8 日	大学院第 347 号训令	"在筹备中之私立大学,须照院颁关于私立学校各条例所规定,先成立校董会,再由会呈请立案后,始可决定校长人选,筹备开学"	确立了校董会立案在先的原则
1928 年 7 月 7 日	大学院第 603 号指令	规定"学校立案应俟校董会立案核准后再予办理"	
1929 年 4 月 23 日	《宗教团体兴办教育事业办法》	"凡以宗教团体名义,捐资设立学制系统内之各级学校者,应遵照私立学校规程办理"	再次强调"教育与宗教分离"的原则
1929 年 8 月 29 日	《私立学校规程》	由大学院时期各项条例修正合并而成	对私立学校(含教会学校)进行全面规范

1926 年 7 月,国民政府教育行政委员会为谋各地方教育行政之改进,在广州召开"中央教育行政第一次大会",通过了《外人捐资及教会设立之学校,须呈报主管教育行政机关立案,并不得施行小学教育及师范教育

以一国权案》。①

　　1926 年 10 月 18 日，教育行政委员会公布的《私立学校规程》首先规定"凡私人或私法团设立之学校，为私立学校；外国人设立及教会设立之学校均属之"。这条规定正式将外国教会学校纳入中国的私立学校体系，使其在法律上不再独立于中国教育体系之外，这是国民政府对教会学校政策的立足点。② 其次，还规定了私立学校"须受教育行政机关之监督及指导"；"须由设立者推举校董，组织校董会，负学校经营之全责"；其"校长对董事会完全负责，执行校务，职教员由校长任免之"；"不得以外国人为校长；如有特别情形者，得另聘外国人为顾问"；"一律不得以宗教科目为必修科，亦不得在课内作宗教宣传"；"如有宗教仪式，不得强迫学生参加"；等等。并强调"凡未经立案之私立学校，应于本规程颁布后，依限呈请立案"。③ 以后这一政策延续下来，而且执行得更加严格。它不仅涉及外国对中国的政治控制问题，而且在更深层次上涉及世俗的价值观或宗教福音的价值观究竟谁应居于支配地位的问题。④ 同日公布的《私立学校校董会设立规程》规定"私立学校以校董会为其设立者之代表"，"外国人不得为校董；但有特别情形者，得酌量充任，惟本国人董事名额，须占多数；外国人不得为董事长或董事会主席"。校董会之职权有二：一是关于学校财务，如经费之筹划、预算及决算之审核、财产之保管、财务之监察及其他财务事项；二是关于学校行政，由校董会选任校长完全负责，校董会不直接参与。⑤ 其与同一时期北洋政府教育部颁布的类似条例相比，在世俗化、中国化方面更进了一步。

　　1927 年 12 月 20 日，大学院公布的《私立大学及专门学校立案条例》规定"凡私立大学及专门学校须经中华民国大学院立案"，凡私立大学及专门学校呈请立案应由"校董会备具呈文"、"试办三年以上"、"校长由中国人充任"；并对立案做了强制性规定："凡未立案之私立大学或专门学

①　教育年鉴编纂委员会：《第二次中国教育年鉴》（第二编教育行政），台北，文海出版社，1986，第 31～32 页。
②　杨大春：《南京国民政府的教会学校政策述论》，《苏州大学学报》（哲学社会科学版）1999 年第 2 期。
③　《私立学校规程》（1926 年 10 月 18 日）//大学院：《大学院公报》（第 1 期），台北，文海出版社，1966，第 39～40 页。
④　费正清、费维恺：《剑桥中华民国史（1912～1949 年）》（下），刘敬坤等译，北京，中国社会科学出版社，1994，第 440 页。
⑤　《私立学校校董会设立规程》（1926 年 10 月 18 日）//大学院：《大学院公报》（第 1 期），台北，文海出版社，1966，第 40～44 页。

校，其肄业生及毕业生不得与已立案之私立大学及专门学校学生受同等待
遇。"① 在此基础上，1928 年 2 月 6 日大学院又公布了《私立学校条例》
和《私立学校校董会条例》，这两个条例重申了广州国民政府时期的规定，
只是在文字上略有改动，内容更为全面，确立了民国时期私立学校包括教
会学校所应遵守的基本要求，体现了国民政府对这些学校的主导政策。

1928 年 5 月 8 日，大学院发布第 347 号训令，规定"在筹备中之私立
大学，须照院颁关于私立学校各条例所规定，先成立校董会，再由会呈请
立案后，始可决定校长人选，筹备开学"。② 7 月 7 日又发布第 603 号指令，
规定"除学校立案应俟校董会立案核准后再予办理外，关于该校校董会立
案，应饬依照新颁校董会条例及立案用表式样另行呈报，再予核办"。③ 从
而确立了校董会立案在先的原则。

因宗教团体"兴办教育事业，或为捐资设学以造就人才，或为集合徒
众以研究传习其教义，此二者之目的本属不同，而主其事者，每思比附牵
合，遂致名实混淆，诸多舛误"，1929 年 4 月 23 日，教育部④公布了《宗
教团体兴办教育事业办法》，再次强调"教育与宗教分离"原则，明确
"凡以宗教团体名义，捐资设立学制系统内之各级学校者，应遵照私立学
校规程办理"⑤，以规范宗教团体开办学校的行为。

1929 年 8 月 29 日，教育部公布了由大学院时期各项条例修正合并而成
的《私立学校规程》⑥。其中规定："凡私人或私法人设立之学校为私立学
校，外国人及宗教团体设立之学校均属之"；"私立学校如系外国人所设
立，其校长或院长须以中国人充任"；"私立学校如系宗教团体所设立，不
得以宗教科目为必修科，亦不得在课内作宗教宣传，学校内如有宗教仪式
不得强迫或劝诱学生参加"。规定"私立学校以校董会为其设立者之代表，
负经营学校之全责"，并明确了校董会呈请核准设立、呈请立案的要求及

---

① 《私立大学及专门学校立案条例》（1927 年 12 月 20 日）//大学院：《大学院公报》
（第 1 期），台北，文海出版社，1966，第 26~29 页。

② 《令各省区教育行政长官暨各大学区校长（为令饬各私立大学即日呈报立案其在筹备
中者应先成立校董会呈请立案由）》（1928 年 5 月 8 日）//大学院：《大学院公报》
（第 6 期），台北，文海出版社，1966，第 20 页。

③ 杨大春：《南京国民政府的教会学校政策述论》，《苏州大学学报》（哲学社会科学版）
1999 年第 2 期。

④ 1928 年 11 月，大学院改为教育部。

⑤ 《宗教团体兴办教育事业办法》（1929 年 4 月 23 日）//多贺秋五郎：《近代中国教育史
资料》（民国编中），台北，文海出版社，1976，第 657 页。

⑥ 此《私立学校规程》后分别于 1933 年 10 月 19 日、1943 年 11 月 5 日和 1947 年 5 月 7
日修正公布。

其职权。还规定："有特别情形者得以外国人充任校董，但名额最多不得过三分之一，其董事长或校董会主席须由中国人充任"；"凡未依照本规程呈准立案之私立学校，其肄业生及毕业生不得与已立案学校之学生受同等待遇"；等等。①

《私立学校规程》颁布以后，全国教会大学"几全部遵照规定呈准立案，大学学院之设有宗教或神学科系者，已完全撤消，宗教科目亦并无列为必修科者，此实我国现代教育史上最可注意之一事也"。② "到了1930年，大部分传教士教育工作者承认政府有权监督中国境内一切公立和私立学校；并且，基督教教育工作者开始重新组织课程，以符合中国教育部所规定的标准。"③ 尽管还有一些局部问题，教会大学的传道意向被削弱了，它们都被纳入中国教育体系的正式结构之中。④ 据《第一次中国教育年鉴》统计，截至1932年底，全国共有14所教会大学核准立案，其立案情况见表4-3。

表4-3　1928～1932年教会大学立案情况

校　　名	所设学院（或科）名称	核准立案年月	所在地
金陵大学	文、理、农	1928年9月	南京
沪江大学	文、理、教育、商	1929年3月	上海
燕京大学	文、理、法	1929年6月	北平
东吴大学	文、理、法	1929年7月	苏州、上海
私立武昌文华图书馆学专科学校		1929年8月	武昌
协和医学院	医	1930年5月	北平
岭南大学	文理、农、工、商	1930年7月	广州
金陵女子文理学院	文、理	1930年12月	南京
福建协和学院	文、理	1931年1月	福州
之江文理学院	文、理	1931年7月	杭州

① 《私立学校规程》（1929年8月29日）//多贺秋五郎：《近代中国教育史资料》（民国编中），台北，文海出版社，1976，第573～576页。

② 吴相湘、刘绍唐：《第一次中国教育年鉴》（丙编），台北，传记文学出版社，1971，第24～25页。

③ 杰西·格·卢茨：《中国教会大学史（1850～1950年）》，曾钜生译，杭州，浙江教育出版社，1987，第194页。

④ 费正清、费维恺：《剑桥中华民国史（1912～1949年）》（下），刘敬坤等译，北京，中国社会科学出版社，1994，第441页。

续表

校　　名	所设学院（或科）名称	核准立案年月	所在地
辅仁大学	文、理、教育	1931 年 8 月	北平
齐鲁大学	文、理、医	1931 年 12 月	济南
武昌华中大学	文、理、教育	1931 年 12 月	武昌
震旦大学	理、法、工、医	1932 年 12 月	上海

资料来源：吴相湘、刘绍唐：《第一次中国教育年鉴》（丙编），台北，传记文学出版社，1971，第 18～19、155 页。

1934 年 9 月 3 日，因"查各宗教团体仍有自立名目设立机关，表面虽不沿用学校名称，实际仍是学校组织，殊属不合"，教育部通饬《限制宗教团体设立学校令》，"兹再明白规定：凡宗教团体设立学校应遵照《修正私立学校规程》办理，如或设置机关传习教义，概不得沿用学校名称，并不得仿照学校规制"。①

南京国民政府的上述规定，对教会大学形成了强大的压力。② "对于教会大学来说，当时存在着自己无法控制未来的令人沮丧的可能性"，以致 20 世纪 "30 年代初期所有教会大学都关心的一个问题是重新确定大学的作用"，"任何一个考虑信教的学生都处在忠于基督教还是忠于民族主义的矛盾之中，最后他们还是象 20 世纪许多人一样选择了民族主义"。③ 至 20 世纪 30 年代中期，除圣约翰大学外，其余所有教会大学均向中国政府注册，名义上成为私立学校，接受中国政府的监督管理。16 所被公认为高等学校的教会学校（其中 13 所基督教学校，3 所天主教学校）招收了占全国大学生总数 10% 到 15% 的学生。④ 20 世纪 30 年代以后，"很少有人再把教会大学看作是外国人的学校。绝大多数教会大学已实现本土化，而且已在实际

---

① 《限制宗教团体设立学校令》（1934 年 9 月 3 日）∥多贺秋五郎：《近代中国教育史资料》（民国编下），台北，文海出版社，1976，第 302 页。

② 大学院曾于 1928 年 3 月 20 日以第 219 号训令的形式，要求各省区教育行政机关在"限于文到一月内"对所属各私立专门以上学校依法立案。显然这个限期太过仓促，无法实现。教育部也曾限令 1929 年 12 月底为立案的最后截止时间，但因立案准备烦琐，未呈报立案学校尚有许多，所以一再延迟。1931 年 8 月 15 日教育部第 1375 号训令将私立学校最后立案时间限定在 1932 年 6 月底，否则将饬令停止招生或勒令停闭。

③ 杰西·格·卢茨：《中国教会大学史（1850～1950 年）》，曾钜生译，杭州，浙江教育出版社，1987，第 262、263 页。

④ 杰西·格·卢茨：《中国教会大学史（1850～1950 年）》，曾钜生译，杭州，浙江教育出版社，1987，第 2～3 页。

上认同于中国高等教育的一部分"。① 至抗战前夕，"许多教会大学已被公认为是中国的大学而不是外国的大学，教会大学的学生被承认为合法的中华民族的发言人"。②

在中国教育史上，教会学校是最早引进西方的教育制度、西学课程和教学方法的。近代学校教育的班级授课制与实验方法，都是由教会学校最先开设的。③ 教会大学一反中国重人文轻科技、重道德轻功利的传统，使学校教育与社会多方面的需要相适应，从根本上改变了旧教育空疏迂谬、陈腐狭窄的面貌。此外，教会大学引进和开设的新学科，在英语教学、女子高等教育、医科、农科等领域起了先导作用，在自然科学、人文学科、农学、医学和药学等领域具有明显的优势，对近代中国的高等教育现代化做出了贡献。

第二节　清末民初教会大学内部职权体系
——以圣约翰大学为例

圣约翰大学是中国最著名和历史最悠久的教会大学之一。其前身是圣约翰书院，1879 年美国圣公会上海主教施约瑟将圣公会原辖培雅书院、度恩书院合并，在沪西梵王渡购地兴办圣约翰书院，以"创设一教会大学，为高等学术机关，同时并为研究神学之中心，俾四方来学之士，能以所习，普及全国"。1888 年卜舫济受命长校后，开始对书院进行一系列的改革，扩充校舍，强化英语教学，将英语教学列为各科之首，逐渐使英语成为圣约翰的教学语言。1892 年学校添设正馆，教授大学课程，"自是学校逐渐发展，中学毕业学生，有愿留校进修高等学程者"。1905 年 12 月 30 日，在美国纽约哥伦比亚特区注册成功，正式称为圣约翰大学，"得授予美国大学毕业同等之学位"。④ 1913 年添设大学院（即研究生院）。1947 年 10

---

① 章开沅：《中国教会大学的历史命运——以贝德士文献（Bates' Papers）为实证》，《上海社会科学院学术季刊》1996 年第 1 期。

② 杰西·格·卢茨：《中国教会大学史（1850～1950 年）》，曾钜生译，杭州，浙江教育出版社，1987，第 299 页。

③ 金以林：《近代中国大学研究（1895～1949）》，北京，中央文献出版社，2000，第 144 页。

④ 《卜舫济记圣约翰大学沿革》// 朱有瓛、高时良：《中国近代学制史料》（第四辑），上海，华东师范大学出版社，1993，第 426、427、428 页。

月 17 日，国民政府批准圣约翰大学立案。[1] 1952 年 9 月，在全国高校院系调整中被裁撤。

就创办年代而言，"中国之有大学，自教会大学始。中国之有教会大学，则自圣约翰大学始"。[2] 就知名度而言，圣约翰大学作为一所"由单一差会（美国圣公会）主办，以西学为中心，以英语为媒介，全面引入美国自由教育理念和制度"的教会大学，在相当长的时期内，都是教会大学的一面旗帜，"东南之士，莫不以圣约翰为归"，享有"外交人才的养成所"、"江南教会第一学府"和"东方的哈佛"之美誉。[3] 从圣约翰大学内部职权体系入手，可以洞见这一时期教会大学内部职权变迁的全貌。

一、圣约翰大学部门结构图

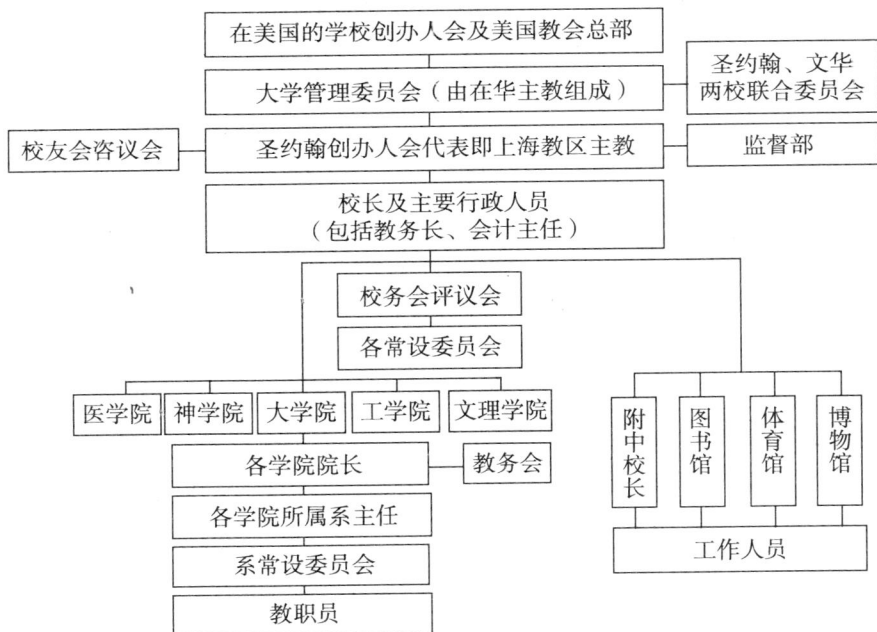

图 4-1　圣约翰大学组织系统（1928 年 6 月前）

资料来源：徐以骅：《上海圣约翰大学（1879～1952）》，上海，上海人民出版社，2009，第 37 页。

---

[1] 与其他教会大学不同，圣约翰大学长期以来一直拒绝按中国政府的法规在中国立案，在法律上游离于中国的高等教育体制之外。然而尽管有种种差异，圣约翰大学与在华其他教会大学生存活动的内、外部环境大同小异。

[2] 熊月之、周武：《圣约翰大学史》，上海，上海人民出版社，2007，前言第 7 页。

[3] 熊月之、周武：《圣约翰大学史》，上海，上海人民出版社，2007，前言第 1 页。

二、领导体制

早期的圣约翰并不具备完全独立的行政管理权力，圣约翰的行政与教会系统几乎合二为一，其成员则往往一身二任。关于圣约翰与教会的隶属关系，在其历次学校章程中曾反复申明："本学堂隶驻上海布道主教郭辖下公会之一部分"，"本大学及附属中学均隶上海布道主教郭辖下公会中之一部分"。① 到 20 世纪 20 年代，圣约翰大学形成"圣公会布道部和美国创办人会—中国教区大学管理委员会②—上海教区③主教及咨议会④—圣约翰大学校长"的垂直行政管理体系，在该体系中中国人几乎没有行政权。⑤

从表面看，一般教会大学的管理层次较多，但实际发挥作用的只有几个层面，而且分工比较明确，各司其职。⑥ 如在圣约翰大学中，实际发挥作用的是创办人会、上海教区和校长，圣约翰接受的是布道部和上海教区的双重领导。在学校当局、上海教区和布道部的三角权力关系中，"主教代表布道部，校长与主教打交道，并通过主教与布道部打交道"，上海教区主教作为布道部（或创办人会）驻华全权代表，是学校的实际控制者。⑦ 1905 年圣约翰在美国注册时注册细则的第一条第一款就规定："大学的领导和控制权应由上海教区主教掌握，他将作为创办人在华的唯一代表行事。如主教不在中国，则有上海教区咨议会代替。"⑧

---

① 熊月之、周武：《圣约翰大学史》，上海，上海人民出版社，2007，第 31~32 页。
② 1918 年，为协调圣约翰和文华两所大学的教育事工，美国圣公会成立由其在华三教区主教组成的管理委员会。其职能为：（1）任命两所大学的校长；（2）审核向创办人会提出的增加教员和拨款的要求；（3）审核向创办人会提出的筹集特别资金以增添楼房、设备和成立基金的要求；（4）批准设立新的院系；（5）考虑两所大学总政策的有关问题。至于大学的内部行政，两所大学的校长仍分别对创办人会在华的代表——上海教区和汉口教区的主教负责。20 世纪 20 年代中期，由于在立案问题上三主教意见存在分歧，管理委员会名存实亡。
③ 1901 年美国圣公会中国传教区被划分为上海教区（亦称江苏教区）和汉口教区（亦称武昌教区）；1910 年成立安庆教区后，美国圣公会在华共有三个教区。
④ 1914 年冬，圣约翰校友会成立校友理事会。其章程第七条称："执行委员会（由 5 名在上海的理事组成）应出席创办人会在华代表和大学校长的会议，并参与讨论大学的计划和问题。"简言之，执委会就是中国校董的初型。1915 年校友理事会改称校友会咨议会。
⑤ 徐以骅：《上海圣约翰大学（1879~1952）》，上海，上海人民出版社，2009，第 36~38 页。
⑥ 黄新宪：《教会大学与中国高等教育的早期现代化》，《苏州大学学报》（哲学社会科学版）1994 年第 4 期。
⑦ 徐以骅：《上海圣约翰大学（1879~1952）》，上海，上海人民出版社，2009，第 73 页。
⑧ 徐以骅：《教育与宗教：作为传教媒介的圣约翰大学》，珠海，珠海出版社，1999，第 89 页。

大约在 1917 年，圣约翰就建立了教员董事部，由校内中外教员组成。首届教员董事部为 25 人，共设六个部，分管运动会、教育会、奖给学位及升级、工程部、大学院和视察例准免试新生之各等事宜，几乎涵盖了学校管理的所有重要方面。1918 年，圣约翰设立了教授会，分各科教授会与大学教授会两种：各科教授会由该科教授及教员组成，大学教授会则由校长召集各科教授会之教授组成。无论是各科教授会还是大学教授会，每一位教授（在各科教授会开会时还有教员）均有一投票权；凡关于该科事宜，皆有同等之发言权。当赞成、反对同数时，大学校长有解决之权。① 圣约翰模式吸取了近代欧洲大学的自治传统，其在中国首创的教授会制度正是对大学管理自治原则的运用，经选举进入教授会的成员均有同等发言权、表决权，教授会实行少数服从多数的原则。②

到 20 世纪 20 年代时，圣约翰大学与布道部、教区的三角权力关系正处于危机之中。1928 年，美国布道部决定顺应时势，成立圣约翰大学校董会，并任命华人副校长。首届圣约翰大学校董会共 11 人，人员组成如下：（1）由江苏教区主教聘请 5 人；（2）由同学会推荐 3 人，并须由江苏教区主教聘请之；（3）由上列校董特约 3 人，但须由江苏教区主教聘请之；（4）校长为当然校董，开会时得列席，但无表决权。对襁褓中的圣约翰大学校董会，无论是设立人还是江苏教区主教，均顽强地维护和拥有着一定的人事任命权。但随着校务的发展，这些权力明显缩减。不久圣约翰大学校董会修改为成员 15 人，产生办法为：（1）设立人指派 3 人；（2）江苏教区议会选举 4 人；（3）同学协会选举 4 人；（4）校务会选举 2 人；（5）由上列四项当选人之全体同意，推聘社会知名人士 2 人；（6）开会时校长得列席，但无表决权。除设立人指派和江苏教区议会选举的 7 人外，其余 8 名校董无须经过江苏教区。在校董会的人员组成格局中，尽管出自设立人和江苏教区议会之校董在数量上多达 7 名，但在比例上依然属于少数，因而校董会不太可能任由其全盘操纵。此外，社会知名人士的加盟，更进一步密切了圣约翰大学董事会与社会各界的联系，有利于圣约翰大学扩大社会影响，并借助社会资源发展校务。

经过此番重大改革，圣约翰大学在行政管理体制上实现了与美国教会总部的疏离或曰剥离，将美国教会总部对大学校长的直接任命权成功转移到校董会手中；并且在赋予校董会以经营与财务管理权为主要权力范畴的

① 熊月之、周武：《圣约翰大学史》，上海，上海人民出版社，2007，前言第 24～25 页。
② 罗苏文：《论圣约翰模式》，《上海社会科学院学术季刊》1988 年第 3 期。

同时，校长的权力也得到了前所未有的扩大与增强。此时的大学校长"总理全校行政，指导全校教职员共谋校务之进展。校长为执行全校纪律之最高当局。校长负实施校务会议各项议决案之责"。这与早期校长仅限于教务计划、教授举荐、教授会与上海主教之居间联系乃至相关决议之公布等方面的权力相比可谓是位高权重：对教务校务之权责，从计划提升到指导；对相关决议之权责，从公布发展为实施；在行政上，他是总理；在纪律上，他是最高执行当局。①

三、学术管理

1892 年圣约翰添设正馆，教授大学课程，这是其从书院迈向大学的第一步。1896 年卜舫济以在美募款所得 15000 美元及中国所捐 4000 银两建成大学校舍一所，名格致室，并将大学生与中学生实行分别教授管理。至此，圣约翰初步形成了以文理科为主，兼设医科、神科、预科的教学格局。为了解决学生的学位问题，1905 年圣约翰依照美国哥伦比亚大学条例改组为大学，设置文、理、医、神四科。从书院到大学，圣约翰用了 26 年时间，走的是一条渐进的改良之路。1911 年圣约翰大学将文理科分为文科和理科两个独立的学科，率先实行学分制和学衔制。1913 年添设大学院，招收硕士研究生，形成预科、本科、大学院三级教学模式。②

与许多早期的新式学校一样，圣约翰最初采取的也是分斋制教学模式，即中学与西学分斋而设，各斋内分设若干系科，各斋均有正馆和备馆之别（正馆相当于大学阶段，备馆则相当于大学预科）。在中西学分斋时期，圣约翰大学西学斋系科方面的变化就先后表现在从普通科、道学科、医学科三科到文艺科、格致科、道学科、医学科四科，再到文科、理科、医学科、道学科、大学院科五科。到五四运动前后，圣约翰大学已经拥有六大系科，即西学斋文科、理科、医学科、道学科、大学院科和中学斋国文科。③ 到 1925 年 6 月，圣约翰大学共有文理科、神学科、医学科、土木工程科四科及大学院。④ 以世俗系科为主的系科构成标志着圣约翰大学日益脱离其教会大学"借学布道"的办学初衷，在世俗化的道路上越走越远。

---

① 熊月之、周武：《圣约翰大学史》，上海，上海人民出版社，2007，第 33～35 页。
② 熊月之、周武：《"东方的哈佛"——圣约翰大学简论》，《社会科学》2007 年第 5 期。
③ 熊月之、周武：《圣约翰大学史》，上海，上海人民出版社，2007，第 85、88、95 页。
④ 卜舫济：《圣约翰大学沿革略》//李楚材：《帝国主义侵华教育史资料：教会教育》，北京，教育科学出版社，1987，第 161 页。

中西学分斋制的问世与存续使得由传统中学一统天下的时代，开始让位于中西两学共同执掌教鞭、分享教坛的新格局。但在中西学系科与课程数量过于悬殊的对比下，这种模式毕竟给人过于强烈的感觉冲击和心灵震撼，而且将中西学人为分割的教学模式，并不符合学问本身客观存在的内在联系，也不利于学问和知识本身的健康发展与正常传授。因此从 20 世纪20 年代初期开始，圣约翰由分庭抗礼式的分斋教学，走向严格按学科本身分类的院系体制，逐渐从中西学分斋制过渡到院系制下的分科教学①，掀开了中国近代课程与教学发展史上新的一页。

四、职能部门

圣约翰的学校管理包括行政、财务和教务三大管理系统，它们和教会系统之间存在各不相同的亲疏关系。圣约翰大学的管理体制多承继美国的教育传统，在某种意义上可以视为西方高等教育体制在中国的翻版。②

在行政系统方面，1919 年圣约翰成立了由不同院系教授组成的校务委员会，下设若干常设委员会。③ 校长所欲办理事项以及学校课程编制、全校教务和行政方针等重大领域必须交付校务会集体讨论并表决之，而且在讨论或表决时所有与会者均享有平等的发言权和表决权；其拥有的主要职责一是讨论并表决校长或各院教务会所交议之事项，以及关于全校教务及行政方针，二是审核各院之课程编制。这不仅反映了美国式民主在学校管理中的渗透，而且以制度的力量提供了学校治理实践中校长个人权威和以校务会为代表的集体智慧之间的可能性结合。20 世纪 30 年代圣约翰大学新成立的大学评议委员会，更是将这种行政管理模式发展到了一个新的高度。④ 如 1937~1938 年度圣约翰大学评议委员会共有 32 个职位，分别为校舍委员 5 个、章程委员 6 个、经费委员 6 个、大学院委员 6 个、图书馆委员 4 个和同学会委员 5 个。在这些职位中，校长、副校长均参与其间的有校舍、章程等三个委员会。与其他成员一样，他们尽可以表达自己的意见或建议，也有权投票反对或赞成某种决策，但绝不能操纵评议会。一旦会议根据投票结果做出决策，即使校长、副校长有不同意见或看法，在行动

---

① 熊月之、周武：《圣约翰大学史》，上海，上海人民出版社，2007，前言第 3 页。
② 熊月之、周武：《圣约翰大学史》，上海，上海人民出版社，2007，前言第 24 页。
③ 徐以骅：《教育与宗教：作为传教媒介的圣约翰大学》，珠海，珠海出版社，1999，第94 页。
④ 熊月之、周武：《圣约翰大学史》，上海，上海人民出版社，2007，第 35~36 页。

上也必须与集体决议保持一致。

在财务系统方面，早期的圣约翰大学也呈现出与教会系统的从属与附着状态，其2名会计员"其一驻于美国，其一驻于上海"，无论是驻美还是驻沪，其人选均与教会密切相关。"驻美之会计员即以美国布道部会计员充之，驻沪之会计员则由驻沪主教选任。"之所以如此，显然是因为作为教会学校的圣约翰大学被视为教会事业的重要组成部分之一，如此安排有利于美国布道部及其驻沪主教对圣约翰大学的财务监管。在20世纪20年代末期，圣约翰大学对财务管理体制进行了改革：弱化了来自教会方面的财务管理权限，使校董会成为圣约翰大学的财务管理主体，享有比较独立和充分的财务管理权责；增加了校董会在经费筹划方面的自主权，也赋予了校董会以经营管理学校的全权；并设立由校董会任命、向校董会负责的专职会计1人，其职责不仅含有具体办事性质之保管款项，还扩展为权力性的审核账目，甚至协助校长处理一切财务问题。改革后的圣约翰大学形成了旨在经营圣约翰大学为一高等教育机关、以财务管理为主要职责的校董会，和拥有一定财务处理权责的专职会计，并由他们组成一个初步的学校财务管理系统，从而使圣约翰大学在财务管理上也脱离了教会的直接干预。[1] 后来，单个的专职会计逐渐发展为几个会计和出纳组成的会计科，形成了一个专门的会计职能科室。不仅如此，还在大学评议委员会中设立了专门的经费委员（1934~1935年度为5人，1937~1938年度为6人）。其中，除校长、副校长、会计外，其余3人只有教职而不承担任何行政职务。由纯粹教职人员参与财务管理，反映出圣约翰大学对财务监督问题的高度重视。

相对于行政和财务而言，教务管理系统的实时性、专业性更强，教务系统与教会系统的关系历来比较疏远。1917年、1918年成立的教员董事部和教授会（分为各科教授会和大学教授会两种）更是圣约翰在其早期教会系统与行政系统几乎完全重合的组织形态下，对美国教会总部遥控管理模式的必要补充，从而在教务管理角度为其注入了教育重于布道的遗传基因。不仅教员董事部的董事，圣约翰大学的每一位教授或教员，对学校事务均享有平等的表决权与发言权，而大学校长也在一定程度上享有某种解决教授争议、统一教授认识的独立权力。在20世纪20年代末期的改革中，圣约翰大学完善了包括教务会、校务会在内的两级教务管理机构。其中，教务会为学院级机构，由各学院之教务主任、教授、教员自行组织，其具体

---

① 熊月之、周武：《圣约翰大学史》，上海，上海人民出版社，2007，第36~38页。

人选由教务主任商请校长聘任之。教务会职责为编制课程（须经校务会之同意），其议决事项若有关全校方针或行政者，须经校务会认可，方生效力。在教务会中，每一位教授或教员，均享有讨论、表决以及就院务发展提出建议之平等权利。校务会则为校级机构，由校长、各院教务主任及教授组织之，其职责为：（1）讨论并表决校长或各院教务会所交议之事项，以及关于全校教务及行政方针；（2）审核各院之课程编制；（3）以毕业生及应授学位者之名册呈报校董会。① 与早期相比，此时圣约翰大学的教务管理，在系统上不仅更为完善，组织上也更为独立；无论是教务会还是校务会，均由校内教授、教员或教务主任、校长自行组织之，并不出自教会任命。

　　由于开办早，开风气之先，圣约翰大学在中国近代高等教育史上有着一定的开拓作用。"圣约翰在教育制度上系统地模仿西方学校，它先言采用诸如考试名誉制、选科制、学分制、导师制等西方早已实行的制度，有的在中国尚属首次。"② 1906 年到 1925 年，是圣约翰大学的黄金时代。圣约翰升格为大学后，在卜舫济校长的领导下，体制日臻完善。据中华基督教教育会在 20 世纪 20～30 年代的调查，服务于社会各个行业的圣约翰学生"记录之优良"，胜过任何一所教会大学。曾在沪上另一所教会大学沪江大学社会学系任教的蓝姆荪（Herbert D. Lamson），专门就《密勒氏评论报》1933 年版的英文《中国名人录》（第 4 版）做过统计分析，发现在其所收录的 960 人中，有 620 人有过在本国学校就读的经历，其中 201 人曾经在教会学校接受过教育，这一比例为 32.5%，而这当中，曾就读于圣约翰的就有 61 人，居所有教会与非教会学校之冠。相比之下，有所谓留美预备学校之称的清华大学只有 44 人入选，位列次席。③

　　1925 年到 1952 年是圣约翰大学历史上的多事之秋，"国旗事件"④、

---

① 熊月之、周武：《圣约翰大学史》，上海，上海人民出版社，2007，第 39～40 页。
② 徐以骅：《教育与宗教：作为传教媒介的圣约翰大学》，珠海，珠海出版社，1999，第 39 页。
③ 熊月之、周武：《"东方的哈佛"——圣约翰大学简论》，《社会科学》2007 年第 5 期。
④ 1925 年五卅惨案发生后，上海各界爆发大规模的示威游行，圣约翰大学学生群情激愤，于 6 月 3 日在大礼堂集会抗议，遭到校长卜舫济的干涉，盛怒之下他把升在旗杆上的中国国旗扯下，引起轩然大波。许多学生及员工相率离校，于 8 月另组光华大学。这就是所谓的"国旗事件"。

"立案"争端①、内外战乱,可谓是一波未平、一波又起。如果说 1925 年的"六三事件"是圣约翰大学由盛转衰的标志,那么立案问题则是导致圣约翰大学走向衰落的重要原因。② 历史学家罗苏文曾指出:中国近代高等教育领域出现过三种模式,即同文馆模式、圣约翰模式、国立大学模式。其中圣约翰模式是最早出现的、属于资产阶级新文化范畴的大学模式。它对恪守中体西用宗旨的同文馆模式是一次否定,而对民国初期问世的国立大学模式的成型具有先导与示范的作用,从而充当了中国教育近代化进程中推陈出新的中间一环。③

第三节 清末民初教会大学内部职权结构分析

伯顿·克拉克在分析大学权力时将影响大学的各种显性或隐性权力简化为三种,即国家权力、市场和学术权威,三者互为关联、彼此博弈,并提出了著名的三角协调图(见图 2 – 12)。三角协调图描述当代大学非常简洁明了,但对圣约翰等教会大学来说,教会的影响举足轻重。因此有必要将三角协调图略做改变,引入第四方权力因素——教会权力。在教会大学形成初期,教会力量一支独大,之后则慢慢向其他方向倾斜(见图 4 – 2)。

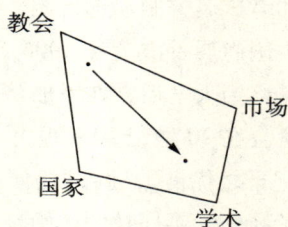

图 4 – 2 教会大学内部职权四边图
(由教会一支独大到权力更多让渡)

---

① 在非基督教运动和收回教育权运动冲击下,1925 年 11 月,北洋政府教育部公布了《外人捐资设立学校请求认可办法》,要求教会学校向政府"立案"。随后,1929 年 8 月,教育部公布了由大学院时期各项条例修正合并而成的《私立学校规程》,要求更为严厉。对此,圣约翰不得不做出反应。1931 年 8 月 20 日,圣约翰校董会向上海市教育局申请立案。8 月 28 日,立案文件被上海市教育局退回,教育局在复函中称,圣约翰的立案申请存在如下问题:(1)校董会外籍校董超过三分之一,应照章减少,又校董会副主席不应以西人充任;(2)校董会目的以基督教为标准,不合中华民国三民主义教育宗旨;(3)设有神学院,与大学组织法不合;(4)附属高中应另案呈请。本来就对卜舫济等立案派不满的主教及其江苏教区咨议会于 1931 年 11 月 19 日明确做出"目前情况下圣约翰不宜立案"的决定。结果,圣约翰在 1932 年 6 月 30 日以后就成为一所在中国非法开办的教会大学。直至 1947 年 10 月 17 日,国民政府才批准圣约翰立案。
② 田正平、刘保兄:《消极应对与主动调适——圣约翰大学与燕京大学发展方针之比较》,《高等教育研究》2006 年第 4 期。
③ 罗苏文:《论圣约翰模式》,《上海社会科学院学术季刊》1988 年第 3 期。

本节亦将教会、学术、市场、政府视作影响教会大学内部职权的四支重要力量,这四方力量通过各种博弈,不断达成各种临时"协议";各种力量的此消彼长,最终体现为教会大学的不断发展与进步(见图4-3)。清末民初,在影响圣约翰等教会大学内部职权体系的各权力因素中,教会权力由强渐弱,学术权力由弱渐强,市场权力逐渐增强是大势所趋,而政府权力则不断强行渗透。

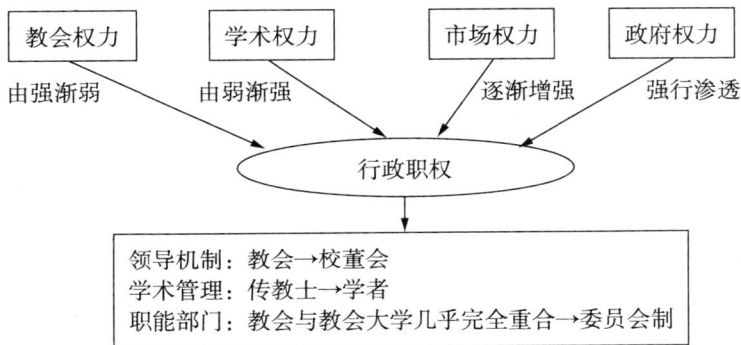

图4-3 清末民初影响圣约翰等教会大学内部职权的各方力量变化

一、强弩末矢——教会大学内部职权中的教会权力

在20世纪20年代中期以前,教会大学不仅被视为西方教育体制的延伸,也是教会海外宣教事业的一个组成部分,因而有着强烈的宗教色彩。教会大学是"传教士传播福音的需要,而不是中国人要求的结果"。① "基督教设学,初以劝教与造就布道人才为宗旨。"② "为能应用教育方法,以实现传教之目的。"③ "初非专门之教育家所设立,其志亦并不在教育人才以促教育之进步,乃欲以学校为一种补助之物,以助其宣传福音之业。"④ 他们公开宣称:"夫教会大学之大目的,应为训练一班教会中及社会上之

---

① 杰西·格·卢茨:《中国教会大学史(1850~1950年)》,曾钜生译,杭州,浙江教育出版社,1987,第19页。
② 李天禄:《基督教教育之我见》//李楚材:《帝国主义侵华教育史资料:教会教育》,北京,教育科学出版社,1987,第445页。
③ 《基督教教育之宗旨与精神》//李楚材:《帝国主义侵华教育史资料:教会教育》,北京,教育科学出版社,1987,第44页。
④ 《基督教教育事业》//李楚材:《帝国主义侵华教育史资料:教会教育》,北京,教育科学出版社,1987,第5页。

领袖；或传道，或教员，或医士，或实业界，或政界，或著述界等等。"①
传教士们直言不讳地说："我们的目的——尤其是基督教大学的目的，是
要培养一种特殊的人才。此种人才，不独要有专门学识和训练，对于改造
国家的影响，可因少数坚决的领袖而转移，影响到该地人民以后的历史。"
"倘若基督教学校能产生出持有基督教人生哲学和富于道德裁判力的领袖
人才，倘若他们能参与指导中华文化和国家生活进步的方向，而且能有实
力令这种进步得以实现，这便是基督教育永久特殊的贡献。"② 美国传教士
罗炳生甚至指出："教会大学在课程方面，本与国立大学大抵相同，其所
异于一般大学之处，即在教授宗教与造成宗教的环境，这就是基督教大学
特殊的贡献，倘使在这方面失败，无论其他事业的功效如何，已失其特殊
的本质了。"③

狄考文在他的《基督教会与教育的关系》（1877 年）一文中认为，教育
与基督教之间有着"自然而强烈的亲和力，使得它们总是紧密联系在一起"，
"基督教会应把教育作为它们工作的一个重要组成部分"。同时他也认为，
"作为教会的一种力量，教育是很重要的，但它不是最重要的。教育不能取
代传教的位置，传教应摆在第一位，这是无可争议的"。④ 1890 年，其在
《怎样使教育工作更有效地促进中国基督教事业》一文中更明确提出："可
以无置疑地说，传教士是为着基督教的利益而来办教育的。……基督教传
教士必须重视教育工作。……在强烈的宗教影响下进行教育。"⑤ 在 1890
年的基督教在华传教士第二次大会上，卜舫济做了把教会教育机构比作
"训练未来的领袖和司令官"的"设在中国的西点军校"的著名演讲，后
来他还进一步认为"有效的教育事工必须作为有效的教会事工的基础"，
而且教育不仅仅是"实现目的的手段，其本身就是目的"。⑥ 美国圣公会全

① 《全国基督教大会报告书〈论今日基督教之教育状况〉》（1922 年）//朱有瓛：《中国
近代学制史料》（第四辑），上海，华东师范大学出版社，1993，第 157 页。
② 李楚材：《帝国主义侵华教育史资料：教会教育》，北京，教育科学出版社，1987，序
第 3 页。
③ 罗炳生：《基督教高等教育当前的问题》//李楚材：《帝国主义侵华教育史资料：教会
教育》，北京，教育科学出版社，1987，第 152 页。
④ 狄考文：《基督教会与教育的关系》（1877 年）//陈学恂：《中国近代教育史教学参考
资料》（下册），北京，人民教育出版社，1987，第 1、2、8 页。
⑤ 狄考文：《怎样使教育工作更有效地促进中国基督教事业》（1890 年）//朱有瓛、高
时良：《中国近代学制史料》（第四辑），上海，华东师范大学出版社，1993，第 94、
95 页。
⑥ 徐以骅：《教育与宗教：作为传教媒介的圣约翰大学》，珠海，珠海出版社，1999，第
16～17 页。

国委员会曾订定《设在中国之教会学校标准》，对教会大学做了许多明确的规定。如关于办学的基本原则，《标准》指出："教会学校是作为基督教信仰的客观标志，以为传播福音手段而建立起来的。学校当局和作为教会代表的主教，必须尽一切努力建立和促进学校的宗教特点。"关于学校和教会之间的关系，《标准》规定："（1）董事会成员中应由基督徒占主要地位，绝大部分成员属于圣公会会员；（2）主教和出纳员应为教会的代表参加校董会，他们缺席时应有代理人；（3）从中国方面增加财政资助时，应有一定的目的；（4）董事会应选派忠于基督的人，尽可能派圣公会会员为学校校长；（5）应该划定维持和修理校产的规定，以及遵守教会关于学校财产的规章；（6）年报（其中包括宗教工作之评价、按时会计检查账目）应该通过主教和出纳员送全国委员会（指美国圣公会全国委员会）。"关于校内的基督教工作，《标准》要求："每校应有一圣公会神父作为礼拜牧师，在各教会学校间应有一神父负责圣公会会员的宗教生活和分管学校内的基督工作。所有学校应有礼拜和正式礼拜仪式，应规定基督徒必修课，这门课应由这方面合格的人任教。"关于行政工作人员，《标准》规定："每校绝大部分职员应为基督徒，尽可能是圣公会会员。他们有责任促进学校基督工作。教会将努力提供相当数量的具有献身精神和受过良好训练的美国籍职员。"[1]

早期的教会大学实行强制性的宗教教育，其学生不管信教与否，均须参加包括查经和礼拜在内的宗教活动。[2] 教会希望通过这种方式和手段达到三个目标：（1）使上等阶层皈依基督教或天主教，以期通过他们影响百姓；（2）有必要对信徒和教会学校、医院及教堂的工作人员进行高等教育；（3）希望实现"中华归主"。[3] 圣约翰建校时，教会人士特别看重其宗教功能，曾公开宣示圣约翰的办学宗旨是"宗教第一，教育第二"。[4] 齐鲁大学的前身登州文会馆办学就是"固无日不以宣道为目的"，它的宗旨是"道德其一，学识其二"。所谓道德，是指学生必须接受基督教的灌输，成为教会的忠实信徒；所谓学识，就是学生要接受传教士的训练，为扩展

---

① 《圣约翰大学五十年史略》，转引自曲士培《中国大学教育发展史》，北京，北京大学出版社，2006，第 233 页。

② 徐以骅：《教育与宗教：作为传教媒介的圣约翰大学》，珠海，珠海出版社，1999，第190 页。

③ 杰西·格·卢茨：《中国教会大学史（1850~1950 年）》，曾钜生译，杭州，浙江教育出版社，1987，第 16 页。

④ 徐以骅：《上海圣约翰大学（1879~1952）》，上海，上海人民出版社，2009，第 21 页。

教会势力服务。① 同时，大部分传教士认为宗教的目标不能附属于世俗或学术上的要求。如张之洞想送他的孙子进文氏学堂，并在经济上以慷慨捐助，其条件是不参加礼拜，但他的要求遭到校方拒绝。② 当时教会教育的目的远远超出了教育本身。

教会大学即使在它最杰出、最有成就的领域，也存在致命的问题和落后的因素，那就是教育与宗教的结合③，学校早期的宗教气氛给来访者留下了深刻印象。著名的英国浸礼会传教士李提摩太 1892 年在参加圣约翰的毕业典礼后感慨道：该校与众不同的显著特征是"一种基督教的崇敬、真挚、奉献的气氛，这不仅体现于学生之作文，甚至可见于学生的容貌"。④有学者指出教会大学"不能同时服侍教育又服侍宗教"，"教会学校能不能抛弃传教而专办教育？"⑤ 教会大学创设的初衷的确是为了借学布道，实现"中华归主"，因此说它是"传教的媒介"并不为过，但教会大学并不是神学院，神学教育从来不占主导地位。"高等教育难能一仆两主、同时服侍好教育与宗教，乃是普遍的现象。在创立和支持这些在华教会大学的主要国家美国，高等教育的世俗化也是由来已久的趋势。"⑥ 为适应学生将来入仕之准备，1918 年圣约翰大学还特意在文科开设了介于大学本科和研究生教育之间的专门的政治学课程，以供文科上级生愿求政治学之学识者兼习。这和其所属教会自 19 世纪 70 年代以来奉行的间接传教和注重中国上层社会的传教方针有着密切关联，也和圣约翰大学早期毕业生之出类拔萃的从政者有着直接关联。⑦

在民族主义情绪高涨的 20 世纪 20 年代，教会教育被看成是"于中华民族之前途有至大的危险的"。⑧ 为此，蔡元培建言"以美育代宗教"："盖无论何等宗教，无不有扩张己教、攻击异教之条件"；"宗教之为累，

---

① 顾长声：《传教士与近代中国》，上海，上海人民出版社，2004，第 220 页。

② 杰西·格·卢茨：《中国教会大学史（1850～1950 年）》，曾钜生译，杭州，浙江教育出版社，1987，第 41 页。

③ 伍宗华：《中国近代文化教育史上的教会大学》，《世界历史》1996 年第 1 期。

④ 徐以骅：《教育与宗教：作为传教媒介的圣约翰大学》，珠海，珠海出版社，1999，第 190、184 页。

⑤ 胡适：《今日教会教育的难关》//朱有瓛、高时良：《中国近代学制史料》（第四辑），上海，华东师范大学出版社，1993，第 730、729 页。

⑥ 徐以骅：《教育与宗教：作为传教媒介的圣约翰大学》，珠海，珠海出版社，1999，引言第 4 页。

⑦ 熊月之、周武：《圣约翰大学史》，上海，上海人民出版社，2007，第 111 页。

⑧ 余家菊：《教会教育问题》//朱有瓛、高时良：《中国近代学制史料》（第四辑），上海，华东师范大学出版社，1993，第 696 页。

一至于此。皆激刺感情之作用为之也"；"鉴激刺感情之弊，而专尚陶养感情之术，则莫如舍宗教而易以纯粹之美育"。① 并专门著文抨击教会学校是"用种种暗示，来诱惑未成年的学生，去信仰他们的基督教"，主张："（一）大学中不必设神学科，但于哲学科中设宗教史、比较宗教学等；（二）各学校中，均不得有宣传教义的课程，不得举行祈祷式；（三）以传教为业的人，不必参与教育事业。"② 蒋维乔呼吁"教育与宗教不可混而为一"，认为"宗教者，明人与神之关系者也。然教育者则以陶冶人类为本旨，而明人与人之关系者也"；"更就实际言，教育必使人类之身心均齐发达，故其为教，必尚多方。宗教主义则不然，祷神者宜一意祷神，信神者宜一意信神，不得涉及他事，故其为教，最忌多方发达"。③ 刘以钟则提出"教育与宗教分离"，因"学校教育全脱宗教之范围，是世界之趋势也"。④

五四运动后，中国社会发生了深刻的变化，在收回教育权运动和教会内部改革宗教教育的压力下，为了推动基督教在华教育事业的发展，20 世纪 20 年代初巴顿教育调查团（Burton Educational Commission）发表的报告书在了解中国基督教教育的情况后，对其发展提出三项建议，即"更有效率、更基督化和更中国化"。⑤ 所谓"更有效率"，是指"质量是首要的，而不是数量"；"今后教会学校必须把基础唯一地放在质量上。"所谓"更基督化"，是要"在性质上彻底地基督化"，以实现"中华归主"。所谓"更中国化"，是指"教会学校必须尽快地去掉它们的洋气"，"在气氛上彻底地中国化"。⑥ "总而言之，基督教精神应该渗透到教会大学工作的各个领域中去。"⑦

正如鲁珍晞（Jessie G. Lutz，即杰西·格·卢茨，鲁珍晞为其中文名）教授所言，20 世纪 20 年代中国发生的种种事件结束了教会大学的一个时代，在向中国政府立案后，教会学校已不再是由外国人管理的宣传外国教

---

① 蔡元培：《以美育代宗教说——在北京神州学会演说词》（1917 年 4 月 8 日）//高平叔：《蔡元培教育论著选》，北京，人民教育出版社，1991，第 86～87 页。
② 蔡元培：《非宗教运动——在北京非宗教大同盟讲演大会的演说词》（1922 年 4 月 9 日）//高平叔：《蔡元培全集》（第四卷），北京，中华书局，1984，第 179 页。
③ 蒋维乔：《论教育与宗教不可混而为一》//朱有瓛、高时良：《中国近代学制史料》（第四辑），上海，华东师范大学出版社，1993，第 691 页。
④ 刘以钟：《教育与宗教分离》//朱有瓛、高时良：《中国近代学制史料》（第四辑），上海，华东师范大学出版社，1993，第 692 页。
⑤ 吴梓明：《全球地域化：中国教会大学史研究的新视角》，《历史研究》2007 年第 1 期。
⑥ 顾长声：《传教士与近代中国》，上海，上海人民出版社，2004，第 324 页。
⑦ 杰西·格·卢茨：《中国教会大学史（1850～1950 年）》，曾钜生译，杭州，浙江教育出版社，1987，第 220 页。

义的外国学校。① "对于大多数在教会院校注册的学生来说，这些学校仅仅是现代高等教育的中心。"② 从 20 世纪 20 年代起，各教会大学逐步采取"局部放任"和"自由放任"的宗教教育政策。相关资料显示，在 1924～1936 年短短的 12 年间，各教会大学入教学生比例大幅下降，尤其是学术程度较高的燕京大学和华东诸校，未入教学生已在人数上占绝对优势。圣约翰也于 1925 年实行所谓"双轨"制度，规定未入教的学生可以在做礼拜和参加新开设的伦理课之间做一选择。③ 到 1929 年，大部分教会大学已经取消关于宗教崇拜和宗教课程的硬性规定，教育成了学校的主要目的，传播福音只能在政府控制的教学计划所容许的范围内进行④，宗教活动趋向于由"粗俗的宗教形态"转变为"有修养的哲学形态"⑤。1932 年美国平信徒调查团亦注意到，中国教会大学的"目标与其重心点"由"传扬基督教"向"辅助青年们得到高等教育"转移，"乃是美国基督徒表示友谊和善意的良好机会与权利"⑥；或者也可以说，教会大学"在实现其宣教目标上并未取得显著进展，但是在落实其教育目标上却已大功告成"⑦，从而"充当了历史的不自觉的工具"⑧。如齐鲁大学宗教生活委员会主任魏士德在 1949 年就认为齐大"虽为教会设立并支持，其缺点为并非一所教会大学"，他批评齐大"不受教会束缚，技术气氛太浓厚"；批评齐大"很少将学生生活或将来的职业与宗教相结合，大多数是以一种没有思想感情的祈祷来当做宗教活动"，"这里的宗教生活与实际活动之间是脱节的"。⑨

作为教会大学，宗教色彩自然是其共同特征。《基督教育》曾刊文指

---

① 徐以骅：《教育与宗教：作为传教媒介的圣约翰大学》，珠海，珠海出版社，1999，第 182 页。

② 费正清、费维恺：《剑桥中华民国史（1912～1949 年）》（下），刘敬坤等译，北京，中国社会科学出版社，1994，第 427 页。

③ 徐以骅：《教育与宗教：作为传教媒介的圣约翰大学》//章开沅：《文化传播与教会大学》，武汉，湖北教育出版社，1996，第 126、129 页。

④ 杰西·格·卢茨：《中国教会大学史（1850～1950 年）》，曾钜生译，杭州，浙江教育出版社，1987，第 243、248 页。

⑤ 吕达：《近代中国教会学校述略》，《上海师范大学学报》（哲学社会科学版）1987 年第 3 期。

⑥ 美国平信徒调查团：《基督教大学的目标与其重心点的转移》//李楚材：《帝国主义侵华教育史资料——教会教育》，北京，教育科学出版社，1987，第 146 页。

⑦ 徐以骅：《上海圣约翰大学（1879～1952）》，上海，上海人民出版社，2009，第 130 页。

⑧ 《马克思恩格斯选集》（第一卷），北京，人民出版社，1995，第 766 页。

⑨ 刘家峰：《齐鲁大学经费来源与学校发展：1904～1952》//章开沅、马敏：《社会转型与教会大学》，武汉，湖北教育出版社，1998，第 130 页。

出，培养学生"都有基督化的精神；这种精神即是基督教教育本身的主动力"。"换言之，其目的：'是在发展基督化的品格而已。'"① 宗教课程是教会大学进行宗教教育的重点，在早期教会大学的教学内容中不仅占据着相当大的比例，而且在课程设置上均被列为必修。从而"使学生忘了其种族、国家、政治、社会的观念，脑袋里只知道有'洋大人'、'上帝'、'皇家'，不复有自己的中华民国"。甚至有教会大学对学生说："此是教会学校，只可宣传宗教，不许谈论国事"；"已入教会学校读书，应该断绝一切国家的观念，爱国二字断无存在之余地"。② 但 1922 年非基督教运动和1924 年收回教育权运动的开展，对教会大学的宗教教育产生了强烈冲击。在向国民政府立案注册以后，教会大学的宗教色彩更是逐渐淡薄，世俗化特征日趋明显。1926 年 2 月，"中国基督教高等教育协会"在沪江大学召开会议时，正式做出各教会大学应"使必修的宗教课程减少到最低限度"的决议。此后，其他教会大学都或多或少地缩减了宗教必修课的数量。当20 世纪 20 年代末南京国民政府要求教会学校取消强迫宗教教育时，它们大都顺水推舟地废止了宗教必修课，取而代之以选修课程。1931 年，随着圣约翰大学宗教必修课程的取消，宗教必修课程最终淡出教会大学的课堂。③ 在此背景下，基督教育界为免除误会起见，甚至不惜废弃旧有的"宗教教育"名词，而以"人格教育"代之。④ 到 20 世纪 30 年代中期，"教会大学开始谈论用实际行动来表现基督教精神，如补充中国的教育制度，向自己的学生灌输社会服务的思想"⑤，"以中国化和为中国服务作为自己的基本目标"⑥。

尽管放松了宗教灌输，但外国教师享有远远优于中国教师的待遇，美英等国的基督教各差会、外国宣道会和董事会一手把持教会大学的人权和

① 《教会学校的特性》//李楚材：《帝国主义侵华教育史资料：教会教育》，北京，教育科学出版社，1987，第 54 页。
② 《广州学生联合会关于收回被外人操纵之教育权宣言》（1927 年 7 月 11 日）//中国第二历史档案馆：《中华民国史档案资料汇编》（第四辑），南京，江苏古籍出版社，1986，第 1647 页。
③ 金保华、喻本伐：《"巴敦调查团"与教会大学的宗教教育改革》，《华东师范大学学报》（教育科学版）2006 年第 1 期。
④ 缪秋笙：《对宗教教育的我见》//李楚材：《帝国主义侵华教育史资料：教会教育》，北京，教育科学出版社，1987，第 254 页。
⑤ 杰西·格·卢茨：《中国教会大学史（1850～1950 年）》，曾钜生译，杭州，浙江教育出版社，1987，第 266 页。
⑥ 杰西·格·卢茨：《中国教会大学史（1850～1950 年）》，曾钜生译，杭州，浙江教育出版社，1987，第 297 页。

财权等诸多不合理现象仍旧存在。① 在组织管理方面，教会大学仍没有从根本上解决宗教与教育完全分离的问题，通常是在中国设一个管理委员会，在西方设一个董事会。尽管在两者之下都设有正式组织，但外国教会本部实际上掌握着学校的行政大权，一切重要政策的决定需要得到它们的同意，并控制着一切财产的处理权。② 如齐鲁大学的司库就从来都是由外国人担任，在开支方面，大学的自主权很小，一般开支都要经过差会董事会的同意，以至于行政人员抱怨：未经西方的批准，连买一盒粉笔也是困难的。③ 顾颉刚也曾回忆道："在燕大办事……不但我等无权，即诸西籍教员亦同样无权，每印一书，必向美国请示，得其答复须越半年，幸而批准实行，又须俟下届预算之订入。"④ 虽然后来陆续成立了同学会、咨议会、校务委员会、校董会等机构，但大都形同虚设，对校政少有置喙的余地，其参政要求常被西方教士以"不出钱就不给权"为由予以压制。⑤ 1928 年，美国圣公会布道部访华考察团就明确宣布，只要教会事工仍由来自美国的经费支持，"按照美国圣公会法规有关传道区管理之规定，适当的管理职责，在与美国布道部协商的情况下，必须留在教区主教以及他们的咨议会手中"。⑥

1925～1926 年间，教会大学共有教师 465 人，其中中国人 181 名，而"居于教学和行政领导职位的中国人极少"。所有教会大学的校长都不是中国人，各校管理委员会成员大多为差会任命的传教士，不论是经费的批准还是校政的决策，都是西方差会的责任，教会大学仍给人以"外国教会机构"的印象。⑦ 如在 1928 年金陵女子大学管理委员会讨论新校长的会上，作为反对者之一的传教士罗道纳（Mr. Roberts）甚至公然提出："我反对金陵必须任命中国人作校长，也反对中国人占据管理委员会的多数，除非他

① 伍宗华：《中国近代文化教育史上的教会大学》，《世界历史》1996 年第 1 期。
② 杰西·格·卢茨：《中国教会大学史（1850～1950 年）》，曾钜生译，杭州，浙江教育出版社，1987，第 47～48 页。
③ 刘家峰：《齐鲁大学经费来源与学校发展：1904～1952》//章开沅、马敏：《社会转型与教会大学》，武汉，湖北教育出版社，1998，第 105 页。
④ 顾潮：《顾颉刚年谱》，北京，中国社会科学出版社，1993，第 232 页。
⑤ 徐以骅：《教育与宗教：作为传教媒介的圣约翰大学》//章开沅：《文化传播与教会大学》，武汉，湖北教育出版社，1996，第 119～120 页。
⑥ 徐以骅：《教育与宗教：作为传教媒介的圣约翰大学》，珠海，珠海出版社，1999，第 291 页。
⑦ 杰西·格·卢茨：《中国教会大学史（1850～1950 年）》，曾钜生译，杭州，浙江教育出版社，1987，第 181～182、187 页。

们能够承担金陵女大的财政。"① 圣约翰大学曾长期拖延在中国登记注册，该校校长、美国圣公会教士卜舫济一直拒绝让出自己的职位；在圣约翰事无论巨细，只要涉及差会经费就必须首先得到主教及其咨议会的批准，1881年来华传教、1893年出任圣公会在华教区第五任主教达44年之久的郭斐蔚主教更是在圣约翰有"太上校长"之称，就连颇为强势的卜舫济也曾无奈地承认，关于圣约翰的最终决定权在布道部。②

在中国立案以后的教会大学，也并未取消其原先在外国的立案，所以客观上具有"双重国籍"，实行"中外双重管理制"③：一方是外国教会，另一方是中国政府。虽然此时大部分教会大学的校长是中国人士，董事会中亦有三分之二以上的中国人，但教会大学华人校长实乃"一仆二主"，负重于两难之境。金陵大学校长陈裕光曾回忆："名义上中国人当了校长，实权，尤其是经济大权，依然掌握在美国教会手中。我这位中国校长，几乎很少过问。"④ 1932年，国民党政府虽批准震旦大学立案，按规定由中国人担任校长，但法国人拒绝中国校长到校办公，中国校长的图章放在法籍教务长乔典爱手里，一切校务由乔典爱代拆代办。⑤ 燕京大学的司徒雷登让吴雷川任校长，但仍以校务长的名义掌握实权。"像西方对中国发生影响的其他许多事例一样，教会大学的建立是出于西方人的需要，并不是中国人的要求。"⑥

二、与时俱进——教会大学内部职权中的学术权力

"学术与宗教之间的矛盾，在选择大学教师方面表现最为明显。"⑦ "对于一个教育机构来说，没有什么比建设一支强大的教师队伍更重要了。"⑧

---

① 朱峰：《基督教与近代中国女子高等教育：金陵女大与华南女大比较研究》，福州，福建教育出版社，2002，第140~141页。
② 徐以骅：《上海圣约翰大学（1879~1952）》，上海，上海人民出版社，2009，第74、75页。
③ 杰西·格·卢茨：《中国教会大学史（1850~1950年）》，曾钜生译，杭州，浙江教育出版社，1987，第194页。
④ 陈裕光：《回忆金陵大学》//陈远：《逝去的大学》，北京，同心出版社，2005，第158页。
⑤ 滕亚屏：《旧中国的教会大学》，《吉林大学社会科学学报》1980年第2期。
⑥ 杰西·格·卢茨：《中国教会大学史（1850~1950年）》，曾钜生译，杭州，浙江教育出版社，1987，第466页。
⑦ 杰西·格·卢茨：《中国教会大学史（1850~1950年）》，曾钜生译，杭州，浙江教育出版社，1987，第52页。
⑧ 德本康夫人、蔡路得：《金陵女子大学》，杨天宏译，珠海，珠海出版社，1999，第16页。

在早期的教会大学，只需要能教授各种课程的"万金油式"的教员，这些教员通常还是教牧人士。随着教会大学专业化的发展和学术等级制的建立，传教士身兼牧师、教师的岁月已化为往事，而像"仁慈的章鱼"——圣约翰那样"总是抓住每个新来的宣教士不放"①的日子也早成历史，教会大学逐渐从传教运动的辅助机构向独立机构转化，传教士的身份也从布道者加速向教育者过渡，教会大学宗教性的减弱趋势不可避免。教会大学在聘任教师时，除了考虑教师的学术水平外，还非常重视人格因素。金陵女子大学校长吴贻芳在1930年发表的《基督教教育之特殊贡献》一文中指出，教会学校必须慎选教员，"因为要使学生能够人格完全与否，是全在教职员方面平时所与以耳濡目染的模范之良否"。②

受西方大学传统的影响，学术上的兼容并包也是教会大学的一大特色。标榜教育民主、倡导学术自由是教会大学的突出特征，也是其对高等教育早期现代化的重要贡献。③ 教会大学颇具西方的民主意识，在这里各种激进的政治理论和社会思潮都能够自由宣传。据"汉语拼音之父"周有光回忆，"圣约翰是教会学校，不仅信教自由，而且思想自由"。④ 在燕京大学，学术空气也非常自由，与其他国立大学不同，燕大不设"训导处"，而代之以"学生生活辅导委员会"，"它的目的既不是统制思想、监视行动；它的手段也没有专以记过、开除、侦探、取消公费等方法来对待同学"，"要是你愿意，你可以从马克思研究到克鲁泡特金，一直到三民主义，五权宪法"。⑤ 即使在20世纪20年代末国民政府要求教会大学的教学语言改为中文时，震旦仍坚持法语教学，保证了学校的独特之处。⑥ 司徒雷登甚至指出："我所要求的是使燕大继续保持浓厚的基督教气氛和影响，而同时又使它不致成为（哪怕看起来是）宣传运动的一部分。不应要求学生去教堂做礼拜，或强求他们参加宗教仪式，不应在学业上优待那些立誓信教的学生，也不要给那些拒绝信教的人制造障碍。它（燕京大学）必须是一所真正经得起考验的大学，允许自由地讲授真理，至于信仰或表达信仰的方式

① 徐以骅：《教育与宗教：作为传教媒介的圣约翰大学》，珠海，珠海出版社，1999，第46页。
② 吴贻芳：《基督教教育之特殊贡献》，《中华基督教教育季刊》1930年第2期。
③ 黄新宪：《教会大学与中国高等教育的早期现代化》，《苏州大学学报》（哲学社会科学版）1994年第4期。
④ 周有光：《圣约翰大学的依稀杂忆》，《群言》2009年第9期。
⑤ 陈时伟：《司徒雷登与燕京大学》//章开沅、林蔚：《中西文化与教会大学》，武汉，湖北教育出版社，1991，第181页。
⑥ 王薇佳：《震旦大学与近代中法教育交流》，《高等教育研究》2008年第4期。

则纯属个人的事。"① 根据 1937 年的统计，在 10000 名中国教会大学毕业生中，3500 余人从事教育工作（其中 2/3 执教于教会学校），500 余人从事宗教与社会工作，100 余人任牧师，近 700 人从事医务工作，300 余人以法律为业，近 900 人服务于公用事业，经商者则为数甚少。1936 年至 1937 年期间，还有 1100 余名毕业生留学海外。由此可见，教会大学虽有宗教背景，但毕业生从事神职与其他专职宗教工作的并不甚多。大多数毕业生都是服务于世俗社会的各个层面，或从事较高层次的教学与研究工作。② 由此可以看出教会大学的民主办学思想与早期的"借学布道"已完全不同。

学术权力影响大也与办学理念有关。1908 年 8 月，盛宣怀堂弟在上海南洋公学商务学堂肄业，因仰慕圣约翰大学想转入就读，盛宣怀拜托张叔和出面致书请卜舫济准其补考，并附上盛宣怀原函。卜舫济当即回信拒绝，信中说"惟敝学堂定章及招考新生期外无补考之例，如盛君愿到敝校肄业，可于年终招考时前来投考。"③ 面对中国近代以来不断高涨的职业教育呼声和对圣约翰课程教学"殊少实用之价值，徒为虚糜光阴"的批评，卜舫济更是以"生命之丰富"和"性格之培养"作为教育的最高使命，提出学校"决非徒为谋生而设"，"教育应当以道德上之价值为其总枢"，"超越个人物质与金钱之欲望"。这种"大学理念"自然使得圣约翰自外于现代中国职业教育潮流，在当时的教会大学乃至现代中国大学中独树一帜，成为"现代中国绅士的摇篮"。④ 金陵女大在聘请教师时也严格把关，即使是管理委员会指派的人选，学校认为不合适时也会不留情面地予以辞退，以保证师资队伍的质量。例如德本康夫人在信中谈道："Miss Nicholls 不是恰当人选，所以，趁她还没有给新生上化学课之前，我就请她离开了金陵。"⑤

同时，教会大学大都一直坚持小规模办学原则。如在规模上，金陵女大第一学年准备接收的人数是 20 人；在兴建永久校址之初，校长德本康夫人以 200 人作为基准学生数（每个年级 50 名）；以后随着信心和经验的增

① 司徒雷登：《燕京大学——实现了的梦想（节录）》//陈学恂：《中国近代教育史教学参考资料》（下册），北京，人民教育出版社，1987，第 194 页。
② 芳卫廉：《基督教高等教育在变革中的中国（1880～1950）》，刘家峰译，珠海，珠海出版社，2005，总序第 2 页。
③ 熊月之、周武：《圣约翰大学史》，上海，上海人民出版社，2007，前言第 21 页。
④ 熊月之、周武：《圣约翰大学史》，上海，上海人民出版社，2007，前言第 9～10 页。
⑤ 徐海宁：《中国近代教会女子大学办学研究——以金陵女子大学为个案》，南京，南京师范大学出版社，2008，第 32 页。

长，才有 400 名学生规模的设想。① 同时，学生淘汰率也很高。金陵女大第 1 期招收新生 11 人，读完大学一年级的有 9 人，读完大学四年级的则只有 5 人；第二期招收新生近 20 人，毕业时只剩 8 人，毕业率为 40% ～ 50%。华北协和女大自 1905 年创办至 1920 年并入燕京，前后毕业学生共计 72 人，其中本科 31 人，专科 41 人。②《圣约翰大学五十年史略》特别提到，学校"对于招收新生，抱严格主义。故大学学生，不得过 400 人"。以 1933 年的圣约翰大学为例，其师生比为 1:13，据中华基督教协进会言，这样的师生比接近了当时美国国内的水平。③ 而在圣约翰大学 1894 ～ 1929 年的支出结构中，以各学院教务方面的经费投入比重为最大，所占份额为 37.41%（前 12 年平均为 31.64%，中间的 12 年平均为 33.02%，后 11 年平均为 39.61%）；行政费位居最末，为 3.82%。这样的经费开支结构，同时也反映了圣约翰大学日益以教育为本、以学术为本的办学理念。④

三、羽翼渐丰——教会大学内部职权中的市场权力

"自主与自立是密切相关的。"⑤ 早期圣约翰的经费主要来自差会，至 20 世纪初布道部对圣约翰的常年拨款一般维持在 6000 美元左右。⑥ 随着第一次世界大战爆发和美国孤立主义而来的幻想破灭和愤世嫉俗的态度，使得差会得到的捐款逐渐下降。1914 年以后，由于美元在中国的兑换率长期处于不利状态，以及银价的上涨，差会的真正收入进一步减少。与此同时，随着教育工作者和福音传教士之间在经费和人员方面竞争的加剧，对中国教会大学花费太高的批评也不断增加。⑦ 早在 1896 年卜舫济就提出，教会大学"几乎全由国外的资助来维持，是不行的……我们必须把从当地争取

---

① 德本康夫人、蔡路得：《金陵女子大学》，杨天宏译，珠海，珠海出版社，1999，第 10、28 页。
② 王奇生：《教会大学与中国知识女性的成长》//章开沅：《文化传播与教会大学》，武汉，湖北教育出版社，1996，第 182～183 页。
③ 熊月之、周武：《圣约翰大学史》，上海，上海人民出版社，2007，前言第 8、9 页。
④ 熊月之、周武：《圣约翰大学史》，上海，上海人民出版社，2007，第 55～58 页。
⑤ 刘家峰：《齐鲁大学经费来源与学校发展：1904～1952》//章开沅、马敏：《社会转型与教会大学》，武汉，湖北教育出版社，1998，第 129 页。
⑥ 徐以骅：《教育与宗教：作为传教媒介的圣约翰大学》，珠海，珠海出版社，1999，第 65 页。
⑦ 杰西·格·卢茨：《中国教会大学史（1850～1950 年）》，曾钜生译，杭州，浙江教育出版社，1987，第 93 页。

更多财源作为目标"。① 有研究指出，当时人们把进入教会大学接受西式教育认作替自己"开辟了通向财富和权势的道路"。这就是说，当需要更多的投资才能获其教育的教会大学产生后，中国社会已经具备了积极进行这项"投资"的社会主体。② 圣约翰书院 1881 年添设英文部，正是考虑"当时社会上感觉英文可以经商，青年子弟颇愿习此，故本校有此计划"。③

教会大学虽有教会的拨款，但实际上更仰赖学费。以圣约翰大学1894～1929 年的教会拨款为例，教会拨款占全年收入的比例，明显呈现出一种逐年递减的总体趋势：从 1894～1895 学年的 58.04% 递减到 1903～1904 学年的 21.18%；在此后至 1928～1929 学年间的 26 个学年中，除1927～1928 学年外，有 11 个学年维持在 10% 以上，有 14 个学年锐减到10% 以下（其中 1916～1917 学年仅占 3.81%）④，这表明圣约翰大学的办学经费主要来自学费。在 1918～1919 学年的年度报告中，卜舫济就已宣布"圣约翰在很大程度上是由学费维持的"。到 20 世纪 30 年代中期，学费收入已超过差会拨款，成为学校最主要的收入来源。卜舫济在 1939～1940 学年的年度报告中甚至承认，"圣约翰已有中国学费最高的学校之称，使它成为只有有钱人才能上的学校是不幸的，是与我们宣教的理想背道而驰的"。⑤ 提高学费确实在客观上可能使圣约翰大学成为一所贵族学校，但也有助于增加收入，使其保持一种所谓的"经济独立、政治中立"的社会面孔。⑥ 和圣约翰大学一样，大多数教会大学几乎都身不由己地经历了从"穷人的学校"到"富人的学校"的演变。由于越来越多付得起学费的教外学生进入教会大学，这些学校先前浓厚的宗教气氛已大为淡化，甚至有人声称"耶稣之平民及服务社会的精神，早已不在教会学校之内了"。⑦

如前所述，教会大学虽有教会的拨款，但拨款数额相当有限；教会大学虽然学费昂贵，但由于严格控制招生规模，学费收入亦不足以维持学校支出。为了获得更多的财源资助，教会大学必须调整自己的办学策略，通

① 徐以骅、韩信昌：《海上梵王渡——圣约翰大学》，石家庄，河北教育出版社，2003，第 62 页。
② 余子侠：《教会大学的产生与晚清社会的转型》//章开沅：《文化传播与教会大学》，武汉，湖北教育出版社，1996，第 169 页。
③ 罗苏文：《论圣约翰模式》，《上海社会科学院学术季刊》1988 年第 3 期。
④ 熊月之、周武：《圣约翰大学史》，上海，上海人民出版社，2007，第 50～51 页。
⑤ 徐以骅：《教育与宗教：作为传教媒介的圣约翰大学》//章开沅：《文化传播与教会大学》，武汉，湖北教育出版社，1996，第 118～119 页。
⑥ 陶嘉：《圣约翰大学的发展历程及特色》，《江西教育科研》1992 年第 5 期。
⑦ 徐以骅：《教育与宗教：作为传教媒介的圣约翰大学》，珠海，珠海出版社，1999，第84 页。

过为中国社会服务争取中国社会和公众的资助与支持。1924 年，金陵女大建立医预科，与北平协和医院联合培养医生，中华医学会不定期拨款，购置生物实验仪器与制品。① "1925 年秋，女青年会全国协会的体育专修学校并入金陵女大。该校的全部教师和二年级学生十六人，还有设备，都从上海迁来，并且提供经费五年，每年五千元。"② 金陵大学首任校长包文曾说："我们的工作重点是要把我们自己更进一步地同大众的生活联系在一起，例如我们所见到的农林科实验活动的大规模发展，如果我们能遵照我们工作的座右铭去做，我们对社会的贡献将是无穷的。如果我们能向社会和全体民众提供真诚的服务，我们的未来是光明的。我们关心的问题永远是：我们怎样以积极的服务方式去接触民众的生活。作为教员个人，在这个问题上，应当奉献，而非索取；作为教义的原则，我们生存着应当给予，而非得到；在个人的生活工作及大学的合作中，我们越是将这种精神贯穿到我们的实践中，我们也就越彻底地为这个时代服务着，也就愈加深入地在人们中间宣扬了天国。"③ 为扩大社会声誉和增加学校收入，教会大学还采取多种办学形式扩大生源，为学校的生存与发展奠定坚实基础。如金陵女大就招收特别生和旁听生，特别生为"凡不欲为本校正式学生及得学位而仅欲选修数项学程者"，但"必须经过本校入学考试，所选课程得照给学分"。吴贻芳便是开学一学期之后作为特别生来金陵女大就读，在二年级时转为正式生，从而成为金陵女大首批毕业生的。④ 旁听生分为两类：一类是正式学生选修其他课程；另一类是非金陵女大之学生"欲申请为旁听生者"，但这类旁听生要具有高中毕业资格，经学校教务会议核准。后者不得在学校住宿，只能随班旁听功课，不得向教员发问和请改试卷，不给予学分。旁听生要缴费用，纳费标准"以旁听课程之时间计算，例如每周旁听课 2 小时则半年纳费 2 元，如中途辍听，所缴之费不得退还"。⑤

而在圣约翰大学的经费来源中，国内捐款所占比重越来越大，校方深

---

① 程斯辉、孙海英：《厚生务实　巾帼楷模——金陵女子大学校长吴贻芳》，济南，山东教育出版社，2003，第 210 页。

② 吴贻芳：《金女大四十年》//孙岳等：《吴贻芳纪念集》，南京，江苏教育出版社，1987，第 103 页。

③ 《包文博士在 1919 年 9 月 1 日会议上的讲话》//《南大百年实录》编辑组：《南大百年实录》（中），南京，南京大学出版社，2002，第 25 页。

④ 程斯辉、孙海英：《厚生务实　巾帼楷模——金陵女子大学校长吴贻芳》，济南，山东教育出版社，2003，第 126 页。

⑤ 程斯辉、孙海英：《厚生务实　巾帼楷模——金陵女子大学校长吴贻芳》，济南，山东教育出版社，2003，第 102 页。

受感动，说"华人之热心赞助，甚可感也"。① 到1935年，中国社会各界特别是校友捐赠圣约翰的总数约为374000美元，但这些捐赠往往限于某一特定目的（如建造校舍），不能用作常年经费，其也使得中国人士医此能"要求对学校更大的控制权"。② 在1929~1937年间，中国人的捐款在教会大学总收入中的比例从24%提高到53%，并且这一时期的中外捐款多半为世俗目的服务。③ 1930年以后，教会大学的资金来源更是日益广泛，从差会拨款、政府拨款、庚款补助到私人捐赠和学费、杂费，且以后者最为重要。当然，募捐资金难免遭逢尴尬和白眼。司徒雷登就曾经感叹："每次看到个乞丐，我就不禁觉得自己和他都是丐帮的兄弟。"④

　　市场权力的影响也表现在教会大学的专业、学科及院系设置等方面。"正如中国经典著作中的人本教育成为进仕的职业准备一样，教会大学的通才教育也常常成为教会工作人员的职业准备。"随着教会大学入学人数的增加，大部分教会大学毕业生"无法再寄希望于教会工作，因此他们期望能受到较广泛的教育以便找到其它职业"，因此有些学校开始"增设专业和职业课程"。⑤ 自20世纪20年代开始的教会大学"中国化"使其日益关注中国社会的实践需求，普遍审时度势，从传统的重视人文科学向重视理工和职业技术性学科转变，形成了许多富有特色的学科和专业，在社会上具有广泛影响。如金陵大学的农林科、燕京大学的新闻学和社会学、武昌文华图专的图书馆专业、东吴大学的法学和生物学、圣约翰大学的商科、华西协和大学的口腔医学等。

　　20世纪初年，上海及华东地区社会经济有了较大的发展，涉及当时租界当局和外商企业的法律纠纷甚多，对律师的需求量大，急需法学专业人才，而司法人才寥若晨星。于是东吴法学院应运而生。1916年沪江大学在教会大学中率先实行的选科制更是建立了教育与社会需要之间联系的纽带，所设学科以学生未来的职业为导向。此后，其分科便随社会需求的动向而不断变化。1918年，文科被分为教育和国文两科；1921年，从社会科中又分出了商科，并增添了一个不确定专业的普通科；1922年和1923年，国文

① 《圣约翰大学自编校史稿》，《档案与史学》1997年第1期。
② 徐以骅：《教育与宗教：作为传教媒介的圣约翰大学》//章开沅：《文化传播与教会大学》，武汉，湖北教育出版社，1996，第118页。
③ 杰西·格·卢茨：《中国教会大学史（1850~1950年）》，曾钜生译，杭州，浙江教育出版社，1987，第288页。
④ 司徒雷登：《在华五十年》，常江译，海口，海南出版社，2010，第55页。
⑤ 杰西·格·卢茨：《中国教会大学史（1850~1950年）》，曾钜生译，杭州，浙江教育出版社，1987，第67、154、92页。

科和普通科都因问津者寥寥而先后裁撤，这样沪江的选科便定型为教育、宗教、社会、商、理共五科。① 1928 年，齐鲁大学获得哈佛燕京学社的 20 万元，但条件是必须按照哈燕社的宗旨，加强关于中国文学、艺术、历史、哲学及宗教史的教育研究工作。为此，1930 年秋齐鲁大学成立了由文学院的国文、历史、经济等系教员组成的国学研究所。② 同时，教会大学还非常认同"生活即教育、教育即生活"的理念，特别重视实践性教学环节，主张实践育人。因此，教会大学的大部分学科专业，均建有校内外各种社会服务联系点和实习场所。如初创于 1914 年的金陵大学农学院，其主要特点是教学、研究、推广"三一制"，重在联系中国农业实际，不尚空谈；其中对推广一项尤为重视，师生足迹遍及全国十多个省的农村，受到各地农民的欢迎，还开办了农业专修科、农业推广部，并在各地设立试验农场。③ 1936 年 6 月，由东吴大学社会学系师生组织的暑期农村服务团，因广泛开展各项社会调查及绘制地图等公益服务，当时的《吴县日报》曾发表专文称许东吴学生为"利溥农民"。④

再以教会女子大学为例。"女子不学，则无以自立。"⑤ "查欧美女子，在社会中，几乎无处不可以位置，无时不可以谋生。"⑥ 为适应市场需求，1919 年 3 月公布的《女子高等师范学校规程》规定"预科之学科目及教授时数"、"本科之学科目"、"本科课程及教授时数"、"专修科之学科目"均"由校长订定"或"由校长视所需要临时订定"再经"教育总长认可"⑦，由此可见其办学比较灵活。金陵女大在 1924 年分科设系前，文理科毕业生人数大体相当，尽管学校在学科和专业设置上并没有刻意追求女性特色，但后来文科发展速度较快，毕业生占到了总数的 66.3%，而理科毕业生仅占 33.7%。⑧ 这反映了女性对文科的偏爱和擅长。在"金陵女子

---

① 王立诚：《沪江大学与近代商科教育》，《近代中国》（第六辑），1996，第 45~46 页。
② 刘家峰：《齐鲁大学经费来源与学校发展：1904~1952》//章开沅、马敏：《社会转型与教会大学》，武汉，湖北教育出版社，1998，第 90~91 页。
③ 陈裕光：《回忆金陵大学》//陈远：《逝去的大学》，北京，同心出版社，2005，第 160 页。
④ 王国平：《博习天赐庄——东吴大学》，石家庄，河北教育出版社，2003，第 105 页。
⑤ 蔡元培：《学堂教科论》（1901 年 10 月）//高平叔：《蔡元培全集》（第一卷），北京，中华书局，1984，第 150 页。
⑥ 张承荫：《论北京宜速设立女子高等师范学校之必要》//朱有瓛：《中国近代学制史料》（第三辑下册），上海，华东师范大学出版社，1992，第 499 页。
⑦ 《女子高等师范学校规程》（1919 年 3 月 12 日）//宋恩荣、章咸：《中华民国教育法规选编》（修订版），南京，江苏教育出版社，2005，第 440~441 页。
⑧ 张连红：《金陵女子大学校史》，南京，江苏人民出版社，2005，第 255 页。

大学所设的专业中以社会学的学生最多，社会学专业于 1924 年设立，直至 1951 年该专业毕业生有 203 人，约占金女大毕业生的百分之二十"。① 在理科中，生物和化学专业不仅本科毕业生规模为第二、第三，而且培养出了吴贻芳、吴懋仪、胡秀英等著名校友；而同为化学专业，"金陵大学倾向于教授工业化学和农业化学，而金女大则更看重家庭化学知识以及生理化学"。② 这就是针对女子大学的特殊性，并兼顾当时女性对专业选择的倾向和女子就业的需要所致。

四、强行渗透——教会大学内部职权中的政府权力

"教育之不能直进，皆政治问题使然。"③ 在无基督教历史文化传统的中国，本土化不可避免地将带来世俗化乃至政治化，而中国的政治化又常常导向意识形态的一元化。随着收回教育权运动的推进，"中国政府的规则代替了美国的规则，成为学位、学术标准的主要内容"。④ 如 1926 年 2 月 4 日，教育部布告国内私立学校及外人捐资所立学校，关于一切课程训育管理事项，须按照部章，如有违反者应即停办。⑤ 1926 年 10 月，教育行政委员会颁布的《私立学校规程》第九条规定："私立学校之组织、课程、教授时间及其他一切事项，须根据现行教育法令办理"；"私立学校校务教务各事项，须遵照定章及教育行政机关命令，随时呈报"。⑥ 大学院 1928 年 2 月颁布的《私立学校条例》及教育部 1929 年 8 月公布的《私立学校规程》均沿用了此规定。1928 年 5 月 7 日，大学院发布第 345 号训令，通告：为"树党治之基础……无论公立私立各大学之学生，均应由教育行政机关，举行三民主义考试，以验各生对于三民主义了解之程度"。⑦ 1928 年 7

---

① 孙海英：《金陵百屋房——金陵女子大学》，石家庄，河北教育出版社，2005，第 66 页。
② 徐海宁：《中国近代教会女子大学办学研究——以金陵女子大学为个案》，南京，南京师范大学出版社，2008，第 153 ~ 154 页。
③ 《1918 年庄俞记民国初年教育》//朱有瓛：《中国近代学制史料》（第三辑上册），上海，华东师范大学出版社，1990，第 77 页。
④ 杰西·格·卢茨：《五卅运动与中国的基督徒和教会大学》//章开沅、林蔚：《中西文化与教会大学》，武汉，湖北教育出版社，1991，第 133 页。
⑤ 丁致聘：《中国近七十年来教育记事》，南京，国立编译馆，1935，第 128 页。
⑥ 《私立学校规程》（1926 年 10 月 18 日）//大学院：《大学院公报》（第 1 期），台北，文海出版社，1966，第 40 页。
⑦ 《令各省区教育行政长官暨各大学区及各大学校校长（为定期举行全国公私立大学三民主义考试由）》（1928 年 5 月 7 日）//大学院：《大学院公报》（第 6 期），台北，文海出版社，1966，第 18 页。

月 30 日，南京国民政府公布了经国民党二届中央执行委员会第 160 次常务会议通过的《各级学校增加党义课程暂行条例》，要求"各级学校除在各课程内融会党义精神外，须一律按本条例之规定增加党义课程"。① 1929 年 1 月 22 日，教育部订定的《审查教科图书共同标准》规定"关于教材之精神者"之一便是"适合党义"。② 1929 年 8 月 29 日公布的《私立学校规程》更明确要求私立大学、独立学院及专科学校呈请立案时须送呈查核"训育及党义教育实施情形"。③ 1931 年 9 月第三届中央执行委员会第 17 次常务会议通过的《三民主义教育实施原则》在高等教育的"目标"中要求"学生应切实理解三民主义的真谛，并且有实用科学的知能，俾克实现三民主义之使命"④，从而大大加强了对教会大学的控制。

在教会大学相继向教育部注册以后，办学宗旨都有所修订。福建协和大学的新简章写道："福建大学以爱心、服务与奉献的精神，为中国青年提供大学水准的教育。"之江大学与齐鲁大学借用了这种文字陈述，而又增加了道德养成与知识训练的规定，"以适应社会需要"。其他教会大学也做了类似的修订，但仍坚持基督目标的有关规定。例如，金陵女子文理学院的办学宗旨为："校董会在南京设立这所女子高等学院，旨在按最高的教育效率来促进社会福利及公民的崇高理想，培养高尚人格，以期符合创办人的宗旨。"⑤ 华中大学把自己的宗旨表述为："在基督教爱和奉献的力量基础上，通过高等教育发展才能，希望登临上帝的天国并给人间带来持久和平。"沪江大学的简章在谈及教育效益与公民意识之后，甚至宣称："教育有意识地导向提升宗教目标，遵照学校创建者原意，在中国和美国推展基督福音。"⑥

在教会大学权力架构方面，华南女子大学原先呈报的组织大纲将最高

---

① 《南京国民政府公布各级学校增加党义课程暂行条例》（1928 年 7 月 30 日）// 中国第二历史档案馆：《中华民国史档案资料汇编》（第五辑第一编教育），南京，凤凰出版社，1994，第 1073～1075 页。

② 《教育部订定审查教科图书共同标准》// 中国第二历史档案馆：《中华民国史档案资料汇编》（第五辑第一编教育），南京，凤凰出版社，1994，第 92 页。

③ 《私立学校规程》（1929 年 8 月 29 日）// 多贺秋五郎：《近代中国教育史资料》（民国编中），台北，文海出版社，1976，第 575 页。

④ 《三民主义教育实施原则》（1931 年 9 月 3 日）// 恩荣、章咸：《中华民国教育法规选编》（修订版），南京，江苏教育出版社，2005，第 41 页。

⑤ 朱峰：《基督教与近代中国女子高等教育：金陵女大与华南女大比较研究》，福州，福建教育出版社，2002，第 217 页。

⑥ 章开沅《中国教会大学的历史命运——以贝德士文献（Bates' Papers）为实证》，《上海社会科学院学术季刊》1996 年第 1 期。

权力赋予福建美以美会传教士和教会人士占多数的校董会，但教育部认为这与《私立学校规程》第十二条第二款"关于学校行政由校董会选任校长或院长完全负责，校董会不得直接参预"① 之规定相违背，因此要求删去"本学院之最高职权属于校董会"。这一改动缩减了校董会干预校政操作的空间，贯彻了校董会监督下的校长负责制，从而保证了校长在华南女大事务上的独立权力。

在学科设置方面，华南女大 1932 年的立案呈表"分文、理、家政三科，文科设国学、哲学、英文、历史、教育、音乐六系，理科设生物、化学、数理、体育四系，家政科设家政一系，在校学生八十余人，其中除英文、教育、化学、生物四系外，其余各系现时均无学生"。教育当局"复查该学院经费不敷情形，已如上述，自应就原定科系，酌量裁减，以谋适合，所有文科尚无学生，各系及体育系暂行缓办，英文、教育、家政均改办附属专修科"。"又该学院学生一览表内，尚有医预科、普通科、卫生系等，该项科系，或经本部通令废止，或于大学规程中无规定，自应停办以符定章。"后经一番"讨价还价"，华南女大原定的 11 个系减为国文系、英文系、史地系、教育系、化学系、生物系、数理学系和一个家事附修科。②

注册以后，由于南京政府的极权主义，国民党在意识形态方面推行一元化，他们不能容忍任何真正独立的教会学校，一系列政治活动涌进教会大学。例如星期一必须举行总理纪念周仪式，包括背诵总理遗嘱、在遗像和党旗国旗前三鞠躬、唱国歌、短时间静默等。三民主义代替宗教成为必修课。训导长管理学生，他的职责就是指导而又防止越轨。军训在 1928 年成为必修，教官由学校任命但必须经过政府批准，军训教官还管理学生的宿舍生活，现实的政治气氛代替了原有的宗教气氛。更为严重和根本性的伤害是企图控制思想，其结果是在各校教职员中安插党的代表，甚至在课堂中派遣特务。1927 年 1 月，湖北政务委员会订定的《取缔外人设立学校条例》，其第 7 条明确规定"凡外国私人或团体在湖北境内设立学校，其训练主任一职，应由湖北教育官厅委人充当"，则是给教会教育注入"党化教育"的色彩。③ 1929 年 4 月，福建教育厅派员组织教会学校教育委员

---

① 《私立学校规程》（1929 年 8 月 29 日）// 多贺秋五郎：《近代中国教育史资料》（民国编中），台北，文海出版社，1976，第 574 页。

② 朱峰：《基督教与近代中国女子高等教育：金陵女大与华南女大比较研究》，福州，福建教育出版社，2002，第 182～183 页。

③ 《政委会订定取缔外人设立学校条例》，《汉口民国日报》1927 年 1 月 10 日。

会，以指导教会学校校务之进行。① 1930 年 2 月 11 日，教育部第 129 号训令通令各省市"查察教会学校应行注意各点"，如有违反，"随时取缔，以重教育而保国性"。② 对于像沪江大学这样的学校，由于在三民主义教育方面"无显著成绩"，居然由教育部直接下达训令，令上海市教育局让沪江大学"切实改良"。③

随着教会大学的陆续立案，政府和庚子赔款管理机构也开始把教会大学归于私立大学一类同样给予资助。曾在金陵大学任教的芳卫廉（William P. Fenn）博士回忆说："学校当局遵从部颁课程设置，按公立与私立学校同等待遇，既受官僚机构控制之苦，也偶尔得到政府某些资助。"④ 1930 年 8 月 23 日教育部订定的《私立大学、专科学校奖励与取缔办法》规定"凡已经立案之私立大学、学院及专科学校成绩优良者，得由中央或省市政府酌量拨款补助，或由教育部转商各庚款教育基金委员会拨款补助"。同时还规定"某学院或某科系在教育学术上有特殊贡献者，得由教育部或省市教育行政机关褒奖或给补助费"。⑤ 如在 1934～1935 年度教育部分配给私立大学的 72 万元（中国币）中，将近一半是给教会大学的，而且这笔钱主要用于职业和科学教育，这些资助逐渐成了年度捐款，教会大学开始把它列入每年的预算；中央和省政府也为森林、养蚕、牙科和微生物学等学科的学生提供奖学金；管理美国庚款的中华教育文化基金董事会也开始为武昌文华图书馆学专科学校、岭南大学、金陵大学、燕京大学、齐鲁大学等教会大学定期拨款、津贴或补助；英国于 1930 年退还的庚子赔款也使华中与齐鲁的几所教会大学得到了补助。⑥ 而 1937 年金陵女子文理学院的预算为教育部讲座费 12000 元、基金利息 15346 元、他种捐款及临时捐款 23443 元、学生缴费（学费、实验费、膳费、杂费等）58600 元、美各教会

---

① 丁致聘：《中国近七十年来教育记事》，南京，国立编译馆，1935，第 189 页。
② 《查察教会学校应行注意各点》（1930 年 2 月 11 日）//张研、孙燕京：《民国史料丛刊》（1035），郑州，大象出版社，2009，第 410 页。
③ 胡卫清：《普遍主义的挑战：近代中国基督教教育研究（1877～1927）》，上海，上海人民出版社，2000，第 432 页。
④ 章开沅：《中国教会大学的历史命运——以贝德士文献（Bates' Papers）为实证》，《上海社会科学院学术季刊》1996 年第 1 期。
⑤ 《教育部订定私立大学、专科学校奖励与取缔办法》（1930 年 8 月 23 日）//中国第二历史档案馆：《中华民国史档案资料汇编》（第五辑第一编教育），南京，凤凰出版社，1994，第 180 页。
⑥ 杰西·格·卢茨：《中国教会大学史（1850～1950 年）》，曾钜生译，杭州，浙江教育出版社，1987，第 287～288 页。

及史密斯女子大学捐款 63190 元。① 这种对教会大学的资助，其实也是政府控制教会大学的一个方面。

小　结

教会大学是移植到中国来的西式学校，西式的管理、西方的资助和西方的课程以及学校的气氛，使教会大学成为西方文明的传递者。② 19 世纪期间，教会大学在中国有其独特性，因为它们向中国知识分子提供了一种中学与西学相结合的模式。20 世纪初，当中国着手改变教育制度时，基督教教育工作者和教会大学开始发挥更积极的作用。20 世纪前半叶，中国教会大学曾经努力耕耘，硕果累累。与非洲的教会学校相比较，它处于更高的教育层次。与印度的教会大学比较，它量虽少而质更优。与日本的教会大学相比较，它对公立大学具有更强的竞争力，因为它在好些学科领域早已占有优势。③ 胡适在司徒雷登回忆录《在华五十年》的"评介"中早已对教会大学做出极高的评价，称之为"将中国一点一点地从沉睡中唤醒"。④ 当时国立东南大学的校长郭秉文也曾说过："从全国范围来评论，有些教会大学已处于中国最好与最有效率的大学之列。而且，由于他们兴办得较早，所以他们就有更大的影响与更多的优势。"⑤ 很多教会大学毕业生在几十年后回忆短短几年的大学生活时，让他们感觉到"最惬意的也就是这一段"。⑥

正如芳卫廉博士所说："教会大学对中国的贡献，是培养了一大批有良好训练且在社会各层面有很大影响的男性和女性，而这是国家最需要他们的时候。""中国教会大学的重要贡献还在于增进国家之间相互了解与友谊。通过学校提供的语言、知识、价值和外国教职员，引进了西方好的东

---

① 吴贻芳：《金女大四十年》//孙岳等：《吴贻芳纪念集》，南京，江苏教育出版社，1987，第 104 页。

② 杰西·格·卢茨：《中国教会大学史（1850～1950 年）》，曾钜生译，杭州，浙江教育出版社，1987，第 466 页。

③ 章开沅：《中国教会大学的历史命运——以贝德士文献（Bates' Papers）为实证》，《上海社会科学院学术季刊》1996 年第 1 期。

④ 司徒雷登：《在华五十年》，常江译，海口，海南出版社，2010，评介第 4 页。

⑤ 谢泳：《中国现代大学的"制度设计"》//陈远：《逝去的大学》，北京，同心出版社，2005，第 276～277 页。

⑥ 《冰心记早年在燕京大学生活》//朱有瓛、高时良：《中国近代学制史料》（第四辑），上海，华东师范大学出版社，1993，第 517 页。

西。同时也通过他们，中国的知识被翻译和示范而介绍到西方。他们担任精神的和文化的使节，协助向东方解释西方，向西方解释东方，虽然受到帝国主义牵连与外洋性格的妨碍。作为西方文化的介绍者，他们参与了中国文化、社会和政府的伟大革命。"①

教会大学与教会之间本应存在一种从属关系，并且绝大多数教会大学都试图在布道和教育的目标之间保持某种平衡，但就主要宗旨而言，不由自主之间其结果往往是手段变成了目的，或者说次要目的变成了主要目的，教会反而跟不上教会大学的发展了。教会大学在 20 世纪中叶的中国大陆画上了句号，但是它们可以充满骄傲地回顾既往，也可以怀着足够的自信看待现实。②

---

① 章开沅：《中国教会大学的历史命运——以贝德士文献（Bates' Papers）为实证》，《上海社会科学院学术季刊》1996 年第 1 期。
② 周为筼：《消失的教会大学》，《社会观察》2009 年第 8 期。

余　论

自清末新政改革教育以来，作为舶来品的中国现代高等教育，至今已走过了一百多年。将这段历史粗分为两半，能清晰地看到，前半段尽管办大学的历史不长，条件也不好，但由于办学起点高，遵循了政教分离、学术自由等国际上通用的大学办学惯例，因而培养造就了许多世界级的大师和大家，并在较短时间内奇迹般地建起了一批当时在亚洲乃至世界知名的一流大学，如清华、北大、南开、交大等。

民国大学的历史虽然短暂，但也可粗分为两半：在军阀混战、政权分散的前半段，民国大学游刃有余，成为各派系拉拢讨好之对象，有识之士借此发力，终于迎来中国大学最为美好的黄金时期；抗战全面爆发之后，权力向中央靠拢，加之时局颠沛、资金匮乏，民国大学欣欣向荣之局面终究难以为继，至此之后，短暂的学术自由与教授治校"传统"也渐行渐远直至消失殆尽。民国大学可谓兴也战乱，衰也战乱。

一、朝阳不再盛，白日忽西幽

抗战全面爆发后，行政院为了应付急剧变化的形势，于1937年8月11日核发了《总动员时督导教育工作办法纲领》六条，指示战事迫近时各级教育应如何处理。1938年4月，中国国民党临时全国代表大会制定并颁布了《抗战建国纲领》，并立足于战后国家建设，确定了"战时须作平时看"的办学方针："抗战既属长期，各方面人才直接间接均为战时所需要。我国大学本不甚发达，每一万国民中仅有大学生一人，与美英教育发达国家相差甚远。为自力更生抗战建国之计，原有教育必得维持，否则后果将更不堪。"① 同时通过《战时各级教育实施方案纲要》，规定战时"对于管

---

① 教育年鉴编纂委员会：《第二次中国教育年鉴》（第一编总述），台北，文海出版社，1986，第8页。

理，应采严格主义"，"中等以上学校，一律采军事管理方法"。① 随后教育部订定的《战时各级教育实施方案》对于"现在之方针"提出"政教合流"，以期"质量之随时调整而合于需要"。② 同时，国民政府为保存国家教育实力，勉力应变，颇有成效。

　　首先是组织大学西迁，并对大学分布做适当调整和重组。"战前（1936 年）一百零八校，因校舍遭敌人占领或轰炸，不得已而迁移或停顿者，达九十四校之多。"③ 如国立北平大学、北平师范大学、北洋工学院西迁至陕西合并为国立西北联合大学，西北联大农学院、西北农林专科学校合并为国立西北农学院，国立北平、杭州两艺术专科学校西迁至云南合并为国立艺术专科学校，国立中央大学、武汉大学西迁四川，国立同济大学、中山大学西迁云南④，国立浙江大学更是四易校址，最后定校遵义。除公立大学外，当时教育部对私立大学之迁移后方者，也均尽力协助、分别部署。如私立南开大学与国立北京大学、清华大学西迁至云南合并为国立西南联合大学，私立焦作工学院与国立西北联合大学之工程学院合并为国立西北工学院，私立南通学院之医科与江苏省立医学院合并为国立江苏医学院。即使私立大学之员生生活，亦与公立大学同予救济。故战事结束以后，私立专科以上学校为 54 校，比之抗战初起时（1937 年）47 校，不仅未见减少，反而增加 7 校，复员以来，至 1947 年更增至 79 校。⑤ 起初，沦陷区还有少数教会大学尚能在北平、上海等处勉强维持，而太平洋战事爆发后，仅北平辅仁大学、上海震旦大学得天主教之助，始终未迁。大学西迁虽属迫不得已之举，但"高等教育机构的内迁，并非一种纯粹不幸之事。因为她们所迁之地，过去在文化上是未开发之区，科学知识观念的传播，有助于推动国家内地的现代化"。⑥

---

① 《国民党临时全国代表大会通过之战时各级教育实施方案纲要》（1938 年 4 月）//中国第二历史档案馆：《中华民国史档案资料汇编》（第五辑第二编教育一），南京，凤凰出版社，1997，第 15 页。

② 《教育部订定之战时各级教育实施方案》（1938 年）//中国第二历史档案馆：《中华民国史档案资料汇编》（第五辑第二编教育一），南京，凤凰出版社，1997，第 21 页。

③ 《抗战期间的中国教育（1937～1945 年）》//中国第二历史档案馆：《中华民国史档案资料汇编》（第五辑第二编教育一），南京，凤凰出版社，1997，第 302 页。

④ 《抗战以来全国专科以上学校增设概况表》（1939 年 4 月）、《民国二十七年度全国专科以上学校分布概况表》（1939 年 5 月）//中国第二历史档案馆：《中华民国史档案资料汇编》（第五辑第二编教育一），南京，凤凰出版社，1997，第 739～743 页。

⑤ 教育年鉴编纂委员会：《第二次中国教育年鉴》（第二编教育行政），台北，文海出版社，1986，第 118 页。

⑥ 余子侠：《抗战时期高校内迁及其历史意义》，《近代史研究》1995 年第 6 期。

其次是将部分大学国立，以保障其正常办学。为适应战区扩大、沦陷区增加以及高等学校区域布局调整的需要，在管理体制上规定"专科学校以由省市设立为原则，大学及独立学院以由国家设立为原则；大学各院系关于政治、法律、经济及教育部分，应完全由国立或省市立之大学或独立学院设立之；私立校院以不设此等科系为原则"。① 如省立广西大学改为国立广西大学，省立河南大学改为国立河南大学，私立复旦大学改为国立复旦大学，省立重庆大学改为国立重庆大学，省立山西大学改为国立山西大学，（浙江）省立英士大学改为国立英士大学等。到 1945 年，高等学校较战前（1936 年）增加了 33 所，其中省市立、私立分别增加 2 所和 1 所，变化不大，而国立院校则增加了 30 所。② 这种权力重心的上移，为政府特别是中央政府全面加强对高等教育的统一管理提供了制度基础。

抗战爆发前，中国大学的"教授治校"、"学术自由"等大学自治理念已在整个国家达成共识并在法律层面得到了具体体现，使之具有了制度上的保障。但可惜的是抗战全面爆发后，自由主义骤然隐退，战时集权陡然加强，政府对高等教育的干预全面推进、空前严密。③ 这个时期，国民政府在实施导师制、规定行政组织、规范学系名称、加强课程管理和教员资格审查等方面采取了一系列管制措施。

在实施导师制方面，自 1938 年起先后颁布了《青年训练大纲》、《高中以上学校新生入学训练实施纲要》、《训育纲要》、《中等以上学校导师制纲要》、《专科以上学校导师制纲要》、《专科以上学校导师制实施办法》等法规，要求专科以上学校"学生按其所属院系（科）分为若干组，每组设导师一人，由校（院）长聘请专任教师充任之"。"各组导师对于学生之思想行为、学业及身心摄卫均应体察，个性依据训育标准表之规定及各该校（院）训导计划施以严密之训导。"④ 其目的在于加强对大学学生的控制。

在规定行政组织方面，关于大学的组织及行政机构，在抗战前教育部

① 《教育部订定之战时各级教育实施方案》（1938 年）// 中国第二历史档案馆：《中华民国史档案资料汇编》（第五辑第二编教育一），南京，凤凰出版社，1997，第 27 页。

② 《抗战期间全国专科以上学校概况表（1936 ~ 1945 年）》// 中国第二历史档案馆：《中华民国史档案资料汇编》（第五辑第二编教育一），南京，凤凰出版社，1997，第 778 ~ 779 页。

③ 李剑萍：《百年来中国的大学自治与社会干预》，《河北师范大学学报》（教育科学版）2005 年第 1 期。

④ 《行政院关于中等学校与专科以上学校导师制实施办法的指令》（1944 年 8 月 16 日）// 中国第二历史档案馆：《中华民国史档案资料汇编》（第五辑第二编教育一），南京，凤凰出版社，1997，第 237 ~ 238 页。

颁布的各项教育法令中本来已经做了规定，但 1939 年召开的第三次全国教育会议认为，"大学行政组织在《大学组织法》及《大学规程》中尚未有详细之规定，各校现行组织，大都由各校自行拟定，因此组织未尽健全，名称亦多纷歧，以至影响行政效率"。于是会议关于学校行政效能之增进案议决"规定专科以上学校行政组织系统以健全学校机构"。为划一各校行政组织，并使其灵活运用以增进效率起见，教育部根据这项决议，于同年5 月 16 日颁发了《大学行政组织补充要点》、《独立学院及专科学校行政组织补充要点》，对大学、独立学院及专科学校行政组织机构的设置名称、人员配备、职权范围与工作方式方法等都做了统一的规定。其中规定大学、独立学院及专科学校设教务、训导、总务三处，设校（院）务会议、教务会议、训导会议、总务会议。1942 年 7 月，教育部颁发了《大学及独立学院教员人数暂行标准》，将大学及独立学院教员人数"按各学系专任教员（指专任教授、副教授及讲师）、共同必修课专任教员及助教三种"订定之；大学及独立学院除医学院外，各科系各专科教员人数，按各该学系分系必修及选修学分数暨实习或实验情形，参酌大学及独立学院聘任待遇暂行规程规定教授、副教授及讲师每周授课时数（九至十二小时）订定之。①

在规范学系名称方面，由于《大学规程》对大学各学院及独立学院各科学系设置的规定具体但并不十分明确，在实际施行中各大学及独立学院所设学系的名称"既多不同，隶属学院亦有歧异"，于是 1939 年 9 月 4 日教育部在斟酌各方意见的基础上颁布了《大学及独立学院各学系名称令》，统一规定大学和独立学院各学系的名称，并规定两门以上合并组成之学系，由各校院就合组情形拟订名称，呈请教育部核定；凡各校单独设置某院之一、二学系，而该院并未单独成立者，得附设于性质相近之学院。② 全国大学院系名称由此趋于统一。

在加强课程管理方面，"中国大学课程，向由各校自订"③，但为适应战时需要，教育部自 1935 年度起即通令全国公私立专科以上学校设置特殊教程；并于 1939 年 6 月决议全国公私立专科以上学校依其科目性质酌量增

① 《大学及独立学院教员人数暂行标准》（1942 年 7 月 20 日）//宋恩荣、章咸：《中华民国教育法规选编》（修订版），南京，江苏教育出版社，2005，第 403～404 页。

② 《教育部颁行大学及独立学院各学系名称令》（1939 年 9 月 4 日）//中国第二历史档案馆：《中华民国史档案资料汇编》（第五辑第二编教育一），南京，凤凰出版社，1997，第 709 页。

③ 《抗战期间的中国教育（1937～1945 年）》//中国第二历史档案馆：《中华民国史档案资料汇编》（第五辑第二编教育一），南京，凤凰出版社，1997，第 304 页。

设以下科目：文科（民族文学、抗战史料）、法商科（日本问题、战时经济、战时法令）、教育科（战时教育问题、军事心理学）、理科（国防化学、国防地理）、工科（军事工程、军事电讯、汽车修造）、农科（战时食粮问题）、医科（战时救护）。① 为统一规范大学培养工作，教育部于1938年9月召开第一次大学课程会议，公布《文理法三学院各学系课程整理办法草案》，提出规定统一标准、注重基本训练、注重精要科目三条课程整理原则。具体要求主要有：全国大学各院系的必修与选修课程，一律由教育部规定范围，各大学院系在此范围内可酌量增减。党义、军训、体育为大学共同（公共）必修科目，而党义包括：三民主义、建国大纲、孙文学说、民权初步、实业计划、国民党历届宣言、唯生论、民生史观、国民党史、抗战建国纲领等。大学第一学年不分系，注重基本科目；第二学年起分系；第三、第四学年根据院系性质开设实用科目，以为就业准备。此外对大学教学、学年学分制、考试、毕业论文等都做了相应规定。同时，公布了大学文、理、法三学院的共同必修科目。同年11月，公布了农、工、商三学院的共同必修课科目。1944年9月，教育部召开第二次大学课程会议，修订并公布了文、理、法、师范学院的院系必修科目表。课程的统一既是大学规范办学的措施，同时也是国民政府以国民党的意志加强控制大学教育的举措。②

　　在教员资格审查方面，过去对于大学教员资格的审查，均由各校自主进行，各教员之薪俸，也因各大学之经济情形酌量增减③，但抗战以后，国民政府对大学教员亦加强了管制。如1940年8月，教育部公布了《大学及独立学院教员资格审查暂行规程》，规定："大学及独立学院教员等别，由教育部审查其资格定之"；"大学及独立学院教员资格审查合格后，由教育部给予载明等别之证书"④；然后"由校长依照教育部审查合格之等级聘

① 《教育部订定之专科以上学校实施战时教程》（1939年6月23日）//中国第二历史档案馆：《中华民国史档案资料汇编》（第五辑第二编教育一），南京，凤凰出版社，1997，第704~705页。
② 孙培青：《中国教育史》（修订版），上海，华东师范大学出版社，2000，第426~427页。
③ 详见1927年6月15日教育行政委员会公布的《大学教员资格条例》及1927年9月12日修正公布的《大学教员薪俸表》。
④ 《教育部公布大学及独立学院教员资格审查暂行规程》（1940年8月）//中国第二历史档案馆：《中华民国史档案资料汇编》（第五辑第二编教育一），南京，凤凰出版社，1997，第716、717页。

任"①。同月，教育部亦公布了《大学及独立学院教员聘任待遇暂行规程》，对大学及独立学院教员之聘任及待遇进行了具体规定。1941 年 6 月，行政院通过了《教育部设置部聘教授办法》，决定施行部聘教授制度，挑选"在国立大学或独立学院任教十年以上者、教学确有成绩声誉卓著者和对于所任学科有专门著作且有特殊贡献者"为部聘教授，由教育部于公立及已立案之私立专科以上学校特设讲座，从事讲学及研究；并规定"部聘教授讲座设置处所，得由教育部根据需要，于学年终了时调动之"。② 其真实用意自然不言而喻。

这样，借助时局，国民政府堂而皇之地把手伸进了本应独立的大学校园，大学自治和学术自由的水平较之战前均有所退步。不过从总体上讲，政府仍承认高等教育的相对独立性。

在抗战开始的第一个年头即 1937 年度，全国专科以上学校损失巨大，学校从战前（1936 年）的 108 所，减至 91 所，减少 15.74%；教员从战前（1936 年）的 7560 人，减至 5657 人，减少 25.17%；学生从战前（1936 年）的 41922 人，减至 31188 人，减少 25.60%。③ 但从第二年开始，即逐渐恢复，并不断发展。《第二次中国教育年鉴》第十四编教育统计表明，1937 年全国共有专科以上学校 91 所，其中大学 35 所（国立 12 所、省市立 5 所、私立 18 所），独立学院 32 所（国立 6 所、省市立 6 所、私立 20 所），专科学校 24 所（国立 6 所、省市立 9 所、私立 9 所），在校学生 31188 人。而到 1945 年抗战胜利时，全国公私立专科以上高等学校为 141 所，其中大学 38 所（国立 22 所、私立 16 所），独立学院 51 所（国立 17 所、省市立 12 所、私立 22 所），专科学校 52 所（国立 17 所、省市立 19 所、私立 16 所），在校学生 83498 人。④ 据教育部《一九三七年以来的中国教育》报告，"高等教育在战时不仅能照常发展，并已渐能纳入轨道。如学校组织之厘订，课程之整理，师资之审查，学术研究之提倡等，均足以形成完美之制度"；"惟是战时教育之成绩，殊不能与战前之进步相比拟"；"一九三七年以后，我国教育虽仍有相当进步，然若不遭遇日本之侵略，无此次之

① 教育年鉴编纂委员会：《第二次中国教育年鉴》（第五编高等教育），台北，文海出版社，1986，第 27 页。
② 《教育部设置部聘教授办法》（1941 年 6 月 3 日）//宋恩荣、章咸：《中华民国教育法规选编》（修订版），南京，江苏教育出版社，2005，第 650~651 页。
③ 教育年鉴编纂委员会：《第二次中国教育年鉴》（第十四编教育统计），台北，文海出版社，1986，第 4 页。
④ 教育年鉴编纂委员会：《第二次中国教育年鉴》（第十四编教育统计），台北，文海出版社，1986，第 10、4 页。

战争，使循战前进步之迹向前发展，其进步必较今日为大，可断言也"。①

抗战胜利后，大学也进行了复员工作。通过西迁大学回迁复员和改设、停办大学的恢复办学、内地在回迁大学遗址上重办新校、接收改造敌伪地区大学等方式，大学在短期内发展较快。据 1947 年统计，全国有专科以上学校 207 所，其中国立 74 所、省市立 54 所、私立 79 所，私立高等学校占高等学校总数的三分之一强；按层次分共有大学 55 所（国立 31 所、私立 24 所，私立大学占大学总数的五分之二强），独立学院 75 所（国立 23 所、省立 21 所、私立 31 所），专科学校 77 所（国立 20 所、省市立 33 所、私立 24 所）；在校学生 155036 人。② 规模达到了民国以来高等教育发展的最高水平。

1947 年 1 月，国民政府公布了《中华民国宪法》，其中有 10 条涉及教育问题，国民政府依据《宪法》有关条文规定的原则，对以前制定的一些高等教育法令进行了修订或补充。如 1948 年 1 月将 1929 年颁布的《大学组织法》和《大学规程》修订为《大学法》，将《专科学校组织法》和《专科学校规程》修订为《专科学校法》并同时公布。其行政组织方面的内容大体相同，大学设教务、训导、总务三处，此为大学训导处正式取得法律依据之始；并设校务会议、行政会议、教务会议，将校务会议成员修改为"以校长、教务长、训导长、总务长、各学院院长、各学系主任及教授代表组织之，校长为主席，教授代表之人数不得超过前项其他人员之一倍，亦不得少于前项其他人员之总数"，自此，副教授不再能参加校务会议，专家列席之规定亦删除，而行政人员方面则增加三长为当然成员，至于教授代表之人数则限制为不超过校务会议全体成员的三分之二，不得少于二分之一。③ 此外，除"师范学院应由国家单独设立，但国立大学得附设之"外，均重申了上述 1929 年《大学组织法》以来的相关规定，只将原规定的大学分"文、理、法、教育、农、工、商、医各学院"改为"大学分文、理、法、医、农、工、商等学院"，意为除了七个学院之外，还可以增加所需要设立的学院，规定医学生及师范生须另加一年实习等，并要

---

① 《抗战期间的中国教育（1937～1945 年）》//中国第二历史档案馆：《中华民国史档案资料汇编》（第五辑第二编教育一），南京，凤凰出版社，1997，第 299、300 页。
② 教育年鉴编纂委员会：《第二次中国教育年鉴》（第十四编教育统计），台北，文海出版社，1986，第 5、6 页。
③ 周志宏：《学术自由与大学法》，台北，蔚理法律出版社，1989，第 286 页。

求此前"已设立之教育学院得继续办理"。①

抗战胜利以后，国共和谈未果，华夏大地烽烟再起。一向安静的教育界也变成了双方的第二战场，即竞相争夺大学的人力资源，一些大学教授也主动或被动地卷入其中，部分大学教授由于研究成果带有浓厚的政治倾向而被视为所谓的"白色教授"、"红色教授"，大学中的政治干预空前加剧。大学数量上的繁荣终究难以掩盖其江河日下的实质。"是以表面数字虽增加极大，而实际拮据更甚于前。"② 大学质量上的整理也终究难挽其日薄西山的命运。"抗战虽然胜利，大局愈见混乱。政治激荡，经济凋敝，整个社会，已步近崩溃的边缘……"③ 学术自由和大学自治的水平急剧下降，许多保障学术自由和大学自治的法规到此时已如同空头支票。内战几年中大学自治和学术自由的水准，虽经教育界有识之士大声疾呼，反倒不如抗战时期的水平，着实让人痛心！

二、此情可待成追忆，只是当时已惘然

早在 1915 年，时在美留学的胡适遇到教授的疑问："中国有大学乎？"胡适"无以对"。④ 然 1925 年，蔡元培在欧洲就中国大学发展现状回应世界学生基督教联合会时表示，随着民国政府将"控制权移到了民众手中——在大学内部也体现了这种新的精神"，大学自治因此得到良好的制度保障，这使得诸如北京大学、北洋大学、山西大学、东南大学等一批公立大学"都有了良好的开端"；而私立大学如南开大学、厦门大学"也是值得一提的"，并认为中国大学这种基于大学教育目的和观念的转变，将使得"这种进步已经是不可逆转的了"。⑤ 钱穆也回忆道："要之，皆学有专长，意有专情。世局虽艰，而安和黾勉，各自埋首，著述有成，趣味无倦。果使战祸不起，积之岁月，中国学术界终必有一新风貌出现。"⑥ 他"承认三十年代的中国学术界已酝酿出一种客观的标准，可惜为战争所毁，

① 《大学法》(1948 年 1 月 12 日) // 多贺秋五郎：《近代中国教育史资料》(民国编下)，台北，文海出版社，1976，第 838～839 页。
② 教育年鉴编纂委员会：《第二次中国教育年鉴》(第五编高等教育)，台北，文海出版社，1986，第 19 页。
③ 费正清、费维恺：《剑桥中华民国史 (1912～1949 年)》(下)，刘敬坤等译，北京，中国社会科学出版社，1994，第 477 页。
④ 胡适：《胡适日记全编》(2)，曹伯言整理，合肥，安徽教育出版社，2001，第 62 页。
⑤ 蔡元培：《中国现代大学观念及教育趋向》(1925 年 4 月 3 日) // 高平叔：《蔡元培教育论著选》，北京，人民教育出版社，1991，第 489、490、493 页。
⑥ 钱穆：《北京大学杂忆》/ 张竟无：《民国大学：遥想大学当年》，北京，东方出版社，2012，第 119 页。

至今未能恢复"。① 1937 年，面对强敌入侵，身为学界领袖的胡适对翁文灏大发牢骚："此时我所焦虑的是：兴学五十年，至今无一个权威政治学者，无一个大法官，无一个法理学家，无一个思想家，岂不可虑？兴学五十年，至今无一可读的本国通史，岂不更可焦虑？在纯粹科学方面，近年稍有起色，但人才实尚甚缺乏，成绩更谈不到。"② 可时隔二十余年，已移步台岛的胡适却不无怀恋起来："记得二十余年前，中日战事没有发生时，从北平到广东，从上海到成都，差不多有一百多所的公私立大学，当时每一个大学的师生都在埋头研究，假如没有日本的侵略，敢说我国在今日世界的学术境域中，一定占着一席重要的地位"。③ 此中意涵，堪可玩味。如此心态，绝非孤例，实有相当代表性。罗家伦、冯友兰等人也曾有此类言说。抗战前对现实极为不满，抗战后却转而怀念战前那"黄金般的日子"，也是历史演进中的又一吊诡（paradox）罢。④

究其缘由，无论是在大学刚刚起步的清末，还是在大学相对快速发展的民初，社会基本上都处于动荡不安状态；无论是北洋军阀政府还是国民党政府，都没有在事实上完成国家的统一，其意志在全国各个方面还难以"贯彻执行"，从而为大学的自由发展提供了空间。正所谓"乱世也有乱世的好处，政府对于思想文化的控制相对放松；各种太平年代可能引起轩然大波的改革，反而因其'无关紧要'而容易得以落实"。⑤ 近代中国，特别是民国初期，文化生态、政治生态、经济生态之间呈现着一定张力的互动。近代中国有许多事情没有走上轨道，但近代中国的大学、报馆、出版社办得异常出色。⑥ 有学者研究表明，中国大学发展最好的时期，恰恰是政府对大学不管或管得少的时期。⑦

应该承认，无论是在北洋政府时期还是在国民政府时期，"大体保留了对自由主义知识分子的起码尊重，有冲突，但主导倾向是合作。在政府和自由主义知识分子之间，政府是强者，他们的合作是强弱之间的合作。

① 余英时：《犹记风吹水上鳞——敬悼钱宾四师》，《钱穆与中国文化》，上海，上海远东出版社，1994，第 15 页。
② 耿云志、欧阳哲生：《胡适书信集》，北京，北京大学出版社，1996，第 725 页。
③ 胡适：《中国的私立大学》//杨东平：《大学精神》，沈阳，辽海出版社，2000，第 94 页。
④ 刘超：《现代中国知识界的"南北问题"——以东大和清华为例》，《社会科学论坛》2011 年第 2 期。
⑤ 陈平原：《中国大学十讲》，上海，复旦大学出版社，2002，第 136 页。
⑥ 谢志浩：《私立教育的反思：传统与现实》//陈远：《逝去的大学》，北京，同心出版社，2005，第 281、282 页。
⑦ 王长乐：《大学去行政化是一项复杂的系统工程》，《科学时报》2009 年 11 月 13 日。

凡强弱关系能保持合作，必是强者一方有大的诚意"。① 1939 年 3 月，陈立夫任教育部长后，为加强对大学的控制，通过行政手段对大学教育和教学的诸多方面强化了统一管理，其中有些规定在当时是必要的，但有些规定却是严重窒息师生的思想自由，如颁布大学课程科目表、统一课程教材、大专以上学校学生毕业考试实行总考制等，就曾引起联大师生的反感和抵制。1940 年 6 月 10 日，联大教务会议针对教育部的统一大学课程教材和统一学生成绩考核办法等据理抗驳，要求教育当局给予学校更多的教学自由，不必"刻板文章、勒令从同"，明确表示"盖本校承北大、清华、南开三校之旧，一切设施均有成熟，行之多年，纵不敢谓极有成绩，亦可谓为当无流弊，似不必轻易更张"。② 尽管国民党通过不断强化党化意识形态、强化训育工作来加强对大学的控制，但至少在制度层面，它并没有给国民党在大学的组织以凌驾于校长及校内各级行政组织之上的权力。③

"由于学者——政府的传统，中国的教育一直与政治纠缠在一起。"④在中国传统社会中，学术与政治高度整合，两者之间无边界可言，"政统"与"学统"不分。20 世纪初，现代大学虽然已在中国建立，然而受"政学不分"的传统影响，大学（学术）与政府（政治）之间的边界依然模糊不清。蔡元培早在 1922 年发表《教育独立议》时便已提出"教育事业当完全交与教育家，保有独立的资格，毫不受各派政党或各派教会的影响"，因为"教育是求远效的；政党的政策是求近功的。……教育事业不可不超然于各派政党之外"。⑤ 1940 年西南联大政治学教授钱端升在表达对政府以损害人文学科为代价过分强调大学课程的功利主义部分的不满时曾说："大学的基本目标是求知，它不是功利的。如果大学能同时生产一些有用的东西，那是一种附属功能而不是它原来的目标。"⑥ 这话直至今日仍不过时。确实，"就总体而言，（政府）绝不能要求大学直接地和完全地为国家服务；而应当坚信，只要大学达到了自己的最终目标，它也就实现了、而

---

① 谢泳：《1949 年前中国国立大学校长与政府的关系》//陈远：《逝去的大学》，北京，同心出版社，2005，第 243～244 页。
② 南开大学校史编写组：《南开大学校史（1919～1949）》，天津，南开大学出版社，1989，第 260 页。
③ 于述胜：《中国教育制度通史》（第 7 卷），济南，山东教育出版社，2000，第 185 页。
④ 费正清、费维恺：《剑桥中华民国史（1912～1949 年）》（下），刘敬坤等译，北京，中国社会科学出版社，1994，第 416 页。
⑤ 蔡元培：《教育独立议》（1922 年 3 月）//高平叔：《蔡元培教育论著选》，北京，人民教育出版社，1991，第 377 页。
⑥ 费正清、费维恺：《剑桥中华民国史（1912～1949 年）》（下），刘敬坤等译，北京，中国社会科学出版社，1994，第 474 页。

且是在更高的层次上实现了政府的目标，大学由此所产生的影响远远超过政府的范围，远非政府的种种举措所能企及"。① "大学不是风向标，不能什么流行就迎合什么。大学应不断满足社会的需求，而不是它的欲望。"② 金耀基也认为："大学不能遗世独立，但却应该有它的独立与自主；大学不能自外于人群，但却不能随外界政治风向或社会风尚而盲转、乱转。大学应该是'时代之表征'，它应该反映一个时代之精神，但大学也应该是风向的定针，有所守，有所执着，以烛照社会之方向。"③

研究中国大学教育的人可能都会注意到这样一种现象，就是 20 世纪初，最早承担传统教育向现代教育转变职责的，是一批传统的士子，如北大校长蔡元培、南开的创始人严修、南洋大学堂校长唐文治、交通大学校长叶恭绰和光华大学校长张寿镛等，都是进士或举人出身，如果是个别人，也许是特例，但现代大学教育史向我们显示，这是一种较为普遍的现象。1921 年，时任交通大学校长的叶恭绰在学生开学时的演讲中言道："诸君皆学问中人，请先言学问之事。鄙人前自欧美归来，目击其新潮，颇有思感。尝以为诸君修学当以三事为准衡：第一，研究学术，当以学术本身为前提，不受外力支配以达于学术独立境界。第二，人类生存世界贵有贡献，必能尽力致用方不负一生岁月。第三，学术独立斯不难应用，学术愈精，应用愈广，试申言之。夫学术之事，自有其精神与范围，非以外力逼迫而得善果者。"④

中国现代大学教育中最珍贵的东西就是我们的这批前辈在最初睁眼看世界大学教育的时候，就准确地把握住了大学教育的主旨。⑤ 正如陈寅恪先生之《王观堂先生纪念碑铭》所言："士之读书治学，盖将以脱心志于俗谛之桎梏，真理因得以发扬。思想而不自由，毋宁死耳。……先生以一死见其独立自由之意志，非所论于一人之恩怨，一姓之兴亡。……惟此独立之精神，自由之思想，历千万祀，与天壤而同久，共三光而永光。"⑥ 加

① 威廉·冯·洪堡：《论柏林高等学术机构的内部和外部组织（节录）》//陈洪捷：《德国古典大学观及其对中国的影响》（修订版），北京，北京大学出版社，2006，第 200~201 页。
② 亚伯拉罕·弗莱克斯纳：《现代大学论——美英德大学研究》，徐辉、陈晓菲译，杭州，浙江教育出版社，2001，第 3 页。
③ 金耀基：《大学之理念》，北京，生活·读书·新知三联书店，2001，第 24~25 页。
④ 谢泳：《中国现代大学的"制度设计"》//刘琅、桂苓：《大学的精神》，北京，中国友谊出版公司，2004，第 126 页。
⑤ 黄俊伟：《反省是大学精神的核心》，《现代大学教育》2007 年第 2 期。
⑥ 介子平：《民国三碑》，《名作欣赏》2010 年第 16 期。

拿大比较教育学家许美德（Ruth Hayhoe）认为，尽管于理论和实践的角度，中国的大学很难完全接受欧洲大学学术自由和大学自治的思想，但无论从哪个方面看，民国初期的"中国大学已经走过了对外来文化的适应和吸收阶段，这种情形与在德国的学术思想和现代科学研究的双重作用下美国大学在 19 世纪的发展状况颇为相似"，并"最终形成了自己独特的知识自由和社会责任的大学办学思想"。①

三、往事不可谏，来者犹可追

克罗齐曾说，所有的历史都是当代史。这句话很容易理解，研究历史从来都应该是立足当下、面向未来，而不是简单地怀旧。大学作为社会的精神文化中心，它的使命就是传播人类先进文明，传播人类的道义理想。自 19 世纪威廉·洪堡创立柏林大学，奠定学术自由、教学自由、学习自由的原则，它已经成为全世界大学的基本价值和基本准则。教授和学生都应该成为真理的追求者，而学术自由与教育独立是达到这一目标的必经之途。

可以这样说，在中国诸多的教育遗产中，以办现代大学的成功经验遗产最为珍贵。遗憾的是，中国大学后来的遭际正是抛弃了这笔珍贵的教育遗产，过去的学术本位被现在的官本位所取代，大学行政化、学术权力行政化、以行政权力为中心，权力意志一定程度上成为支配大学运作的基本要素。虽说现在的大学越办越大、教授越来越多，连两院院士都已增至近2100 人②，然科技竞争力不升反降③。大学自治、学术自由一直是大学赖以生存和发展的基础，而时至今日，我们仿佛已经积重难返，也与真正意义上的大学渐行渐远。回想对建设中国大学满怀理想的民初先贤，再四望当下，真有茫然不知何世之感。正像韩水法先生的慨叹：世上已无蔡元培！费孝通先生在回顾社会学重建历程时曾意味深长地表示："一门学科可以挥之即去，却不能唤之即来"；"一旦恢复或重建时，就得从头做起"。④ 其实，对于大学又何尝不是如此！

---

① 许美德：《中国大学 1895～1995：一个文化冲突的世纪》，许洁英译，北京，教育科学出版社，1999，第 85～86 页。
② 截至 2013 年 7 月，两院院士共有 1462 人（中国科学院院士 702 人、中国工程院院士 760 人），不含已故院士 612 人（中国科学院院士 487 人、中国工程院院士 125 人）。
③ 黄俊伟：《说过去的教授和现在的教授》，《书屋》2004 年第 5 期。
④ 潘乃谷：《但开风气不为师——费孝通学科建设思想访谈》，《民俗研究》1997 年第 1 期。

"自治是高深学问的最悠久的传统之一。"① 大学如果成为一个日益官僚的体系，最终将沦为一个越来越似政治组织的场所。"官僚政治体系的生存原则从来就是'政治稳定'。这种对'政治稳定'的要求意味着就体系内的单个个体而言，所关心的是如何保证自己与这种政治血缘的高度亲和化一，因为这事关自己的位置能否被保住以及是否有向上爬升的机会——大家也都有一种不可明言而心照不宣的默契"②，而学问、学生和学者都将成为一种攀附的手段。这于一所大学来说是致命的打击。蔡元培曾在北大 1918 年开学典礼上说："大学为纯粹研究学问之机关，不可视为养成资格之所，亦不可视为贩卖知识之所。"③ 这一鲜明定位，无疑是对传统价值观的反叛。大学是学府，是精神殿堂，它铸造一个民族、一个时代的灵魂。如被世俗侵扰，大学精神必然沉沦。学风大伤，哪有学术发展与提升可言。1947 年 9 月，胡适在《争取学术独立的十年计划》中呼吁："现行的大学制度应该及早彻底修正，多多减除行政衙门的干涉，多多增加学术机关的自由与责任。"④ 马克斯·韦伯在《以学术为业》中指出，一个学者要想赢得社会的认同感，"无论就表面还是本质而言，个人只有通过最彻底的专业化，才有可能具备信心在知识领域取得一些真正完美的成就"。⑤ 美国高等教育学家布鲁贝克认为大学是"学者王国"。因为"既然高深学问需要超出一般的、复杂的甚至是神秘的知识，那么，自然只有学者能够深刻地理解它的复杂性"。⑥ 伯顿·克拉克主编的《高等教育新论——多学科的研究》也认为："教授团体确实是高校的关键资源，他们的学术活动保证着大学的威望，没有他们的积极工作，院校行政管理人员也就没有什么值得管理的了。"⑦

新中国成立以后，"中国自由的或自治的高等教育的前景似乎十分暗

---

① 约翰·S. 布鲁贝克：《高等教育哲学》，王承绪等译，杭州，浙江教育出版社，2001，第 31 页。

② 赵波：《走出企业官僚政治体系》，《珠江经济》2003 年第 12 期。

③ 蔡元培：《北大一九一八年开学式演说词》（1918 年 9 月 20 日）//高平叔：《蔡元培教育论著选》，北京，人民教育出版社，1991，第 163 页。

④ 胡适：《争取学术独立的十年计划》//张竞无：《民国大学：遥想大学当年》，北京，东方出版社，2012，第 320 页。

⑤ 马克斯·韦伯：《学术与政治》，冯克利译，北京，生活·读书·新知三联书店，2005，第 23 页。

⑥ 约翰·S. 布鲁贝克：《高等教育哲学》，王承绪等译，杭州，浙江教育出版社，2001，第 31 页。

⑦ 伯顿·克拉克：《高等教育新论——多学科的研究》，王承绪等译，杭州，浙江教育出版社，2001，第 58 页。

淡。学者和政治当局的关系长期以来就是共和国辩论和斗争的主题，今后也不会松弛或放任"。① 由于计划经济体制的影响，大学一度与政府没有边界，甚至完全沦为政府的附属机构。② 从根本上说，大学行政化"并非单纯的学术问题，也不仅仅是一个大学制度或教育制度问题，而是一个社会制度问题"。③ 改革开放以来，中国的高等教育体制虽经多次变革，但政府集权管理的传统并未削弱，相反还有不断强化之势。抚今追昔，大学行政化问题其实已经深入今日大学之骨髓，而这一切均源于体制上的一些问题。"大学变成了官场和市场的双重奴仆。"④ 更让人忧虑的是，在当前的大学办学体制中，生存在大学中的教师、学生、职工实际上已经严重体制化，习惯了体制化生存——这是当今大学发展面临的最深刻危机。⑤ 而从本质上说，大学就是一个教育单位，必须按照教育的规律来确定政府与学校的关系，淡化其行政色彩，回归其学术属性，赋予大学自主办学地位，设计高校内部管理制度。⑥

目前大学出现的许多困境，如缺少重大学术成果、培养不出创新型人才、功利化趋势明显、学术腐败泛滥等现象，最终都可以归结到体制上的原因。现代大学是一个复杂的系统，现行的官僚机制不再合适，模仿企业的标准化管理也不合适，只有多元与传统结合、民主与效率兼顾的综合治理才适合现代大学。即大学在领导体制层面实行真正意义的董事会制，董事会成员以独立董事为主体；在各职能部门（如财务、人事、基建等部门）按照科层制严格管理，执行行业通用标准；在学术单位（如院系及各类委员会）则实行类行会制管理。大学总的发展趋势是由公众选择，还权于民；具体到各学科的学术发展则由学者决定，学术权力回归于学者。

现在，越来越多的规章制度不断出台以约束教学和研究上的不端行为，似乎一旦放权将不可收拾，其实这绝对是一种误解。真正的大学是在每个灵魂的生命里，是独立的思考、自由的表达，是超越的对话与交流，是一种弥散蔓延的学术氛围，把越来越多的人包裹在其中。这才是我们大学的

① 费正清、费维恺：《剑桥中华民国史（1912~1949年）》（下），刘敬坤等译，北京，中国社会科学出版社，1994，第477页。
② 周光礼：《学术自由与社会干预——大学学术自由的制度分析》，武汉，华中科技大学出版社，2003，第218页。
③ 韩水法：《大学与学术》，北京，北京大学出版社，2008，第55页。
④ 谢志浩：《私立教育的反思：传统与现实》//陈远：《逝去的大学》，北京，同心出版社，2005，第283页。
⑤ 熊丙奇：《教育熊视：中国教育民间观察》，上海，东方出版中心，2008，第101页。
⑥ 熊丙奇：《新一轮高校改革要吸取什么教训》，《同舟共进》2009年第2期。

"里子"、大学的精神和大学真正需要建设的东西。① 只有实现行业内部自治，才会更有效地促进和实现行业内部自律。只有真正的学者才能繁荣学术领域，也只有真正的学者才会爱惜这个团体的名誉，因为无论是从良知上还是从利益上看，这都是必须遵循的法则。团体名誉受损，最终将导致团体内部每个个体的利益受损，行业形象的"礼崩乐坏"将带来恶劣后果，短期重拾公众对学术界的信任将非常困难。同时，我们会影响一届又一届学生的健康成长，影响教师的学术前途，影响社会的可持续发展，这都是我们不愿意看到的后果。

一个健全的社会，文化生态、政治生态、经济生态之间必然有一个很好的互动。高等教育的宏观体制改革和内部机制改革已经迫在眉睫。"不但如此，这样一场改革并非单单是大学的职责，因此也并非仅是大学校长、大学教师的职责，而是整个中国社会的责任。"② 因为，大学制度在其宏观方面乃是一种社会制度，大学内部的微观制度，无论是教师制度还是学校的整体制度都会受到宏观制度的制约，而在中国这种制约是直接随着那只看得见的手的伸张而起舞的。③ 依现时的国情，中国的大学制度不仅与整体的教育制度密切联系，而且也与社会的政治制度密切联系。"中国大学的问题不是单单大学自身的问题，而是整个社会的问题。中国大学的改革并非只是大学制度的改革，而是整个政治制度改革的一个部分。大学问题就是一个政治问题"。④ "任何一个局部的手术都可能破坏这种诡异的平衡，反而导致整个系统的崩溃。"⑤ 所以说，高等教育制度的真正改革并不完全取决于高等教育本身，它还依附于整个社会的改革，特别是政治体制改革。从这一点看，高等教育体制改革是一项复杂的系统工程，也许还有一段很长的路要走。

---

① 杨育谋：《大学的"面子"和"里子"》，《中国社会导刊》2007 年第 1 期。
② 韩水法：《世上已无蔡元培》，《读书》2005 年第 4 期。
③ 韩水法：《牵一发而动全身》，《读书》2003 年第 9 期。
④ 韩水法：《大学与学术》，北京，北京大学出版社，2008，前言第 6 ~ 7 页。
⑤ 熊丙奇：《今日中国大学教育之是与非》，《时代文学》2007 年第 3 期。

参 考 文 献

一、档案文献类

陈学恂：《中国近代教育史教学参考资料》（上册），北京，人民教育出版社，1986。

陈学恂：《中国近代教育史教学参考资料》（中册），北京，人民教育出版社，1987。

陈学恂：《中国近代教育史教学参考资料》（下册），北京，人民教育出版社，1987。

大学院：《大学院公报》（第 1～6 期），台北，文海出版社，1966。

丁致聘：《中国近七十年来教育记事》，南京，国立编译馆，1935。

多贺秋五郎：《近代中国教育史资料》（清末编），台北，文海出版社，1976。

多贺秋五郎：《近代中国教育史资料》（民国编上），台北，文海出版社，1976。

多贺秋五郎：《近代中国教育史资料》（民国编中），台北，文海出版社，1976。

多贺秋五郎：《近代中国教育史资料》（民国编下），台北，文海出版社，1976。

教育年鉴编纂委员会：《第二次中国教育年鉴》，台北，文海出版社，1986。

潘懋元、刘海峰：《中国近代教育史资料汇编：高等教育》，上海，上海教育出版社，2007。

璩鑫圭、唐良炎：《中国近代教育史资料汇编：学制演变》，上海，上海教育出版社，2007。

商务印书馆：《最近三十五年之中国教育》，上海，商务印书馆，1931。

舒新城：《中国近代教育史资料》，北京，人民教育出版社，1981。

宋恩荣、章咸：《中华民国教育法规选编》（修订版），南京，江苏教育出版社，2005。

吴惠龄、李壑：《北京高等教育史料》（第一集），北京，北京师范学院出版社，1992。

吴相湘、刘绍唐：《第一次中国教育年鉴》，台北，传记文学出版社，1971。

张研、孙燕京：《民国史料丛刊》，郑州，大象出版社，2009。

中国第二历史档案馆：《中华民国史档案资料汇编》（第三辑教育），南京，凤凰出版社，1991。

中国第二历史档案馆：《中华民国史档案资料汇编》（第四辑），南京，江苏古籍出版社，1986。

中国第二历史档案馆：《中华民国史档案资料汇编》（第五辑第一编教育），南京，凤凰出版社，1994。

中国第二历史档案馆：《中华民国史档案资料汇编》（第五辑第二编教育一），南京，凤凰出版社，1997。

中国史学会：《戊戌变法》，上海，上海人民出版社，1957。

朱有瓛：《中国近代学制史料》（第一辑上册），上海，华东师范大学出版社，1983。

朱有瓛：《中国近代学制史料》（第一辑下册），上海，华东师范大学出版社，1986。

朱有瓛：《中国近代学制史料》（第二辑上册），上海，华东师范大学出版社，1987。

朱有瓛：《中国近代学制史料》（第二辑下册），上海，华东师范大学出版社，1989。

朱有瓛：《中国近代学制史料》（第三辑上册），上海，华东师范大学出版社，1990。

朱有瓛：《中国近代学制史料》（第三辑下册），上海，华东师范大学出版社，1992。

朱有瓛、高时良：《中国近代学制史料》（第四辑），上海，华东师范大学出版社，1993。

朱有瓛、戚名琇、钱曼倩、霍益萍：《中国近代教育史资料汇编：教育行政机构及教育团体》，上海，上海教育出版社，2007。

二、校史类

《南大百年实录》编辑组：《南大百年实录》（中），南京，南京大学出版社，2002。

《南大百年实录》编辑组：《南大百年实录》（上），南京，南京大学出版社，2002。

《中央大学七十年》，台北，中央大学编印，1985。

德本康夫人、蔡路得：《金陵女子大学》，杨天宏译，珠海，珠海出版社，1999。

复旦大学校史编写组：《复旦大学志》（第一卷），上海，复旦大学出版社，1985。

郝平：《北京大学创办史实考源》，北京，北京大学出版社，1998。

梁柱：《蔡元培与北京大学》（修订本），北京，北京大学出版社，1996。

吕林：《北京大学》，长沙，湖南教育出版社，1989。

南开大学校史编写组：《南开大学校史（1919～1949）》，天津，南开大学出版社，1989。

清华大学校史研究室：《清华大学史料选编》（第二卷上），北京，清华大学出版社，1991。

孙海英：《金陵百屋房——金陵女子大学》，石家庄，河北教育出版社，2005。

王国平：《博习天赐庄——东吴大学》，石家庄，河北教育出版社，2003。

王文俊等：《南开大学校史资料选（1919～1949）》，天津，南开大学出版社，1989。

王学珍、郭建荣：《北京大学史料》（第一卷），北京，北京大学出版社，2000。

萧超然等：《北京大学校史（1898～1949年）》，上海，上海教育出版社，1981。

熊月之、周武：《圣约翰大学史》，上海，上海人民出版社，2007。

徐以骅：《教育与宗教：作为传教媒介的圣约翰大学》，珠海，珠海出版社，1999。

徐以骅：《上海圣约翰大学（1879～1952）》，上海，上海人民出版社，2009。

张连红：《金陵女子大学校史》，南京，江苏人民出版社，2005。

朱斐：《东南大学史》（第一卷），南京，东南大学出版社，1991。

三、文集、回忆录类

白吉庵、刘燕云：《胡适教育论著选》，北京，人民教育出版社，1994。

陈平原、夏晓虹：《北大旧事》，北京，生活·读书·新知三联书店，1998。

高平叔：《蔡元培全集》，北京，中华书局，1984。

高平叔：《蔡元培教育论著选》，北京，人民教育出版社，1991。

耿云志、欧阳哲生：《胡适书信集》，北京，北京大学出版社，1996。

顾潮：《顾颉刚年谱》，北京，中国社会科学出版社，1993。

胡适：《胡适日记全编》，曹伯言整理，合肥，安徽教育出版社，2001。

黄延复：《梅贻琦与清华大学》，太原，山西教育出版社，1995。

蒋梦麟：《西潮与新潮——蒋梦麟回忆录》，北京，东方出版社，2006。

梁吉生：《张伯苓与南开大学》，太原，山西教育出版社，1995。

梁吉生：《张伯苓的大学理念》，北京，北京大学出版社，2006。

林志钧：《饮冰室合集》（第五册），北京，中华书局，1989。

司徒雷登：《在华五十年》，常江译，海口，海南出版社，2010。

孙岳等：《吴贻芳纪念集》，南京，江苏教育出版社，1987。

王栻：《严复集》（第一册），北京，中华书局，1986。

王文俊等：《张伯苓教育言论选集》，天津，南开大学出版社，1984。

萧公权：《问学谏往录：萧公权治学漫忆》，上海，学林出版社，1997。

姚淦铭、王燕：《王国维文集》（第三卷），北京，中国文史出版社，1997。

张楚廷：《张楚廷教育文集》，长沙，湖南教育出版社，2007。

张竟无：《民国大学：遥想大学当年》，北京，东方出版社，2012。

中国蔡元培研究会：《蔡元培纪念集》，杭州，浙江教育出版社，1998。

中国社会科学院近代史研究所中华民国史组：《胡适来往书信选》，北京，中华书局，1979。

朱维铮、姜义华：《章太炎选集》（注释本），上海，上海人民出版社，1981。

四、著作类

《马克思恩格斯选集》（第一卷），北京，人民出版社，1995。

《中国现代教育家传》编委会：《中国现代教育家传》（第二卷），长沙，湖南教育出版社，1986。

爱弥尔·涂尔干：《教育思想的演进》，李康译，上海，上海人民出版社，2006。

安德鲁·海伍德：《政治学》，张立鹏译，北京，中国人民大学出版社，2006，第2版。

包亚明：《权力的眼睛——福柯访谈录》，严锋译，上海，上海人民出版社，1997。

彼得·布劳：《社会生活中的交换与权力》，孙非、张黎勤译，北京，华夏出版社，1988。

毕乃德：《洋务学堂》，曾钜生译，杭州，杭州大学出版社，1994。

伯顿·R. 克拉克：《高等教育系统——学术组织的跨国研究》，王承绪等译，杭州，杭州大学出版社，1994。

伯顿·克拉克：《高等教育新论——多学科的研究》，王承绪等译，杭州，浙江教育出版社，2001。

伯特兰·罗素：《权力论：新社会分析》，吴友三译，北京，商务印书馆，1991。

陈洪捷：《德国古典大学观及其对中国的影响》（修订版），北京，北京大学出版社，2006。

陈明远：《那时的大学》，太原，山西人民出版社，2011。

陈平原：《大学何为》，北京，北京大学出版社，2006。

陈平原：《中国大学十讲》，上海，复旦大学出版社，2002。

陈旭麓：《近代中国社会的新陈代谢》，上海，上海人民出版社，1992。

陈远：《逝去的大学》，北京，同心出版社，2005。

程斯辉、孙海英：《厚生务实　巾帼楷模——金陵女子大学校长吴贻芳》，济南，山东教育出版社，2003。

戴维·米勒、韦农·波格丹诺：《布莱克维尔政治学百科全书》，邓正来主译，北京，中国政法大学出版社，1992。

丹尼斯·朗：《权力论》，陆震纶、郑明哲译，北京，中国社会科学出版社，2001。

方明、谷成久：《现代大学制度论》，合肥，安徽大学出版社，2007。

芳卫廉：《基督教高等教育在变革中的中国（1880～1950）》，刘家峰译，珠海，珠海出版社，2005。

费正清、费维恺：《剑桥中华民国史（1912～1949年）》（下），刘敬坤等译，北京，中国社会科学出版社，1994。

冯友兰：《中国现代哲学史》，广州，广东人民出版社，1999。

弗兰斯·F. 范富格特：《国际高等教育政策比较研究》，王承绪等译，杭州，浙江教育出版社，2001。

弗里蒙特·E. 卡斯特、詹姆斯·E. 罗森茨韦克：《组织与管理——系统方法与权变方法》，李柱流等译，北京，中国社会科学出版社，1985。

高伟强等：《民国著名大学校长》，武汉，湖北人民出版社，2007。

顾长声：《传教士与近代中国》，上海，上海人民出版社，2004。

郭秉文：《中国教育制度沿革史》，福州，福建教育出版社，2007。

郭廷以：《近代中国史纲》，香港，中文大学出版社，1979。

哈罗德·J. 莱维特：《现代管理心理学——论组织中的个体、同事和团体》，方展画等译，上海，上海翻译出版公司，1988。

韩水法：《大学与学术》，北京，北京大学出版社，2008。

贺国庆等：《外国高等教育史》，北京，人民教育出版社，2003。

胡建华等：《大学制度改革论》，南京，南京师范大学出版社，2006。

胡卫清：《普遍主义的挑战：近代中国基督教教育研究（1877～1927）》，上海，上海人民出版社，2000。

黄俊伟：《过去的大学与现在的大学》，北京，群言出版社，2011。

霍布斯：《利维坦》，黎思复、黎廷弼译，北京，商务印书馆，1985。

季诚钧：《大学属性与结构的组织学分析》，北京，人民教育出版社，2006。

贾湛、彭剑锋：《行政管理学大辞典》，北京，中国社会科学出版社，1989。

姜明安：《行政法与行政诉讼法》，北京，北京大学出版社，1999。

教育部中外大学校长论坛领导小组：《大学校长视野中的大学教育》（第二辑），北京，中国人民大学出版社，2005。

教育部中外大学校长论坛领导小组：《中外大学校长论坛文集》，北京，高等教育出版社，2002。

杰西·格·卢茨：《中国教会大学史（1850～1950年）》，曾钜生译，杭州，浙江教育出版社，1987。

金耀基:《大学之理念》,北京,生活·读书·新知三联书店,2001。

金以林:《近代中国大学研究(1895～1949)》,北京,中央文献出版社,2000。

克特·W. 巴克:《社会心理学》,天津,南开大学出版社,1984。

李楚材:《帝国主义侵华教育史资料:教会教育》,北京,教育科学出版社,1987。

李国钧、王炳照:《中国教育制度通史》,济南,山东教育出版社,2000。

李华兴:《民国教育史》,上海,上海教育出版社,1997。

理查德·H. 霍尔:《组织:结构、过程及结果》,张友星等译,上海,上海财经大学出版社,2003,第8版。

梁吉生:《允公允能 日新月异——南开大学校长张伯苓》,济南,山东教育出版社,2003。

林荣日:《制度变迁中的权力博弈——以转型期中国高等教育制度为研究重点》,上海,复旦大学出版社,2007。

刘琅、桂苓:《大学的精神》,北京,中国友谊出版公司,2004。

罗伯特·伯恩鲍姆:《大学运行模式:大学组织与领导的控制系统》,别敦荣主译,青岛,中国海洋大学出版社,2003。

罗德里克·马丁:《权力社会学》,陈金岚、陶远华译,石家庄,河北人民出版社,1992。

洛克:《政府论》(下篇),叶启芳、瞿菊农译,北京,商务印书馆,1964。

马克斯·韦伯:《经济与社会》(上卷),林荣远译,北京,商务印书馆,1997。

马克斯·韦伯:《学术与政治》,冯克利译,北京,生活·读书·新知三联书店,2005。

马廷奇:《大学转型:以制度建设为中心》,北京,社会科学文献出版社,2007。

莫里斯·迪韦尔热:《政治社会学——政治学要素》,杨祖功、王大东译,北京,东方出版社,2007。

尼古拉斯·布宁、余纪元:《西方哲学英汉对照辞典》,北京,人民出版社,2001。

潘懋元:《中国高等教育百年》,广州,广东高等教育出版社,2003。

乔玉全:《21世纪美国高等教育》,北京,高等教育出版社,2000。

曲士培：《中国大学教育发展史》，北京，北京大学出版社，2006。

宋秋蓉：《近代中国私立大学研究》，天津，天津人民出版社，2003。

苏云峰：《中国新教育的萌芽与成长（1860～1928）》，北京，北京大学出版社，2007。

孙培青：《中国教育史》（修订版），上海，华东师范大学出版社，2000。

田正平、商丽浩：《中国高等教育百年史论——制度变迁、财政运作与教师流动》，北京，人民教育出版社，2006。

托马斯·戴伊：《谁掌管美国——里根年代》，张维等译，北京，世界知识出版社，1985。

王爱冬：《政治权力论》，保定，河北大学出版社，2003。

王立新：《美国传教士与晚清中国现代化》，天津，天津人民出版社，2008。

王浦劬等：《政治学基础》，北京，北京大学出版社，2006，第2版。

威廉·冯·洪堡：《论国家的作用》，林荣远、冯兴元译，北京，中国社会科学出版社，1998。

韦恩·K. 霍伊、塞西尔·G. 米斯克尔：《教育管理学：理论·研究·实践》，范国睿主译，北京，教育科学出版社，2007，第7版。

吴志功：《现代大学组织结构设计》，北京，北京师范大学出版社，1998。

西奥多·A. 哥伦比斯、杰姆斯·H. 沃尔夫：《权力与正义——国际关系学导论》，白希译，北京，华夏出版社，1990。

谢泳：《大学旧踪》，南昌，江西教育出版社，1999。

熊丙奇：《教育熊视：中国教育民间观察》，上海，东方出版中心，2008。

熊明安：《中国高等教育史》，重庆，重庆出版社，1988。

徐海宁：《中国近代教会女子大学办学研究——以金陵女子大学为个案》，南京，南京师范大学出版社，2008。

许美德、巴斯蒂：《中外比较教育史》，上海，上海人民出版社，1990。

许美德：《中国大学1895～1995：一个文化冲突的世纪》，许洁英译，北京，教育科学出版社，2000。

许云霄：《公共选择理论》，北京，北京大学出版社，2006。

荀渊：《从传统到现代——近代中国的高等教育》，兰州，甘肃民族出版社，2004。

亚伯拉罕·弗莱克斯纳:《现代大学论——美英德大学研究》,徐辉、陈晓菲译,杭州,浙江教育出版社,2001。

杨东平:《大学精神》,沈阳,辽海出版社,2000。

叶文心:《民国时期大学校园文化(1919～1937)》,冯夏根等译,北京,中国人民大学出版社,2012。

于显洋:《组织社会学》,北京,中国人民大学出版社,2001。

余英时:《钱穆与中国文化》,上海,上海远东出版社,1994。

俞文钊:《管理心理学》(修订本),兰州,甘肃人民出版社,1989。

约翰·S. 布鲁贝克:《高等教育哲学》,王承绪等译,杭州,浙江教育出版社,2001。

约翰·范德格拉夫等:《学术权力——七国高等教育管理体制比较》,王承绪等译,杭州,浙江教育出版社,2001。

张德祥:《高等学校的学术权力与行政权力》,南京,南京师范大学出版社,2002。

张德祥、周润志:《高等教育社会学》,北京,高等教育出版社,2002。

张雪蓉:《美国影响与中国大学变革(1915～1927)——以国立东南大学为研究中心》,北京,华龄出版社,2006。

章开沅:《文化传播与教会大学》,武汉,湖北教育出版社,1996。

章开沅、林蔚:《中西文化与教会大学》,武汉,湖北教育出版社,1991。

章开沅、马敏:《社会转型与教会大学》,武汉,湖北教育出版社,1998。

中国大百科全书总编辑委员会《政治学》编辑委员会:《中国大百科全书》(政治学),北京,中国大百科全书出版社,1992。

中央教育科学研究所:《中国现代教育大事记》,北京,教育科学出版社,1988。

周光礼:《学术自由与社会干预——大学学术自由的制度分析》,武汉,华中科技大学出版社,2003。

周永坤:《规范权力——权力的法理研究》,北京,法律出版社,2006。

周予同:《中国现代教育史》,福州,福建教育出版社,2007。

周志宏:《学术自由与大学法》,台北,蔚理法律出版社,1989。

朱峰:《基督教与近代中国女子高等教育:金陵女大与华南女大比较研究》,福州,福建教育出版社,2002。

索　引

B

巴顿教育调查团　229

办事校董　112

包文　238

宝熙　69

北京大学　10，12，43，50，77，79，80，93，97 – 99，102 – 105，107 – 111，116 – 119，122，124 – 128，135，138 – 140，173，182，193，206，248，254

本科　50，68，74，75，77，81 – 83，86，94，96，100 – 102，104，113，127，137，147，154，162，191，220，228，236，240，241

毕乃德　48

别科　77，78，147，165

"伯苓四七奖助基金"运动　187

博弈　10，34，40，42，116，224，225

卜舫济　208，216，220，223，226，233，235 – 237

布道部　218，219，222，232，233，236

部聘教授　252

C

蔡元培　45，74，75，77，80，81，87，97 – 109，111，113，116，118 – 122，124 – 129，135 – 137，139，140，151，193，206，228，254，256 – 259

岑春煊　51，56

差会　196，203，217，231 – 233，236，237，239

陈果夫　132

陈嘉庚　163，166

陈敬第　146

陈立夫　256

陈寅恪　1，257

陈裕光　192，233

传教士　51，52，61，70，197 – 200，206，208，214，225 – 228，232，234，236，243

创办人会　218

D

大学课程会议　251

大学区制　109，123

大学堂　49 – 65，68 – 71，77，97，138，148，200

271

大学行政化 3，258，260

大学院 52，54，74－76，78，81，82，85－86，97，100，149，151，153－155，199，216，219－221

大学政治训育委员会 130

单科制 80

党化教育 135，190，191，243

党义教师 131

党义课程 131，242

导师制 223，249

德本康夫人 235

狄考文 61，199，226

东南大学 10，12，45，80，87，97，109－116，122，124－126，129，130，135－137，139－141，188，245，254

董事会 30，73，85－87，108，110，112，114，116，122，123，127，137，139－141，148，150，153－156，158，164，174－176，178－180，186，207，209，210，212，219，227，231 － 233，244，260

董事会制 10，12，109，111，137，139－141，186，260

独立学院 88－92，96，133－135，150，157－160，242，249－253

端方 56，145

多重价值 40

F

反噬 42

芳卫廉 7，244，245

非基督教运动 206，224，231

分科大学 54，65，68，71，77，103

分科监督 68

分科教学 221

分斋制 220，221

复旦公学 145，166，188

复员 173，248，253

G

"改革学校系统案"（湘案） 80

改科为院 177，178

改隶废董 123

改门为系 103

高等教育的世俗化 228

高等师范学校 73－75，78－79，81，82，84，85，87，124，148，154，193

高等学堂 51－54，56，65，69，74，97，102，146，148，164，193

公立 9－12，38，43－46，61，72，73，76，79，85，87，89，93，96，116，117，123，124，131，135，139，141，144－146，148，149，151，155，164，168，174，176，181，182，187，188，192，194，206，214，241，244，245，248，252，254

官立 43，145，147，184，192，208

官书局 58，59，61

管学大臣 52－54，61，63，64，67，68，70，117，147

癸卯学制 52－55，72，74，77

郭秉文　10，97，109，111－113，
　　115，116，121，122，124，129，
　　130，136，137，139，203，245
郭斐蔚　233
"国款办国学"　136
"国旗事件"　223
"国帜三易"　173

H

哈巴　199
韩水法　42，258
何炳松　76
洪堡　101，119，258
后发外生型　45
胡适　100，104－107，118－121，
　　123，126，128，135，139，175，
　　181，245，254，255，259
会议所　68，71，77
"黄金十年"　87，138

J

基督教　129，144，196，198，203，
　　207，214，215，224－231，234，
　　241，242，245
讲座　27，76，78，100，152－154，
　　244，252
蒋维乔　229
教会权力　11，37，224，225
教授会　68，71，73，76，77，
　　81，86，89，98－100，102，
　　104，106，107，110－112，114，
　　121，124，127，139，141，153，
　　154，178，179，219，220，222
教授治校　70，77，87，98－100，

103，104，106，107，112，116，
　　122 － 124，139 － 141，178，
　　247，249
教授治校制　10，12，97，139－141
教务长　86，106，108，124，139，
　　175，178，180，181，233，253
教务处　106，107，180
教务会议　86，89，106，140，
　　154，158，178，180，238，250，
　　253，256
教育部　72－78，81，83－92，96，
　　97，102，111，115，118，122，
　　124，125，127－135，140，141，
　　146，149－152，154，157－160，
　　164－169，171－173，175，177，
　　178，185，190－193，196，203－
　　210，212－215，224，241－244，
　　248－252，256
教育为本　11，236
教育行政委员会　87，90，123，
　　124，155，156，211，212，
　　241，251
教育重于布道　222
教员监学会议所　71，77
借学布道　11，220，228，235
金耀基　257
京师大学堂　45，46，49，50，52－
　　67，69－72，97，99，138
经济校董　112

K

康有为　49，54，55，58－60，70
《抗战建国纲领》　247
科层制　29，260

L

蓝姆荪 223

类行会制 260

立案 69, 91 – 92, 133, 146, 147,
149 – 150, 156 – 157, 159 – 164,
166 – 168, 171 – 173, 181, 191,
192, 195, 200 – 202, 204 – 208,
210 – 215, 217, 224, 229, 231,
233, 242 – 244, 252

李端棻 49, 59

李佳白 61

李盛铎 60

李提摩太 51, 200, 228

"立停科举以广学校" 199

梁启超 49, 54, 55, 58 – 60, 72,
153, 181

林乐知 199

刘坤一 47, 55

"六三三"学制 82

刘以钟 229

柳诒徵 192

鲁珍琋 229

罗炳生 226

罗道纳 232

罗家伦 123, 129, 137, 255

罗隆基 190, 191

M

梅贻琦 118, 123, 138, 193

孟嘉德 201

N

南京高等师范学校 80, 109

南开大学 5, 11, 12, 43, 161, 163,
169, 172 – 191, 193, 248, 254

南洋公学 50, 55, 145, 235

聂高莱 209

P

评议会 68, 71, 76, 77, 81, 85,
89, 99, 100, 103, 104, 106,
108, 110 – 112, 114, 116, 121,
122, 124, 127, 128, 139 – 141,
153, 154, 178, 179, 184, 221

Q

钱端升 256

强学会 58, 59

全国教育会联合会 81, 85,
168, 207

R

让渡理论 28, 30, 31, 35, 43

人格教育 231

壬戌学制 79, 81, 82, 85 – 87,
153, 154, 167

壬子癸丑学制 73, 74, 77, 79,
80, 151, 164

荣庆 52, 53, 70

柔克义 201

S

山西大学堂 51

社会契约论 28, 30, 31, 35, 43

沈尹默 100, 104, 139

圣约翰大学 11, 12, 43, 196,
199, 201, 208, 209, 215 – 224,

228，231，233，235 – 239

盛宣怀　50，55，235

师范馆　52，64，71

仕学馆　52，53，64

市场权力　10，11，20，21，23 –
　25，27，28，34，35，38，39，
　42，67，71，135 – 137，182，
　183，185 –187，225，236，239

收回教育权运动　206，208，224，
　229，231，241

司法院　91，160

司徒雷登　109，115，233，234，
　239，245

私立　9 –12，37，43，44，56，75，
　77，86，88，90，91，96，131，
　133，134，143 –169，171 –179，
　181 –195，204 –215，241 –244，
　248 –250，252 –255

私立非私有　11，193

速成科　64

孙家鼐　55，58，59，61，62，
　64，69，70，138

T

唐文治　257

特许制度　160

体制化　260

天津中西学堂　50

天主教　196 –198，215，227，248

通儒院　53，54，68，74，97，151

同文馆　46 – 50，56，63，64，
　71，198，224

"土货化"方针　188

推广部　85，137，155，240

W

挽蔡（元培）驱彭（允彝）　127

王国维　117

王鹏运　60

王世杰　129

魏士德　230

文实之争　131

吴贻芳　234，238，241

戊辰学制　88

戊戌变法　49，51

X

校务会议　89，90，114，124，
　141，158，220，253

新政　49，51，63，144，147，247

行政会议　105，106，114，253

行政权力　3，4，10，18，20 –
　31，34，35，40 –42，258

行政委员会　106，111，112，
　114，115，121，139

熊亦奇　59

许美德　7，258

选科制　81，82，85，127，223，239

学部　59，64，65，69，99，144，
　147，173，200 –202

学长　75，76，78，79，81，83，
　86，97，99，100，102，127，
　152，153

学分制　91，92，220，223，251

学术权力　3，4，7，8，10，11，
　17，20 –28，30，34 –37，39，
　41，42，67，70，99，117，124，
　137，141，142，183 –185，225，

233，235，258，260

学系 85，86，88－90，92，103，106，113，115，122，133－135，141，154，158，177，178，183，223，240，243，249－251，253

"学制会议" 81

训导处 234，253

训导会议 250

训育 77，78，86，89，130，154，158，180，241，242，249，256

训育主任 131

Y

严复 49，97，117

严修 173，175，186，257

研究所 52，96，103，106，151，174，177，189，240

研究院 53，82，88，96，175，203

洋务学堂 46－49

姚洪业 192

姚文栋 59

叶恭绰 257

艺科 64

译学馆 50，53，64

"一仆二主" 233

"以日为师" 72

易长风潮 109，115，116，140

裕德 69

余家菊 206

预科 50，52，53，64，74，75，77，79，81－83，86，90，97，100，102，104，106，125，153，164，165，167，177，191，199，205，220，238，240，243

寓师范于大学 109，113

袁世凯 47，56，97，131，138，201

院务会议 89，158

Z

再让渡 37

增辑 146，147

"战时须作平时看" 247

张百熙 52－54，63，64，68，70

张伯苓 11，163，169，173－176，178－179，181－183，185－189，191，193

张亨嘉 64

张寿镛 190，257

张之洞 46－48，52－56，64，68，70，117，228

章太炎 117

赵尔巽 56

郑观应 49，58，198

政府权力 7，10，11，20，24，34，35，37，39，41，42，56，67，124，183，190，225，241

政科 64

政治合成 32，36

中国公学 146，161，166，192

中国科学社 121

"中华归主" 227－229

中华基督教教育会 207，208，223

中华民国大学院 87，88，156，211，212

中体西用 70，138，224

重实抑文 134

周馥 56，145

周鲠生　128

专科学校　82，90，91，93 – 96，
　158 – 163，169，171，172，191，
　196，214，242，244，248 – 250，
　252，253

专门部　165，173

专门委员会　106，114

专门学校　46，49，70，73 – 79，
　81 – 83，85 – 87，90，91，148，
　149，151，152，154，156，160，
　164 – 169，205，206，211 – 213

专修科　81，82，85，88，90，

134，155，174，240，243

"自绝生"　128

咨议会　218，232，233

宗教教育　199，204，207，209，
　227，229 – 231

综合制　80

总监督　54，64，65，68，69，97

总理学务大臣　54，64，68

总理衙门　49，59 – 62，69，70

总务长　106，108，181，253

总务处　106

总务会议　106，250

后　记

　　本书系 2012 年国家社科基金后期资助项目的最终成果。书稿从获准立项到最终付梓虽只有一年多时间，但其酝酿、构思、成稿和反复修改却不下六年之功。基于本选题的研究兴趣最初源于对民国高等教育这段历史的卓越成就与诸多传奇，深入其间，更发觉这段历史的精彩绝伦，令人欲罢不能。民国的高等教育界集中了一个精神卓越时代的精英群落，一个个教育大家以其绝艳才华与奔腾气魄构建着知识分子的理想国，它如翩然惊鸿，乍然来去，其跌宕起伏令人惊叹，令人倾慕，也令人扼腕，也因此我将民国高等教育史的研究作为一项长期课题。

　　本研究的难点是对清末民初高等教育史料的查阅和收集。清末民初版书籍，特别是作为基础史料的清末民初版书籍通常印数较少，多的数千册，少的只有百十册，而且纸张和印刷质量远不如今，保存期较短，为此资料的查找和收集颇费心力。本研究不仅查阅了大量的历史档案、历史文献，而且参考不少回忆录和校史资料，甚至包括查找一些外文资料和港台文献。历年收集的资料占据了我的几个书柜，我曾自诩自己的民国高等教育史料比学校的图书馆还要齐全。有些不常见的资料虽只有区区数百来页，却花费数千，这对普通大学教师来说可谓巨资，却往往只怕求之不得。

　　治史不易，在这六年的研究中感觉更加真切。一是求真。史料并不等于史实，史料种类、数量越多，应用史料就越应慎重。史学家陈垣先生常言，"著书要提笔三行不出错才行"，然仅就笔者读书所见，以讹传讹者甚多——非仅读者传讹，作者亦传讹焉。因此下笔总是如履薄冰，唯恐贻笑大方。二是为"言一二未言之言"，以勉强配得上"研究"二字。本研究努力探索教育史研究的新路径，将模型建构法引入传统的教育史研究之中，力求既保持史学研究的"训诂"传统，又体现现代研究的"科学"意蕴。这姑且算是本书的亮点，或者最起码也是笔者的自我超越了。治史"四长"中的"史学、史识、史才"靠的是天赋和灵性，对于笔者而言实在是心有余却力不逮；唯有"史德"一项，一直在行文之时勉力为之。

　　本书的写作过程让我获益良多，绝不仅仅是履历表上多了一项成果，而是心智上的又一次提升。在本书即将付梓之际，回想多少次沉浸在竖排、繁体且无标点的故纸堆中的头晕眼花以及书稿"十月怀胎"的心路历程，心中不免感慨万千。首先，要感谢我的家人。多年以来，时断时续的求学与求知生涯，精力不济的我四体不勤、五谷不分，很少与她们一起共享天伦之乐。其次，要感谢本项目的主管部门。是全国教育科学规划领导小组办公室、全国哲学社会科学规划办公室对前期研究的肯定和信任才使其顺利立项，特别是评审专家提出的宝贵建议和意见，使得后续研究得以有的放矢，更有针对性。最后，还要感谢国家社会科学基金的资助和教育科学出版社及责任编辑的辛勤工作，是他们给了本书得以出版的机会。此外，还要感谢课题组成员，他们的积极参与和不求回报经常让我感动莫名。

　　是为记。

李海萍

2013 年 11 月于岳麓科教新村

出 版 人　所广一

责任编辑　孔　军

版式设计　杨玲玲

责任校对　贾静芳

责任印制　曲凤玲

图书在版编目（CIP）数据

清末民初大学内部职权研究／李海萍著．—北京：
教育科学出版社，2014.2
ISBN 978 - 7 - 5041 - 8134 - 3

Ⅰ.①清…　Ⅱ.①李…　Ⅲ.①高等学校—学校行政—
研究—中国—1840～1937　Ⅳ.①G647.2

中国版本图书馆 CIP 数据核字（2013）第 289017 号

清末民初大学内部职权研究
QINGMO MINCHU DAXUE NEIBU ZHIQUAN YANJIU

出版发行　**教育科学出版社**

社　　址	北京·朝阳区安慧北里安园甲9号	市场部电话	010 - 64989009
邮　　编	100101	编辑部电话	010 - 64981167
传　　真	010 - 64891796	网　　址	http://www.esph.com.cn

经　　销	各地新华书店		
制　　作	北京金奥都图文制作中心		
印　　刷	保定市中画美凯印刷有限公司		
开　　本	165毫米×238毫米　16开	版　　次	2014年2月第1版
印　　张	18	印　　次	2014年2月第1次印刷
字　　数	304千	定　　价	45.00元

如有印装质量问题，请到所购图书销售部门联系调换。